2021 网络视听文艺
发展分析报告

国家广播电视总局监管中心　编

中国广播影视出版社

图书在版编目（CIP）数据

2021网络视听文艺发展分析报告 ／ 国家广播电视总局监管中心编. -- 北京：中国广播影视出版社，2022.10

ISBN 978-7-5043-8863-6

Ⅰ．①2… Ⅱ．①国… Ⅲ．①互联网络-视听传播-研究报告-中国-2021 Ⅳ．①G206.2-39

中国版本图书馆CIP数据核字（2022）第174059号

2021网络视听文艺发展分析报告

国家广播电视总局监管中心　编

责任编辑　赵　宁
责任校对　张　哲　郭　勇
装帧设计　水日方设计

出版发行　中国广播影视出版社
电　　话　010-86093580　010-86093583
社　　址　北京市西城区真武庙二条9号
邮　　编　100045
网　　址　www.crtp.com.cn
电子信箱　crtp8@sina.com

经　　销　全国各地新华书店
印　　刷　北京凯德印刷有限责任公司

开　　本　787毫米×1092毫米　　1/16
字　　数　496（千）字
印　　张　25.5
版　　次　2022年10月第1版　2022年10月第1次印刷

书　　号　ISBN 978-7-5043-8863-6
定　　价　180.00元

《2021网络视听文艺发展分析报告》
编委会

序

O preface

　　2021年，网络视听文艺把握时代主题，回应网民需要，在守正创新中坚定前行，在调整提升中蓄积力量，朝着高质量创新性发展方向迈出坚实步伐。在举国上下庆祝建党百年之际，主题创作多点开花，网络视听文艺的时代性、现实性迈上新高度。在文娱领域综合治理深入推进背景下，一些影响网络视听文艺持续健康发展的突出问题得到集中整顿，行业生态开始走向山清水秀。在网络视听市场环境深刻调整过程中，有关主体更加聚焦主营主业，创作生产经营更加严肃、扎实、稳健。

　　跟踪网络视听文艺创作传播，是广电总局监管中心网络视听内容质量监管中的一项基础性工作。工作中，我们积累了大量网络视听文艺相关数据。2017年以来，我们每年编写形成《网络原创节目发展分析报告》并面向社会发布。今年，我们在网络剧、网络综艺、网络电影、网络纪录片、网络动画片相关数据分析基础上，把网播电视剧、电影、综艺、纪录片、动画片也纳入研究范围，视野更加开阔、内容更加丰富、数据更加翔实，并更名为"2021网络视听文艺发展分析报告"同大家分享。真诚希望，我们的这些工作，能够为从事和关注网络视听文艺的各界人士提供有益参考，共同推动网络视听文艺高质量创新性发展。

杨晓东

2022年5月

研究说明

研究对象

本报告的研究对象为2021年1月1日至2021年12月31日期间在芒果TV、爱奇艺、腾讯视频、优酷、bilibili等主要网络视听平台上线播出的网络剧、网络电影、网络综艺、网络纪录片和网络动画片。其中，网络剧共计200部，网络电影共计531部，网络综艺共计452档（剔除多版本和衍生节目后238档），网络纪录片共计377部，网络动画片共计188部（另有动态漫画171部）。此外，本报告还对2021年1月1日至2021年12月31日期间在主要网络视听平台上线的网播电视剧、电影、综艺、纪录片、动画片进行了分析。

概念界定

（1）网络剧、网络首播电视剧、网台同播电视剧、网络微短剧

网络剧，是指由节目制作机构制作，主要在网络视听平台播出，按照"网络剧"管理要求履行相关手续的剧情类连续剧、系列剧作品。其中，重点网络剧，由制作机构进行规划备案，拍摄制作经广播电视主管部门备案公示，成片经广播电视主管部门内容把关，随后在网络视听平台播出。非重点网络剧，由播出平台对节目内容履行审核责任，并完成相应备案手续，随后在网络视听平台播出。

网络首播电视剧，是指获得《电视剧发行许可证》，且各集（或部分集）网络视听平台先于上星卫视播出的作品。网络首播电视剧中，**仅在互联网播出的剧**，是指截至2021年12月31日，仅在网络视听平台播出的电视剧。**先网后台剧**，是指以首集首播计，网络视听平台先于上星卫视至少一天开播的电视剧。**网台同播剧（网站会员优先）**，是指网络视听平台、上星卫视同日开播，但网站会员可先于电视观众观看各集（或部分集）的电视剧。**卫视黄金档剧（网站会员优先）**，是指网络视听平台、上星卫视黄金档同日开播，但网站会员先于电视观众观看各集（或部分集）的电视剧。

网台同播电视剧（卫视优先），是指获得《电视剧发行许可证》，网络视听平

台、上星卫视同日开播，但各集内容均首先通过卫视渠道播出（先于网站会员）的**电视剧**。

网络微短剧，是指单集时长不足10分钟的网络影视剧。其中，按照重点节目管理要求履行相关手续的为"**重点网络微短剧**"。

（2）网络电影、龙标网络电影、网播院线电影

网络电影，是指由节目制作机构制作，主要在网络视听平台播出，按照"网络电影"管理要求履行相关手续，具备与电影片类似结构与容量的视听作品。网络电影由制作机构进行规划备案，拍摄制作经广播电视主管部门备案公示，成片经广播电视主管部门内容把关，随后在网络视听平台播出。

龙标网络电影，是指获得《电影片公映许可证》，仅在网络视听平台播出或首先在网络视听平台播出的电影片。龙标网络电影中，**网院同播龙标网络电影**，是指网络视听平台先于电影院播出，或在网络视听平台、电影院同日上线/上映的作品。**网台（CCTV-6）同播龙标网络电影**，是指网络视听平台先于电视台播出，或在网络视听平台、电视台（CCTV-6）同日上线/播出的作品。

网播院线电影，是指获得《电影片公映许可证》，首先在电影院上映，随后在网络视听平台上线的电影片。需特别说明的是，本报告所称2021年网播院线电影的范围，是2021年1月1日至2021年12月31日在电影院上映，随后（统计截至2022年1月10日）在网络视听平台播出的影片。

（3）网络综艺、网播电视综艺

网络综艺，是指由节目制作机构制作，主要在网络视听平台播出，按照网络原创节目管理要求履行相关手续，综合运用各类视听表现手法，广泛融合多种艺术形式，满足大众艺术审美和休闲娱乐需求的专业类（非剧情类）视听节目。本报告所称的"网络综艺"有"狭义""广义"两种。"狭义"网络综艺是指独立、完整策划的作品。"广义"的网络综艺既包括以上的"狭义"网络综艺，也包括在其基础上进一步制作的**多版本综艺和衍生综艺**（含电视综艺在网络首播的多版本和衍生综艺）。其中，**多版本综艺**是指所用素材在特定主体综艺拍摄过程产生，或与主体综艺主题、内容、基本设定等具有显著关联性、共通性的综艺，一般系主体综艺的素材重编。**衍生综艺**，是指围绕主体综艺的进一步开发形成的综艺。"综N代"综艺，是指当季综艺有前序同系列已上线作品的综艺。独播综艺，是指仅在一家特定网络视听机构（含同机构旗下多平台）播出的作品。先导片，在主体综艺上线播出前发布的有预告性质，但未达到独立构成一期综艺内容的片花、花絮。

网播电视综艺，是指在上星卫视首播，网络视听平台同步上线或跟播的综艺。一

般而言，在网络渠道播出时标注有电视台台标。本报告所称的2021年网播电视综艺，不包括2021年1月1日前已经在网络视听机构上线且不间断更新的综艺。其中，网台同播电视综艺，是指网络视听机构、上星卫视同日同时开播的电视综艺。网络平台参与出品制作的综艺，是指在制作、出品过程中有网络视听机构深度参与的综艺。

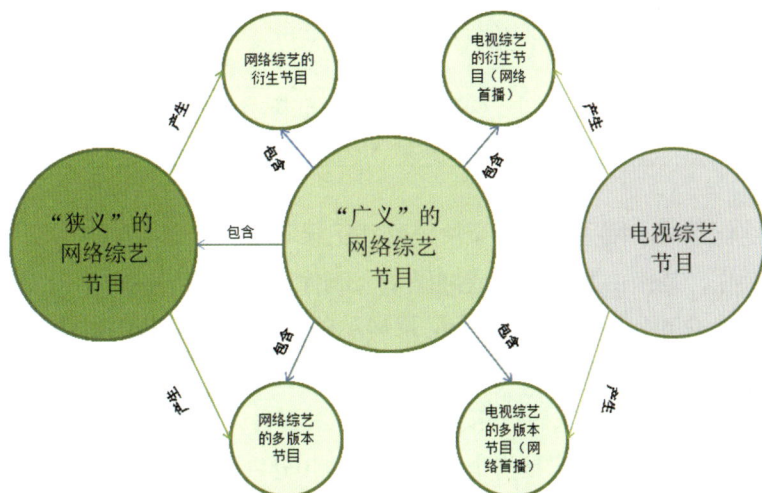

节目分类是了解综艺节目宏观面貌的重要视角。本报告中对综艺节目的分类，以电视节目常规分类方法为主要参照，结合当前综艺节目发展特点，以简单、实用、有效为原则。对一些混合多种元素的节目，我们按照其最突出的特征决定分类归属。具体是：

类别		说明
文化科技类		以宣传、普及文化科技知识为主要内容的节目
互动娱乐类		以主持人与嘉宾、观众通过游戏等互动形式进行交流而形成娱乐氛围的棚内节目
真人秀类	游戏生存	以游戏竞技、生存挑战为主要内容的真人秀节目
	亲子互动	以未成年人与父母，或与主持人、嘉宾等互动为主要内容的真人秀节目
	生活体验	以记录主持人、嘉宾在体验生活、工作、旅游、美食等过程中所见所闻为主要内容的真人秀节目
	互动交流	以展现主持人、嘉宾、观众互动及交流为主要内容的真人秀节目
	其他	其他无法归入已有分类的真人秀内容节目
竞技选拔类		以展示唱歌、舞蹈、才艺、技能等为主，分列名次的节目
婚恋交友类		以情感、婚恋、交友为核心内容的节目
脱口秀类		以主持人（嘉宾）为主，针对特定问题、话题进行讲述、评论，表达观点的节目

续表

类别	说明
谈话讨论类	以主持人及嘉宾针对某个话题进行访问、谈话、讨论为主要内容的节目
生活服务类	以无互动模式提供生活服务（美容、服饰、时尚、家居、情感调解、旅游、饮食、健康等）为主要内容的节目
娱乐报道类	以报道娱乐界相关的人物、新闻，概括娱乐资讯为主要内容的节目
单项艺术类	以流行音乐、杂技、相声、小品、曲艺、舞蹈等各项为主要内容的艺术表演专场节目
综艺晚会类	以观赏为主，集歌舞、小品、相声、戏曲于一体的综合艺术类晚会节目
其他类	以上未概括的其他综艺节目，如片段花絮等

（4）网络纪录片、网播电视纪录片、网播纪录电影

网络纪录片，是指由制作机构或网民个人制作，仅在网络视听平台播出或先网后台播出，以真人真事、真物真景等为记录展示的对象，以活动的影像记录资料为素材，通过有主题性的策划制作以及多种表现手法具体呈现，形成的具有作品属性和审美功能的视听节目。管理要求履行相关手续的，本报告认定为网络纪录片。

本报告所称的**纪录长片**，是指集均时长超过40分钟的纪录片；**纪录短片**，是指集均时长在20分钟至40分钟（包含40分钟）的纪录片；**微纪录片**，是指集均时长在20分钟以内的纪录片。**系列纪录片**，是指单季集数超过3集的纪录片。**续集纪录片**，是指当季作品有前序同系列已上线作品的纪录片。**衍生纪录片**，是指所用素材来源于电视剧、电影、综艺、纪录片等特定主体作品，在内容上与主体作品具有关联性的纪录片；当前，衍生纪录片多为主体作品的幕后纪实作品。**网络视听平台参与出品或制作的纪录片**，是指网络视听平台或其所属公司以出品、联合出品、承制等方式参与生产制作的纪录片。**网台合作纪录片**，是指广播电视台以出品、联合出品、承制等方式参与生产制作，网络视听平台以宣发、推广等方式参与传播的纪录片。**中外合作纪录片**，是指海外机构与国内机构以联合出品、联合拍摄等方式共同完成生产制作的纪录片。**先网后台播出的纪录片**，是指以首集首播计，网络视听平台先于电视台播出的纪录片。**海外传播纪录片**，是指通过国外电视台、国际影展、国外网络视听平台等渠道进行传播的纪录片。

网播电视纪录片，是指以首集首播计，电视台先于网络视听平台或与网络视听平台同时播出的纪录片。其中，**先台后网播出的纪录片**，是指以首集首播计，电视台先于网络视听平台播出的纪录片；**网台同播纪录片**，是指以首集首播计，电视台与网络视听平台同时播出的纪录片。

网播纪录电影，是指取得《电影片公映许可证》，并在网络视听平台播出的纪录片。

（5）网络动画片、网播电视动画片

网络动画片，是指由节目制作机构或网民个人制作，主要在网络视听平台播出，按照"网络动画片"管理要求履行相关手续的动画类剧情类作品。本报告所称的网络动画片有"广义"和"狭义"两种，主要区别为是否包含动态漫画。**动态漫画**，是指在漫画基础上进行艺术加工，加入动作、声音等视听元素，在视觉效果上呈现简单动态效果和镜头运动的剧情类作品。网络动画片还有"重点网络动画片"与"非重点网络动画片"之分。其中，**重点网络动画片**由制作机构进行规划备案，拍摄制作经广播电视主管部门备案公示，成片经广播电视主管部门内容把关，随后在网络视听平台播出。非重点网络动画片由播出平台对节目内容履行审核责任，并完成相应备案手续，随后在网络视听平台播出。

网播电视动画片，是获得《国产电视动画片发行许可证》，且在网络视听平台上播出的作品。

3D动画片，也称三维动画，是指运用三维制作软件完成，使动画场景和动作更加逼真的剧情类作品。**2D动画片**，也称二维动画，是指运用手绘或数位屏、电脑进行制作，构建出具有连贯性的图像并以一种连续播放的形式进行表现的剧情类作品。**定格动画片**，是指以各种材料造型并反复使用通过逐格地拍摄对象然后使之连续放映的方式来制作的剧情类作品，材料包括驴皮影、剪纸、糖人、泥人、折纸、黏土、布偶等。

独播动画片，是指仅在一家特定网络视听平台播出的剧情类作品。**续作动画片**，是指播出之前有同系列已上线作品的非首季动画片。**付费动画片**，是指需用户付费购买会员或单独购买才能观看全部内容的动画片（含超前点播作品）。

数据来源

节目基本信息、上线播出等数据为国家广播电视总局监管中心多渠道统计整理所得。主要网站焦点图推荐数据，为国家广播电视总局监管中心技术监测所得，个别平台个别推荐位因算法导致"千人千面"推荐的情形可能存在合理监测误差。

重点网络影视剧拍摄规划备案、上线备案相关数据根据国家广播电视总局面向社会公布数据统计而得。

其他数据，如无特殊说明，均来自互联网。

其他说明

本报告讨论视频网站的网络剧制作、独播行为时，一般将同属一个集团的网站、

机构视同单一机构。

本报告所称的节目上线时间，指节目正片上线时间，不以节目先导片、节目预告片或节目花絮等上线时间为计。

本报告涉及的视频网站分账情况，均来源于视频网站发布的信息。

本报告中的表格中的节目信息，如无特殊说明，均以上线时间排序。

Contents 目 录

5. 网络动画片、网播电视动画片 ……………………… 221

图表目录

1

网络剧、网络首播电视剧、网络微短剧

1.1　主要数据一览和研究发现

表1.1（1）　2021年网络剧、网络首播电视剧等相关主要数据一览表

类型	项目		数量
网络剧	全年上线数量		200
	类　别	重点剧	188
		30集以内的剧（含30集）	163
		40集以内的剧（含40集）	198
		互动剧	2
		独播剧	179
		付费（会员权益）剧	193
网络首播电视剧	全年上线数量		79
	类　别	仅在互联网播出的剧	47
		先网后台剧	8
		网台同播剧（网站会员优先）	24
		卫视黄金档剧（网站会员优先）	13
		30集以内的剧（含30集）	26
		40集以内的剧（含40集）	62
		独播剧	50
		付费（会员权益）剧	78
重点网络微短剧	全年上线数量		58
	类别	竖屏剧	6
		横屏剧	52

数据来源：监管中心统计数据2022.1　　　　　　　　国家广播电视总局监管中心

　　网络剧数量略有下降，网络首播电视剧数量保持稳定。2021年，全年上线网络剧200部，网络首播电视剧79部。网络剧上线数量相比2020年（230部）有所下降，网络首播电视剧上线数量相比2020年（80部）基本持平。分月度看，网络剧、网络首播电

视剧上线数量大体形成互补。网络剧上线数量较多时，网络首播电视剧上线数量相对较少。各月两类节目平均上线总量在23部左右。寒暑期档相对表现突出，1月份两类节目共上线29部，暑期档从6月份持续到9月份，每月均在25部以上。

（单位：部）

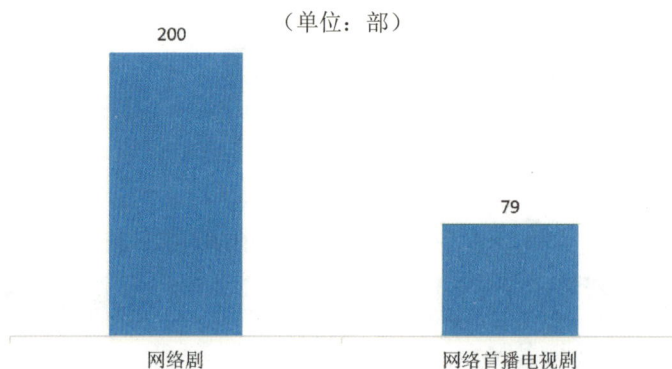

数据来源：监管中心统计数据2022.1　　　　　　　　　　　国家广播电视总局监管中心

图1.1（1）　2021年网络剧、网络首播电视剧数量统计

（单位：部）

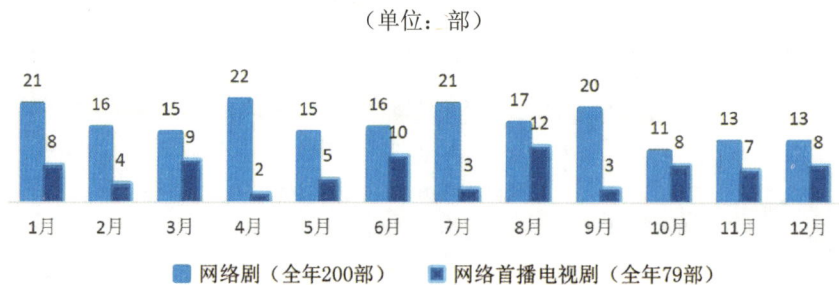

■ 网络剧（全年200部）　　■ 网络首播电视剧（全年79部）

数据来源：监管中心统计数据2022.1　　　　　　　　　　　国家广播电视总局监管中心

图1.1（2）　2021年网络剧、网络首播电视剧统计（分月度）

主题作品热度贯穿全年。在建党百年主题宣传的浓厚氛围中，网络剧与网络首播电视剧、网台同播电视剧同频共振，主旋律正能量覆盖全网，建党百年主题作品热度贯穿全年。

为庆祝中国共产党成立100周年，国家广播电视总局组织开展了"理想照耀中国——国家广播电视总局庆祝中国共产党成立100周年"主题作品创作展播活动。《山海情》《觉醒年代》《大江大河2》等优秀电视剧相继面世，在央视和地方卫视频道黄金时段首播，中国网络电视台、芒果TV、爱奇艺、腾讯视频、优酷等网络视听平台同步上线，产生热烈社会反响，受到各界广泛好评。

主要网络视听平台积极响应号召，积极参与相关作品的制作出品、采购排播，并在首页首屏焦点图等重点位置，多终端、长时段、大范围进行宣传推荐，成为"理想照耀中国"主题展播作品与广大观众见面的重要渠道。在主要网站播出的22部展播剧目[①]中，有15部作品在主要网络视听网站首页首屏焦点图Web端、App端同步推荐，持续推荐时长超过7天的剧目达80%。"七一"前后，随着建党百年宣传达到高潮，部分已经更新完结的展播剧目再次登上首页首屏焦点图等重点推荐位。还有多家网站将展播剧目集中于建党百年宣传专题页面，持续数月在重要位置予以推介。

表1.1（2） "理想照耀中国"主题作品网络播出情况

序号	剧名	题材类型	播出平台	上线时间
1	大江大河2	当代、年代、都市	爱奇艺、腾讯视频、优酷	2020.12.20
2	跨过鸭绿江	历史、战争	中国网络电视台	2020.12.27
3	江山如此多娇	脱贫攻坚	芒果TV、爱奇艺、腾讯视频、咪咕视频	2021.01.10
4	山海情	当代、农村	爱奇艺、腾讯视频、优酷	2021.01.12
5	觉醒年代	革命、历史	中国网络电视台、爱奇艺、优酷、咪咕视频	2021.02.01
6	号手就位	军旅	优酷	2021.04.13
7	绝密使命	革命、历史	中国网络电视台、腾讯视频	2021.04.18
8	理想照耀中国	年代	芒果TV、爱奇艺、腾讯视频、优酷	2021.05.04
9	啊摇篮	革命、历史	爱奇艺、腾讯视频、优酷	2021.05.04
10	大浪淘沙	革命、历史	芒果TV、爱奇艺、腾讯视频、优酷、搜狐视频、bilibili、西瓜视频	2021.05.11
11	中流击水	革命、历史	中国网络电视台、爱奇艺、腾讯视频、优酷	2021.05.15
12	温暖的味道	当代、农村	芒果TV、咪咕视频	2021.05.17
13	光荣与梦想	革命、历史	爱奇艺、腾讯视频、优酷	2021.05.25
14	美好的日子	当代、现实	爱奇艺、腾讯视频、优酷	2021.06.03
15	百炼成钢	革命、历史	芒果TV、爱奇艺、腾讯视频	2021.06.13
16	我们的新时代	当代	爱奇艺、腾讯视频、优酷	2021.06.16
17	大决战	革命、历史	中国网络电视台、爱奇艺、腾讯视频、优酷	2021.06.25
18	逐梦蓝天	航空、工业	中国网络电视台、爱奇艺、腾讯视频、优酷	2021.07.27
19	功勋	年代、传记	爱奇艺、腾讯视频、优酷	2021.09.26
20	和平之舟	当代、军旅	中国网络电视台、爱奇艺、腾讯视频	2021.11.04

① 展播剧目，系根据"理想照耀中国——国家广播电视总局庆祝中国共产党成立100周年电视剧展播启动特别节目"上公布的剧目，以及电视、网络渠道播出时片头标注情况所确定。网络播出情况，系根据实际监看情况所确定。

序号	剧名	题材类型	播出平台	上线时间
21	香山叶正红	革命、历史	中国网络电视台、爱奇艺、腾讯视频、搜狐视频、乐视视频、聚力、风行网、广电宽频、西瓜视频、咪咕视频	2021.11.22
22	埃博拉前线	医疗、对外援助	爱奇艺、腾讯视频、优酷	2021.12.08

数据来源：监管中心统计数据2022.1   国家广播电视总局监管中心

2021年重大主题创作的网络剧相比以往也实现明显突破，同时呈现出了一定的网络特色。代表性作品有《约定》《黄文秀》《启航：当风起时》等。相比于电视剧主题创作，网络剧更加突出年轻化特点，重在展现时代浪潮下青年一代的所作所为所感。

爱奇艺、腾讯视频数量领跑。分平台看，2021年的网络剧、网络首播电视剧仍以爱奇艺、腾讯视频、优酷、芒果TV为主要传播平台。从上线数量看，爱奇艺处于领跑位置，腾讯视频次之。总体来看，这两家平台作品的影响力也位居前列。芒果TV和优酷的剧集类作品布局也各具特色，芒果TV在往年基础上更加注重网台一体协同，优酷则以"个别重量级精品+大量腰部类型作品"的组合构成剧集基本面。

（单位：部）

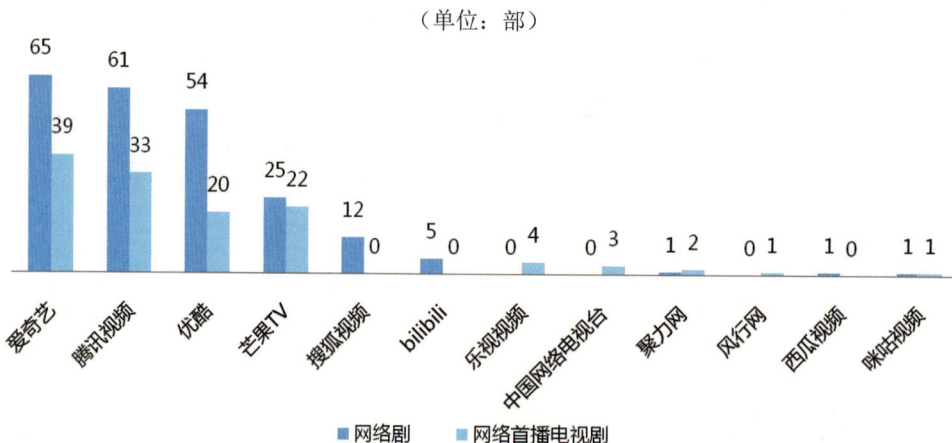

■ 网络剧   ■ 网络首播电视剧

数据来源：监管中心统计数据2022.1   国家广播电视总局监管中心

图1.1（3） 2021年网络剧、网络首播电视剧数量统计（分平台）

网络剧中，独播剧方面，前四家平台中爱奇艺、腾讯视频和优酷的数量较多，芒果TV占比最高。网络首播电视剧中，芒果TV独播剧数量最多，占比也最高。

（单位：部）

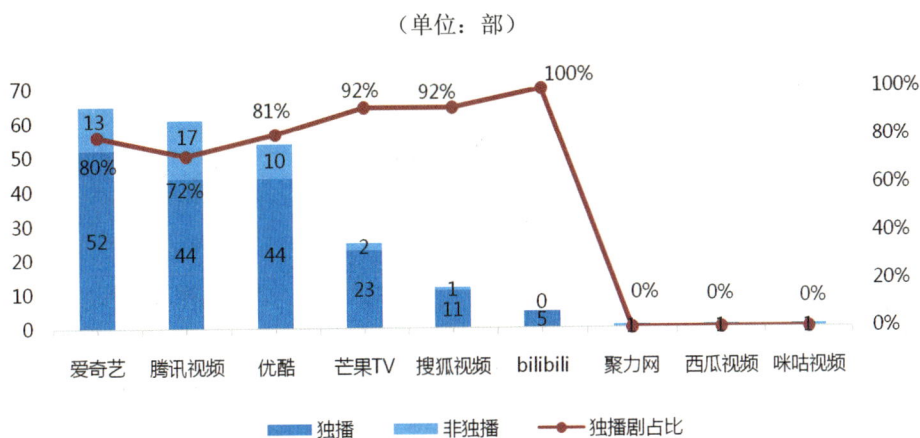

数据来源：监管中心统计数据2022.1

国家广播电视总局监管中心

图1.1（4）　2021年网络剧数量统计（分平台）

（单位：部）

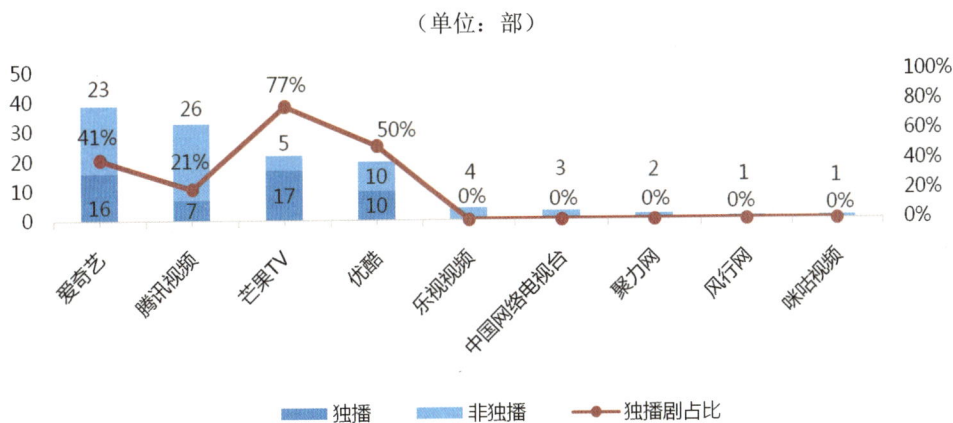

数据来源：监管中心统计数据2022.1

国家广播电视总局监管中心

图1.1（5）　2021年网络首播电视剧数量统计（分平台）

剧集进一步"脱水"，内容更精练。2021年的网络剧、网络首播电视剧在剧集体量方面也有一定差别。网络剧方面，30集以内的163部，占比超八成，超过40集的仅2部。电视剧方面，30集以内的共26部，占比33%；31—40集的36部，占比46%；超过40集的17部，占比21%。网络首播电视剧中超过40集的在数量上较2020年（31部）明显减少，且多数为2019年以前出品，其中包括《斛珠夫人》《长歌行》等古装大剧。

（单位：部）

40集以上，17，21%

40集以上，2，1%

31—40集，35，18%

1—30集，26，33%

网络剧

网络首播电视剧

1—30集，163，81%

30—40集，36，46%

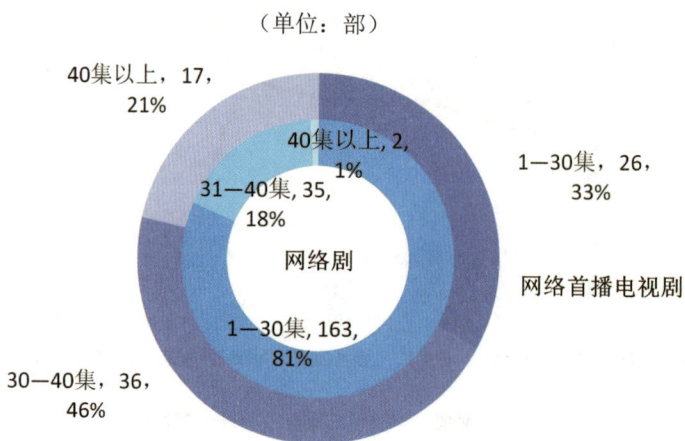

数据来源：监管中心统计数据2022.1

国家广播电视总局监管中心

图1.1（6） 2021年网络剧、网络首播电视剧剧集体量统计

"超前点播"退场，会员价格上调。2020年，芒果TV、爱奇艺、腾讯视频、优酷的网络剧、网络首播电视剧均开启了超前点播模式。然而，这一经营模式在2020年取得成功后在2021年宣告终止。2021年8月26日，上海市消保委就腾讯视频热播剧《扫黑风暴》超前点播一事发声，提出超前点播中的"按顺序解锁观看"涉嫌捆绑销售。网络舆论对此高度关注，并引申到对"超前点播"模式的批评。9月1日，腾讯视频回应称将调整解锁规则，10月4日，爱奇艺、腾讯视频、优酷先后发布声明，取消剧集超前点播服务。至此，"超前点播"模式在经历2020年的迅速铺开之后，在2021年退场。

剧集类内容的观看权向来是各主要平台会员权益的主要组成。2021年至2022年初，腾讯视频、爱奇艺、芒果TV先后上调了会员服务价格。

表1.1（3） 主要视听网站会员价格情况

网站名称	会员类型	价格（元）	是否调整，调整时间	较原价涨幅
央视频	VIP月卡会员	30	未调整	/
	VIP季卡会员	78	未调整	/
	VIP会员	253	未调整	/
芒果TV	芒果TV月卡会员	25	未调整	/
	芒果TV季卡会员	68	未调整	/
	芒果TV年卡会员	248	是，2022.01.02	9%
	芒果TV全屏月卡会员	49	未调整	/
	芒果TV全屏季卡会员	138	未调整	/
	芒果TV全屏年卡会员	488	未调整	/

续表

网站名称	会员类型	价格（元）	是否调整，调整时间	较原价涨幅
爱奇艺	黄金VIP月卡会员	30	是，2021.12.16	20%
	黄金VIP季卡会员	78	是，2021.12.16	15%
	黄金VIP年卡会员	248	未调整	/
	星钻VIP月卡会员	60	未调整	/
	星钻VIP年卡会员	418	未调整	/
腾讯视频	腾讯视频VIP月卡	30	是，2021.04.10	50%
	腾讯视频VIP季卡	68	是，2021.04.10	17%
	腾讯视频VIP年卡	253	是，2021.04.10	28%
	超级影视VIP月卡	50	未调整	/
	超级影视VIP季卡	148	未调整	/
	超级影视VIP年卡	488	未调整	/
优酷	优酷VIP年卡会员	198	未调整	/
	酷喵VIP月卡会员	49	未调整	/
	酷喵VIP季卡会员	139	未调整	/
	酷喵VIP年卡会员	479	未调整	/

数据来源：监管中心统计数据2022.1　　　　　　　　　　国家广播电视总局监管中心

注：以上价格采集自视频网站会员服务界面。以原价为准，不以折扣价、连续购买优惠价计算。

网络微短剧蓬勃发展。2021年，快手、抖音等短视频平台，以及各主要长视频平台继续把网络微短剧作为新的业务增长点予以重点推动，发布扶持计划、完善分账规则，探索商业化路径。网络微短剧继续保持蓬勃发展势头，作品数量继续增加，品质有所提升，影响力持续扩大。

1.2 网络剧

1.2.1 概貌

2021年，全网共上线网络剧200部，较上一年度的230部减少13%，整体数量略有下降。

（单位：部）

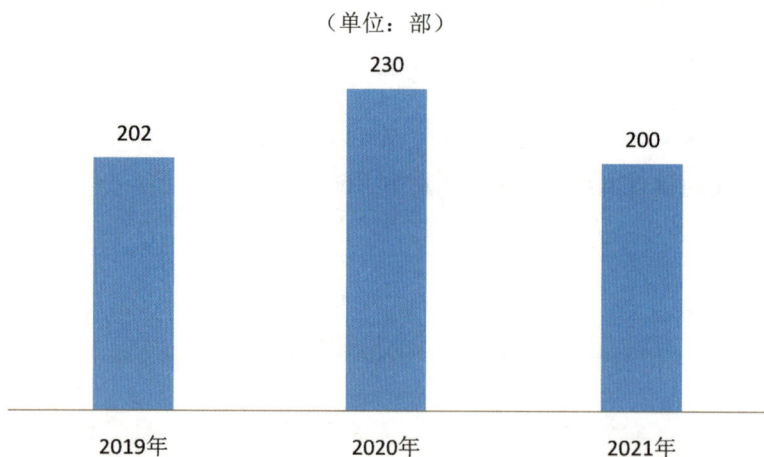

数据来源：监管中心统计数据2022.1

国家广播电视总局监管中心

图1.2.1（1） 2019年至2021年新上线网络剧数量

2021年网络剧创作总体上稳中有进、进中求变。重大主题创作落地开花，类型化创作展现新特色，这在年度代表性作品中有直接体现。

表1.2.1 2021年部分关注度较高、影响力较大的网络剧列表

序号	剧名	题材类型	播出机构	上线时间
1	约定	都市	爱奇艺	2021.02.08
2	赘婿	穿越、古装、喜剧	爱奇艺	2021.02.14
3	司藤	科幻、悬疑、情感	爱奇艺、腾讯视频、优酷	2021.03.08
4	御赐小仵作	古装、悬疑、情感	腾讯视频	2021.04.29
5	变成你的那一天	奇幻、情感	爱奇艺	2021.06.17

续表

序号	剧名	题材类型	播出机构	上线时间
6	黄文秀	脱贫攻坚、青春	爱奇艺、腾讯视频、优酷	2021.06.30
7	贺先生的恋恋不忘	都市、情感	芒果TV	2021.07.10
8	突如其来的假期	都市、情感	bilibili	2021.07.16
9	你是我的荣耀	都市、情感	腾讯视频	2021.07.26
10	启航：当风起时	青春	腾讯视频	2021.09.14
11	在希望的田野上	脱贫攻坚、青春	腾讯视频	2021.09.15
12	再见，那一天	涉案	爱奇艺、腾讯视频	2021.09.21
13	我的巴比伦恋人	奇幻、情感	爱奇艺、优酷	2021.09.27
14	八角亭谜雾	悬疑、涉案	爱奇艺	2021.10.13
15	爱很美味	都市、情感	腾讯视频	2021.11.26
16	风起洛阳	古装、悬疑	爱奇艺	2021.12.01

数据来源：监管中心统计数据2022.1　　　　　　　　　　国家广播电视总局监管中心

2021年上线的重点网络剧188部，其中，65%于2021年获得上线备案号，30%于2020年获得上线备案号，仅5%于2020年以前获得上线备案号。

（单位：部）

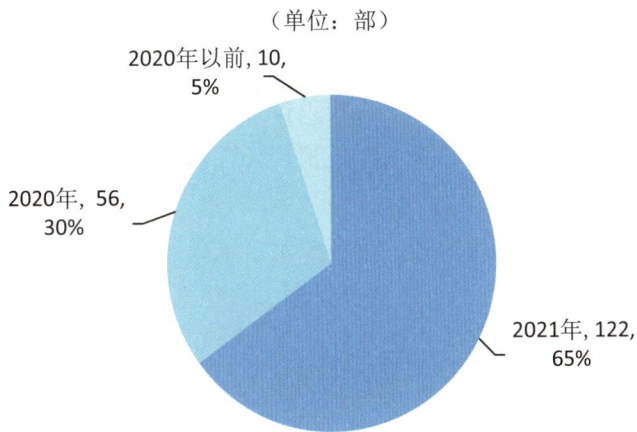

数据来源：监管中心统计数据2022.1　　　　　　　　　　国家广播电视总局监管中心

图1.2.1（2）　2021年网络剧统计（获得上线备案年份）

1.2.2　节目内容

我们采取"贴标签"的方式，根据一部剧展现的内容，选取其包含的1—3个主要题材元素作为标签，对全年200部网络剧进行了分类统计。情感、都市、古装、悬疑等题材相对较多。

刑侦 5部　脱贫攻坚 2部　乡村 3部　科幻 7部

青春 20部　青春校园 21部　犯罪 1部

都市 70部　情感 120部　古装 48部　体育竞技 1部

职业剧 7部　年代 4部

二次元 1部　奇幻 23部　喜剧 25部　玄幻 6部

探险 3部　美食 2部　穿越 8部　悬疑 31部　武侠 3部

数据来源：监管中心统计数据2022.1　　　国家广播电视总局监管中心

图1.2.2　2021年网络剧统计（分题材类型）

1.2.2.1　现实题材·礼赞时代精神 观照社会现实 展现青春风采

现实题材作为2021年网络剧的主体，在全年上线作品中占比约六成。其中，主题创作方面，《约定》以"全面建成小康社会是党和国家与人民的幸福约定"为主题，通过"青年有为""青年永驻"等故事勾勒全面小康缩影；《黄文秀》纪实讲述脱贫攻坚典型人物的责任和担当；《启航：当风起时》记录20世纪90年代年轻创业者奋斗情怀；《在希望的田野上》讲述青年一代积极投身脱贫攻坚和乡村振兴的故事等。这些作品从不同角度讲述时代故事，展示时代精神，特别是展现时代浪潮下青年一代的所作所为所感。

其他现实题材作品覆盖都市情感、青春校园、职场等多种主题，观照社会现实，也保有网络剧自成一派的特色。如女性群像剧《爱很美味》聚焦都市女性职场和婚恋，关注现实但不消费焦虑，赢得广泛好评。《突如其来的假期》通过反模式化的剧情，探讨了代际沟通、性别偏见等社会议题等。

表1.2.2.1　2021年上线的部分现实题材网络剧列表

序号	剧名	题材类型	播出平台	上线时间
1	约定	都市	爱奇艺	2021.02.08
2	工夫	都市	bilibili	2021.05.01
3	黄文秀	脱贫攻坚、青春	爱奇艺、腾讯视频、优酷	2021.06.30
4	突如其来的假期	都市、情感	bilibili	2021.07.16

续表

序号	剧名	题材类型	播出平台	上线时间
5	你是我的荣耀	都市、情感	腾讯视频	2021.07.26
6	启航：当风起时	青春	腾讯视频	2021.09.14
7	在希望的田野上	脱贫攻坚、青春	腾讯视频	2021.09.15
8	再见，那一天	涉案	爱奇艺、腾讯视频	2021.09.21
9	爱很美味	都市、情感	腾讯视频	2021.11.26

数据来源：监管中心统计数据2022.1

国家广播电视总局监管中心

1.2.2.2　情感题材·比重较高　"甜度"较高

情感题材一直是网络剧创作的重要类型之一。网民对这一类型的精神需求客观存在，又因为网络剧持续不断的内容供给，持续强化着网民对情感类网络剧的预期。2021年，受市场波动、政策调控等因素影响，部分市场主体在创作上采取了更加稳妥的策略，回避了一些内容风险系数相对较高的题材，这就使得情感题材网络剧的数量增长到120部，占到全年上线网络剧的60%。这些作品按照时空背景可以划分为都市剧、古装剧、青春剧，但共同之处是主要剧情围绕人物感情线进行，并着重提取甜宠元素，主打"高糖""高甜"。相关作品如《我的巴比伦恋人》《变成你的那一天》等。也有一些作品尝试以甜宠叠加其他类型创作带来新鲜感。如《御赐小仵作》将甜宠与悬疑糅合，将角色的感情线融入探案故事的合理推进中。但总体来看，甜宠剧一定程度上存在雷同化、模式化的现象，存在为过分追求新奇设定而造成情节欠缺合理性的现象。在2021年网络剧大盘中，甜宠剧数量比例相对偏高，一定程度牵制了网络剧创作生产的思想性和丰富性。

表1.2.2.2　2021年上线的部分情感题材网络剧列表

序号	剧名	题材类型	播出平台	上线时间
1	我就是这般女子	古装、情感	腾讯视频	2021.01.18
2	司藤	科幻、悬疑、情感	爱奇艺、腾讯视频、优酷	2021.03.08
3	良辰美景好时光	都市、情感	爱奇艺、腾讯视频	2021.04.08
4	乌鸦小姐与蜥蜴先生	都市、情感、科幻	腾讯视频	2021.04.26
5	御赐小仵作	古装、悬疑、情感	腾讯视频	2021.04.29
6	变成你的那一天	奇幻、情感	爱奇艺	2021.06.17
7	你是我的荣耀	都市、情感	腾讯视频	2021.07.26

续表

序号	剧名	题材类型	播出平台	上线时间
8	循环初恋	穿越、都市、情感	爱奇艺	2021.07.29
9	国子监来了个女弟子	古装、情感	腾讯视频、优酷	2021.09.22
10	我的巴比伦恋人	奇幻、情感	爱奇艺、优酷	2021.09.27

数据来源：监管中心统计数据2022.1　　　　　　　国家广播电视总局监管中心

1.2.2.3　古装题材·数量减少但影响不减

2021年上线古装网络剧48部，较2020年减少16%。虽然数量有所下降，但内容品质较2020年略有提升，从传播影响上看，古装情感仍占据主流市场。年度代表性作品中，《风起洛阳》与2019年的"现象级"作品《长安十二时辰》采用了相同的时代背景、悬疑主题，更有着相似的人物设定、叙事特点、场景风格。剧中悬念起伏的故事、洛阳古都的盛景，都体现着当前网络剧中类型创作和美学呈现的较高水平。《赘婿》由2019年的"现象级"作品《庆余年》班底打造，重点突出诙谐讨喜、红火喜庆的风格，带给观众轻松愉快的观赏体验，与前作相比，虽然风格差别明显，但共同点是充分尊重和还原原著小说的特色。从以上作品不难看出，联动以往成功作品的"姊妹篇"成为2021年古装网络剧的一个重要特点。2021年古装网络剧的另一个圈层热剧、黑马之作是《御赐小仵作》。其受到欢迎的原因，除上述叠加"甜宠""悬疑"的基本设定且故事完成度较高外，也因其"女仵作"的人物设定、插画动画元素等亮点，符合职场女性观众心理，实现了视觉表达创新。

表1.2.2.3　2021年上线的部分古装题材网络剧列表

序号	剧名	题材类型	播出平台	上线时间
1	我就是这般女子	古装、情感	腾讯视频	2021.01.18
2	赘婿	穿越、古装、喜剧	爱奇艺	2021.02.14
3	锦心似玉	古装、情感	腾讯视频	2021.02.26
4	御赐小仵作	古装、悬疑、情感	腾讯视频	2021.04.29
5	千古玦尘	古装、情感、玄幻	腾讯视频	2021.06.17
6	国子监来了个女弟子	古装、情感	腾讯视频、优酷	2021.09.22
7	风起洛阳	古装、悬疑	爱奇艺	2021.12.01

数据来源：监管中心统计数据2022.1　　　　　　　国家广播电视总局监管中心

1.2.2.4 悬疑题材·数量锐减 爆款缺位

悬疑剧历来是网络剧的重要类型之一，但常有"大小年"现象。相比2020年悬疑类网络剧上新不断、热剧迭出的局面，2021年这一题材数量明显减少，"现象级"作品也相对缺乏，整体表现不佳。全年共上线31部悬疑题材网络剧，数量锐减50%。其中，当代涉案类11部，相比2020年减少4部；盗墓类2部，较2020年减少3部。 2021年"迷雾剧场"代表作《八角亭谜雾》，集合了多位优秀创作者进行创作，在悬疑探案故事主线之外，着重刻画了主人公们原生家庭悲剧下的心理创伤与自我修复，在全年作品中相对完成度较高。

表1.2.2.4　2021年上线的部分悬疑题材网络剧列表

序号	剧名	题材类型	播出平台	上线时间
1	御赐小仵作	古装、悬疑、情感	腾讯视频	2021.04.29
2	云顶天宫	悬疑、探险	腾讯视频	2021.07.11
3	云南虫谷	奇幻、悬疑、探险	腾讯视频	2021.08.30
4	再见，那一天	涉案、都市	爱奇艺、腾讯视频	2021.09.21
5	八角亭谜雾	悬疑、涉案	爱奇艺	2021.10.13
6	真相	悬疑、涉案	优酷	2021.10.14
7	致命愿望	科幻、悬疑	爱奇艺	2021.11.03
8	风起洛阳	古装、悬疑	爱奇艺	2021.12.01
9	谁是凶手	悬疑、涉案	爱奇艺	2021.12.05

数据来源：监管中心统计数据2022.1　　　　　　　　　　　国家广播电视总局监管中心

1.2.2.5 青春校园题材·适逢小年 佳作较少

2021年共上线21部青春校园题材网络剧，较2020年减少46%。"清新、校园、怀旧"已经是近几年青春校园剧的高频关键词，但同时也成为了当前青春校园剧的创作瓶颈。2021年上线的青春校园剧，存在内容上创新较少、人物设定单纯、剧情相对简单的现象，多数作品以主角间的双向暗恋、彼此守护为主。

表1.2.2.5　2021年上线的部分青春校园题材网络剧列表

序号	剧名	题材类型	播出平台	上线时间
1	少年如歌	青春校园	爱奇艺	2021.01.07
2	我的初恋是暗恋	青春校园	爱奇艺	2021.01.13

序号	剧名	题材类型	播出平台	上线时间
3	我和我的时光少年	青春校园	腾讯视频	2021.05.28
4	放学别走	青春校园	优酷	2021.06.11
5	薄荷之夏	青春校园	爱奇艺	2021.07.10
6	机智的上半场	青春校园	优酷	2021.08.18
7	麻辣宿舍	青春校园、喜剧	腾讯视频	2021.11.02

数据来源：监管中心统计数据2022.1　　　　　　　　国家广播电视总局监管中心

1.2.2.6 超现实题材·奇幻+情感作品相对较多

2021年超现实题材网络剧共上线43部，较2020年减少23%，内容上多带有奇幻元素，在日常生活基础上加入大胆想象，讲述跨时空、跨次元、跨种族的恋爱故事。如《变成你的那一天》中男女主角互换灵魂，《司藤》在原著陨石催变的基础上加了科幻设定，《我的巴比伦恋人》塑造了异世界的玛丽苏人物，讲述其跨次元来到现实世界的言情故事等。

表1.2.2.6　2021年上线的部分含有超现实元素的网络剧列表

序号	剧名	题材类型	播出平台	上线时间
1	灵域	玄幻	爱奇艺	2021.01.09
2	我的宠物少将军	古装、奇幻、情感	搜狐视频	2021.02.08
3	乌鸦小姐与蜥蜴先生	都市、科幻、情感	腾讯视频	2021.04.26
4	变成你的那一天	奇幻、情感	爱奇艺	2021.06.17
5	千古玦尘	古装、情感、玄幻	腾讯视频	2021.06.17
6	喵请许愿	奇幻、都市、情感	爱奇艺	2021.07.08
7	循环初恋	穿越、都市、情感	爱奇艺	2021.07.29
8	我的巴比伦恋人	奇幻、喜剧、情感	爱奇艺、优酷	2021.09.27
9	致命愿望	科幻、悬疑	爱奇艺	2021.11.03

数据来源：监管中心统计数据2022.1　　　　　　　　国家广播电视总局监管中心

1.2.2.7 30集以内短剧成常态，24集成常见体量

2021年上线的网络剧，30集以内的作品163部，占比超过八成。从过去几年情况看，2020年30集以内的199部，占比87%；2019年30集以内的178部，占比88%，30集以内短剧已成网络剧的常态。

2021年上线的网络剧中，单部12集的40部，较2020年的80部锐减。同时，24集的63部，较2020年的46部显著增加。24集成为了2021年网络剧的常见体量。2020年单部12集作品，多数为爱奇艺分两季播出的分账剧，2021年爱奇艺调整分账规则，修改按照季（部）定价的方式，这也使得曾经选择分季播出的分账剧，2021年改为选择一季播完，这也是使得2021年单部12集的网络剧锐减，单部24集的网络剧激增的重要原因。

（单位：部）

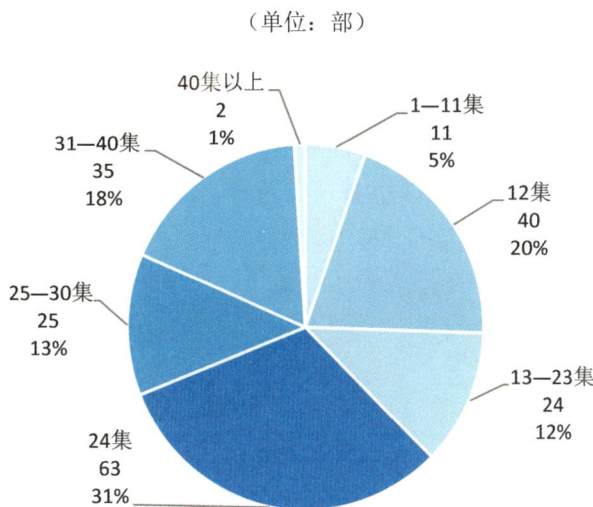

数据来源：监管中心统计数据2022.1　国家广播电视总局监管中心

图1.2.2.7（1）　2021年网络剧单部集数统计

（单位：部）

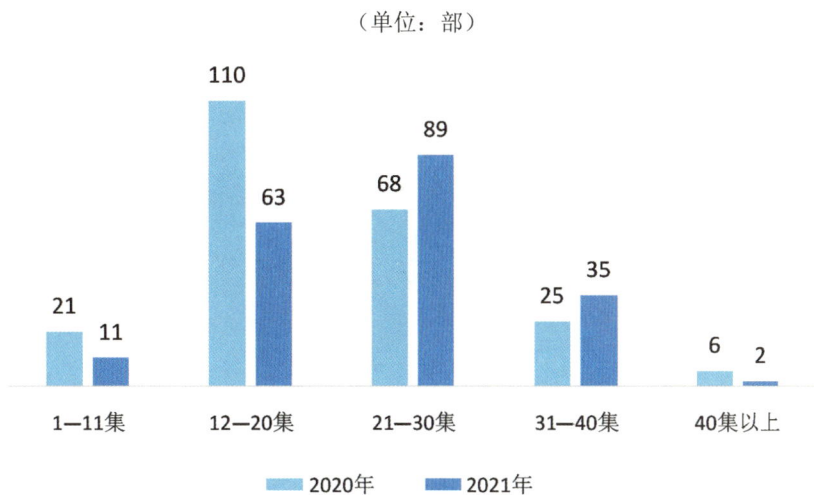

数据来源：监管中心统计数据2022.1　国家广播电视总局监管中心

图1.2.2.7（2）　2020—2021年网络剧单部集数对比

1.2.2.8　故事来源·原创剧本现实题材居多　改编剧本类型化特征明显

2021年原创剧本网络剧110部，占全部作品的55%，占比较高。在内容方面，原创作品更注重现实题材的深度挖掘，创作活力有所提升。如主题创作《约定》《黄文秀》，以及反映当下生产生活的《工夫》《在希望的田野上》等。另有一些都市剧也可圈可点。如《爱很美味》聚焦都市女性群体，质感细腻、节奏明快，内容真实但不收割焦虑。《突如其来的假期》在碎片化叙事中穿插对逝去母亲的回忆，寻求自己同母亲的和解，不失幽默的表达也让人笑中含泪。医疗剧《脑海深处》、刑侦剧《沉默的证明》等反映"身边人身边事"的原创故事也都表现不俗。

改编剧本数量占比45%，其中改编自文学作品的71部，改编自漫画、游戏等作品的共19部。2021年IP改编剧集虽然也有现实题材，如《启航：当风起时》，但更多的改编作品仍沿袭了原作的类型化特征和圈层属性。如女性向内容的《赘婿》《司藤》，男性向的《风起洛阳》《云南虫谷》等。

1.2.3　制作传播

1.2.3.1　播出平台·各主要平台内容布局各有侧重

2021年网络剧中独播剧179部，占比89%。播出平台分布方面，爱奇艺（52部）、腾讯视频（44部）、优酷（44部）独播作品数量居前，都在40部以上，芒果TV（23部）紧随其后，搜狐视频（11部）、bilibili（5部）也有一定数量作品上线。与2020年相比，爱奇艺独播（88部）、优酷独播（57部）网络剧数量均有明显减少，这也是平台控制内容成本的一个直接表现。

多平台上线网络剧比例为11%，比2020年（6%）提高5个百分点。其中不乏热度较高的作品，如《司藤》在爱奇艺、腾讯视频、优酷3家平台联播，形成了较大影响等。

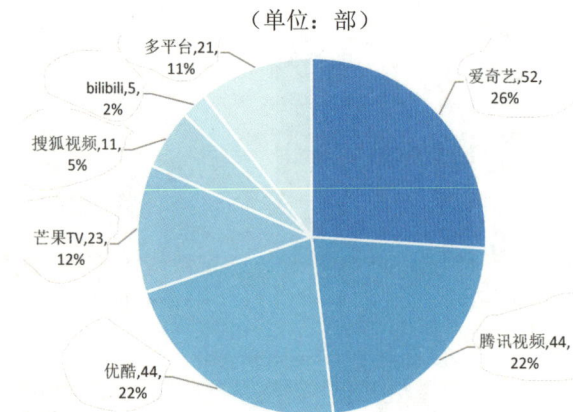

（单位：部）

多平台,21, 11%
bilibili,5, 2%
搜狐视频,11, 5%
芒果TV,23, 12%
优酷,44, 22%
腾讯视频,44, 22%
爱奇艺,52, 26%

数据来源：监管中心统计数据2022.1　　　　　国家广播电视总局监管中心

图1.2.3.1（1）　2021年网络剧统计（分播出平台）

从上线作品绝对数量来看，爱奇艺、腾讯视频、优酷领先优势依然明显，芒果TV独播作品占比明显更高。

（单位：部）

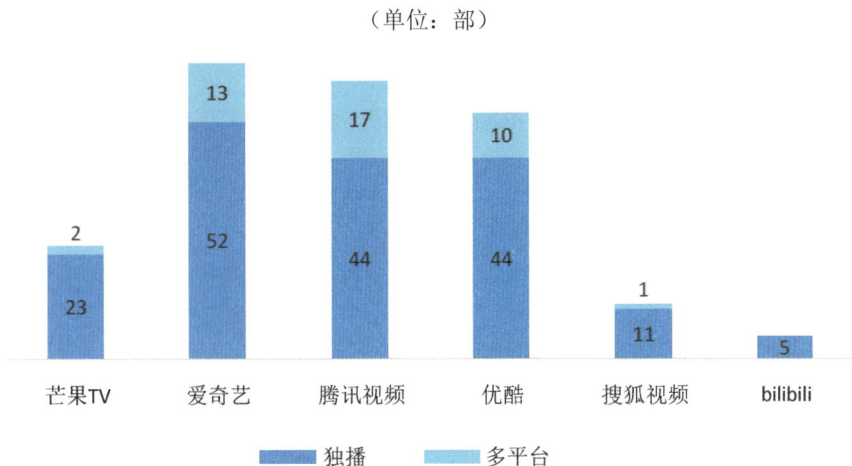

数据来源：监管中心统计数据2022.1　　　　　国家广播电视总局监管中心

图1.2.3.1（2）　2021年主要播出平台网络剧数量统计

爱奇艺上线独播网络剧52部，占全年上线网络剧的26%。相比2020年上线独播网络剧88部的盛况，可以清晰看到爱奇艺在网络剧领域"控本增效"的意图。"迷雾剧场""恋恋剧场"继续聚焦悬疑与情感题材，持续打造剧场品牌。同时，爱奇艺围绕《风起洛阳》这一重点项目，提出"华夏古城宇宙"系列IP，尝试对同一IP进行多种内容形态开发的新思路。除《风起洛阳》外，爱奇艺2021年影响较大的作品还有《约定》《赘婿》《八角亭谜雾》等。

腾讯视频上线独播网络剧44部，占全年上线网络剧的22%，相比2020年的37部略有增加。腾讯视频网络剧创作播出仍以自制IP剧为主，在参与出品的33部网络剧中，IP改编剧占67%。代表性作品中，《御赐小仵作》《你是我的荣耀》系IP改编作品。另外，腾讯视频于年底上线"十分剧场"，开始发力网络微短剧领域。

优酷上线独播网络剧44部，占全年上线网络剧的22%，相比2020年的57部也有明显减少。总的看，2021年，优酷独播网络剧有较大影响的作品不多，这与平台剧集类作品的总体布局有关。与此同时，2021年优酷继续强化宠爱剧场、悬疑剧场、港剧场等内容版块的运营，情感题材依旧是其网络剧的主打内容。

芒果TV上线独播网络剧23部剧，占全年网络剧的12%。2021年，芒果TV独播策略进一步强化，独播剧占比达92%，较2020年（81%）上涨11个百分点。排播上，网台联动上线"季风剧场"，相关作品呈现集数少、单集时长较长、剧情集中的特点，在风格、题材上也有所突破。

bilibili2021年在网络剧领域也有新动作，上线的5部独播网络剧，均为原创剧本作品。其中，bilibili直接参与出品的4部作品均侧重于女性题材、风格感强烈、契合bilibili画风，促使站内产生了较多关于剧集的二次创作，加速了剧集的传播扩散。另外，2021年bilibili也推出网络微短剧剧场——轻剧场，开始对网络微短剧领域进行布局。

1.2.3.2　焦点图推广·推荐节目数量占比超五成，独播和平台参制剧集成推荐重点

2021年上线的200部网络剧中，芒果TV、爱奇艺、腾讯视频、优酷等主要网络视听平台在首页首屏焦点图共推荐约104部，占比超五成。其中，芒果TV全年上线25部网络剧，焦点图推荐19部，占比最高为76%，爱奇艺、腾讯视频、优酷对网络剧的推荐比例也分别达到60%、61%、56%。

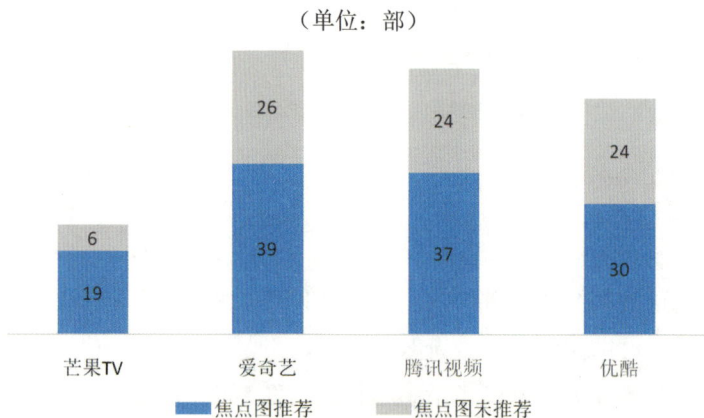

数据来源：监管中心统计数据2022.1　　　　　　国家广播电视总局监管中心

图1.2.3.2（1）　2021年主要网络视听平台上线网络剧首页焦点图推荐情况

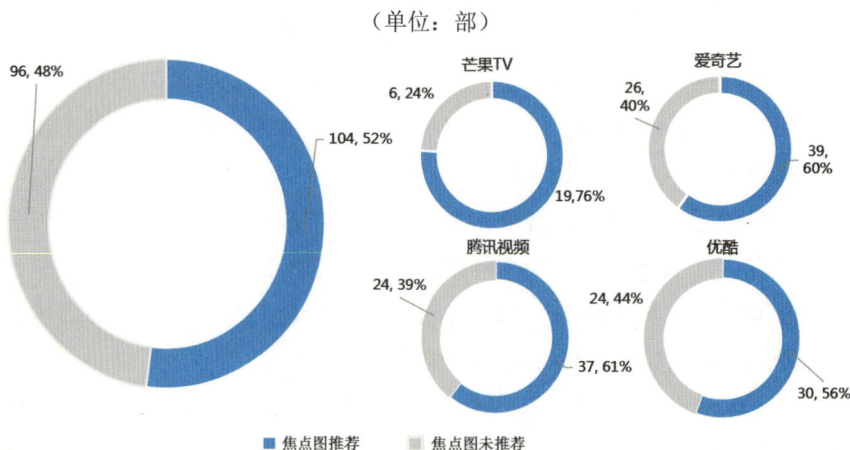

数据来源：监管中心统计数据2022.1　　　　　　国家广播电视总局监管中心

图1.2.3.2（2）　2021年主要网络视听平台网络剧焦点图推荐数量统计

　　芒果TV首页焦点图共推荐网络剧19部，占上线总数的76%。芒果TV对网络剧的焦点图推荐侧重于网页端。独播自制剧是芒果TV的推荐重点，《亲爱的吾兄》《暗格里的秘密》《不可思议的爱情》《百灵潭》等推荐力度较大的作品均为独播自制剧，且多数都带有青春、情感元素，与平台青春向调性高度契合。

表1.2.3.2（1）　2021年芒果TV部分首页首屏焦点图重点推荐网络剧列表

序号	剧名	题材类型	上线时间
1	不可思议的爱情	都市、情感	2021.01.31
2	玲珑狼心	古装、情感	2021.02.15
3	暗格里的秘密	青春校园	2021.08.10
4	百灵潭	古装、情感	2021.08.22
5	亲爱的吾兄	古装、情感	2021.09.15

数据来源：监管中心统计数据2022.1　　　　　　　　　国家广播电视总局监管中心

　　爱奇艺首页焦点图共推荐网络剧39部，占上线总数的60%，移动端和网页端推荐力度相当，网页端稍多。"迷雾剧场""恋恋剧场"上线的剧集，均获得了较长时间的持续推荐，进一步扩大了剧场的热度与讨论度。

表1.2.3.2（2）　2021年爱奇艺部分首页首屏焦点图重点推荐网络剧列表

序号	剧名	题材类型	上线时间
1	司藤	科幻、悬疑、情感	2021.03.08
2	玉昭令	古装、情感	2021.03.30
3	良辰美景好时光	都市、情感	2021.04.08
4	公子倾城	古装、情感	2021.09.16
5	嘉南传	古装、情感	2021.10.07

数据来源：监管中心统计数据2022.1　　　　　　　　　国家广播电视总局监管中心

　　腾讯视频首页焦点图共推荐网络剧37部，占上线总数的61%，移动端的推荐力度略大于网页端。平台参与制作剧集成推荐重点，推荐力度较大的《锦心似玉》《国子监来了个女弟子》《良辰美景好时光》均为腾讯视频参制。另外，IP改编作品获得了更多的焦点图推荐资源倾斜，且这些剧集作品集中在古装情感与都市情感题材。

表1.2.3.2（3）　2021年腾讯视频部分首页首屏焦点图重点推荐网络剧列表

序号	剧名	题材类型	上线时间
1	锦心似玉	古装、情感	2021.02.26
2	司藤	科幻、悬疑、情感	2021.03.08
3	良辰美景好时光	都市、情感	2021.04.08
4	启航：当风起时	青春	2021.09.14
5	国子监来了个女弟子	古装、情感	2021.09.22

数据来源：监管中心统计数据2022.1　　　　　　　　　国家广播电视总局监管中心

优酷首页焦点图共推荐网络剧30部，占上线总数的56%，移动端的推荐力度略大于网页端。平台参与制作的独播剧推荐力度大，且覆盖的题材多样，其中"宠爱剧场"播出剧集推荐较多。

表1.2.3.2（4）　2021年优酷部分首页首屏焦点图重点推荐网络剧列表

序号	剧名	题材类型	上线时间
1	全世界都不如你	喜剧、情感	2021.04.19
2	你微笑时很美	青春、情感	2021.06.23
3	你好，火焰蓝	都市、情感	2021.07.08
4	我的邻居长不大	都市、情感	2021.07.12
5	皎若云间月	古装、情感	2021.10.04

数据来源：监管中心统计数据2022.1　　　　　　　　　国家广播电视总局监管中心

1.2.3.3 剧场运营·渐成规模效应品牌效应

2020年，剧场模式开始成为网上剧集播出的重要编播形式。2021年剧场化运营规模进一步扩大、数量增加、覆盖作品类型更加丰富，各剧场的品牌效应也有所增强。

2021年5月，芒果TV推出"季风剧场"，在播出方式上，既包含湖南卫视与芒果TV台网联播剧，又包含芒果TV独播的网络剧。作品体量以短剧为主，单集时长36分钟—70分钟不等，目前已经上线7部作品。作为非类型化剧场，"季风剧场"作品内容覆盖都市、悬疑等多种题材。

爱奇艺"迷雾剧场"第二季2021年上线4部作品，故事内容在不同程度上进行了创新，向复合型悬疑拓展，面向更广泛的社会性问题，如对家庭伦理、网络暴力等内容的探讨，但在口碑与热度上不及2020年。同时，爱奇艺还在2021年5月推出主打"甜向情感剧"的"恋恋剧场"，设定较为鲜明，目前上线的7部作品主要以奇幻情感为主，如包含男女互换身体、时空穿梭、猫星少女等高概念设定等。

优酷2021年对"宠爱剧场"与"悬疑剧场"的运营更见规模，以情感为主的"宠爱剧场"在剧集数量上稳步提升，在类型剧基础上创新点更加丰富。

2021年，同一平台、同一剧场中没有出现"现象级"网络剧接连面世的局面。因此，有关平台的剧场品牌效应，也没有复刻2020年"迷雾剧场"一炮而红广为人知的现象。但剧场模式的进一步发展，也体现出了各平台在网络剧编播运营上的持续探索和努力。

1.2.3.4　制作出品·平台策略存在差异

2021年上线的200部网络剧共有436家机构（数据由剧集片尾统计得出，未提供相关信息的网络剧未纳入统计）参与出品。

与往年类似，在所有出品机构中，主要网络视听机构出品数量占比较大，芒果TV、爱奇艺、腾讯视频、优酷、搜狐视频、bilibili 6家网络视听机构共出品网络剧114部，约占上线网络剧总数的六成。其中，腾讯视频以34部居首位，爱奇艺出品33部，优酷出品26部，芒果TV出品17部，搜狐视频出品6部，bilibili出品4部。头部网络剧多数为平台参与出品。

平台参与出品涉及自制剧、定制剧、分账剧等平台参与剧集投资制作，反映的是平台与作品的关联关系，平台与制作方合作也有多种方式。但通过外显的"客观数据"，也可以看出各平台在网络剧布局上的策略差异。比如，相比2020年，爱奇艺、优酷参与出品网络剧数量有较为明显的缩减，但芒果TV却有所增加。搜狐视频、bilibili虽然总量不多，但数量也有所增加。特别是芒果TV，不仅出品作品总数有所增加，而且单独出品的数量翻番，比例明显提升，从中可以看出芒果TV布局剧集类作品自制能力的成效。

主要网络视听机构参与出品的网络剧，其排播分销情况也有所差异，芒果TV、搜狐视频和bilibili参与出品作品全部在本平台独播，而爱奇艺、腾讯视频和优酷参与出品作品的独播比例则呈现出下降趋势。

表1.2.3.3　2021年主要网络视听机构参与出品网络剧列表

网站名称	年份	总量	单独出品（部）	与制作公司共同出品（部）	与其他网站、制作公司联合出品（部）	出品作品中在本网站独播数量（部）	独播作品比例
芒果TV	2021年	17	11	6	0	17	100%
	2020年	15	6	9	0	14	93%

续表

网站名称	年份	总量	单独出品（部）	与制作公司共同出品（部）	与其他网站、制作公司联合出品（部）	出品作品中在本网站独播数量（部）	独播作品比例
爱奇艺	2021年	33	5	27	1	25	76%
	2020年	45	4	38	3	41	91%
腾讯	2021年	34	4	28	2	26	76%
	2020年	37	5	31	1	31	84%
优酷	2021年	26	4	21	1	21	81%
	2020年	35	1	32	2	29	83%
搜狐视频	2021年	6	5	1	0	6	100%
	2020年	4	1	3	0	3	75%
bilibili	2021年	4	1	3	0	4	100%
	2020年	2	1	1	0	2	100%

数据来源：监管中心统计数据2022.1　　　　　　　　　　国家广播电视总局监管中心

老牌影视制作公司，以及近几年在网络影视制作领域历练成长的影视公司已经成为网络剧制作的中坚力量，网络剧头部作品大多出自这些机构。如新丽传媒和腾讯视频共同出品的《赘婿》，留白影视和爱奇艺共同出品的《风起洛阳》，小糖人和腾讯视频共同出品的《启航：当风起时》，万年影业和bilibili共同出品的《突如其来的假期》，五元文化和爱奇艺共同出品的《致命愿望》，灵河文化和腾讯视频共同出品的《御赐小仵作》，工夫影业和优酷共同出品的《我的巴比伦恋人》等，都表现较为亮眼。同时，2021年也有七成影视公司系首次参与出品网络剧，这一比例与往年大体持平。

在主创团队方面，2021年有知名一线电影导演参与网络剧制作，如王小帅执导《八角亭谜雾》、冯小刚执导《北辙南辕》，为网络剧提供了更具电影质感的视听效果。播出期间，除了对剧集内容层面的讨论外，观众对电影知名导演执导网络剧的讨论热度也比较高。知名导演为网络剧创作带来了更多经验丰富的幕后团队和演员阵容。如《八角亭谜雾》云集了段奕宏、郝蕾、祖峰、吴越等多位优秀演员等。2021年，也有部分青年导演延续类型化风格，持续深耕网络剧，作品反响可圈可点。如执导过《最好的我们》《棋魂》等网络剧的导演刘畅，2021年继续深耕青春题材，执导了《启航：当风起时》。又如曾执导《柒个我》《人不彪悍枉少年》等网络剧作品的导演邓科，2021年尝试突破，执导了喜剧作品《赘婿》等。

1.2.3.5 分账规则·更注重考量实际播出效果

2021年，各主要平台对网络剧分账规则进行了进一步调整优化，一个突出的特点，就是更注重将实际播出效果与合作方的收益进行关联。具体体现在将收益公式中的关键变量从"有效播放次数"向"观看时长"调整，项目的级别和单价，也由播出前确定，向动态可变、播后确定的方向调整。（分账规则详情参见本报告附表）

以爱奇艺、优酷为例，爱奇艺2021年12月1日将收益公式中的会员有效播放次数调整为会员观看时长，同时对有潜力的优质项目给予更多宣推扶持。从2021年的分账剧市场表现来看，分账金额相比往年有所回落。腾讯视频2021年6月8日针对分账单价、内容补贴、保底规则、推广资源配置进行了一定更新升级，取消原有会员有效播放次数，以会员用户累计观看时长作为计算会员分账收入的标准。优酷2021年10月28日推出"播后定级"模式，取消单集固定定价，新规则初始单价为3元，根据实际播出效果，提升单价，最高为25元，该规则于2022年1月1日正式上线。

1.3 网络首播电视剧

1.3.1 概貌

2021年，按照"电视剧"立项备案，获得《电视剧发行许可证》，且各集（或部分集）在网络视听机构先于上星卫视播出的"网络首播电视剧"，全网共上线79部，数量与2020年基本持平。

（单位：部）

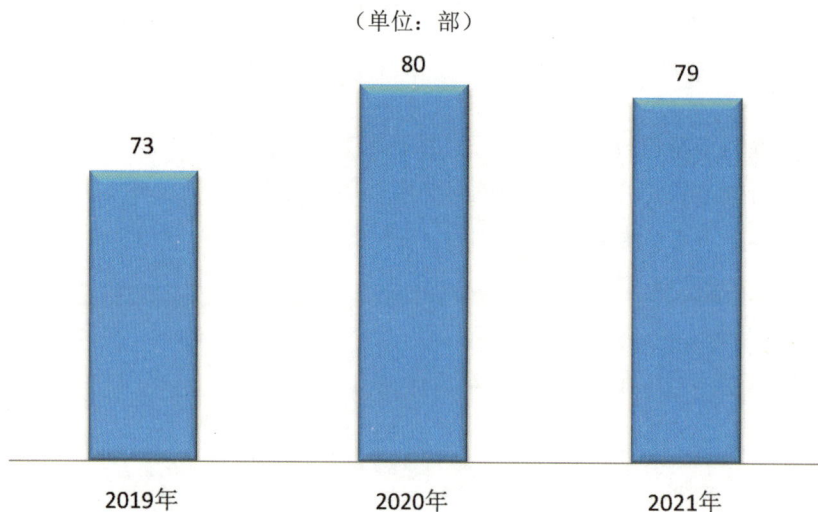

数据来源：监管中心统计数据2022.1

国家广播电视总局监管中心

图1.3.1（1） 2019—2021年新上线网络首播电视剧数量

在79部作品中，47部截至2021年末仅在互联网播出，8部先网后台播出（以首集首播计，网络视听机构先于上星卫视至少一天开播），24部网台同步播出但网站会员优先观看（网络视听机构、上星卫视同日开播，但网站会员可先于电视观众观看各集或部分集）。

（单位：部）

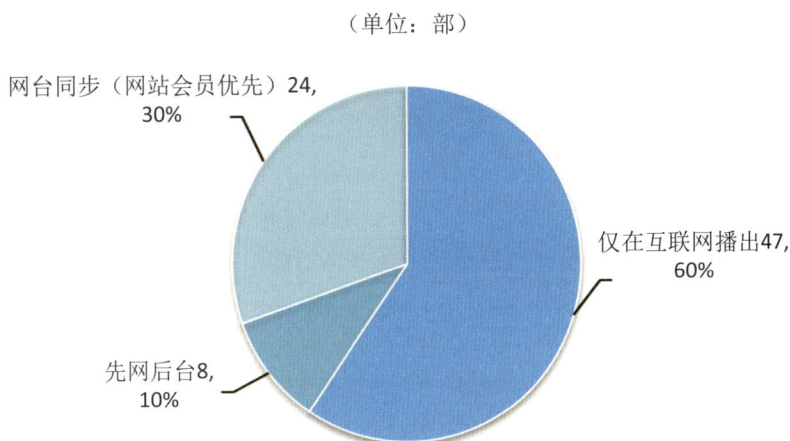

网台同步（网站会员优先）24，30%

仅在互联网播出47，60%

先网后台8，10%

数据来源：监管中心统计数据2022.1

国家广播电视总局监管中心

图1.3.1（2）　2021年网络首播电视剧统计（分类别）

　　网络首播电视剧，其"网络首播"的原因，有以下几类：一是网络视听机构主投、参投，因而在排播上拥有较大话语权；二是作品自立项起就计划以互联网为主发行渠道，内容上网络特色较为鲜明；三是由于其他原因，未在电视渠道发行。

　　79部网络首播电视剧中，截至2021年末仅在互联网播出的有47部，较2020年减少了17部；先网后台播出有8部，较2020年增加了3部；网台同步且网站会员优先观看的有24部，较2020年增加了14部。另外，32部在电视台亦有发行的作品，在中央电视台电视剧频道、湖南卫视、北京卫视等一线卫视播出的较多。特别是，网台同播剧中，有13部系卫视黄金档与网络渠道同步播出，成为年度大剧热剧的集中地，如《扫黑风暴》《理想之城》等。

表1.3.1　2021年部分关注度较高、影响力较大的网络首播电视剧列表

序号	剧名	题材类型	排播方式	卫视播出平台	网络播出平台	上线时间
1	斗罗大陆	古装、玄幻	网台同步（会员优先）	中央电视台电视剧频道	腾讯视频、央视频	2021.02.05
2	你是我的城池营垒	军旅、情感	先网后台	中央电视台电视剧频道	爱奇艺、腾讯视频、优酷	2021.03.11
3	叛逆者	年代、谍战剧	网台同步（会员优先）	中央电视台电视剧频道	爱奇艺	2021.06.07
4	我在他乡挺好的	都市、情感	网台同步（会员优先）	湖南卫视	芒果TV	2021.07.19
5	扫黑风暴	悬疑、刑侦	网台同步（会员优先）	东方卫视、北京卫视	腾讯视频	2021.08.09

续表

序号	剧名	题材类型	排播方式	卫视播出平台	网络播出平台	上线时间
6	理想之城	都市、职业、情感	网台同步（会员优先）	东方卫视、中央电视台电视剧频道	爱奇艺	2021.08.12
7	周生如故	古装	先网后台	安徽卫视	爱奇艺	2021.08.18
8	一生一世	都市、情感	先网后台	安徽卫视	爱奇艺	2021.09.06
9	您好！母亲大人	都市、情感	只在互联网播出	/	爱奇艺、腾讯视频、优酷	2021.10.13
10	女心理师	都市、情感、悬疑	只在互联网播出	/	优酷	2021.11.23
11	对手	都市、悬疑、刑侦	网台同步（会员优先）	中央电视台电视剧频道	爱奇艺	2021.12.16

数据来源：监管中心统计数据2022.1　　　　　国家广播电视总局监管中心

从获得发行许可证年份看，79部作品中，2019年和2019年之前获准发行的剧集有22部。

（单位：部）

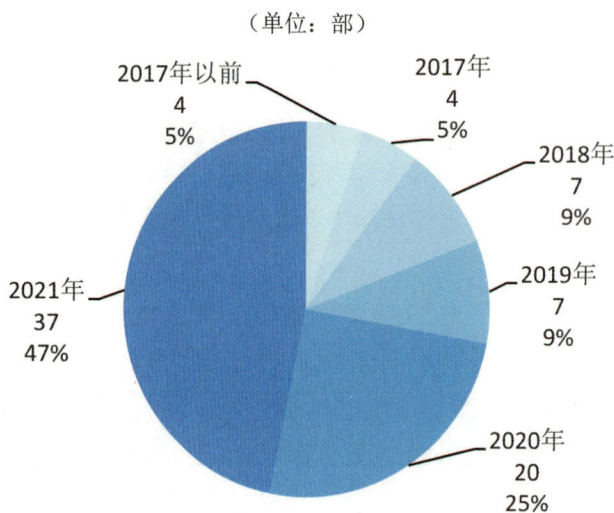

数据来源：监管中心统计数据2022.1　　　　　国家广播电视总局监管中心

图1.3.1（3）　2021年网络首播电视剧统计（取得发行许可年份）

1.3.2　节目内容

我们采取"贴标签"的方式，根据一部剧展现的内容，选取其中包含的1—3个主要题材元素作为标签，对全年79部网络首播电视剧进行了分类统计，情感、都市、古装、悬疑等题材相对较多。与网络剧相比，网络首播电视剧以都市情感、刑侦探案、职业剧等现实题材为主。同时，在网络剧相对缺位的军旅、谍战题材上网络首播电视剧此类作品较多，而在网络剧中较为常见的玄幻、奇幻等超现实题材网络首播电视剧此类则较少。

数据来源：监管中心统计数据2022.1　　　　　　　　　　国家广播电视总局监管中心

图1.3.2　2021年网络首播电视剧统计（分题材类型）

1.3.2.1　现实题材·占比超七成 优秀作品迭出

网络首播电视剧中现实题材共57部，占比超七成。这类作品既符合政策鼓励方向，也体现了国剧一贯的写实气质。相关作品以都市情感剧、行业剧、刑侦剧居多，均属于符合"国民口味"的题材。其中，以扫黑除恶专项斗争为背景的《扫黑风暴》，凭借对真实事件的艺术还原、独具特色的人物设定，"硬核"网感的表达获得了广泛认可，反映了当下依法严惩黑恶势力的力度。聚焦建筑造价师的行业剧《理想之城》，一扫以往不少同类作品"披着行业剧外衣谈恋爱"的窠臼，对职场生态的描摹生动细致写实，更在此基础上体现出了温度和格局，鼓舞职场中的"打工人"保持初心、苦干实干、实现自我价值。反映大都市异乡青年生活状态的《我在他乡挺好的》，以近年颇为流行的女性群像手法切入，不避讳苦涩，并用"办法总比困难多"的积极态度给人以慰藉和鼓励。

1.3.2.2　都市情感·贴近现实生活

带有都市情感元素的网络首播电视剧共37部，约占播出总数的47%。网络剧、网络首播电视剧对都市情感的表现侧重、表现手法有着明显差别。网络剧偏重甜宠模式，而网络首播电视剧则延续国产电视剧的常见风格，多从现实生活出发，广泛融合职场、家庭等元素。如《月光变奏曲》不仅描写男女主人公的浪漫爱情，展现当代青年在职场中摸爬滚打、实现自我价值的过程，作品也因此更加立体，带给观众的代入感更强。《沉睡花园》以单元剧形式展开，剧情同样贴近现实生活，聚焦社会和文化生活热点，反映当代年轻人在现实中可能遭遇的各种情感疑惑等。

1.3.2.3 悬疑题材·偏重刑侦探案内容

2021年悬疑题材网络首播电视剧共15部，占全年上线总数的19%，内容包括刑侦探案、谍战、寻宝探险、古装悬疑等。悬疑题材同样是凸显网络剧、网络首播电视剧艺术表现差异的一个重要题材。网络剧中的悬疑题材大致分为探案和寻宝两类，其中探案又多侧重烧脑推理，而网络首播电视剧中的悬疑题材，其主体是刑侦剧、公安剧，相比网络剧，写实性更强，悬疑属性相对较弱。2021年网络首播电视剧中的《扫黑风暴》《猎狼者》《刑警之海外行动》《双探》《对手》等作品，都赢得了较高的口碑。

1.3.2.4 古装剧·减量提质 热剧上星

2021年上线14部古装题材网络首播电视剧，占全年上线总数的18%，较2020年（22部）减少36%。网络剧中的古装题材是"天马行空"之地，常常与情感、悬疑、玄幻、穿越、喜剧、武侠等多种类型元素混搭。相比之下，网络首播电视剧中古装题材作品画风相对传统，多为情感、玄幻、武侠等观众较为熟悉的表现主题与叙事手法。同时，网络剧中的多数古装剧偏向于"小而美"，而网络首播电视剧中的古装剧多数为大IP、大制作。

2021年有8部古装题材网络首播电视剧在卫视播出，其中有5部在黄金档播出，这些作品也都取得了较高的关注度和话题度。

表1.3.2 2021年古装题材网络首播电视剧上星列表

序号	剧名	题材类型	首播卫视	卫视首播日期	播出平台	上线时间	排播方式
1	斗罗大陆	玄幻、古装	中央电视台电视剧频道	2021.02.05	腾讯视频、央视频	2021.02.05	网台同步
2	大宋宫词	古装、情感	江苏卫视（黄金档）	2021.10.21	爱奇艺、腾讯视频、优酷	2021.03.20	先网后台
3	长歌行	古装、情感	山东卫视	2021.03.31	腾讯视频	2021.03.31	网台同步
4	与君歌	古装、悬疑、情感	湖南卫视（黄金档）	2021.08.08	芒果TV	2021.08.08	网台同步

序号	剧名	题材类型	首播卫视	卫视首播日期	播出平台	上线时间	排播方式
5	天龙八部	古装、武侠	中央电视台电视剧频道	2021.08.14	腾讯视频	2021.08.14	网台同步
6	周生如故	古装	安徽卫视（黄金档）	2021.12.18	爱奇艺	2021.08.18	先网后台
7	斛珠夫人	古装、奇幻、情感	北京卫视（黄金档）	2021.11.13	腾讯视频	2021.11.10	先网后台
8	雪中悍刀行	古装、武侠	中央电视台电视剧频道（黄金档）	2021.12.15	腾讯视频、中国网络电视台	2021.12.15	网台同步

数据来源：监管中心统计数据2022.1　　　　　　　　　　国家广播电视总局监管中心

1.3.2.5　剧本来源·改编剧本作品表现亮眼

故事来源方面，2021年的网络首播电视剧中原创剧本作品38部，占全年上线总数的48%；改编剧本作品41部，占全年上线总数的52%。总体来看，2021年改编剧本作品从内容品质到热度口碑均表现较好。在较好吸收原著情节的基础上，进一步深化了主题立意。例如，改编自网络小说的《理想之城》围绕建筑领域大企业、小公司的真实职场环境，生动还原职场百态，被国家广播电视总局获评为"2021年度优秀海外传播作品"。《您好！母亲大人》改编自作家不良生的散文集，用平淡温暖的笔触，勾勒了母子间的亲情羁绊，将亲情主题升华到爱与告别的成长必修课。部分类型剧也有上佳表现，如改编自同名小说的谍战剧《叛逆者》以鲜明的艺术特征和年代气息受到观众喜爱，该剧在中央电视台电视剧频道黄金档播出后，在中央电视台综合频道加播。改编自网络作家唐家三少同名小说的《斗罗大陆》，在小说和动漫原作的人气基础上，电视剧作品也实现了较高关注度。2021年的原创剧本剧集如《扫黑风暴》《我在他乡挺好的》也取得较好反响。

1.3.2.6　网络视听机构参与出品的境外剧

2021年，在网络视听机构播出的境外剧中，网络视听机构参与出品的剧集共6部，这些剧集均为平台重点布局作品，均在相应平台首页焦点图获推荐，且均为平台独播。

表1.3.3　2021年网络视听机构参与出品的境外剧列表

序号	剧名	出品机构	发行许可证	播出平台	是否独播	上线时间	制片地区
1	陀枪师姐2021	上海腾讯企鹅影视文化传播有限公司、香港无线电视广播有限公司	（粤）剧审网字（2021）第0001号	腾讯视频	是	2021.01.25	中国香港
2	刑侦日记	优酷信息技术（北京）有限公司、香港无线电视广播有限公司	（沪）剧审网字（2021）第0086号	优酷	是	2021.06.15	中国香港
3	致我们暖暖的小时光（泰国版）	上海腾讯企鹅影视文化传播有限公司、上海灵迅影视传媒有限公司、盈亚传媒文化有限公司	（粤）剧审网字（2021）第0064号	腾讯视频	是	2021.09.26	泰国
4	无神之地不下雨	北京爱奇艺科技有限公司、三凤制作	（沪）剧审网字（2021）第0285号	爱奇艺	是	2021.10.17	中国台湾
5	杉杉来吃	芒果超媒股份有限公司、湖南芒果娱乐有限公司、芒果影视文化有限公司	（湘）剧审网字（2021）第0088号	芒果TV	是	2021.11.11	泰国
6	飞虎之壮志英雄	优酷信息技术（北京）有限公司、邵氏兄弟国际影业有限公司	（京）剧审网字（2021）第0144号	优酷	是	2021.12.16	中国香港

数据来源：监管中心统计数据2022.1　　　　　　　　国家广播电视总局监管中心

1.3.3　制作传播

1.3.3.1　播出平台·差异化策略明显

2021年，网络首播电视剧的播出平台以芒果TV、爱奇艺、腾讯视频、优酷为主。独播剧与多平台播出剧六四开。网络首播电视剧中独播剧的比例（63%），明显低于网络剧（89%）。

（单位：部）

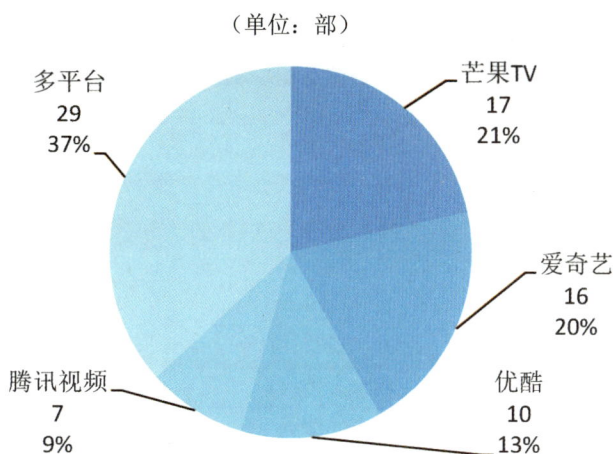

数据来源：监管中心统计数据2022.1

国家广播电视总局监管中心

图1.3.3.1（1） 2021年各播出平台网络首播电视剧数量统计

独播剧方面，芒果TV 17部，数量最多。爱奇艺以16部位居第二，优酷10部，腾讯视频7部。

多平台播出剧方面，共29部，从数量上看，集中在爱奇艺、腾讯视频、优酷3家，这3家各自上线作品中，拼播剧的比例均达半数以上。其中，爱奇艺、腾讯视频两家拼播作品11部；爱奇艺、腾讯视频、优酷3家拼播作品7部。平台拼播一方面丰富了平台的内容供给，另一方面也控制了内容成本。

表1.3.3.1 2021年网络首播电视剧主要网络视听平台拼播情况

序号	节目名称	题材类型	播出平台	上线时间
1	你是我的城池营垒	军旅、情感	爱奇艺、 腾讯视频、优酷	2021.03.11
2	大宋宫词	古装、情感		2021.03.20
3	风暴舞	悬疑、都市、谍战		2021.04.25
4	壮志高飞	青春、职业剧		2021.05.27
5	一剪芳华	年代、传奇		2021.08.31
6	您好！母亲大人	都市、情感		2021.10.13
7	勇敢的心 第二季	近代、革命		2021.12.29
8	这个世界不看脸	都市、情感	爱奇艺、腾讯视频	2021.01.11
9	你好，安怡	科幻、情感		2021.02.19
10	一起深呼吸	都市、情感		2021.03.23
11	骊歌行	古装、情感		2021.04.15
12	不说再见	都市、刑侦		2021.06.22
13	你的名字我的姓氏	都市、情感		2021.07.26

续表

序号	节目名称	题材类型	播出平台	上线时间
14	前行者	谍战、年代	爱奇艺、腾讯视频	2021.10.22
15	梦见狮子	都市、情感		2021.10.28
16	良言写意	都市、情感		2021.11.30
17	赖猫的狮子倒影	都市、情感		2021.12.30
18	啼笑书香	古装		2021.12.31
19	暗恋橘生淮南	青春、情感	芒果TV、腾讯视频	2021.01.20
20	玲珑	玄幻、古装、情感		2021.01.29
21	飞鸟集	都市、情感		2021.06.03
22	海上繁花	都市、情感	芒果TV、爱奇艺、腾讯视频、优酷、乐视视频	2021.06.23
23	我和我们在一起	都市、情感		2021.06.28
24	斗罗大陆	古装、玄幻	腾讯视频、中国网络电视台	2021.02.05
25	雪中悍刀行	古装、武侠		2021.12.15
26	抓的就是你	刑侦、悬疑	爱奇艺、风行网、聚力（PP）	2021.03.01
27	生活万岁	都市、情感	爱奇艺、中国网络电视台	2021.03.03
28	无忧面包店 第二季	校园	爱奇艺、腾讯视频、乐视视频、聚力（PP）、咪咕视频	2021.08.23
29	空姐日记	青春、励志	优酷、乐视视频	2021.10.13

（单位：部）

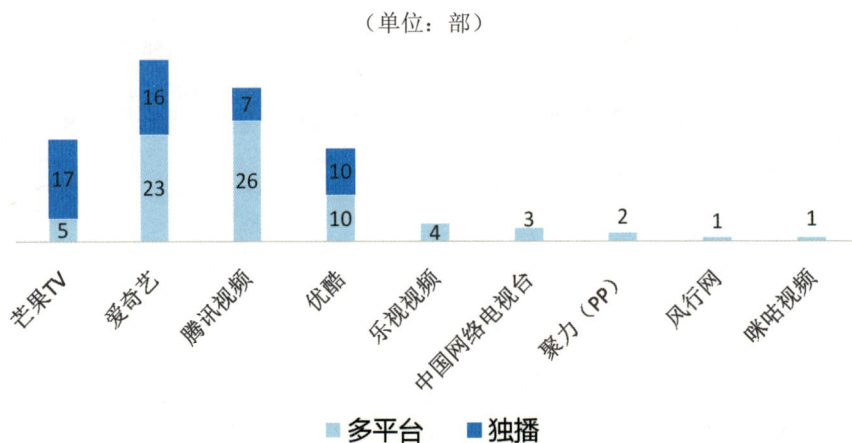

数据来源：监管中心统计数据2022.1

国家广播电视总局监管中心

图1.3.3.1（2）　2021年各播出平台网络首播电视剧数量统计

芒果TV"独播战略"趋势明显，独播剧占平台全部作品的77%。其中，芒果TV

12部单独参与出品的网络首播电视剧均在自家独播。此外，芒果TV与湖南卫视一体联动，2021年上线芒果TV会员优先观看的网台同步播出电视剧10部，其中包括《我在他乡挺好的》等热播剧。可以看出，芒果TV自制独播、网台联动的闭环策略。

爱奇艺上线的39部网络首播电视剧中，有16部独播，23部多平台播出。独播剧中，6部仅在网络渠道播出，4部先网后台播出，6部网台同步播出（会员优先）。爱奇艺与央视合作较多，网台同步播出的独播剧中，《叛逆者》《理想之城》《对手》《生活家》均在CCTV-8同步播出。

腾讯视频上线的33部网络首播电视剧中，有7部独播，26部多平台播出。腾讯视频独播和参与出品的重点剧目中，有多部古装大剧，如《斛珠夫人》《玲珑》《斗罗大陆》《雪中悍刀行》《骊歌行》等。

优酷网络首播电视剧中，独播与多平台数量持平。平台上线的20部网络首播电视剧中，有18部仅在互联网播出，但大剧热剧相对较少，仅有2021年优酷联合出品献礼剧《觉醒年代》，是其在剧集领域的一个重要动作。

1.3.3.2　卫视黄金档首轮播出剧·数量增加

2021年，有13部网站会员优先观看的网台同步播出电视剧，在卫视渠道系黄金档首轮播出剧，这一数字较2019年和2020年数量明显增多。卫视黄金档首播、网台同步播出、网站会员优先观看，满足这三个条件的作品，也成为年度大剧热剧的集中地。

（单位：部）

年份	数量
2021年	13
2020年	9
2019年	5

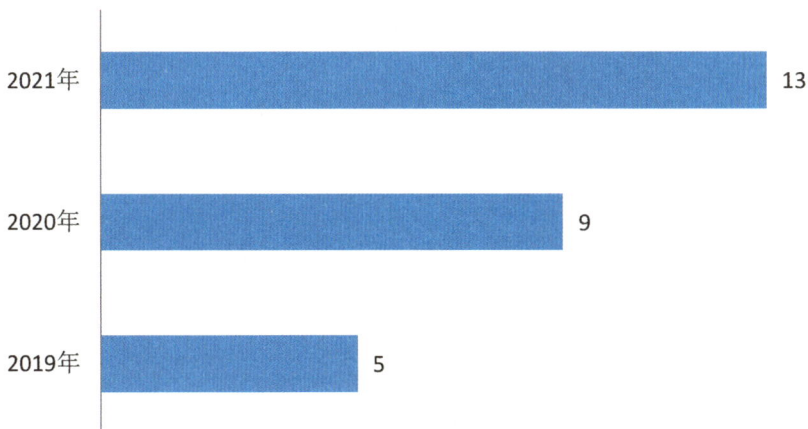

数据来源：监管中心统计数据2022.1　　国家广播电视总局监管中心

图1.3.3.2　2019年至2021年上星频道黄金档首播、网站同步播出（会员优先）电视剧数量

表1.3.3.2　2021年上星频道黄金档首播、网站同步播出（网站会员优先观看）的电视剧列表

序号	节目名称	题材类型	首播卫视	首播网络平台	详情
1	这个世界不看脸	都市、情感	江苏卫视	爱奇艺、腾讯视频	1月11日网站与卫视同步播出，网站会员抢先多看6集
2	假日暖洋洋	情感、喜剧	北京卫视	爱奇艺	1月25日网站与卫视同步播出，网站会员抢先多看6集
3	生活万岁	都市、情感	中央电视台电视剧频道	爱奇艺、中国网络电视台	3月3日网站与卫视同步播出，网站会员抢先多看2集
4	生活家	都市、情感	中央电视台电视剧频道	爱奇艺	5月13日网站与卫视同步播出，网站会员抢先多看3集
5	叛逆者	年代、谍战剧	中央电视台电视剧频道	爱奇艺	6月7日网站与卫视同步播出，网站会员抢先多看4集
6	与君歌	古装、悬疑、情感	湖南卫视	芒果TV	8月8日网站与卫视同步播出，网站会员抢先多看4集
7	扫黑风暴	悬疑、犯罪	东方卫视、北京卫视	腾讯视频	8月9日网站与卫视同步播出，网站会员抢先多看4集
8	理想之城	都市、职业、情感	东方卫视、中央电视台电视剧频道	爱奇艺	8月12日网站与卫视同步播出，网站会员抢先多看4集
9	好好生活	都市、情感	湖南卫视	芒果TV	10月5日网站与卫视同步播出，网站会员抢先多看4集
10	前行者	谍战、年代剧	北京卫视	爱奇艺、腾讯视频	10月22日网站与卫视同步播出，网站会员抢先多看4集
11	雪中悍刀行	古装、武侠	中央电视台电视剧频道	腾讯视频、中国网络电视台	12月15日网站与卫视同步播出，网站会员抢先多看4集
12	对手	都市、悬疑、刑侦	中央电视台电视剧频道	爱奇艺	12月16日网站与卫视同步播出，网站会员抢先多看4集
13	王牌部队	军旅	江苏卫视	爱奇艺	12月26日网站与卫视同步播出，网站会员抢先多看4集

数据来源：监管中心统计数据2022.1　　　　　　　　　　国家广播电视总局监管中心

1.3.3.3　焦点图推荐·占比高达九成，各平台策略有所差异

2021年上线的79部网络首播电视剧中，芒果TV、爱奇艺、腾讯视频、优酷在首页首屏焦点图推荐的有71部，占比高达90%，明显高于网络剧获推焦点图52%占比（2021年网络剧上线200部，获准焦点图104部），未获得推荐的剧主要是2019年之前出品的作品。这也从一个侧面反映出网络首播电视剧在平台内容布局中的重要位置。

（单位：部）

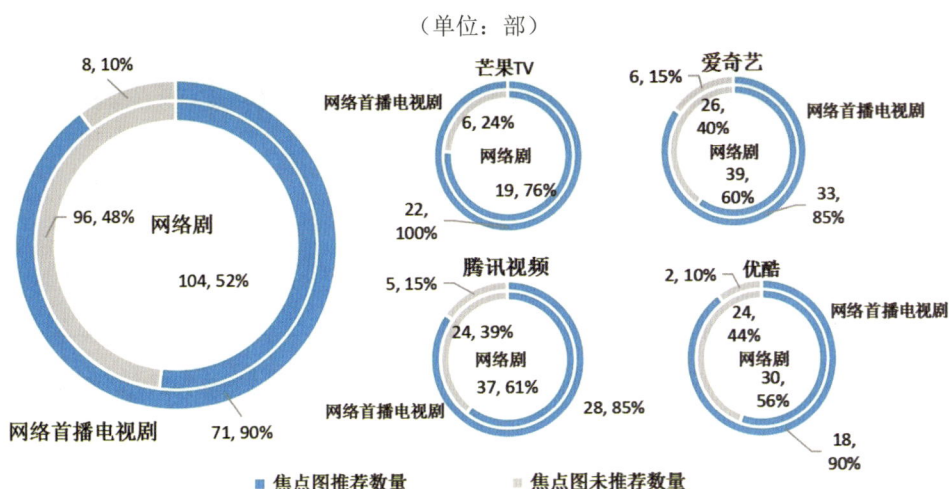

数据来源：监管中心统计数据2022.1　　　　　　　　　　国家广播电视总局监管中心

图1.3.3.3（1）　主要网络视听平台上线网络首播电视剧首页焦点图推荐情况

分平台看，芒果TV、爱奇艺、腾讯视频、优酷分别在焦点图位置推荐22部、33部、28部、18部网络首播电视剧，芒果TV上线的22部网络首播电视剧全部在焦点图推荐。

（单位：部）

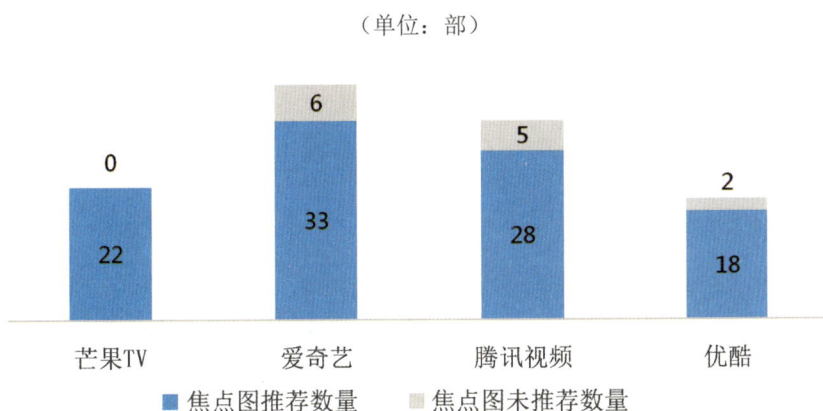

数据来源：监管中心统计数据2022.1　　　　　　　　　　国家广播电视总局监管中心

图1.3.3.3（2）　2021年各播出平台网络首播电视剧焦点图推荐数量统计

芒果TV对网络首播电视剧全量推荐，以网页端推为主。相比较而言，推荐力度较大的多是芒果TV重点布局的独播自制剧，如芒果季风剧场的《婆婆的镯子》，自制剧《理智派生活》等。芒果TV全年推荐时间最长的作品为悬疑剧《第十二秒》，该剧与同为悬疑剧的《八角亭谜雾》（爱奇艺独播）和《真相》（优酷独播）同期上线。

表1.3.3.3（1）　2021年芒果TV部分首页首屏焦点图重点推荐网络首播电视剧列表

序号	剧名	题材类型	上线时间
1	暗恋橘生淮南	青春、情感	2021.01.20
2	理智派生活	都市、情感	2021.03.31
3	海上繁花	都市、情感	2021.06.23
4	婆婆的镯子	都市、情感	2021.08.30
5	第十二秒	都市、悬疑、情感	2021.10.18

数据来源：监管中心统计数据2022.1　　　　　　　　　　　国家广播电视总局监管中心

爱奇艺首页焦点图共推荐网络首播电视剧33部，占本平台上线总数的85%。移动端和网页端推荐力度相当，网页端稍多。爱奇艺参与制作的剧集推荐力相对较大，如《荣耀乒乓》《刑警之海外行动》等。独播剧集推荐力度紧随其后，如《理想之城》《周生如故》等。

表1.3.3.3（2）　2021年爱奇艺首页首屏焦点图重点推荐网络首播电视剧列表

序号	剧名	题材类型	上线时间
1	刑警之海外行动	悬疑、刑侦	2021.01.24
2	我的时代，你的时代	电子竞技、情感、青春	2021.02.04
3	荣耀乒乓	体育竞技、情感	2021.03.09
4	我和我们在一起	都市、情感	2021.06.28
5	一剪芳华	年代、传奇	2021.08.31

数据来源：监管中心统计数据2022.1　　　　　　　　　　　国家广播电视总局监管中心

腾讯视频首页焦点图共推荐网络首播电视剧28部，占本平台上线总数的85%。平台自制或重点参与制作，以及平台重点布局的IP剧推荐力度最大，如《扫黑风暴》《斗罗大陆》《雪中悍刀行》等。移动端的推荐力度明显大于网页端，平台独播的重点剧集尤其如此，如《斛珠夫人》《长歌行》等，移动端的推荐时长往往是网页端的2—4倍。

表1.3.3.3（3）　2021年腾讯视频部分首页首屏焦点图重点推荐网络首播电视剧列表

序号	剧名	题材类型	上线时间
1	斗罗大陆	玄幻、古装	2021.02.05
2	你是我的城池营垒	军旅、情感	2021.03.11

续表

序号	剧名	题材类型	上线时间
3	大宋宫词	古装、情感	2021.03.20
4	扫黑风暴	悬疑、刑侦	2021.08.09
5	斛珠夫人	古装、奇幻、情感	2021.11.10

数据来源：监管中心统计数据2022.1　　　　　　　　国家广播电视总局监管中心

　　优酷首页焦点图共推荐网络首播电视剧18部，占本平台上线总数的90%。移动端和网页端推荐力度相当，移动端稍多。平台参与制作的独播剧推荐力度大，如《民警老林的幸福生活》《上游》《一见倾心》等。

表1.3.3.3（4）　2021年优酷部分首页首屏焦点图重点推荐网络首播电视剧列表

序号	剧名	题材类型	上线时间
1	你是我的城池营垒	军旅、情感	2021.03.11
2	海上繁花	都市、情感	2021.06.23
3	上游	青春校园	2021.08.02
4	一见倾心	民国、情感	2021.11.09
5	民警老林的幸福生活	刑侦	2021.11.22

数据来源：监管中心统计数据2022.1　　　　　　　　国家广播电视总局监管中心

1.3.3.4　更新节奏·20点更新居多

　　总体来看，网络首播电视剧的更新时刻主要集中在20点。其中，仅在互联网播出的剧，有近八成在20点更新。先网后台播出的剧，网站更新时间均在20点。而网站会员优先观看的网台同播剧的剧，在19:30和22:00两个时间点更新数量也比较多。

　　更新频率方面，平台根据自身资源，结合不同作品的具体情况，有针对性设置更新频率，有的只在周中更新，有的跨周末更新。对网站会员优先观看的网台同播剧，一般同卫视的更新节奏保持一致，多为每天更新或仅在周中更新，面向非会员用户一般每天更新2集，会员用户抢先看若干集，具体集数不等。

1.3.3.5　制作出品·芒果TV、爱奇艺热情进一步提升

　　2021年上线的79部网络首播电视剧，共涉及200余家出品机构（数据由剧集片尾字幕统计得出，未提供相关信息的网络首播电视剧未纳入统计）。在全部出品公司中，芒果TV、爱奇艺、腾讯视频、优酷4家网络视听机构参与出品的剧集共60部，

占76%。

近年来，在主要网站播出的剧集，往往在前期就由平台方参与投资出品。2021年上线的网络首播电视剧中，没有4家主要平台参与出品的19部剧，有11部系2019年及以前获得发行许可，有14部仅在互联网渠道发行。

对比2020年数据，芒果TV、爱奇艺参与出品网络首播电视剧数量有明显增加。爱奇艺继续维持总量首位，芒果TV数量翻番增长。与此同时，各家参与出品的网络首播电视剧，排播策略也有所差异，爱奇艺、腾讯参与出品作品的独播比例有所下降。

表1.3.3.4　2021年主要视频网站及关联机构参与出品网络首播电视剧数量统计

网站名称	年份	总量	单独出品（部）	与制作公司共同出品（部）	与电视台、制作公司联合出品（部）	与其他网站、制作公司联合出品（部）	出品作品中在本网站独播数量（部）	独播作品比例
芒果TV	2021年	13	5	1	6	1	12	92%
	2020年	6	0	5	1	0	2	33%
爱奇艺	2021年	27	3	19	3	2	15	56%
	2020年	20	1	17	1	1	15	75%
腾讯	2021年	14	0	8	3	3	6	43%
	2020年	18	2	15	0	1	12	67%
优酷	2021年	9	1	8	0	0	8	89%
	2020年	10	0	10	0	0	7	70%

数据来源：监管中心统计数据2022.1　　　　　　　　　　　　国家广播电视总局监管中心

此外，2021年的网络首播电视剧，视频平台与电视台共同出品的情况有所增多，共12部。其中，芒果TV与湖南卫视共出品6部，并在芒果TV与湖南卫视播出，这同样反映出湖南广电发力网台一体联动、发力电视剧自制能力的成效。爱奇艺、腾讯视频与电视台共同出品的，均为与中央电视台合作，两家平台各有3部。

1.4 网络微短剧

2021年，网络微短剧继续保持蓬勃发展势头。从作品层面看，数量继续增加，品质有所提升，影响力持续扩大。2021年上线重点网络微短剧58部，普通网络微短剧约1000部，剧情类短视频超78万部。题材类型丰富多元，以情感、古装、悬疑、校园、家庭类为主，热门微短剧中甜宠、逆袭、重生等情感类故事较多。网络微短剧类型化特征十分明显，当前阶段一定程度上仍然存在同质化、套路化现象。但自2020年主管部门将网络微短剧纳入备案管理后，触碰底线红线的现象已经明显减少。网络微短剧传播影响也在持续扩大，以快手平台为例，据该平台2021年10月对外发布数据，其头部微短剧《这个男主有点冷》播放量近10亿次，平台上播放量过亿的短剧已经超850部。

表1.4（1）　2021年上线的部分网络微短剧列表

序号	剧名	题材类型	播出平台	上线时间
1	做梦吧！晶晶	都市、喜剧	抖音	2021-01-30
2	如梦令	古装、情感	腾讯视频	2021-02-06
3	这个男主有点冷	都市、情感	快手	2021-02-07
4	秦爷的小哑巴	都市、奇幻	快手	2021-03-13
5	男翔技校	青春校园	抖音	2021-03-20
6	进击的皇后	穿越、古装、情感	芒果TV	2021-04-30
7	别怕，恋爱吧！	都市、情感	抖音	2021-06-14
8	星动的瞬间	喜剧、情感	抖音	2021-06-22
9	大唐小吃货	穿越、古装、喜剧	腾讯视频	2021-07-12
10	剩下的11个	科幻	西瓜视频	2021-08-24
11	夜猫快递之黑日梦	奇幻、都市、悬疑	bilibili	2021-08-30
12	心跳恋爱	青春、情感	优酷	2021-11-19
13	大妈的世界	喜剧	腾讯视频	2021-12-30
14	别惹白鸽	都市、情感	芒果TV	2021-12-31

数据来源：监管中心统计数据2022.1

国家广播电视总局监管中心

2021年，主要网络视听平台对网络微短剧这一"赛道"热情不改、持续布局，纷纷发布创作扶持计划，建立和优化合作规则、运营策略等。创作扶持方面，各平台纷纷从IP合作、投资、宣发等不同角度予以支持，有的平台推出或升级专门面向微短剧的扶持项目，如快手的"星芒短剧"；有的平台将微短剧作为新的组成部分纳入自己已有品牌创作扶持项目，如优酷的"扶摇计划"等。随着平台扶持力度的加大，除个人创作者外，越来越多的影视公司、MCN机构、网络文学平台等专业机构加入网络微短剧制作领域。各平台的合作策略也有所不同。比如，快手一方面与米读小说、咪咕等IP方达成战略合作，另一方面通过"星芒短剧"扶持计划吸引大量MCN机构、创作人才入驻，"剧捧人，人带剧"的效应逐渐形成气候，推出热门作品。抖音则更注重"明星效应+精品制作"，与多家传统影视公司合作开发精品微短剧。

表1.4（2） 主要网络视听机构2021年发布（更新）网络微短剧相关扶持计划

序号	网络视听机构	名称	推出（更新）时间
1	快手	快手星芒短剧	2021年10月20日（快手短剧行业大会暨快手星芒短剧升级发布会）
		剧好玩计划	2021年6月
2	抖音	短剧新番计划	推出时间：2021年6月10日（短剧很有戏·2021抖音短剧发布会），最新更新时间：2021年11月30日
		千万爆款俱乐部	2021年6月10日（短剧很有戏·2021抖音短剧发布会）
3	腾讯在线视频	火星计划2.0	2021看6月8日"聚势而上·不负时光"腾讯在线视频创作者生态大会
4	优酷	扶摇计划	2021年9月10日（优酷内容开放平台面向短剧片方的闭门会）
		好故事计划	2021年9月10日（优酷内容开放平台面向短剧片方的闭门会）
5	百度	破壳计划	2021年10月21日（"奇·境"百度百家号IP合伙人大会）

数据来源：监管中心统计数据2022.1　　国家广播电视总局监管中心

在调整优化与创作者合作规则的同时，各主要平台也在优化为微短剧这一内容品类的呈现渠道。如快手平台，在短视频推荐逻辑之外，精编"短剧"页面，内设"快手星芒"以及"烟火剧场""高甜剧场"等版块，并设"追剧日历"服务高黏用户。芒果TV在首页下方设置"大芒"导航，可一键直达"短剧"专区。腾讯视频也在2021年12月发布"十分剧场"短剧品牌。总体来看，当前短视频平台仍然是用户观看微短剧的首要选择，主要原因或是，微短剧与短视频一样竖屏、短平快的观看逻辑，且短视频平台微短剧运营相对更完善、数量更多。其中，快手平台当前在微短剧领域影响较大，据该平台2021年10月对外发布数据，快手短剧日活用户规模达2.3亿。

　　在微短剧渐成规模的背景下，部分平台开始探索多样化的运营模式和商业化路径。继快手之后，抖音、腾讯在2021年更新了微短剧单剧付费模式。芒果TV、优酷等沿用长视频的模式，采用"会员抢先看"的模式。2021年，品牌定制剧（如快手、开心麻花联合出品蒙牛定制剧《今日菜单之真想在一起》）数量开始增加，还出现了"微短剧+直播带货"（如腾讯微视直播微短剧《上头姐妹》）等业态形式。

表1.4（3）　网络视听机构微短剧付费模式

序号	平台名称	付费模式	推出时间
1	快手	部分短剧开展付费模式，采用结局、番外篇内容收费，付费价格以快币衡量，换算后为1—3元不等。个别短剧全集付费。	2020年5月
2	抖音	少数短剧开启付费测试，可按单集付费解锁，也可选择以低折扣一次性解锁全剧（付费后可不限次、不限时观看）。具体定价为10抖币解锁1集，40抖币解锁全剧（iOS端1元置换7抖币，安卓端1元置换10抖币），1集内容1元起。	2021年12月
3	腾讯在线视频	VIP会员可免费观看全集，非会员用户可单独购买某剧集的会员更新权益，价格为3元，有效期为3个月。	2021年11月

数据来源：监管中心统计数据2022.1

国家广播电视总局监管中心

1.5　年度代表性作品点评

《约定》

上线时间： 2021年2月8日

导演： 刘殊巧、卫立洲、巨兴茂、丁伟、王为

主演： 李雪健、董勇、陆毅、乔杉、于朦胧、
韩昊霖、徐帆

集数： 36集

集均时长： 45分钟

题材类型： 都市

在线播放平台： 爱奇艺

作品类别： 网络剧

　　《约定》由国家广播电视总局和北京市广播电视局指导，爱奇艺、潍坊发生影业有限公司出品。该剧紧扣建党一百周年与全面建成小康社会重要历史节点，以"全面建成小康社会是党和国家与人民的幸福约定"为主题，用平凡生活中的真实感动勾勒全面小康的缩影。

　　该剧参照了近年一些影视剧献礼作品"拼盘式"创作的成功经验，通过"年夜饭""青年有为""青春永驻"等六个独立故事，从基层治理、工程建设、体育竞技、脱贫攻坚等不同角度，回顾了近年来经济社会发展取得的历史性成就，展现了全面建成小康社会的历史性成果。"以小见大"是同类题材影视剧的常用表现手法，《约定》六个单元故事的主人公也都是小人物，但人物身上鲜明的时代特色更为突出。无私奉献的社区片警、苦练技能的青年焊工、下乡支教的大学生，乃至沪漂、留守儿童等，以这些主人公为载体，该剧将全面小康主题具象为你我身边的故事。

　　在艺术表达上，该剧还注重将喜剧元素合理融入，整体基调温暖轻松。春节前夕上线的第一个单元"年夜饭"中，马达和大周这对"耍嘴逗贫"的片警搭档在春节期间寻找乱放烟花爆竹的"年兽"。故事先荒诞后温情，辅以大量朴实接地气的对白和主人公略显窘态的幽默情节，充满烟火气和趣味性。在"青年有为"单元，在青年焊工刻苦钻研、岗位建功的故事中，较为巧妙地引入了青春偶像剧的手法，同时凭借扎实的故事避免了悬浮感，改变了许多作品中一线工人"灰头土脸"的形象，让"劳动美"更具有亲和力。

《黄文秀》

上线时间： 2021年6月30日

导演： 苗月

主演： 郎月婷、白微

集数： 12集

集均时长： 25分钟

题材类型： 脱贫攻坚、青春

在线播放平台： 爱奇艺、优酷、腾讯视频

作品类别： 网络剧

　　《黄文秀》由国家广播电视总局、广西壮族自治区党委宣传部指导，广西电影集团等单位联合制作。该剧以2020年上映电影《秀美人生》的素材重新剪辑而成，再现了"七一勋章"获得者、"全国优秀共产党员""时代楷模"黄文秀的先进事迹，彰显了以她为代表的一线青年扶贫干部勇于担当、心系群众、不畏艰险、不惧牺牲的精神和情怀，谱写了一曲脱贫攻坚第一线的青春之歌。

　　该剧取材脱贫攻坚典型人物黄文秀的典型事迹，以人物的年轻高学历女性身份，与偏远贫困乡村里艰苦工作生活环境之间的张力，凸显一线年轻扶贫干部勇于担当、甘于奉献的精神。全剧以现实主义的手法细致还原了黄文秀帮助贫困家庭的退学女孩重返高中校园、说服住在危房的村民搬到安居房、邀请果树专家解决农家橘树的病虫害问题等经历。刻画了她为快速了解当地贫困状况，挨家挨户探查基本情况、日复一日挑灯夜战工作美丽而坚强的身影。正当剧中的脱贫工作进行得如火如荼之时，剧情以主人公的在山洪中意外遇难戛然而止，留给观众无限思考和感叹。

　　该剧毫不避讳地展现了脱贫攻坚工作中的真实困境，同时穿插原型人物生前原话、他人诘问，让观众直观体会到扶贫工作的艰辛，彰显脱贫攻坚典型人物的高尚情怀、榜样力量。看似零散的剧情因穿插原型人物《驻村日记》和影像资料中的真实内容而"形散神不散"，字里行间透露着这位年轻共产党员的初心与使命，以及她对家乡土地的真情。

《八角亭谜雾》

上线时间： 2021年10月13日
导演： 王小帅、花箐
主演： 段奕宏、郝蕾、祖峰
集数： 12集
集均时长： 45分钟
题材类型： 悬疑、涉案
在线播放平台： 爱奇艺
作品类别： 网络剧

　　《八角亭谜雾》是由爱奇艺、冬春（上海）影业有限公司出品的悬疑、涉案题材网络剧。十九年前，玄家小妹玄珍离奇被杀，玄家人之间因此互生埋怨与疏离。十九年后，小镇的又一宗凶杀案与玄家扯上关系，四分五裂的一家人在故乡重聚，最终大家抛开相互猜忌，共同找出真相。

　　《八角亭谜雾》的空间氛围和镜头表达风格鲜明。阴雨连绵的江南，水乡摇曳的乌篷船，悠扬婉转的昆曲，给悬疑故事增加了几分清冷哀怨。大量手持摄影的运用，一改固定镜头正反交错的手法，也增加了全剧的悬疑感、神秘感、紧张感。

　　在内容开掘方面，该剧有意探索"家庭伦理+悬疑"的创作路径。在故事表达上，除案件侦破主线外，也对家庭生活着墨颇多；在悬疑感营造上，除强情节叙事，也注重以人物的情绪心境烘托气氛。这种打破近年悬疑网剧创作惯性的尝试，与圈层观众"硬核推理"的预期产生了一定错位。同时，该剧人物塑造较为极端化，剧中的玄家，典型性与普遍性也相对欠缺，因而观众更多将玄家的故事作为故事欣赏，而并非将自身代入其中。以上，导致该剧相比以往"悬疑剧场"的典型作品显得节奏相对缓慢，情节相对枝蔓，同时未能很好达成主创"折射社会变迁"的意愿，这也成为该剧在网民评价中争议较多的焦点。

　　爱奇艺的"迷雾剧场"走到第二年，《八角亭谜雾》是其中完成度较高、传播影响较大的代表作品。观众对《八角亭谜雾》的讨论，一定程度上也反映出基于对悬疑题材网络剧总体水平认可之上的高期待与高要求。

《爱很美味》

上线时间： 2021年11月26日

导演： 陈正道、许肇任

主演： 李纯、张含韵、王菊

集数： 20集

集均时长： 35分钟

题材类型： 都市、情感

在线播放平台： 腾讯视频

作品类别： 网络剧

《爱很美味》由腾讯视频、厦门安伯羽友影视文化有限公司出品，讲述了在大都市打拼的三位闺蜜，在经历一系列家庭、职场、生活的变化后，收获自信、迎来成长的故事。

该剧聚焦都市职场女性的生活日常和精神状态，将她们所要面对的婚姻生活压力、恋爱压力、就业压力、职业压力，借助一个个带有典型性的生动情节融入剧情，加上生活化、接地气的对白和情境，仿佛主人公们的经历，就是观众身边正在发生的故事，具有很强的代入感。较为难得的是，该剧在直面生活中种种一地鸡毛的同时，对痛点不过分放大、不过度消费，更驾轻就熟地以轻喜剧风格统领剧情，用轻松的调侃应对生活中的不如意，引导观众乐观向上，笑对逆境。

该剧上线后，热度持续攀升，获得了口碑和热度双丰收。网友普遍赞誉："舒畅、通透，小而美典范""如同在看自己的生活""轻松解压中充满对生活的思考""举重若轻"。近年来，都市女性群像剧成为了剧集创作的一个热点选题，作为2021年网络剧收官节点的黑马，《爱很美味》也提供了女性群像剧的一个新的创作思路。

《风起洛阳》

上线时间： 2021年12月1日
导演： 谢泽
主演： 黄轩、王一博、宋茜
集数： 39集
集均时长： 41分钟
题材类型： 古装、悬疑
在线播放平台： 爱奇艺
作品类别： 网络剧

《风起洛阳》由北京爱奇艺科技有限公司、东阳留白影视文化有限公司、洛阳历史文化保护利用发展集团有限公司出品。该剧改编自马伯庸小说《洛阳》。在武氏登基治国的历史背景下，主人公高秉烛、百里弘毅、武思月等人陷入了颠覆政权者的布局之中，他们互相扶持，拨开迷雾，最终破获案件，守护了洛阳。

《风起洛阳》采用了与2019年的"现象级"网络首播电视剧《长安十二时辰》相同的时代背景、悬疑主题，相似的人物设定、叙事特点、场景风格。剧中悬念起伏的故事、洛阳古都的盛景，体现着当前网络剧中类型创作和美学呈现的较高水平。

作为一部大体量的古装悬疑作品，该剧叙事结构以小悬念带大悬疑，高秉烛、百里弘毅、武思月三位主人公分别带出一条故事线，最终汇集一处，先分后合，层层递进，具有较强可看性。在此基础上，该剧也体现出了较为开阔的社会历史视野，并积极融入现代价值。沿着探案故事这条主线索，展现了盛唐各阶层和代表性群体的面貌，也尝试探讨大时代中的个体精神困境。这些努力，都进一步提升了全剧的思想高度。

除悬疑故事外，该剧在服化道景等美学呈现方面着力颇多，尊重历史、匠心制作，也注重结合剧中情境予以灵活运用，较为细致地呈现了盛唐洛阳的繁荣景象。该剧开播后，也引发了众多关于"大唐美学""洛阳美学"的讨论。

爱奇艺围绕《风起洛阳》这一重点项目，提出"华夏古城宇宙"系列IP，尝试对同一IP进行多种内容形态开发的新思路。《风起洛阳》除剧集外，还开发了动漫、纪录片等相关内容，力求通过内容联动，扩大传播影响，同时弘扬古城历史文化，赋能文旅产业发展。

《启航：当风起时》

上线时间： 2021年9月14日

导演： 刘畅、马一鸣

主演： 吴磊、侯明昊、毛晓慧

集数： 36集

集均时长： 50分钟

题材类型： 青春

在线播放平台： 腾讯视频

作品类别： 网络剧

《启航：当风起时》由上海腾讯企鹅影视文化传播有限公司、北京小糖人文化传媒有限公司联合出品。该剧改编自王强小说《我们的时代》，以20世纪90年代我国经济体制改革为背景，讲述了燕京大学计算机研究所研究员萧闯、裴庆华等年轻创业者，从代理国外电脑做起，蜕变成一代商业奇才的故事。

全剧还原了时代浪潮中小人物的事业征途。萧闯、裴庆华等体制内青年"下海"销售国外电脑、谭媛大学毕业后出国留学、谢航放弃银行岗位进入外企工作等情节，具象描摹了90年代的对外开放史和一代年轻人的奋斗史。全剧更有对90年代创业者进取精神和新旧价值观念碰撞的真实写照。创业青年抓住IT产业发展的窗口期，主动从研究员转型为销售，最终改变命运、实现抱负，正是90年代创业者勇立潮头、敢为人先的生动刻画。而固守销售国外品牌计算机获取利益的林主任，和坚持自主研发民族品牌计算机的谭主任之间的分歧；以及主动转型下海经商的青年研究员们，和阻拦儿子下海经商的裴庆华母亲之间的碰撞，也将90年代改革大潮下思想观念的更新迭代表现得淋漓尽致。这些情节不仅反思历史也烛照当下，跨越时空给予观众精神鼓舞。

浓烈的怀旧氛围、厚重的年代感也是该剧的一大特点。装修十分具有年代质感的燕京大学计算机研究所、租售港片光盘的录像厅等都给人以强烈代入感；服化道方面，花衬衫、喇叭裤、"羊毛卷"烫发等无不标志着时代特征。此外，片头里拍打一下才出图像的黑白电视机、"36集大型彩色立体声连续剧"的字幕，以及画面色调和质感都精准还原90年代录像带的巧思设计，都能勾起80后、90后观众的温暖回忆。

《扫黑风暴》

上线时间：2021年8月9日

导演：五百

主演：孙红雷、刘奕君

集数：28集

集均时长：45分钟

题材类型：悬疑、刑侦

播放平台：东方卫视、北京卫视、腾讯视频

作品类别：网络首播电视剧

　　《扫黑风暴》由深圳市腾讯计算机系统有限公司、上海腾讯企鹅影视文化传播有限公司、中央电视台、中国长安出版传媒有限公司、苔葫传媒（北京）有限公司、北京五元文化传媒有限公司、上海东方娱乐传媒集团有限公司、北京广播电视台联合出品。该剧以全国扫黑除恶专项斗争为背景，讲述中央扫黑除恶督导组和一线政法干警与绿藤市黑恶势力之间展开的正邪较量，深刻展示了扫黑除恶斗争的艰巨性和复杂性。

　　该剧由中央政法委指导，整合了多个全国扫黑除恶专项斗争中的真实案例改编，观众能在剧中看到孙小果案、操场埋尸案、湖南文烈宏案等一度轰动全国的恶性案件的影子，让该剧成为展现扫黑除恶斗争成果的生动缩影。《扫黑风暴》把镜头对准真实，但避免了对黑与恶的猎奇化表现，将落点放在扫黑除恶的必要性、迫切性、艰巨性、复杂性之上。剧中对权与法、情与理、善与恶的刻画也引发了广大网民对公平正义的渴望、对复杂人性的反思。剧中的人物并非是非黑即白、二元对立，而是从不同的侧面来展现人性的多面。比如李成阳十四年前被人陷害而离开警察队伍，周旋在黑恶势力之中，却始终坚没有忘记自己曾经是一名警察；做尽坏事的孙兴也有缺少家庭关爱，渴望亲情的另一面；反派高明远表面文质彬彬，实则冷酷阴狠等。

　　作为选题带有高度现实性、社会性，自带话题度的作品，《扫黑风暴》没有过度消费观众的热情，而是主动将体量控制在了三十集以内，故事有味道、叙事有张力、表演有层次、画面有风格，进一步提升了作品的质感。

《理想之城》

上线时间： 2021年8月12日

导演： 刘进

主演： 孙俪、赵又廷

集数： 40集

集均时长： 45分钟

题材类型： 都市、情感

在线播放平台： 中央电视台电视剧频道、东方卫视、爱奇艺

作品类别： 网络首播电视剧

　　《理想之城》由爱奇艺、中央电视台、传递娱乐有限公司、霍尔果斯厚海文化传媒有限公司、北京华夏兄弟文化产业集团有限公司、霍尔果斯橙子映象影业有限公司、北京新力量影视文化有限公司、西安曲江文化产业风险投资有限公司联合出品。该剧改编自若花燃燃的小说《苏筱的战争》，以建筑行业为背景，讲述了造价师苏筱的成长故事。

　　《理想之城》对职场生态的描摹生动鲜活细致写实。在瀛海集团这方天地中，大小人物你方唱罢我登场，奉献了一场场张力十足的明争暗战，戏剧冲突环环相扣，一波未平一波又起。国产行业剧常因"失真""悬浮"遭到诟病，而该剧中的一众角色，行事逻辑符合其个性、阅历、位置与诉求，全剧的张力和冲突也因此显得真实可信，并因此引发观众共鸣。

　　主人公苏筱作为职场新人，不分日夜地赶项目、做标书，却未能幸免"冤大头""背锅侠"的遭遇。经历反复捶打，"摔了一身泥"之后，她从不谙世事变得熟悉规则，但没有选择顺从潜规则。相反，她坚持"造价表的干净就是工程的干净"，更力图打破沉疴痼疾带来的种种阻碍，并因此得到了上司的欣赏，打开了事业发展的新天地。苏筱初入职场的处境，很容易让都市"打工人"产生直接代入感。因此，该剧在真实还原基础上体现出的明亮底色、积极姿态，不仅彰显着作品的温度与格局，还是对职场中人保持初心、苦干实干以实现自我价值的勉励与鼓舞。

《对手》

上线时间：2021年12月16日

导演：卢伦常

主演：郭京飞、谭卓、颜丙燕

集数：37集

集均时长：45分钟

题材类型：都市、悬疑谍战

在线播放平台：中央电视台电视剧频道、爱奇艺

作品类别：网络首播电视剧

　　《对手》是由中央电视台、北京爱奇艺科技有限公司、北京海东明日影视文化传播有限公司联合出品的都市、悬疑谍战剧。作为一部当代谍战剧，讲述了由段迎九带领的国安干警与潜伏在大陆的境外间谍李唐、丁美兮斗志斗勇，最终将间谍组织一网打尽的故事。

　　该剧创新叙事模式，在当代谍战故事主线基础上，添加了家庭婚姻、子女教育、中年危机等更为贴合日常生活的叙事元素，让剧中的主要人物在神秘感之外，多了不少现实感。比如，主人公段迎九，以赌徒的卧底身份出场，被旧案困扰十八年，但同时，由于常年忙于工作忽视家庭，在面对夫妻关系危机、孩子成长缺失时，她也会无措，也会愧疚。剧中的间谍李唐、丁美兮夫妇，也并非脸谱化的负面人物，在执行任务之外，他们饱尝中年夫妻的艰辛，为孩子、房子、票子而努力着、烦恼着。

　　这种"间谍戏"与"家庭戏"相结合手法，在国安题材张力十足的类型叙事之外，增加了烟火气十足的氛围，形成了独特的"沉浸式"观感。在艺术上丰富了叙事层次，隐藏在貌似平静的日常生活之下，敌我双方经年累月的角力，更显示出国安工作平凡中的伟大。在传播效果上，也让观众感受到，国安工作并非与你我无关，而是就在你我身边，该剧也因此更好发挥了增强全社会维护国家安全意识的积极作用。

《我在他乡挺好的》

上线时间： 2021年7月19日

导演： 李漠

主演： 周雨彤、孙千、白宇帆、马思超

集数： 12集

集均时长： 70分钟

题材类型： 都市、情感

在线播出平台： 芒果TV

作品类别： 网络首播电视剧

《我在他乡挺好的》由快乐阳光、湖南卫视、芒果超媒、北京麦特文化发展有限公司联合出品。讲述了乔夕辰、许言、纪南嘉和胡晶晶四个来自小镇的好闺蜜，一起在陌生的大都市打拼的故事。

该剧是由湖南卫视和芒果TV共同打造的芒果季风剧场中的一部短剧集，在十二集的短小篇幅之内，饱满呈现了以四个闺蜜为代表的"他乡人"的努力打拼。胡晶晶在自己生日当天选择轻生，带着对胡晶晶的怀念和昔日生活的追忆，剧情展开了几位姑娘过往和当下真实而不易的生活。被黑中介骗钱、被父母催婚、在职场中的各种不如意……几位姑娘的遭遇，集中展示出当下异乡青年在大都市打拼的艰辛。

真实、犀利是这部剧的鲜明特点。"职场人敢不敢停下""三十危机""安全感"是许多身在异乡的年轻女性都需要面对、经常会讨论的话题。早高峰的地铁，谈不拢的合租室友，辛酸的日常也让"北漂""沪漂"一族感同身受。剧中的情节设定，相比现实有一定程度的放大叠加，但都可以让每个平凡人从中找到自己的影子，主人公们的不幸和艰难，也因此让观众百感交集、直呼扎心。

该剧没有避讳人在他乡的苦涩，但也没有过度渲染绝望与悲伤。遭遇生活变故后，在得到家人朋友关心时，那一句"没事，我挺好的"也成为观众的"破防"点。全剧给观众带来的，也是这样"办法总比困难多"的慰藉与鼓励。

2

网络电影、"龙标网络电影"、
网播院线电影

2.1　主要数据一览和研究发现

表2.1　2021年网络电影、龙标网络电影等相关主要数据览表

类型	项目			数量
网络电影	全年上线数量			531
	其中	独播网络电影		497
		非独播网络电影		34
	总时长			42601（分钟）
	单片平均时长			80（分钟）
	分账票房超过1000万的作品数量			60
	出品机构			1611
	制作机构			521
	宣发机构			199
	会员单片付费（PVOD）的网络电影			7
	IP改编剧本网络电影			119
	互动网络电影			2
龙标网络电影	全年上线数量			92
	其中	独播龙标网络电影		82
		非独播龙标网络电影		10
		网院同播龙标网络电影		5
		网台（CCTV-6）同播龙标网络电影		17
	分账票房超过1000万的作品数量			8
网播院线电影	全年上线数量			354
	其中	国产电影		308
		引进电影		46

数据来源：监管中心统计数据2022.1

国家广播电视总局监管中心

注：分账票房数据为截至2021.12.31已公布数据。

注：此处网播院线电影指2021.1.1—2021.12.31在院线公映，随后（当前统计截至2022.01.10）在网络视听平台播出的影片。

　　数量降低，质量提升。2021年全网共上线网络电影531部，较2020年减少19%；上线龙标网络电影92部，较2020年减少30%。网络电影虽然上线数量有所减少，但创作进一步稳中求进，守正创新，整体上初步呈现出"丰富题材、调整结构、减少数量、提升质量"的发展态势。此外，2021年在院线公映的电影，截至2022年1月10日共有354部转网播出，占全年院线电影总数的三分之二。

（单位：部）

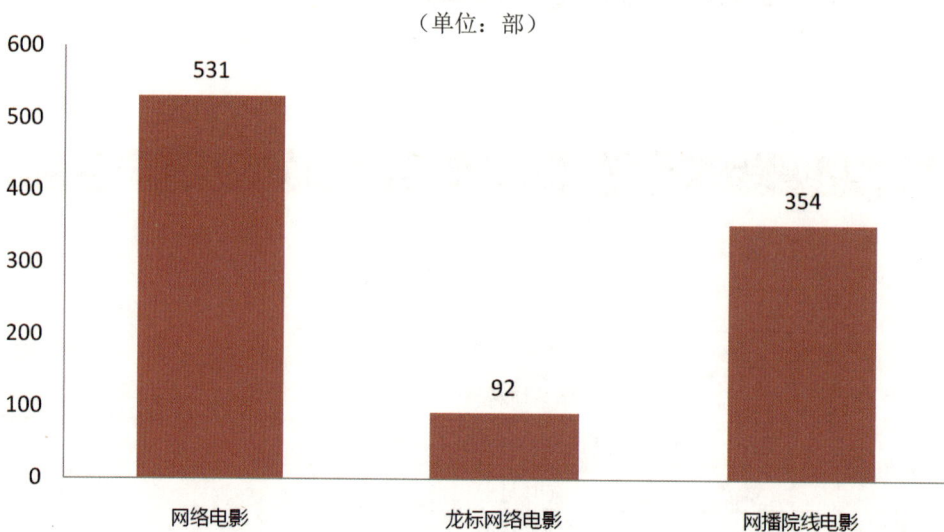

数据来源：监管中心统计数据2022.1　　　　　　　　　　　　国家广播电视总局监管中心

图2.1（1）　2021年网络电影、龙标网络电影、网播院线电影数量统计

（单位：部）

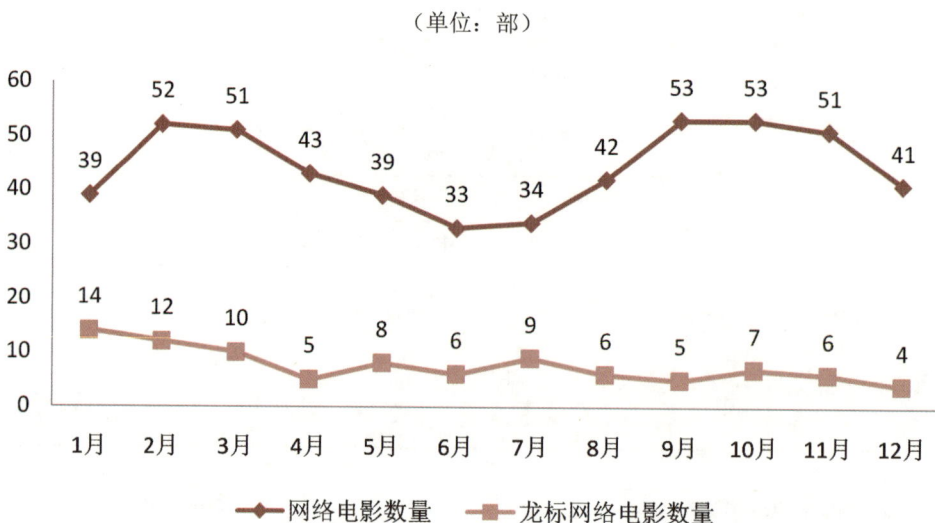

　　　　网络电影数量　　　　龙标网络电影数量

数据来源：监管中心统计数据2022.1　　　　　　　　　　　　国家广播电视总局监管中心

图2.1（2）　2021年网络电影、龙标网络电影数量统计（分月度）

题材类型丰富，主旋律作品多点开花。 2021年网络电影的题材类型近30类，且多数作品兼具数种题材元素，其中动作、情感、古装、剧情、喜剧、超现实等几类题材表现稳定。2021年，在建党百年的浓厚宣传氛围中，在有关部门的引导推动之下，网络电影主旋律作品多点开花，主题较往年更为多样，疫情防控、脱贫攻坚、乡村振兴、公安英模等均有涵盖，不少作品入脑入心，获得了较好传播效果。

IP改编剧本火热，节目体量继续增大。 2021年网络电影IP改编剧本比例为24%，广泛来自网络小说、文学名著、电影、剧集、影视形象、动漫、游戏、民间传说等领域。《西游记》《封神榜》等"公版IP"持续火热，但也依然存在"IP扎堆"的情况。2021年网络电影平均时长达80分钟，连续5年增长，作品体量逐渐与院线电影趋同。

主要视听网站网络电影上线数量大幅调整。 2021年腾讯视频、搜狐视频上线网络电影数量大幅增加，爱奇艺、优酷则大幅减少。经过调整，2021年网络电影的播出平台以腾讯视频、爱奇艺为第一梯队，搜狐视频、优酷为第二梯队，同时芒果TV、聚力、快手、乐视视频也有涉及。其中，腾讯视频、爱奇艺两家平台上线数量合计占全网73%，网络电影播出平台集中度进一步提升。

（单位：部）

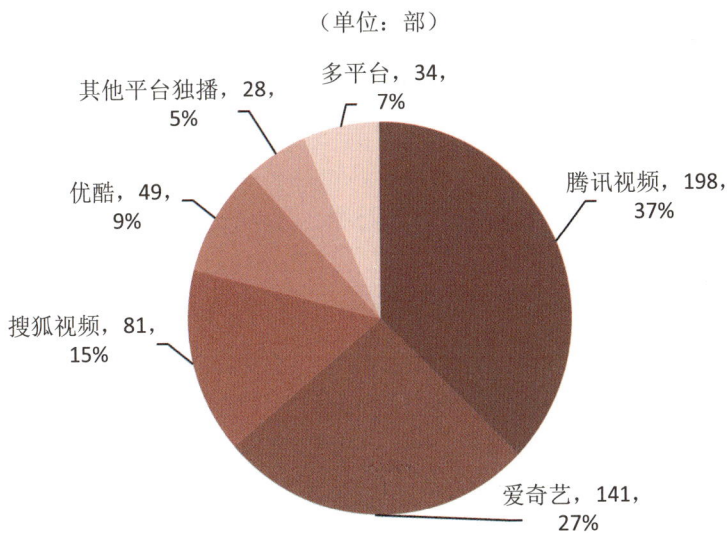

数据来源：监管中心统计数据2022.1　　　　　　　　　　国家广播电视总局监管中心

图2.1（3）　2021年网络电影播出平台统计

（单位：部）

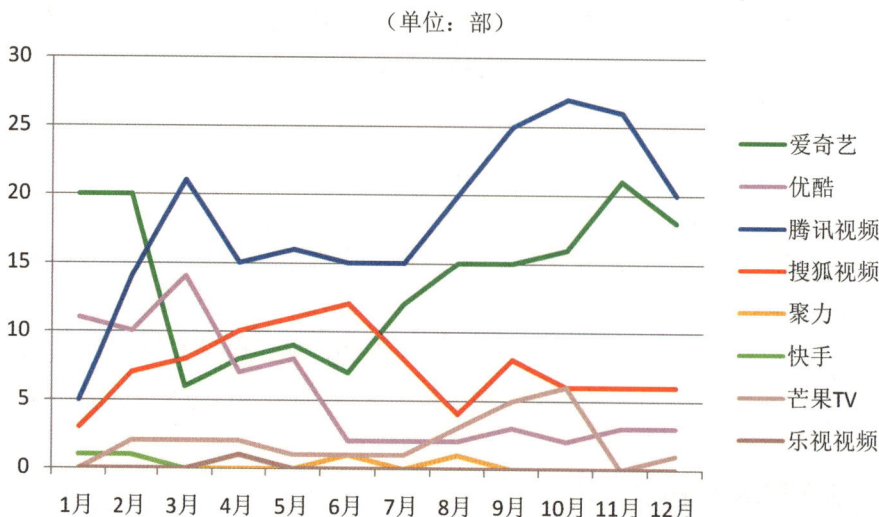

- 爱奇艺
- 优酷
- 腾讯视频
- 搜狐视频
- 聚力
- 快手
- 芒果TV
- 乐视视频

数据来源：监管中心统计数据2022.1

国家广播电视总局监管中心

图2.1（4）　2021年各播出平台月上线网络电影数量统计

"PVOD"模式延续，头部作品多平台播出情况增加。 继2020年视频网站推出PVOD收费模式（会员单片付费模式）之后，2021年共有7部影片以PVOD模式上线。不过，2021年PVOD模式发行的作品并未公布票房分账，这一模式的市场效果还有待观察。较2020年，2021年里有更多的头部影片选择"多平台首播"。这些头部"多平台首播"网络电影整体表现不俗，其中有11部影片入围2021年千万票房榜。

分账破千万作品占比上升。 2021年腾讯视频、爱奇艺、优酷分账超过1000万元人民币的网络电影共计60部，其中爱奇艺独播23部，腾讯视频独播18部，优酷独播8部，11部联合发行。票房破千万作品占比为11%，相较2020年上升2个百分点，分账冠军票房4449万。

官方机构出品热情继续提升。 2021年，共有52家官方机构参与出品制作了33部网络电影，无论是机构数还是出品数均较2020年再次大幅增加，且其中大部分为正能量主旋律网络电影。更多的官方机构参与网络电影的出品、制作中，凸显出相关部门对网络电影这一文艺形态的重视，特别是对其作为有效宣传载体的认可。

网络电影"春节档"形成规模。 2021年春节期间，在国家广电总局网络视听司指导下，由中国电影家协会网络电影工作委员会主办，优酷、爱奇艺、腾讯视频协办的2021年网络电影春节档正式开启。"春节档"期间共上线网络电影29部，数量较2020年增加三成。2021年春节档比2020年更具规模，更有"档期"的意味。

演职人员进一步年轻化。 2021年，共有456名导演和1300多名主要演员参与到网络电影的制作拍摄中。其中80后导演仍为网络电影导演群体的主力军，占比达66%，较于2020年提高6个百分点。网络电影演员群体始终以80后、90后为主，2021年占比合计近八成。

2.2 节目内容

2.2.1 概貌

2021年全年全网共上线网络电影531部，总时长约42601分钟，相较2020年分别下降了19%和17%。

（单位：部）

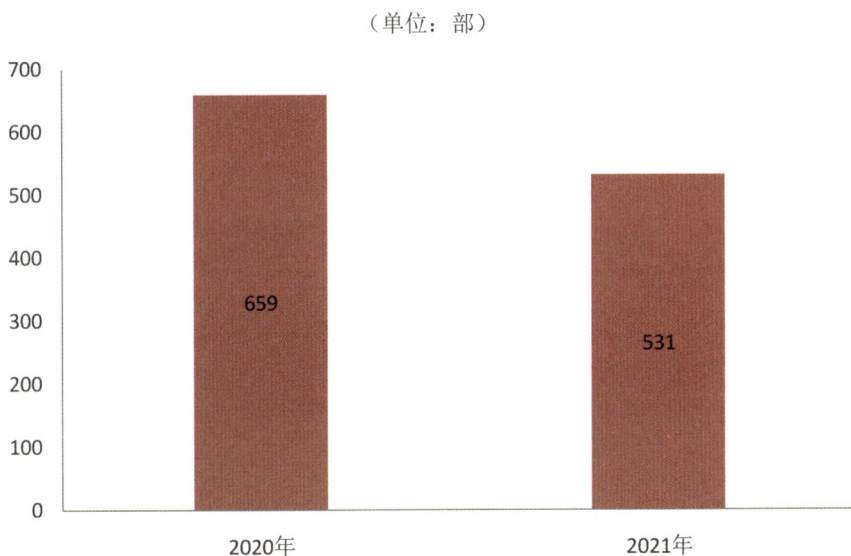

数据来源：监管中心统计数据2022.1　　国家广播电视总局监管中心

图2.2.1（1）　2020年与2021年网络电影数量对比

分月度看，2月、3月、9月、10月上线作品相对较多。值得一提的是，2021年"春节档"期间共上线网络电影29部，数量较2020年增加约三成，网络电影"春节档"已形成规模。

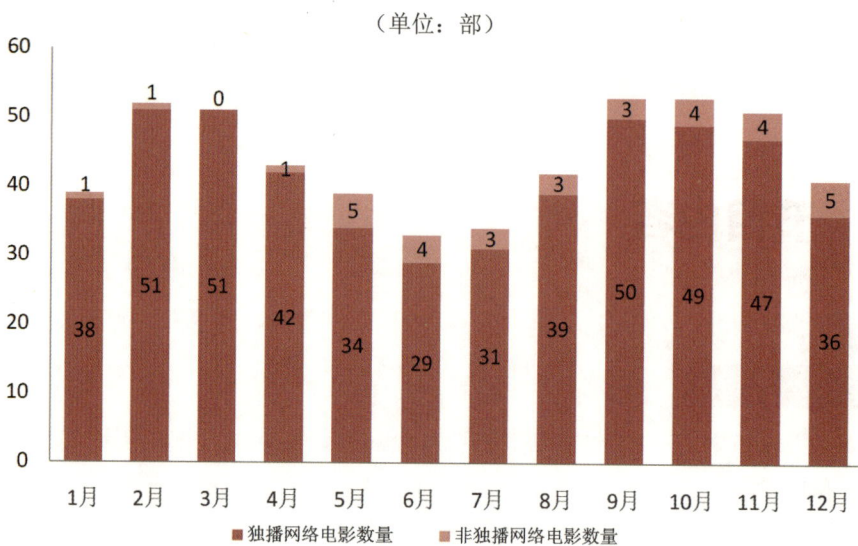

（单位：部）

图例：■ 独播网络电影数量　■ 非独播网络电影数量

图2.2.1（2）　2021年月上线网络电影数量统计

2021年，网络电影初步呈现出"丰富题材、调整结构、减少数量、提升质量"的发展态势。乡村振兴、疫情防控、新时代新生活、公安刑侦等带有主题创作色彩、鲜明现实指向的作品持续涌现，革命历史题材作品《浴血无名川》刷新了爱奇艺网络电影热度纪录。在主旋律作品质量声量提升的同时，网络电影题材类型总体持续多元，满足网民多样化观影需求。此外，2021年腾讯视频、爱奇艺、优酷等平台分账超过1000万元的网络电影共计60部，票房破千万作品占比超11%，达到新高。

表2.2.1　2021年关注度较高、影响力较大的网络电影列表

序号	节目名	题材	播出平台	上线时间
1	绝对忠诚之国家利益	公安、动作、悬疑、枪战	腾讯视频	2021.01.01
2	扫黑英雄	公安、动作、犯罪、枪战	爱奇艺	2021.01.23
3	南少林之怒目金刚	武侠、动作、喜剧	优酷	2021.01.23
4	让我过过瘾	情感、喜剧	腾讯视频	2021.01.29
5	反击	动作、犯罪、枪战	腾讯视频	2021.02.15
6	暴走财神2	喜剧、奇幻	爱奇艺	2021.02.16
7	白蛇：情劫	古装、情感、奇幻	爱奇艺	2021.03.12
8	重启之蛇骨佛蜕	玄幻、悬疑、动作	优酷	2021.03.26
9	兴安岭猎人传说	悬疑、恐怖	腾讯视频	2021.04.01
10	浴血无名川	战争、历史、动作、枪战	爱奇艺、乐视视频	2021.04.02

序号	节目名	题材	播出平台	上线时间
11	无间风暴 （普通话、粤语版）	犯罪、警匪、动作	爱奇艺、优酷	2021.05.21
12	幸存者1937	战争、动作、枪战	腾讯视频	2021.07.01
13	绝地狙杀	战争、动作、枪战	爱奇艺	2021.07.01
14	硬汉枪神	剧情、动作	优酷	2021.08.06
15	愤怒的黄牛	动作、犯罪	爱奇艺	2021.08.06
16	火线突围	动作、枪战	爱奇艺、优酷	2021.09.02
17	重启地球	科幻、情感	爱奇艺、腾讯视频	2021.09.03
18	生死阻击	战争、动作、枪战	爱奇艺	2021.10.02
19	四平警事之尖峰时刻	公安、喜剧、犯罪、动作	腾讯视频	2021.10.04
20	猎毒之闪狙行动	公安、枪战、动作	爱奇艺	2021.10.28

数据来源：监管中心统计数据2022.1   国家广播电视总局监管中心

2.2.2 题材类型·保持多元多样

2021年网络电影题材类型近30类。其中动作、情感、古装、剧情、喜剧、超现实题材表现稳定，上线数量均在百部以上，且受到广大网民的欢迎。2021年播放表现（以网站热度和播放量为准）靠前的百部作品，多属于以上6类题材，或同时兼具其中数种题材元素。为准确描述全年网络电影整体的题材元素，我们根据影片展现的内容，选取各部作品较为主要的1—4个题材元素，对全年531部影片包含的题材元素进行分类统计。

数据来源：监管中心统计数据2022.1   国家广播电视总局监管中心

图2.2.2（1） 2021年网络电影数量统计（分题材）

■ 2020　■ 2021

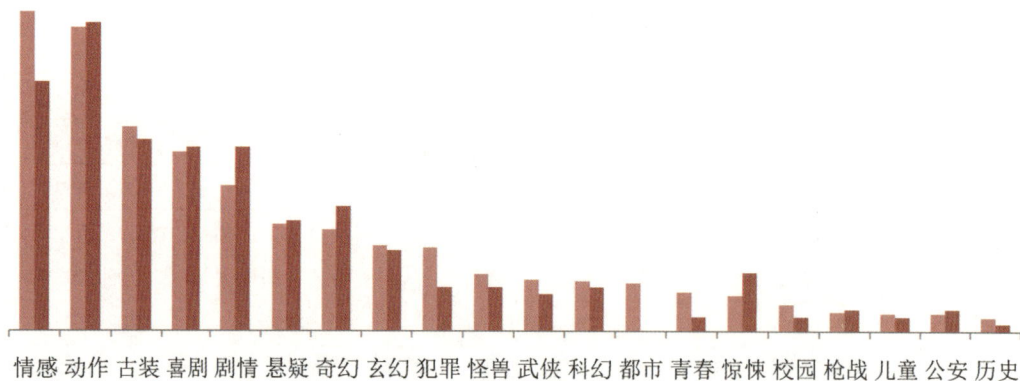

情感 动作 古装 喜剧 剧情 悬疑 奇幻 玄幻 犯罪 怪兽 武侠 科幻 都市 青春 惊悚 校园 枪战 儿童 公安 历史

数据来源：监管中心统计数据2022.1　　　　　　　　　　　国家广播电视总局监管中心

图2.2.2（2）　2020年至2021年网络电影题材分类占比对比

2.2.2.1　主旋律作品 · 多点开花，取得良好传播效果

2021年，在建党百年的浓厚宣传氛围中，在有关部门的引导推动之下，网络电影主旋律作品多点开花，不少作品入脑入心，获得了较好传播效果。

全年共上线58部主旋律网络电影，较2020年大幅增长287%。这些作品紧跟时代步伐，主题较往年更为多样，疫情防控、脱贫攻坚、乡村振兴、公安英模等均有涵盖。例如，多方位讲述扶贫故事的《我来自北京》系列；呈现疫情之下人与人之间互帮互助的温情感动的《凡人英雄》；描绘温暖治愈、鼓舞人心的新时代写生的《我们的新生活》；歌颂支教老师无私无畏、无怨无悔奉献精神的《藏草青青》等。

2021年分账破千万的主旋律网络电影数量较2020年大幅增加，分账金额也显著提升，直接反映出主旋律网络电影良好的传播效果。其中革命、公安题材网络电影表现亮眼，25部上线影片中有8部影片分账超千万。

此外值得一提的是，革命历史题材网络电影《浴血无名川》倾情讴歌中国人民志愿军强大战斗意志，展现我志愿军战士"钢少气多"英雄气概，刷新了爱奇艺网络电影热度纪录，叫好又叫座，这也是2021年主旋律网络电影取得广泛传播影响的一个标志性案例。

表2.2.2.1 2021年部分主旋律题材网络电影列表

序号	节目名	主题	题材	播出平台	上线时间
1	绝对忠诚之国家利益	国安	国安、动作、悬疑、枪战	腾讯视频	2021.01.01
2	冲锋号	扶贫	剧情、喜剧	爱奇艺	2021.01.02
3	我来自北京之福从天降	扶贫	剧情、喜剧、情感	爱奇艺	2021.01.05
4	扫黑英雄	公安英模	公安、动作、犯罪、枪战	爱奇艺	2021.01.23
5	我来自北京之按下葫芦起来梨	扶贫	剧情、喜剧、情感	爱奇艺	2021.02.03
6	我的第二故乡	扶贫	剧情	优酷	2021.03.04
7	凤归梧桐	扶贫	剧情、喜剧	腾讯视频	2021.03.05
8	草原上的萨日朗	扶贫	剧情、喜剧	爱奇艺	2021.03.21
9	浴血无名川	抗美援朝	战争、历史、动作、枪战	爱奇艺、乐视视频	2021.04.02
10	绿皮火车	扶贫	剧情、喜剧	爱奇艺	2021.04.06
11	幸存者1937	抗战	战争、动作、枪战	腾讯视频	2021.07.01
12	绝地狙杀	抗战	战争、动作、枪战	爱奇艺	2021.07.01
13	我们的新生活	新时代	剧情、喜剧、情感	爱奇艺、腾讯视频、优酷	2021.07.23
14	血战虎门	虎门销烟	古装、历史、动作	爱奇艺	2021.09.20
15	生死阻击	抗战	战争、动作、枪战	爱奇艺	2021.10.02
16	四平警事之尖峰时刻	公安干警	公安、喜剧、犯罪、动作	腾讯视频	2021.10.04
17	我来自北京之玛尼堆的秋天	扶贫	剧情、情感	爱奇艺	2021.10.12
18	猎毒之闪狙行动	公安干警	公安、枪战、动作	爱奇艺	2021.10.28
19	藏草青青	藏区支教	剧情、青春	爱奇艺	2021.11.05
20	凡人英雄	疫情防控	剧情、喜剧、情感	优酷	2021.11.26
21	生死速度	疫情防控	剧情	爱奇艺	2021.12.27
22	战火黎明	抗战	战争、动作	爱奇艺	2021.12.27

数据来源：监管中心统计数据2022.1

国家广播电视总局监管中心

2.2.2.2 动作题材·占比继续提高，"枪战"类作品价值引导力增强

2021年上线含有动作主题元素的网络电影共225部，占42%，自2018年以来占比连

续4年攀升。作为动作题材细分领域的"枪战"类动作网络电影在2021年表现突出。相较以往，2021年有更多以枪战作为视听看点的作品，聚焦革命和公安主题，更注重融入主流价值，使其承载更多的家国情怀。如《幸存者1937》讴歌了抗日军人的爱国情怀；《生死阻击》歌颂了八路军将士不畏强敌、勇于牺牲的"亮剑"精神；《绝地狙杀》表现了共产党人以抗日大局为重的宽广胸怀和牺牲精神；《绝对忠诚之国家利益》刻画了国安干警为维护国家利益不畏牺牲、有勇有谋的形象等。这些影片致敬英雄，礼赞时代，获得了较高的口碑和较好的市场认可。

表2.2.2.2　2021年部分"枪战"类动作题材网络电影列表

序号	节目名	播出平台	热度/播放量	上线时间
1	绝对忠诚之国家利益	腾讯视频	12300万次	2021.01.01
2	扫黑英雄	爱奇艺	6095	2021.01.23
3	反击	腾讯视频	9132万次	2021.02.15
4	浴血无名川	爱奇艺	7521	2021.04.02
5	幸存者1937	腾讯视频	11000万次	2021.07.01
6	绝地狙杀	爱奇艺	5563	2021.07.01
7	生死阻击	爱奇艺	6762	2021.10.02
8	猎毒之闪狙行动	爱奇艺	6028	2021.10.28
9	狙击之王	爱奇艺	6959	2021.11.19
10	再战江湖（普通话、粤语版）	爱奇艺、优酷、腾讯视频	6515/8118/4079万次	2021.12.17

数据来源：监管中心统计数据2022.1　　　　　　　　　　　国家广播电视总局监管中心

2.2.2.3　喜剧、情感题材·情感主题+喜剧手法，演绎大时代中小人物的悲欢离合

2021年上线情感题材网络电影183部，占全年作品的1/3，占比较2020年有所下降；上线喜剧题材131部，占全年作品的1/4，与2020年基本持平。2021年，出现了多部以喜剧手法表现小人物情感的作品。这些作品的出现，让喜剧题材从前几年抖包袱、拼段子，变得更加贴近现实、贴近生活，也让情感题材作品更加突出时代大背景下小人物的普遍情感。例如《让我过过瘾》描写中年大叔的市井生活，折射出普通百姓对美好生活的向往以及人生没有捷径的感悟。《窈窕老爹》聚焦代际沟通主题，讲述父女通过互换身体后消除隔阂、互相理解的故事，喜剧部分不尬笑但予人欢笑，情感部分不煽情但让人动情。"东北喜剧"依然是2021年喜剧题材网络电影中独树一帜的存在，且在2021年呈现积极变化，不同以往"山炮"类的纯粹搞笑，《东北喜事之山炮

扶上墙》围绕乡村振兴主题展开，让观众在笑声中真切感受到小人物的蝶变与成长。

表2.2.2.3（1）　2021年部分喜剧、情感题材网络电影列表

序号	节目名	题材	播出平台	上线时间
1	让我过过瘾	喜剧、情感	腾讯视频	2021.01.29
2	村里有情况	喜剧、情感	优酷	2021.03.06
3	窈窕老爹	喜剧、情感、奇幻	爱奇艺	2021.03.18
4	东北喜事之山炮扶上墙	喜剧、情感、剧情	腾讯视频	2021.06.01
5	我们的新生活	喜剧、情感、剧情	爱奇艺、腾讯视频、优酷	2021.07.23
6	赘婿之吉兴高照	喜剧、情感、古装	爱奇艺	2021.08.13
7	新逃学威龙	喜剧、情感、动作	爱奇艺、优酷	2021.10.15
8	东北恋哥	喜剧、情感、动作	爱奇艺	2021.10.29
9	凡人英雄	喜剧、情感、剧情	优酷	2021.11.26
10	东北奇缘	喜剧、情感	腾讯视频	2021.12.25

数据来源：监管中心统计数据2022.1　　　　国家广播电视总局监管中心

表2.2.2.3（2）　2021年部分"东北喜剧"网络电影列表

序号	节目名	题材	播出平台	上线时间
1	让我过过瘾	喜剧、情感	腾讯视频	2021.01.29
2	兴风作浪3	喜剧、情感	优酷	2021.02.07
3	东北轴神	喜剧、情感	腾讯视频	2021.03.06
4	东北往事之大叔真帅	喜剧、奇幻	优酷	2021.03.09
5	东北喜事之山炮扶上墙	喜剧、情感、剧情	腾讯视频	2021.06.01
6	四平警事之尖峰时刻	喜剧、公安、犯罪、动作	腾讯视频	2021.10.04
7	别叫我酒神2	喜剧	腾讯视频	2021.10.09
8	东北新青年	喜剧、剧情	爱奇艺	2021.10.09
9	新逃学威龙	喜剧、动作、情感	爱奇艺、优酷	2021.10.15
10	东北恋哥	喜剧、情感、动作	爱奇艺	2021.10.29
11	烧烤之王	喜剧、情感	腾讯视频	2021.11.11
12	二龙湖往事：惊魂夜	喜剧、惊悚、悬疑	爱奇艺、腾讯视频、优酷	2021.12.10
13	东北奇缘	喜剧、情感	腾讯视频	2021.12.25

数据来源：监管中心统计数据2022.1　　　　国家广播电视总局监管中心

2.2.2.4 超现实题材 · 表现可圈可点，"怪兽"题材降温

2021年，带有玄幻、奇幻、魔幻、科幻等超现实元素的网络电影依然表现较为火热，合计200部，占全年作品38%。2021年超现实题材作品在制作上较以往更为精良，特效更为逼真，给观众们带来了更具冲击力的视觉体验。同时，在管理部门的引导约束下，相比以往，此类作品的内容把控更加得当，一度遭到诟病的"封建迷信"擦边球等现象鲜有出现，部分作品更注重向提升思想内涵方向发力。

2021年科幻题材网络电影亦有亮点，《太空群落》《火星异变》等作品已开启了网络电影从软科幻向硬科幻的迈进。虽然部分科幻作品借鉴痕迹仍明显，但其塑造的世界观已相对完善，未来感、科技感亦令观众耳目一新。2021年"怪兽"题材网络电影共计上线34部，数量有所下降，票房表现也不如2020年强劲。在风靡了2019年、2020年两年后，怪兽题材网络电影已呈现出降温态势。

表2.2.2.4（1） 2021年部分超现实题材网络电影列表

序号	节目名	题材	播出平台	上线时间
1	茅山	古装、玄幻、喜剧、动作	爱奇艺	2021.01.28
2	罗布泊之九龙天棺	动作、悬疑、玄幻	腾讯视频	2021.02.09
3	摸金爵之卧龙诡阵	动作、科幻、剧情	优酷	2021.02.15
4	暴走财神2	喜剧、奇幻	爱奇艺	2021.02.16
5	白蛇：情劫	古装、情感、奇幻	爱奇艺	2021.03.12
6	窈窕老爹	喜剧、奇幻、情感	爱奇艺	2021.03.18
7	重启之蛇骨佛蜕	玄幻、悬疑、动作	优酷	2021.03.26
8	茅山大师	古装、玄幻、武侠、动作	爱奇艺	2021.04.08
9	墨家机关术	奇幻、动作	爱奇艺	2021.04.23
10	奇门偶甲师	奇幻、悬疑、动作、古装	腾讯视频	2021.05.07
11	别叫我情圣	喜剧、情感、穿越、奇幻	腾讯视频	2021.05.22
12	神墓	古装、情感、武侠、玄幻	爱奇艺	2021.07.04
13	龙棺古墓：西夏狼王	动作、悬疑、玄幻	爱奇艺	2021.07.09
14	铁血：生死隧战	科幻、动作	腾讯视频	2021.07.31
15	太空群落	科幻	爱奇艺	2021.08.31
16	重启地球	科幻、情感	爱奇艺、腾讯视频	2021.09.03
17	神兵特攻	动作、科幻	腾讯视频	2021.09.17
18	牧野诡事之观山太保	动作、玄幻	爱奇艺	2021.10.06
19	戏法师	动作、玄幻、悬疑	爱奇艺	2021.10.14
20	牧野诡事之寻龙	动作、玄幻	腾讯视频	2021.11.02

数据来源：监管中心统计数据2022.1

国家广播电视总局监管中心

表2.2.2.4（2）　2021年部分"怪兽"题材网络电影列表

序号	节目名	播出平台	热度/播放量	上线时间
1	夺命巨鲨	爱奇艺	3521	2021.01.16
2	狂暴魔蛛	优酷	3990	2021.01.28
3	密林大冒险	搜狐视频	2.1万次	2021.02.08
4	蛇王岛	爱奇艺	6129	2021.07.21
5	巨兽来袭2	腾讯视频	270万次	2021.08.28
6	山神	腾讯视频	807万次	2021.09.27
7	冥海禁地	爱奇艺	5164	2021.10.26
8	沙丘虫暴	爱奇艺	5472	2021.12.03

数据来源：监管中心统计数据2022.1　　　　国家广播电视总局监管中心

2.2.3　故事来源·IP改编剧本持续火热，故事来源广泛

2021年，网络电影IP改编剧本比例为24%，较2020年略有下降。目前，网络电影的IP改编主要涉及网络小说、文学名著、电影、剧集、影视形象、动漫、游戏、民间传说等。网络电影领域"公版IP"改编依然火热，《西游记》《封神榜》、狄仁杰故事等，依然是创作方热衷的改编对象。2021年改编自《西游记》的作品多达10部，改编自《封神榜》的作品多达7部，此外还有每年都很"忙"的"狄仁杰"系列作品等。虽然IP改编剧本网络电影数量不小，但质量参差不齐，对部分过度消费IP但创作不够扎实的作品，观众也不再买账。例如，狄仁杰故事改编作品在2020年热度很高，但在2021年却没有一部分账票房破千万。

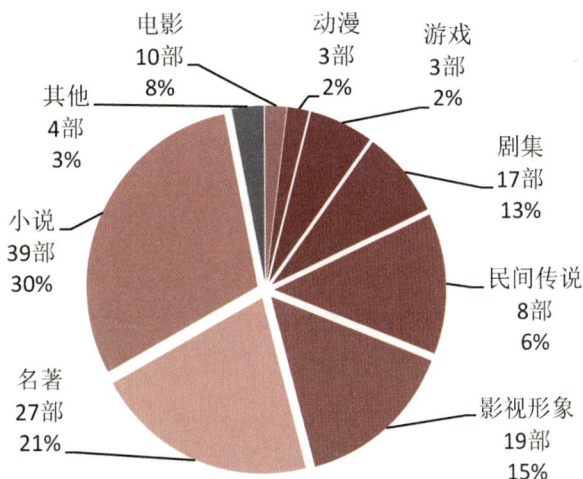

数据来源：监管中心统计数据2022.1　　　　国家广播电视总局监管中心

图2.2.3　2021年IP改编网络电影统计

069

表2.2.3　2021年部分"公版IP"改编网络电影列表

序号	节目名	故事来源	播出平台	上线时间
1	雷震子：封神缘起	封神演义	爱奇艺	2021.02.18
2	封神榜：决战万仙阵		爱奇艺	2021.04.30
3	封神：画圣归来		腾讯视频	2021.07.27
4	封神·托塔天王		爱奇艺	2021.09.14
5	封神榜：托塔天王		腾讯视频	2021.10.17
6	封神：妲己		爱奇艺	2021.11.23
7	封神之九曲黄河阵		腾讯视频	2021.12.14
8	二郎神之绝世战神		芒果TV	2021.12.26
9	狄仁杰之迷雾神都	狄仁杰	优酷	2021.01.26
10	狄仁杰：长安变		优酷	2021.03.04
11	狄仁杰之伏妖篇		腾讯视频	2021.06.15
12	狄仁杰之通天教主		搜狐视频	2021.06.28
13	狄仁杰之通天赤狐		腾讯视频	2021.08.05
14	狄仁杰之恢诡赤目		爱奇艺	2021.11.04
15	混世四猴：神猴归来	西游记	腾讯视频	2021.02.06
16	西游之双圣战神		腾讯视频	2021.06.20
17	猪妖传		腾讯视频	2021.06.25
18	西游魔童红孩儿		爱奇艺	2021.09.01
19	西游记比丘国		腾讯视频	2021.09.26
20	齐天大圣·无双		腾讯视频	2021.10.16
21	西游记红孩儿		腾讯视频、爱奇艺	2021.10.20
22	封仙册之铁扇罗刹		腾讯视频	2021.11.01
23	六耳猕猴		腾讯视频	2021.11.14
24	小白龙熬烈		腾讯视频	2021.12.13
25	宝莲灯·赤子之心	宝莲灯	腾讯视频	2021.09.16
26	宝莲灯·浮尘幻灭		腾讯视频	2021.10.12
27	天地宝莲灯		爱奇艺	2021.12.29
28	兰若行者	聊斋	腾讯视频	2021.05.11
29	倩女仙缘2		腾讯视频	2021.06.19
30	崂山道士		爱奇艺	2021.11.18
31	赵云传之莫问少年狂	三国演义	爱奇艺	2021.01.04
32	青龙偃月刀		爱奇艺	2021.02.11
33	铁血武魂		腾讯视频	2021.08.09

序号	节目名	故事来源	播出平台	上线时间
34	锦鼠御猫之九幽血狼	三侠五义	腾讯视频	2021.06.06
35	白蛇：情劫	白蛇全传	爱奇艺	2021.03.12
36	山海战纪2之怪兽之王	山海经	腾讯视频	2021.05.15
37	楚留香之盗帅觉醒		腾讯视频	2021.03.17
38	黄飞鸿之武神林世荣		腾讯视频	2021.03.31
39	忠义门之韩厥		搜狐视频	2021.04.20
40	武状元苏乞儿之天降神谕		爱奇艺	2021.05.31
41	唐伯虎之偷天换日		爱奇艺	2021.07.26
42	醉拳苏乞儿		腾讯视频	2021.08.25
43	叶问宗师觉醒	其他影视形象	爱奇艺	2021.09.16
44	穆桂英挂帅破天门		腾讯视频	2021.09.19
45	法医宋慈2之四宗罪		爱奇艺	2021.09.23
46	宋慈之临安夜游神		腾讯视频	2021.10.05
47	宋慈之河神案		腾讯视频	2021.10.11
48	宋慈之绝命诗案		腾讯视频	2021.11.09
49	方世玉之胜者为王		腾讯视频	2021.11.16
50	兰陵王之泣血刀锋		爱奇艺、腾讯视频	2021.11.18
51	后羿之逐日之战		腾讯视频	2021.11.27
52	洪熙官之魔门妖女		爱奇艺	2021.12.02

数据来源：监管中心统计数据2022.1

国家广播电视总局监管中心

2.2.4 节目体量 · 继续增大

2021年网络电影单片平均时长为80分钟，体量较往年继续增长。与2020年相比，单片时长在60分钟—70分钟的影片数量占比大幅下降，而时长在70分钟—80分钟、80分钟—90分钟和90分钟以上的网络电影数量占比均有所提升。纵观近5年来的变化，网络电影单片平均时长已较5年前增长了10%，作品体量逐渐与院线电影趋同。

（单位：分钟）

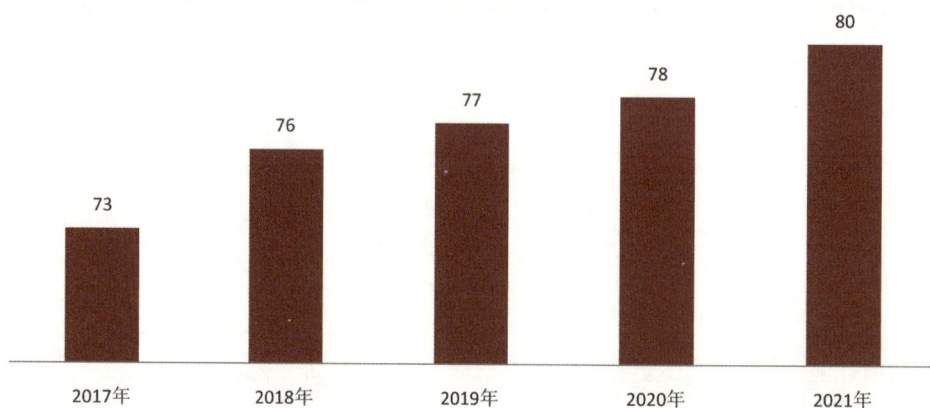

数据来源：监管中心统计数据2022.1

国家广播电视总局监管中心

图2.2.4（1）　2017年至2021年网络电影平均时长对比

（单位：部）

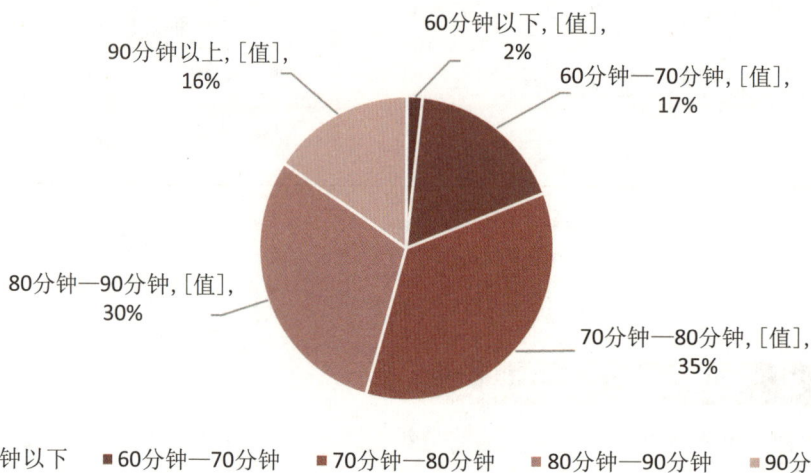

■60分钟以下　■60分钟—70分钟　■70分钟—80分钟　■80分钟—90分钟　■90分钟以上

数据来源：监管中心统计数据2022.1

国家广播电视总局监管中心

图2.2.4（2）　2021年网络电影单部时长统计

■60分钟以下　■60分钟—70分钟　■70分钟—80分钟　■80分钟—90分钟　■90分钟以上

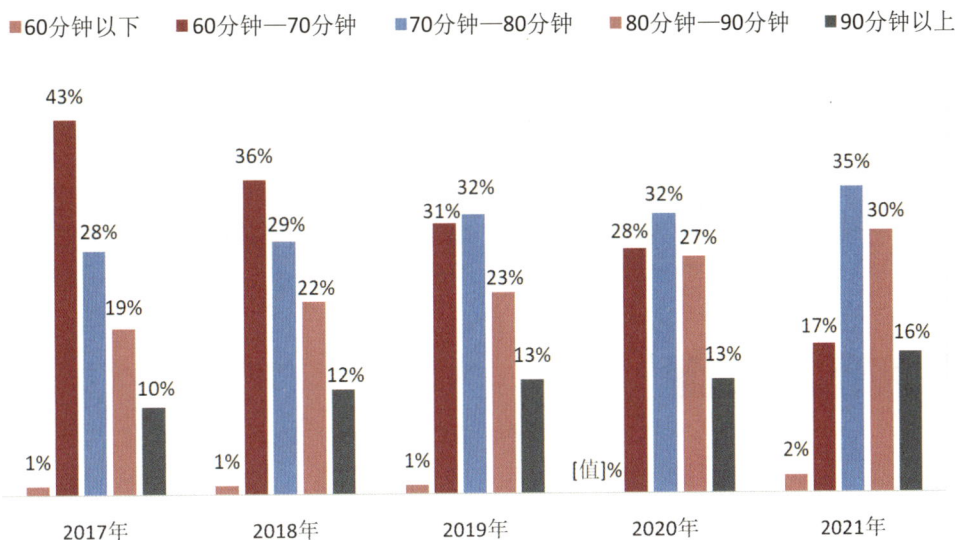

数据来源：监管中心统计数据2022.1　　　国家广播电视总局监管中心

图2.2.4（3）　2017年至2021年网络电影各时长段占比统计对比

2.2.5　形式探索·互动网络电影发展缓慢

2021年上线了两部互动网络电影，分别是腾讯视频3月16日上线的《胆战心惊》（互动版）和爱奇艺9月15日上线的《如果有当初》。影片《胆战心惊》互动版与常规版同步上线，支线情节较为丰富，整体可看性和可玩性都尚可。《如果有当初》是爱奇艺上线的第一部互动网络电影，通过丰富的互动节点设计可使影片发展向4个不同结局。

目前互动网络电影仍处于缓慢发展阶段，截至2021年全网仅上线4部互动网络电影。从观影体验上来看，目前的互动网络电影还存在着选择剧情时卡顿、个别支线情节无法选择等技术性问题以及个别支线剧情不够连贯等内容设计问题。从影片热度/点击量以及观众反馈来看，观众对互动网络电影接受度仍持开放态度，不少观众会选择切换不同支线剧情来多次观影。

2.3　传播分析

2.3.1　播出平台

2021年，主要视听网站的网络电影策略都做出了较大的调整，这在作品数量上就有直接体现。腾讯视频、搜狐视频上线数量大幅增加，爱奇艺、优酷则大幅减少。经过调整，2021年网络电影的播出平台以腾讯视频、爱奇艺为第一梯队，搜狐视频、优酷为第二梯队，同时芒果TV、聚力、快手、乐视视频也均有涉及。其中，腾讯视频、爱奇艺两家平台上线数量合计占全网73%，网络电影播出平台集中度进一步提升。

2.3.1.1　腾讯视频

2021年腾讯视频全年上线网络电影219部，较2020年大幅上升61%，占全年上线网络电影总数的41%，上线数量赶超爱奇艺，跃居首位。2021年腾讯视频在网络电影领域进行了诸多调整，不仅加大力度扶持头部影片和制作机构，鼓励精品创作，还通过优化合作分成模式、增加资金和资源投入、扶持创作者等措施推动平台网络电影业务的发展。同时，在网络电影营销上，腾讯视频为网络电影开放专属广告投放通道，提升网络电影营销效率，并且积极通过短视频引流，提升从短视频到长视频的用户转化率。

2021年4月19日，腾讯视频成立了"追光者俱乐部"，规定自2021年1月1日起，在腾讯视频独家上线分账网络电影，且单部影片累计票房超过1000万的合作方，可成为"追光者俱乐部"的一员。成员不仅享有平台一对一专项咨询服务，并且影片在长尾推荐期会享受更好资源位。6月8日，腾讯举办OVB（腾讯在线视频）创作者生态大会，会上发布了长、中、短视频与电商业务中心的全景式布局，以流量分享、资金补贴、选品支持、场地培训、IP联动等资源扶持创作者。6月11日，腾讯视频推出了"内容激励计划"，针对自2020年11月1日10:00至2021年10月31日10:00，已与腾讯视频达成网络电影独家纯分账合作的影片，按照上线起30个自然日内累积票房前五名作品给予额外现金激励。12月31日腾讯视频为网络电影品类推出"创新赛道扶持计划"，对内容定级及单价做出调整，鼓励创作者在"正能量、现实题材、科幻精品、动画电影、女性视角"等五个赛道挑战多元题材和创新高度。同时，腾讯视频在网络电影原有S+、S、A、B、C五个级别基础上，推出S Pro级，对应结算单价提升至5元/有效观影人次。

（单位：部）

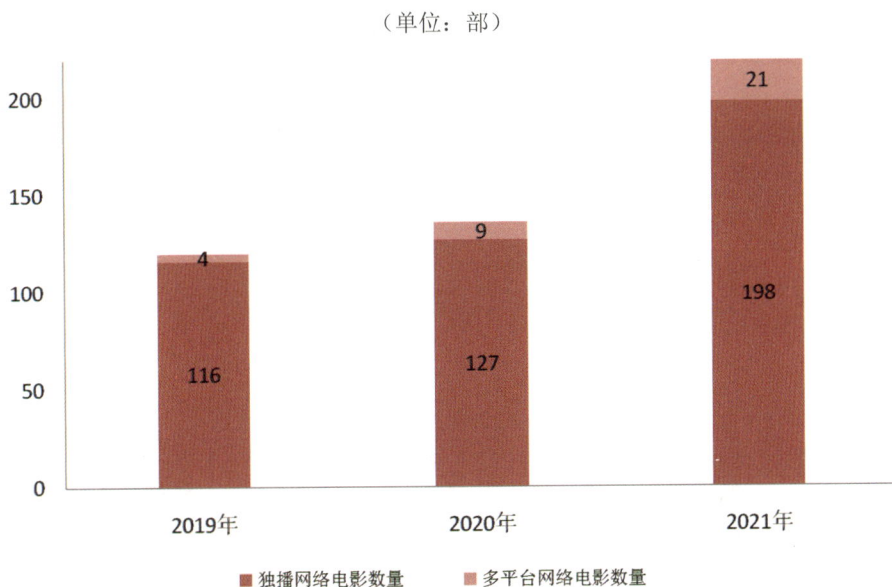

数据来源：监管中心统计数据2022.1　　　　　　　国家广播电视总局监管中心

图2.3.1.1　2019年至2021年腾讯视频网络电影数量对比

2.3.1.2　爱奇艺

2021年爱奇艺全年上线网络电影167部，较2020年锐减45%，占全年新上线网络电影的31%，退居腾讯视频之后，位居第二位。虽然整体上线数量大幅减少，但爱奇艺头部作品数量总体保持稳定。2021年爱奇艺在网络电影领域做出了重要的调整，不仅在年初推出了全新的内容合作模式，同时更加注重电影互联网商业生态的完善，在继续开发原有的"苍穹计划""云腾计划"等项目基础上，通过推出"云影院"为观众提供了更良好的视听体验，同时为包括院线电影、网络电影，以及爱奇艺自制电影在内的作品提供了更加公平、透明、健康的电影在线交易平台，推动电影网络发行生态升级。此外，爱奇艺还积极通过完善海外发行渠道和发行方式拓宽收益渠道。

2021年1月4日，爱奇艺全面升级了网络电影内容合作模式，从合作方式、影片定级、影片定价等多个方面进行了调整，取消了网络电影营销补贴，随后还调整了网络电影海外发行的合作流程。2021年1月11日爱奇艺举办了2021年第一期爱奇艺电影·云开放日活动，从"合作模式""平台服务""运营资源""运营策划""效果广告"等方面介绍了2021年爱奇艺网络电影做出的升级调整。4月28日，爱奇艺发布了"苍穹计划第五期"网络电影书单及合作规则，旨在整合平台资源，打通产业链上中下游，通过爱奇艺漫画内容联动爱奇艺分账网剧、爱奇艺分账网络电影共同打造优质影视内容。5月13日，爱奇艺举办2021爱奇艺世界·大会"中国电影新未来行业论坛"，会上正式推出了爱奇艺"云影院"，主要由"PVOD模式发行的院线电影""定级为S的网络电影"和"爱奇艺出品电影"三大内容构成，同时与宁浩等知名导演达成网络电影战略合作计划。6月10日和11月2日，爱奇艺分别公布了"云腾计划"网络电影第十二期书单和第十三期书单，每期均有10部IP。

（单位：部）

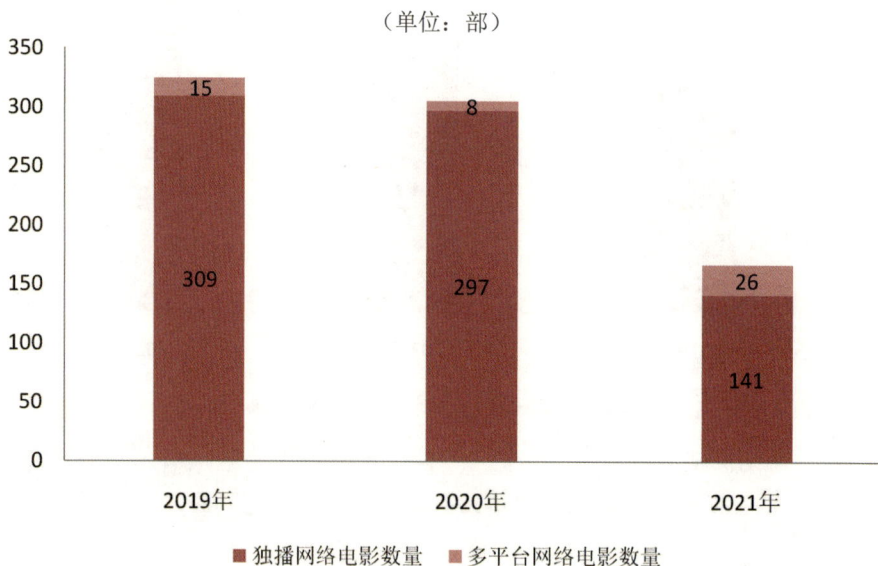

数据来源：监管中心统计数据2022.1　　　　　　　国家广播电视总局监管中心

图2.3.1.2　2019年至2021年爱奇艺网络电影数量对比

2.3.1.3　搜狐视频

2021年搜狐视频上线网络电影89部，较2020年大幅增加162%，数量占全年新上线网络电影的17%，超过优酷跻身第三位。搜狐视频2021年网络电影经营模式未有较大的调整，其合作及分成模式也仍沿用2020年4月15日公布的合作分成模式。

（单位：部）

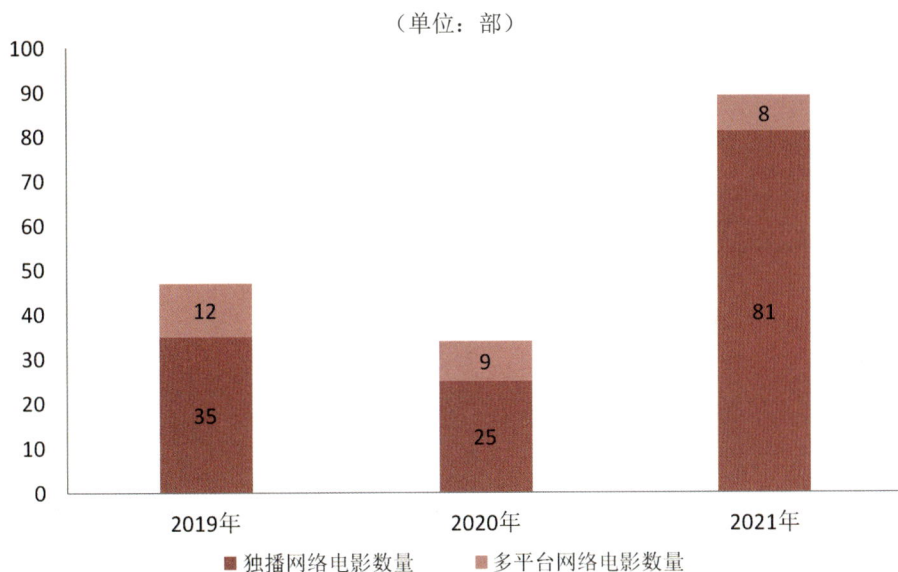

数据来源：监管中心统计数据2022.1

国家广播电视总局监管中心

图2.3.1.3   2019年至2021年搜狐视频网络电影数量对比

2.3.1.4   优酷

2021年优酷上线网络电影67部，较2020年锐减64%，占全年上线网络电影的13%，上线数量排在第四位。2021年优酷继续加强平台服务，一方面通过举办各类论坛和课堂为合作方和从业人员解读平台政策、行业趋势、用户习惯，分享创作经验，另一方面通过升级合作模式、平台数据服务、推广资源等方式为合作伙伴助力。

2021年3月10日，优酷内容开放平台升级了数据服务，新增了四大数据功能，优化了数据使用体验。3月19日，优酷在线上举办了第2期优酷开放学院·网络电影大咖说活动，与业内人士共同探索了未来档期布局和行业新趋势。5月1日优酷对网络电影分账规则进行了升级，新分账规则采用有效观影人次模式，并调整级别和单价，延长A级以上级别影片分账期，同时升级推广资源包，增加OTT端推广资源。7月8日和9月9日，优酷内容开放平台分别举办了第1期和第2期优酷开放学院·网络电影"爆款铁三角"沙龙活动，通过精选热播影片，邀请团队主创人员根据影片特点从策划、制作、发行、营销等各环节多维度分享影片成功经验，推动行业交流和进步。10月1日，优酷App端正式上线网络电影广告资源服务，助力合作方提升网络电影票房。

（单位：部）

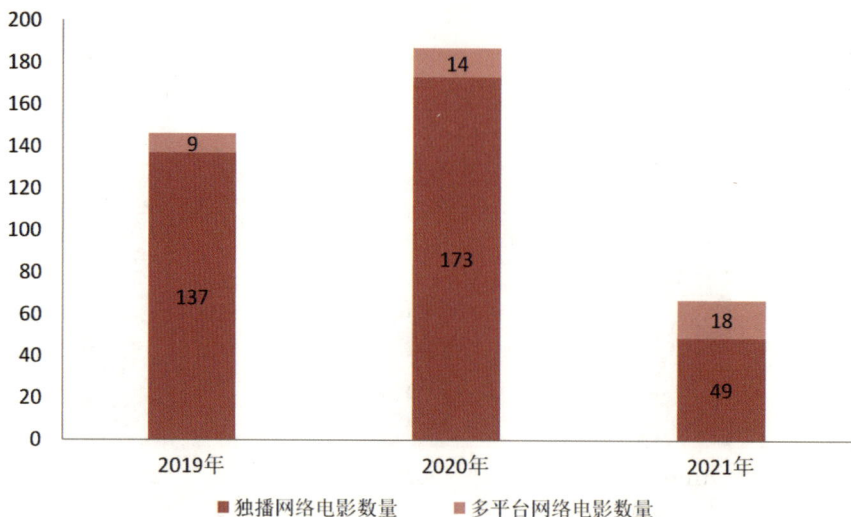

数据来源：监管中心统计数据2022.1　　　　　　国家广播电视总局监管中心

图2.3.1.4　2019年至2021年优酷网络电影数量对比

2.3.2　网络电影"春节档"已形成规模

2021年2月5日，在国家广电总局网络视听节目管理司指导下，由中国电影家协会网络电影工作委员会主办，优酷、爱奇艺、腾讯视频协办的2021年网络电影春节档正式开启。2021年"春节档"期间共上线网络电影29部，数量较2020年增加三成，其中爱奇艺上线13部、腾讯视频上线7部、优酷上线6部、搜狐视频上线3部、芒果TV上线1部、快手上线1部。2021年"春节档"网络电影题材主要以喜剧为主同时跨度多元题材，春节期间大体以每天1—4部的数量上线，一定程度体现出品类多元性和排播规律性特点。2021年春节档比2020年更具规模，更有"档期"的意味，凸显出视频平台对网络电影春节档的重视。

表2.3.2　2020年和2021年"春节档"网络电影统计列表

上线时间	2020年春节档		2021年春节档	
	片名	题材	片名	题材
除夕	我来自北京之扶兄弟一把	喜剧、情感	青龙偃月刀	古装、战争、动作
			极速战将	警匪、动作、犯罪、枪战
正月初一	我来自北京之铁锅炖大鹅	喜剧、情感	少林寺之得宝传奇	古装、武侠、喜剧、动作
	异星战甲之青龙	古装、玄幻、动作	布娃娃	情感、奇幻、喜剧

续表

上线时间	2020年春节档		2021年春节档	
	片名	题材	片名	题材
正月初二			荒野无声	惊悚、情感
			男主大甩卖	情感、科幻
正月初三	锦毛鼠之涅槃重生	古装、动作、情感	别那么骄傲	情感、玄幻
	外星人事件	科幻、情感	决战厨神	剧情、情感、喜剧
正月初四	古剑奇谭之伏魔纪	古装、玄幻、动作	护卫者	动作
			反击	动作、犯罪、枪战
			摸金爵之卧龙诡阵	动作、科幻、剧情
			明天会更好	剧情
正月初五	我来自北京之过年好	喜剧、情感、剧情	暴走财神2	喜剧、奇幻
正月初六	暖冬 钟馗归来万世妖灵	情感、剧情、 古装、玄幻、动作	你瞅啥？外星人	喜剧、科幻、动作
正月初七	战·修罗	古装、玄幻、动作	雷震子：封神缘起	古装、奇幻、动作
	牌王	动作、犯罪		
正月初八	年兽	古装、动作、 玄幻、怪兽	小二班之变身老爸	喜剧、儿童、 情感、科幻
	命中注定爱上你	情感、剧情	人间大炮3	喜剧、儿童、情感
正月初九				
正月初十			梦想之门	奇幻、悬疑
正月十一	巨鳄岛	惊悚、怪兽	情定秋收	情感
	女神的救赎	喜剧、情感		
正月十二	嵩山武僧	动作、剧情	军民大生产	情感、剧情
	魔盗白骨衣之昆仑之泪	古装、动作	金山伏魔传	古装、玄幻、情感
	虎门镖局	古装、武侠、动作	铁血护卫之异种入侵	科幻、动作、怪兽
	最可爱的人	战争、历史		
正月十三	法医宋慈	古装、犯罪、 悬疑、动作		
正月十四	锤神	喜剧、科幻、动作	平魔策之红颜长情剑	古装、玄幻、动作
	天衣小裁缝	喜剧、奇幻	修仙传之炼剑	古装、玄幻、动 作、武侠、怪兽
			绝缝求生	情感、剧情
			月亮心愿	情感、剧情

续表

上线时间	2020年春节档		2021年春节档	
	片名	题材	片名	题材
正月十五			狂刀	古装、武侠、玄幻、动作
			怒放的铁甲	情感、剧情、犯罪
			龙窟寻宝	玄幻、动作、怪兽

数据来源：监管中心统计数据2022.1

国家广播电视总局监管中心

2.3.3 "系列"影片保持一定规模，剧集衍生网络电影明显增多

2021年共上线了69部"系列化"网络电影[①]，涉及45个系列，其中"剧集化"网络电影[②]有10个系列，"系列化"网络电影占全年上线作品的13%，与2020年基本持平。"系列化"网络电影保有一定规模，反映出部分创作方通过多部作品的联动效应，扩大传播影响、培养"品牌"的思路，但目前总体看尚未形成具有持续较高影响力的品牌IP。

表2.3.3（1） 2021年部分"剧集化"系列网络电影列表

序号	节目名	题材	故事来源	最高热度/播放量	播出平台	上线时间
1	换脸·幻梦成真	奇幻	原创	4385万次	爱奇艺	2021.01.13
	换脸·恶梦方醒	奇幻	原创	3358万次	爱奇艺	2021.01.15
	换脸·圆梦时分	奇幻	原创	3313万次	爱奇艺	2021.01.17
2	龙的新娘：龙之岛	奇幻、情感	小说	366.2万次	腾讯视频	2021.03.02
	龙的新娘：一见倾心	奇幻、情感	小说	2162万次	优酷	2021.03.29
3	不能犯规的游戏之瘟病突袭	惊悚、犯罪、悬疑	小说	128.6万次	腾讯视频	2021.03.20
	不能犯规的游戏之惊魂幻觉	惊悚、犯罪、悬疑	小说	18.7万次	腾讯视频	2021.03.20
	不能犯规的游戏之房中有眼	惊悚、犯罪、悬疑	小说	105.5万次	腾讯视频	2021.03.25
	不能犯规的游戏之午夜来电	惊悚、犯罪、悬疑	小说	110.6万次	腾讯视频	2021.04.15

---

① 此处所称"系列化"网络电影一般指由同一机构出品或主创团队制作的多部在剧情或人物上具有关联性的网络电影的合集。
② 此处所称"剧集化"是指某系列网络电影在较短的时间内以分集的形式集中上线，通常每两部之间的上线间隔一般不超过一周，内容上通常是连续剧形式，故事具有连贯性。

序号	节目名	题材	故事来源	最高热度/播放量	播出平台	上线时间
4	牧野诡事之观山太保	动作、玄幻	小说	5839万次	爱奇艺	2021.10.06
	牧野诡事之寻龙	动作、玄幻	小说	5650.7万次	腾讯视频	2021.11.02
5	长白·灵蛇传	古装、玄幻、情感	小说	1520.7万次	腾讯视频	2021.02.28
	长白·太岁	古装、玄幻、情感	小说	1834.3万次	腾讯视频	2021.03.30
6	宝莲灯·赤子之心	古装、动作、情感、奇幻	民间传说	947.3万次	腾讯视频	2021.09.16
	宝莲灯·浮尘幻灭	古装、动作、情感、奇幻	民间传说	285.7万次	腾讯视频	2021.10.12

数据来源：监管中心统计数据2022.1　　　　　　　　国家广播电视总局监管中心

2021年由电视剧、网络剧剧集衍生而来的网络电影数量明显增多，形式主要分为两类。一是拓展剧中次要人物的故事线，讲述新故事。例如，网剧《赘婿》中的配角苏文兴，表现讨喜，颇具趣味，获得了观众的青睐。网络电影《赘婿之吉兴高照》便以苏文兴为主角进行二次演绎，同样收获了观众的肯定。二是将剧集重新剪辑，浓缩为网络电影。2021年上线了《从结婚开始恋爱 精选版》《贺先生的恋恋不忘 速看版》等10部"速看版"网络电影，均由芒果TV同名网络剧剪辑而成，剧情上并未有新内容。

表2.3.3（2）　2021年部分"剧集衍生"网络电影列表

序号	节目名	题材	故事来源	最高热度/播放量	播出平台	上线时间
1	从结婚开始恋爱 精选版	情感	电视剧《从结婚开始恋爱》	未标注	芒果TV	2021.03.26
2	奈何BOSS又如何 速看版	情感	网络剧《奈何BOSS又如何》	未标注	芒果TV	2021.04.16
3	不可思议的爱情 速看版	情感、奇幻	网络剧《不可思议的爱情》	未标注	芒果TV	2021.04.23
4	赘婿之吉兴高照	喜剧、情感、古装	网络剧《赘婿》	6668	爱奇艺	2021.08.13
5	贺先生的恋恋不忘 速看版	喜剧、情感	网络剧《贺先生的恋恋不忘》	未标注	芒果TV	2021.10.04

数据来源：监管中心统计数据2022.1　　　　　　　　国家广播电视总局监管中心

2.3.4 更多平台面向网络电影尝试"PVOD"模式，但作品数量不多

继2020年爱奇艺、优酷、腾讯视频推出PVOD收费模式（会员单片付费模式）之后，2021年搜狐视频、快手也推出这一模式。2021年共有7部影片以PVOD模式上线。相比于"会员免费观看"的模式，PVOD模式对影片质量提出了更高的要求，旨在帮助优质作品获取更高的回报。不过，2021年PVOD模式发行的作品数量并不多，也并未公布票房分账，这一模式的市场效果还有待观察。2021年各视频平台上线的网络电影仍然以"VIP会员特权"为主，观众可通过开通包年（或包季、包月）会员服务从而在会员有效期内随时观看已上线网络电影，亦或通过单次购买单部影片并在有效期内进行观看。

表2.3.4　2021年"PVOD"网络电影列表

序号	片名	题材	付费金额	播出平台	上线时间
1	大御儿之烟花易冷	古装、穿越、情感	30快币	快手	2021.01.22
2	少林寺之得宝传奇	古装、武侠、喜剧、动作	非会员12元，会员6元	爱奇艺、优酷、腾讯视频	2021.02.12
3	决战厨神	剧情、情感、喜剧	ipad端购买3元，手机端购买30快币（42快币/6元）	快手	2021.02.14
4	冒牌大保镖	喜剧、情感、动作	非会员12元，会员6元	爱奇艺	2021.03.26
5	山的那边有条河	情感、剧情	非会员会员均为10元	搜狐视频	2021.04.14
6	我们的新生活	剧情、喜剧、情感	非会员12元，会员6元	爱奇艺、优酷、腾讯视频	2021.07.23
7	东北恋哥	动作、情感、喜剧	非会员12元，会员6元	爱奇艺	2021.10.29

数据来源：监管中心统计数据2022.1

国家广播电视总局监管中心

2.3.5 多平台播出的网络电影数量增加，选择多平台播出的头部作品数量增加

2021年共上线34部多平台播出的网络电影，占全年上线数量的6%，占比是2020年的2倍。以往，选择多平台播出的网络电影多是一些制作成本较低，影片质量不高，无法在视频平台获得较高评级的影片。但自2020年以来，除了低成本的多平台网络电影外，一些制作成本较高，整体制作较好且获得平台较高评级的影片，为扩大观众覆盖面、获取更高票房收入，亦会选择在多平台首播，而较2020年，2021年里有更多的头部影片选择"多平台首播"。这些头部"多平台首播"网络电影整体表现不俗，其

中有11部影片入围2021年千万票房榜。由爱奇艺、优酷联合发行的网络电影《无间风暴》更是成为2021年网络电影分账亚军。

表2.3.5 2021年部分多平台播出网络电影列表

序号	片名	题材	播出平台	最高热度/播放量	上线时间
1	少林寺之得宝传奇	古装、武侠、喜剧、动作	爱奇艺、优酷、腾讯视频	6621/8874/9637万次	2021.02.12
2	无间风暴	犯罪、警匪、动作	爱奇艺、优酷	6484/8899	2021.05.21
3	黄皮子坟	玄幻、惊悚、悬疑、动作	爱奇艺、优酷、腾讯视频	7360/9398/8653万次	2021.06.05
4	狂鳄海啸	怪兽、惊悚	爱奇艺、优酷	8581/6138	2021.07.16
5	水怪2：黑木林	惊悚、悬疑、动作	爱奇艺、优酷	6005/9527	2021.08.20
6	火线突围	动作、枪战	爱奇艺、优酷	6130/8223	2021.09.02
7	新逃学威龙	动作、喜剧	爱奇艺、优酷	6210/9507	2021.10.15
8	卸岭秘录	惊悚、玄幻、悬疑	爱奇艺、优酷	5898/9350	2021.11.10
9	二龙湖往事：惊魂夜	惊悚、悬疑、喜剧	爱奇艺、优酷、腾讯视频	6653/8329/5440万次	2021.12.10
10	再战江湖	枪战、动作、黑帮、犯罪	爱奇艺、优酷、腾讯视频	6515/8118/4079万次	2021.12.17

数据来源：监管中心统计数据2022.1

国家广播电视总局监管中心

2.3.6 分账破千万作品占比上升 前台热度播放量均值继续提升

2021年腾讯视频、爱奇艺、优酷分账超过1000万元人民币的网络电影共计60部，其中，爱奇艺独播23部、腾讯视频独播18部、优酷独播8部、另有11部联合发行。票房破千万作品占比为11%，相较2020年上升2个百分点。分账冠军票房4449万元，相比2020年的5641万元还有一定差距。

表2.3.6 2021年分账超过1000万元的网络电影列表

序号	片名	题材	分账（万元）	播出平台	上线时间
1	兴安岭猎人传说	悬疑、恐怖	4449	腾讯视频	2021.04.01
2	无间风暴	犯罪、警匪、动作	爱奇艺1935；优酷1428（合计3363）	爱奇艺、优酷	2021.05.21

序号	片名	题材	分账（万元）	播出平台	上线时间
3	浴血无名川	战争、历史	3356	爱奇艺	2021.04.02
4	硬汉枪神	剧情、动作	3325	优酷	2021.08.06
5	黄皮子坟	玄幻、惊悚、悬疑、动作	爱奇艺1195；腾讯视频1090；优酷991（合计3276）	爱奇艺、腾讯视频、优酷	2021.06.05
6	白蛇：情劫	古装、情感、奇幻	3093	爱奇艺	2021.03.12
7	重启之蛇骨佛蜕	玄幻、悬疑、动作	3008	优酷	2021.03.26
8	新逃学威龙	动作、喜剧	爱奇艺1600；优酷1332（合计2932）	爱奇艺、优酷	2021.10.15
9	四平警事之尖峰时刻	喜剧、犯罪、动作、警匪	2914	腾讯视频	2021.10.04
10	黄皮幽冢	动作、玄幻、悬疑	2645	腾讯视频	2021.09.30
11	赘婿之吉兴高照	喜剧、情感、古装	2597	爱奇艺	2021.08.13
12	龙棺古墓：西夏狼王	动作、悬疑、玄幻	2482	爱奇艺	2021.07.09
13	扫黑英雄	动作、警匪、黑帮、刑侦	2418	爱奇艺	2021.01.23
14	封神榜：决战万仙阵	古装、动作、奇幻	2183	爱奇艺	2021.04.30
15	生死阻击	动作、战争	2104	爱奇艺	2021.10.02
16	让我过过瘾	情感、喜剧	2046	腾讯视频	2021.01.29
17	二龙湖往事：惊魂夜	惊悚、悬疑、喜剧	爱奇艺593；腾讯视频712；优酷654（合计1959）	爱奇艺、腾讯视频、优酷	2021.12.10
18	九叔归来2	动作、喜剧、恐怖、玄幻	1909	腾讯视频	2021.05.20
19	愤怒的黄牛	动作、犯罪	1891	爱奇艺	2021.08.06
20	茅山大师	古装、玄幻、武侠、动作	1819	爱奇艺	2021.04.08
21	变异巨蟒	怪兽、惊悚	1816	优酷	2021.05.02
22	反击	动作、犯罪、枪战	1799	腾讯视频	2021.02.15
23	水怪2：黑木林	惊悚、悬疑、动作	爱奇艺694；优酷1089（合计1783）	爱奇艺、优酷	2021.08.20

序号	片名	题材	分账（万元）	播出平台	上线时间
24	重启地球	科幻、剧情、情感	爱奇艺582；腾讯视频1171（合计1753）	爱奇艺、腾讯视频	2021.09.03
25	卸岭秘录	惊悚、玄幻、悬疑	爱奇艺741；优酷928（合计1669）	爱奇艺、优酷	2021.11.10
26	摸金玦之守护人	动作、惊悚	1656	腾讯视频	2021.05.01
27	暴走财神2	喜剧、奇幻	1615	爱奇艺	2021.02.16
28	狙击之王	枪战、犯罪	1577	爱奇艺	2021.11.19
29	绝地狙杀	战争	1549	爱奇艺	2021.07.01
30	再战江湖	枪战、动作、黑帮、犯罪	爱奇艺547；腾讯视频405；优酷583（合计1535）	爱奇艺、腾讯视频、优酷	2021.12.17
31	老板娘	剧情、黑帮、犯罪	1505	爱奇艺	2021.03.16
32	狂鼠列车	惊悚、剧情	爱奇艺755；优酷688（合计1443）	爱奇艺、优酷	2021.01.07
33	墨家机关术	奇幻、动作	1424	爱奇艺	2021.04.23
34	特种兵归来4替身疑云	犯罪、动作	1412	腾讯视频	2021.02.04
35	幸存者1937	战争	1399	腾讯视频	2021.07.01
36	烧烤之王	喜剧	1392	腾讯视频	2021.11.11
37	南少林之怒目金刚	武侠、动作、喜剧	1376	优酷	2021.01.22
38	绝对忠诚之国家利益	动作、悬疑、犯罪、警匪	1370	腾讯视频	2021.01.01
39	鬼手神枪	动作、剧情	1346	爱奇艺	2021.07.28
40	一眉先生	动作、玄幻、喜剧、惊悚、悬疑	1337	腾讯视频	2021.03.01
41	别叫我酒神2	喜剧	1287	腾讯视频	2021.10.09
42	牧野诡事之寻龙	动作、玄幻	1271	腾讯视频	2021.11.02
43	罗布泊之九龙天棺	动作、悬疑、玄幻	1270	腾讯视频	2021.02.09
44	撼龙天棺	动作、悬疑	1256	腾讯视频	2021.03.12
45	兴风作浪3	喜剧、情感	1254	优酷	2021.02.07
46	蛇王岛	怪兽、惊悚	1252	爱奇艺	2021.07.21
47	蛇之女	动作、惊悚、怪兽	1248	优酷	2021.06.16

序号	片名	题材	分账（万元）	播出平台	上线时间
48	茅山	古装、玄幻、喜剧、动作	1220	爱奇艺	2021.01.28
49	大嫂归来	犯罪、动作	1200	爱奇艺	2021.11.06
50	猎毒之闪狙行动	枪战、动作、警匪	1163	爱奇艺	2021.10.28
51	狂鳄海啸	怪兽、惊悚	爱奇艺476；优酷678（合计1154）	爱奇艺、优酷	2021.07.16
52	火线突围	动作、枪战	爱奇艺484；优酷664（合计1148）	爱奇艺、优酷	2021.09.02
53	法医宋慈2之四宗罪	古装、悬疑、动作	1140	爱奇艺	2021.09.23
54	巨蜥	惊悚、怪兽	1085	优酷	2021.04.03
55	东北奇缘	情感、喜剧	1072	腾讯视频	2021.12.25
56	窈窕老爹	喜剧、奇幻、情感	1056	爱奇艺	2021.03.18
57	不良帅之大蛇灾	怪兽、悬疑、古装、动作	1052	爱奇艺	2021.08.02
58	摸金爵之卧龙诡阵	动作、科幻、剧情	1030	优酷	2021.02.15
59	奇门偃甲师	奇幻、悬疑、动作、古装	1010	腾讯视频	2021.05.07
60	神墓	古装、情感、武侠、玄幻	1006	爱奇艺	2021.07.04

数据来源：视频网站公开发布数据2022.1　　　　　　　　　　国家广播电视总局监管中心

2021年爱奇艺、优酷网络电影最高热度的平均值分别较2020年增长36%和61%，涨幅明显。过去几年，网络电影的前台热度、播放量数据仍呈逐年提升的趋势。[①]

---

① 腾讯视频于2020年11月上旬关闭了播放页面的"正片播放量"，仅显示"专辑播放量"，因而本章节未讨论腾讯视频相关数据。

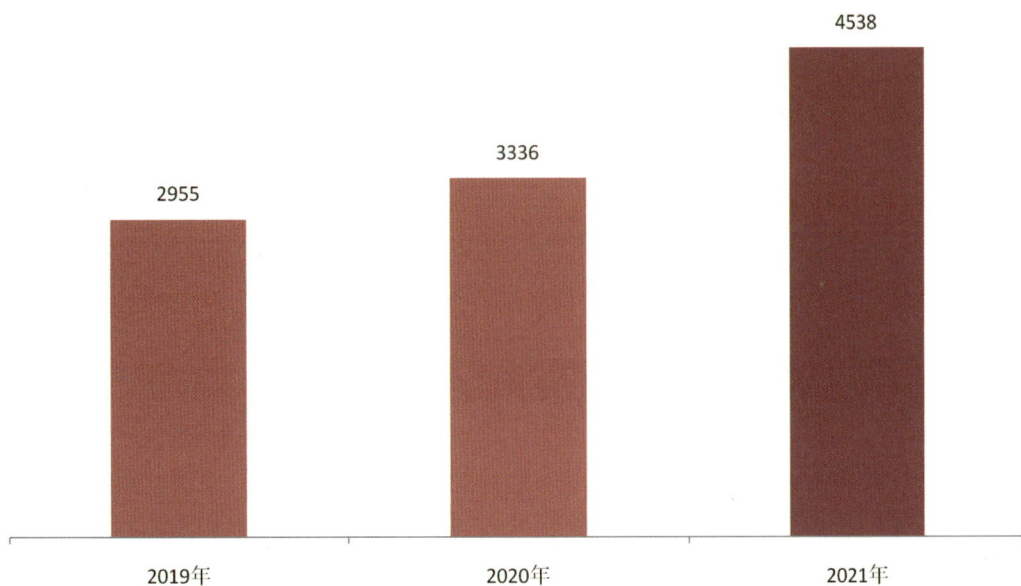

图2.3.6（1）　2019年至2021年爱奇艺网络电影最高热度平均值对比

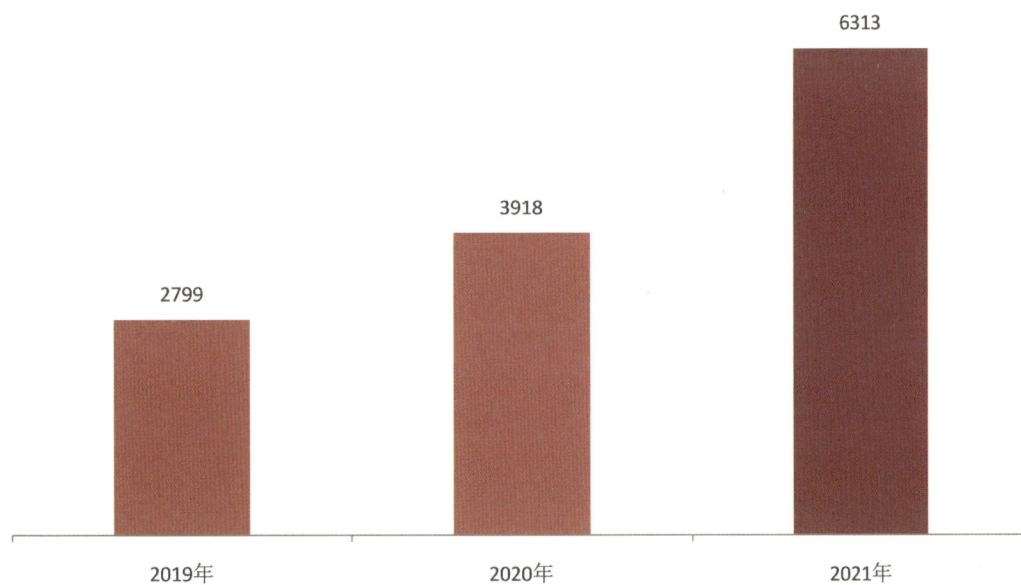

图2.3.6（2）　2019年至2021年优酷网络电影最高热度平均值对比

2.4 制作分析

2.4.1 出品·"老玩家"构成出品机构基本盘

2021年上线的531部网络电影共涉及1611家出品机构、521家制作机构以及199家宣发机构（数据由影片字幕统计得出，部分影片未提供相关信息），分别较2020年减少了9%、20%、12%。按作品数量排名，以腾讯视频、爱奇艺为代表的视频平台，以及以淘梦、创维酷开、精鹰传媒等为代表的"老玩家"依然是网络电影创作生产的中坚力量，其中腾讯系（含腾讯视频、腾讯影业、腾讯企鹅影视文化等）参与出品的网络电影数量已连续4年位居所有出品机构之首。作品数量居前的出品机构，所出品网络电影以动作、喜剧、玄幻题材类型为主。

表2.4.1 2021年部分网络电影出品机构及作品类型等基本情况

机构名称	出品作品数量（部）	部分代表作品	主要作品类型（作品数量）
腾讯	40	《绝对忠诚之国家利益》《特种兵归来4替身疑云》《维和女警：暴力安全区》《雷霆行动》	动作（26）、科幻奇幻玄幻（18）
淘梦	29	《愤怒的黄牛》《中国救援·绝境36天》《二龙湖往事：惊魂夜》《水怪2：黑木林》	科幻奇幻玄幻（14）、动作（14）
创维酷开	27	《窈窕老爹》《九龙城寨》《狄仁杰：长安变》《我们的新生活》	科幻奇幻玄幻（15）、动作（14）
精鹰传媒	26	《美人鱼》《西游之双圣战神》《妖宴洛阳》《东海异闻录》	动作（13）、科幻奇幻玄幻（12）
中广天择	24	《墨家机关术》《楼兰传说：幽灵军队》《鲁班四杰之伏龙海眼》《津沽奇谭1：暗城杀机》	动作（12）、科幻奇幻玄幻（11）
爱奇艺	18	《我来自北京之福从天降》《扫黑英雄》《河豚》《战疫之疯狂的口罩》	动作（10）、喜剧（10）、情感（7）

续表

机构名称	出品作品数量（部）	部分代表作品	主要作品类型（作品数量）
新片场	18	《巨鲨之夺命鲨滩》《再战江湖》《古董局中局之国画密码》《巨鲨之夺命鲨滩》	动作（14）、科幻奇幻玄幻（7）
奇树有鱼	17	《济公：降龙罗汉》《少林小子》《雪豹之暗战天机》《冲出战俘营》	动作（10）、科幻奇幻玄幻（9）
影娱文化	16	《重启地球》《封神：妲己》《镇魔司：西域异兽》《武动乾坤：九重符塔》	科幻奇幻玄幻（10）、动作（9）、情感（6）、古装（6）
凡酷文化	15	《狄仁杰之迷雾神都》《牛头不对马嘴》《兵王之绝境狙杀》《王庆典的春天》	喜剧（6）、怪兽（5）、动作（4）、情感（4）
映美传世	13	《沙鹰行动》《石榴熟了之一拍到底》《巨蜥》《浴血无名川》	动作（11）、科幻奇幻玄幻（8）
芒果超媒	10	《天使替我来爱你》《本姑娘不奉陪了》《长公主她不讲武德》	情感（9）、科幻奇幻玄幻（7）
优酷	9	《少林寺之得宝传奇》《凡人英雄》《我们的新生活》《天下第一》	喜剧（7）、情感（6）
安徽伍号信息科技	9	《无间风暴》《狼人杀·启源》《二龙湖往事：惊魂夜》《沙鹰行动》	动作（6）、科幻奇幻玄幻（4）

数据来源：监管中心统计数据2022.1

国家广播电视总局监管中心

　　2021年出品数量排名前十的机构与2020年完全一致，仅是排名顺序发生变化。同时，2021年出品数量排名前二十的机构中有19家2020年有过作品，并且其中有13家曾在2020年排名前二十，有18家曾在2019年排名前二十。以上数据均表明，网络电影的主要创作生产主体近年表现持续稳定。

（单位：部）

2020年	排名	2021年
腾讯 55	1	腾讯 40
爱奇艺 33	2	淘梦 29
精鹰传媒 31	3	创维酷开 27
淘梦 30	4	精鹰传媒 26
奇树有鱼 23	5	中广天择 24
创维酷开 20	6	爱奇艺 18
新片场 19	7	新片场 18
凡酷文化 17	8	奇树有鱼 17
中广天择 17	9	影娱文化 16
影娱文化 14	10	凡酷文化 15

■ 2020年网络电影出品数量前十机构名单　　■ 2021年网络电影出品数量前十机构名单

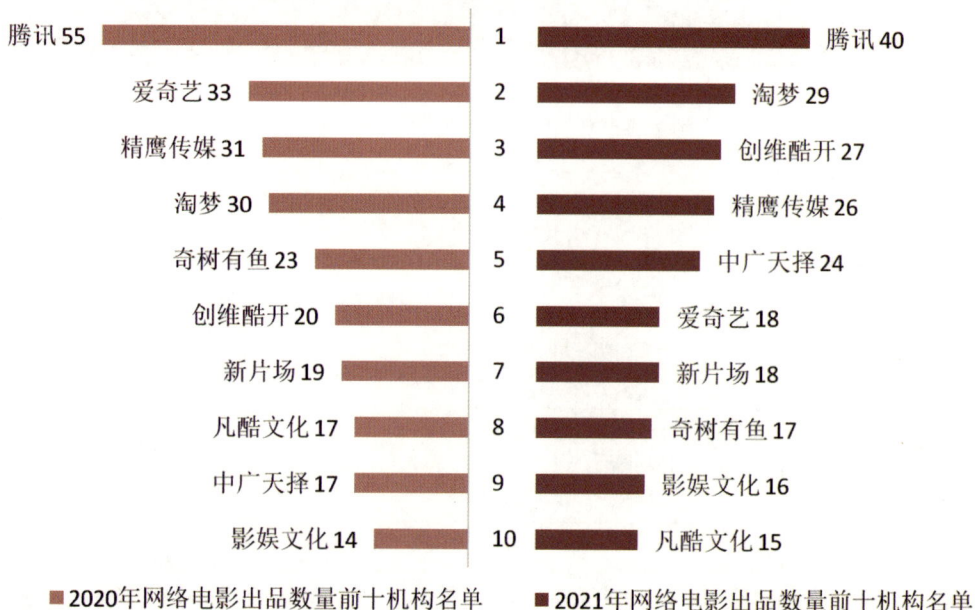

数据来源：监管中心统计数据2022.1　　　　　　　　　　　　　　国家广播电视总局监管中心

图2.4.1　2020年和2021年网络电影出品数量前十机构名单

2.4.2　出品·官方机构出品热情继续提升

2021年，共有52家官方机构参与出品制作了33部网络电影，无论是机构数还是出品数均较2020年再次大幅增加，且其中大部分为主旋律网络电影。更多的官方机构参与网络电影的出品、制作，凸显出相关部门对网络电影这一文艺形态的重视，特别是对其作为有效宣传载体的认可。官方机构通过参与创作，直接为网络电影注入了更多正能量，推动了网络电影价值引导力的提升，也面向社会推动了网络电影行业形象的提升。相关作品如云南省委宣传部、云南省广播电视局、青岛市委宣传部参与制作的《绝对忠诚之国家利益》，公安部新闻宣传局参与制作的《扫黑英雄》，最高人民检察院影视中心、最高人民检察院新闻办公室、监察日报社、福建省厦门市人民检察院参与出品制作的《河豚》等。

部分地方官方机构参与制作的网络电影，还十分注重在作品中融入对当地的人文地理风土人情的介绍，与地方文旅事业发展形成互动。如濉溪县临涣镇人民政府参与制作的《淮水情》，泉州市文化广电和旅游局、中共晋江市委宣传部、中共泉州市丰泽区委宣传部参与出品的《围头新娘》等。

表2.4.2 2021年官方机构参与出品及制作的网络电影列表

序号	片名	参与政府机构名称	上线时间
1	绝对忠诚之国家利益	中共云南省委宣传部、云南省广播电视局、中共青岛市委宣传部、青岛市广播电视台	2021.01.01
2	淮水情	濉溪县临涣镇人民政府	2021.01.18
3	扫黑英雄	陕西广电影视文化产业发展有限公司、公安部新闻宣传局、中国电影家协会	2021.01.23
4	无路可逃	公安部金盾影视文化中心	2021.01.27
5	明城攻略之镇河妖	中共南京市秦淮区委宣传部	2021.02.01
6	极速战将	公安部金盾影视文化中心	2021.02.11
7	军民大生产	华池县委宣传部、华池县文体广电和旅游局	2021.02.23
8	我的第二故乡	新华网股份有限公司	2021.03.04
9	限时营救	公安部金盾影视文化中心	2021.03.23
10	绿皮火车	中国青年出版总社有限公司	2021.04.06
11	山的那边有条河	河池日报社	2021.04.14
12	鲁班四杰之伏龙海眼	江西电视剧制作有限公司	2021.04.16
13	特警本色	公安部金盾影视文化中心	2021.04.27
14	沙鹰行动	江西电视剧制作有限公司	2021.05.13
15	七扇门	中国微电影协会陕西分会、中国摄像协会陕西分会	2021.06.02
16	牛头不对马嘴	中共淄博市委宣传部、中共博山区委员会、博山区人民政府	2021.06.17
17	河豚	最高人民检察院影视中心、最高人民检察院新闻办公室、监察日报社、福建省厦门市人民检察院	2021.07.08
18	死无罪证	公安部金盾影视文化中心	2021.07.13
19	漫画雄心	公安部金盾影视文化中心	2021.08.31
20	叶问宗师觉醒	陕西广电影视文化产业发展有限公司	2021.09.16
21	血战虎门	西安电影制片厂有限公司	2021.09.20
22	中国营长	商城县人民政府、安阳市文化旅游发展集团有限责任公司	2021.10.13
23	中国救援·绝境36天	中国青年报社（含共青团中央网络影视中心）、山东省广播电视局、山东省电影家协会、济南市文化和旅游局、济南广播电视台、济南市应急管理局、济南市莱芜区委宣传部、济南市历下区文化和旅游局、济南市莱芜区文化和旅游局	2021.10.15
24	英雄郎部	湖州南太湖新区管理委员会、湖州市人民政府杨家埠街道办事处	2021.10.25
25	丛林营救	登封市公安局	2021.11.02

序号	片名	参与政府机构名称	上线时间
26	狄仁杰之恢诡赤目	江西电视剧制作有限公司、江西广播电视台	2021.11.04
27	藏草青青	陕西广电影视文化产业发展有限公司	2021.11.05
28	王庆典的春天	中共淄博市委宣传部、中共博山区委员会、博山区人民政府	2021.11.06
29	战疫之疯狂的口罩	重庆广播电视集团（总台）	2021.11.20
30	小医仙	陕西人民艺术剧院有限公司、陕西人艺网艺话剧团	2021.11.29
31	围头新娘	泉州市文化广电和旅游局、中共晋江市委宣传部、中共泉州市丰泽区委宣传部、泉州市广播影视协会、晋江市文学艺术界联合会、晋江市融媒体中心	2021.12.06
32	银河系大排档	新华日报社镇江分社	2021.12.18
33	兵王之绝境狙杀	南昌广播电视台	2021.12.21

数据来源：监管中心统计数据2022.1　　　　　　　　　　　　国家广播电视总局监管中心

2.4.3　出品·单部影片平均出品机构继续增多，出品机构整体留存率上升

2021年仅有92部网络电影由单一出品机构出品，占全年上线总数的17%，该比例相较以往大幅降低。全年单部影片平均出品机构数量达5.1个，较2020年有较大提升。部均出品机构数量的提升，反映了出品机构分摊成本和风险的意识，也侧面体现出网络电影的成本投入在逐渐增加。2021年网络电影全部出品机构全年总的出品行为达2709频次，较2020年增加11%。

与此同时，2021年有391家出品机构曾在2020年出品网络电影，占2021年全部出品机构的24%，出品机构整体留存率较2020年上升了7个百分点。从单个机构出品数量来看，2021年出品数量排名前十的出品机构出品了全年超过三分之一的网络电影，网络电影出品机构的"二八效应"十分明显。

■（单位：个）

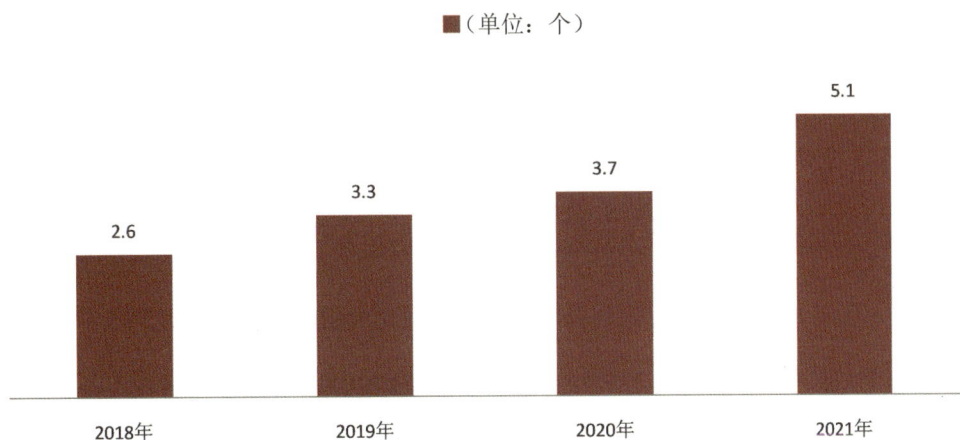

数据来源：监管中心统计数据2022.1　　　　　　　　　　　　国家广播电视总局监管中心

图2.4.3　2018年至2021年单部影片平均出品机构数量对比

2.4.4　制作·头部制作机构趋于稳定

对比2020年至2021年数据可知，相较2020年网络电影制作机构尚未形成明显的"头部效应"，2021年制作机构中制作影片数量排名前十的机构大部分在2020年也位列前茅。此外，2021年有98家制作机构曾在2020年有参与制作网络电影，占2021年全年制作机构的19%，较2020年增长了5个百分点。

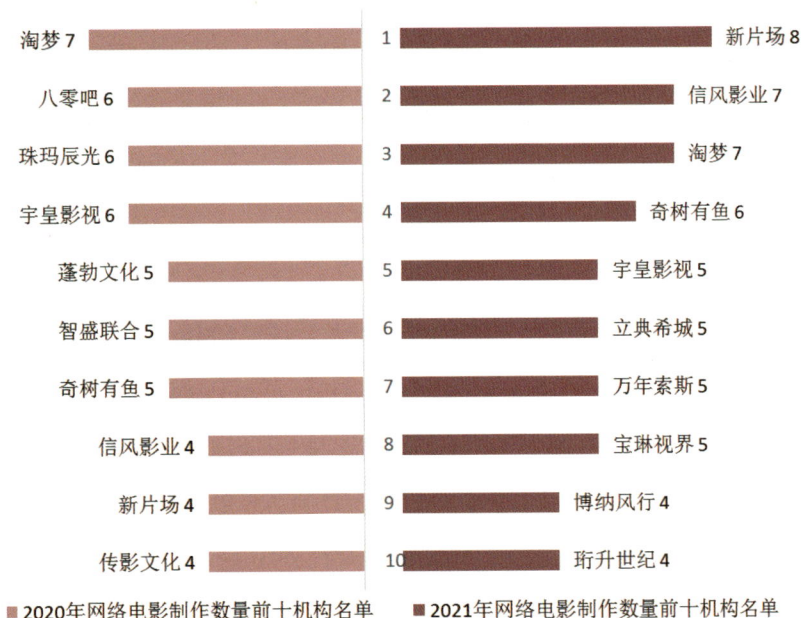

2020年	排名	2021年
淘梦 7	1	新片场 8
八零吧 6	2	信风影业 7
珠玛辰光 6	3	淘梦 7
宇皇影视 6	4	奇树有鱼 6
蓬勃文化 5	5	宇皇影视 5
智盛联合 5	6	立典希城 5
奇树有鱼 5	7	万年索斯 5
信风影业 4	8	宝琳视界 5
新片场 4	9	博纳风行 4
传影文化 4	10	珩升世纪 4

■2020年网络电影制作数量前十机构名单　■2021年网络电影制作数量前十机构名单

数据来源：监管中心统计数据2022.1　　　　　　　　　　　　国家广播电视总局监管中心

图2.4.4　2020年和2021年网络电影制作数量前十机构名单

2.4.5 宣发·"头部效应"依然明显

2021年宣发机构依然有着明显的"头部效应"。2021年宣发数量排名前10的宣发机构承担了全年近1/4网络电影的宣发工作，并且其中有7家机构在2020年宣发数量也排名前10。2020年有53家宣发机构在2021年里继续开展宣发工作，占2021年全部宣发机构的27%，相关数据同2020年十分相似。

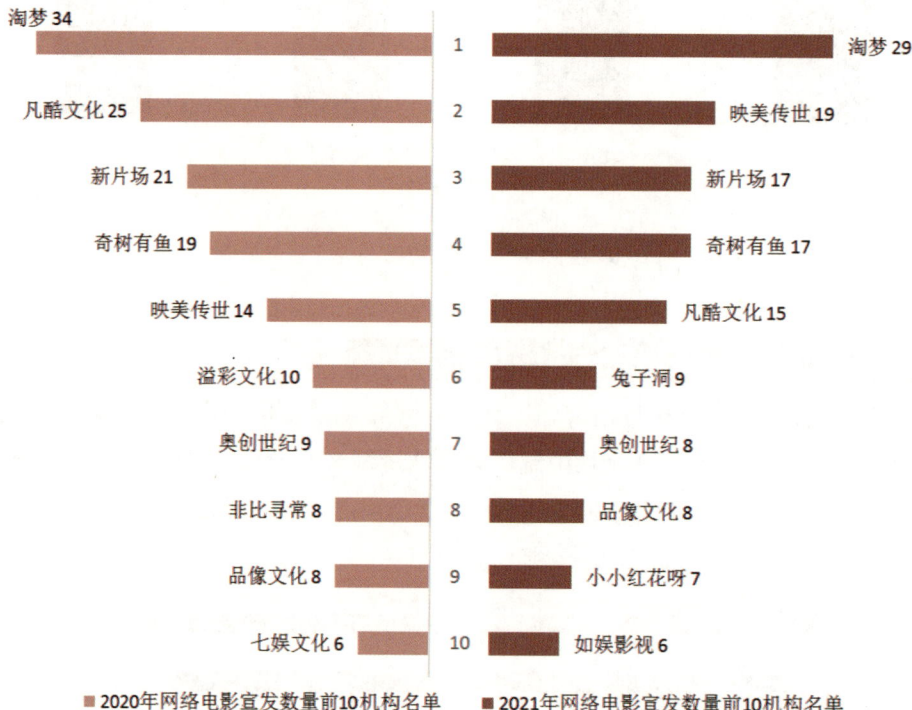

排名	2020年	2021年
1	淘梦 34	淘梦 29
2	凡酷文化 25	映美传世 19
3	新片场 21	新片场 17
4	奇树有鱼 19	奇树有鱼 17
5	映美传世 14	凡酷文化 15
6	溢彩文化 10	兔子洞 9
7	奥创世纪 9	奥创世纪 8
8	非比寻常 8	品像文化 8
9	品像文化 8	小小红花呀 7
10	七娱文化 6	如娱影视 6

■ 2020年网络电影宣发数量前10机构名单　■ 2021年网络电影宣发数量前10机构名单

数据来源：监管中心统计数据2022.1　　　国家广播电视总局监管中心

图2.4.5　2020年和2021年网络电影宣发数量前十机构名单

2.4.6 生产创作机构整体作品延续度有所提升

2021年网络电影的出品、制作、宣发机构整体的延续度较2020年有所提升，但整体依然较低。出品、宣发机构全年只有1部作品的约占七成，制作机构中全年只有1部作品的约占八成。出品5部及以上作品的机构仅占全年所有出品机构的4%，宣发5部及以上作品的机构占比为9%，而制作5部及以上作品的机构占比约1%。

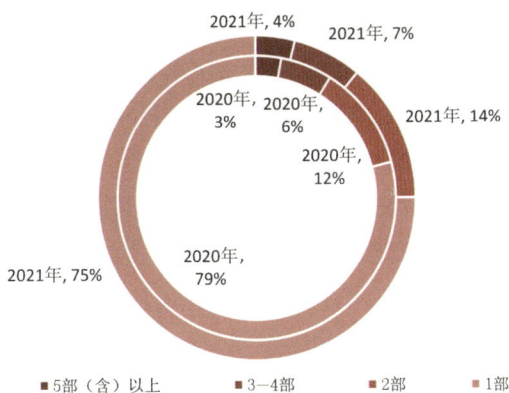

2021年，4%　　2021年，7%
2020年，2020年，
3%　　6%　　　　　2021年，14%
2020年，
12%
2021年，75%　　2020年，
79%

■5部（含）以上　　■3—4部　　■2部　　■1部

图2.4.6（1）　2020年和2021年网络电影出品机构数量分布（按作品数）

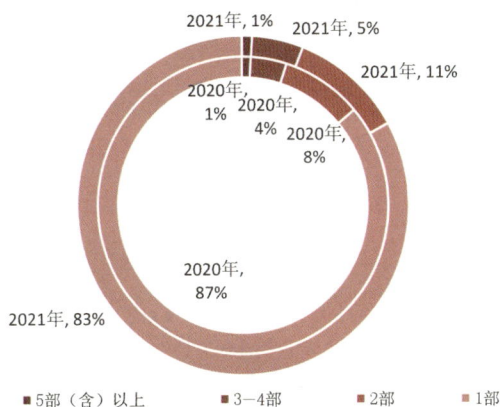

2021年，1%　　2021年，5%
2021年，11%
2020年，2020年，2020年，
1%　　4%　　8%
2020年，
87%
2021年，83%

■5部（含）以上　　■3—4部　　■2部　　■1部

图2.4.6（2）　2020年和2021年网络电影制作机构数量分布（按作品数）

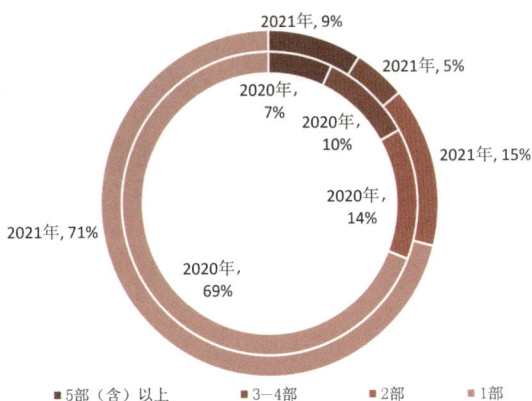

2021年，9%
2021年，5%
2020年，
7%　　2020年，
10%　　　　2021年，15%
2020年，
14%
2021年，71%　　2020年，
69%

■5部（含）以上　　■3—4部　　■2部　　■1部

图2.4.6（3）　2020年和2021年网络电影宣发机构数量分布（按作品数）

近年来网络电影领域头部公司表现持续稳定，每年也都不断有大量新生力量涌入，其中不乏一些"干劲十足"的"新玩家"。如2021年新进入的网络电影出品机构中，浙江横店柏品影视传媒有限公司、雍禾影业有限公司分别出品了10部和9部网络电影；制作机构中，湖南立典希城文化产业集团有限公司、湖南宝琳视界科技有限公司均制作了5部网络电影；宣发机构中，北京小小红花呀文化传媒有限公司、北京如娱影视文化传媒有限公司分别宣发7部和6部网络电影等。类似2020年，也有一部分曾经涉足网络电影行业多年的"老牌"机构在2021年里并未出新作品。

2.4.7 演职人员年轻化，从业人员稳定性、延续性有所恢复

2021年，共有456名导演和1300多名主要演员参与到网络电影的制作拍摄中。其中80后导演仍为网络电影导演群体的主力军，占比达66%，高于2020年6个百分点。网络电影演员群体始终以80后、90后为主，2021年占比合计近八成。此外，2021年有125人曾在2020年有执导作品，占2020年导演总数的27%。2021年的网络电影演员中，有270人曾在2020年参演网络电影，占2021年演员总数的20%。反映网络电影创作人员稳定性、延续性的这两项数据，都已经恢复到2019年的水平。

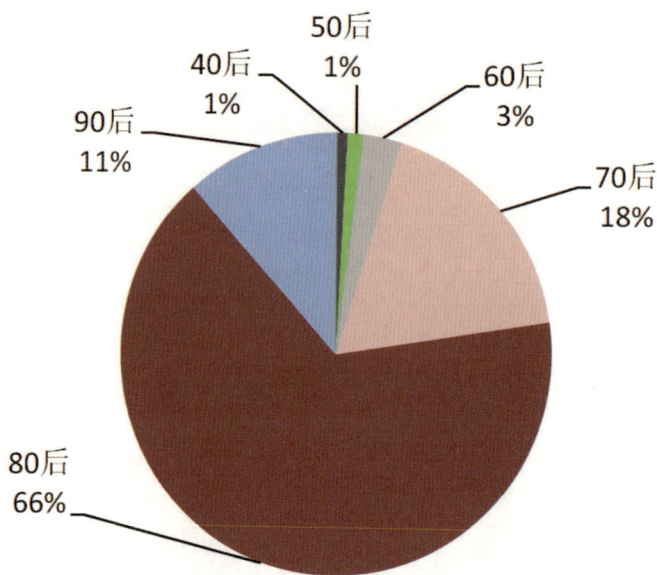

数据来源：监管中心统计数据2022.1　　国家广播电视总局监管中心

图2.4.7（1）　2021年网络电影导演年龄分布

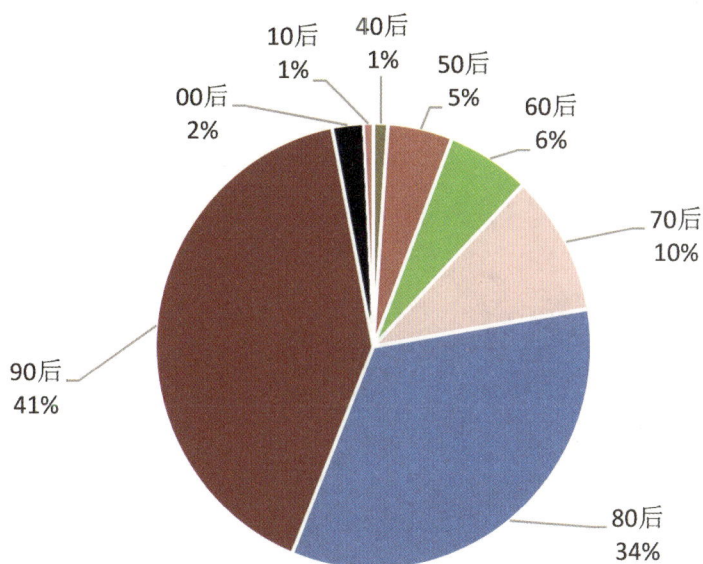

图2.4.7（2）　2021年网络电影主要演员年龄分布

和2020年相似，2021年仍有超过八成的导演和演员均只有1部作品。2021年，网络电影中"科班出身"的导演、演员数量占比较2020年变化不大，约为三成左右。

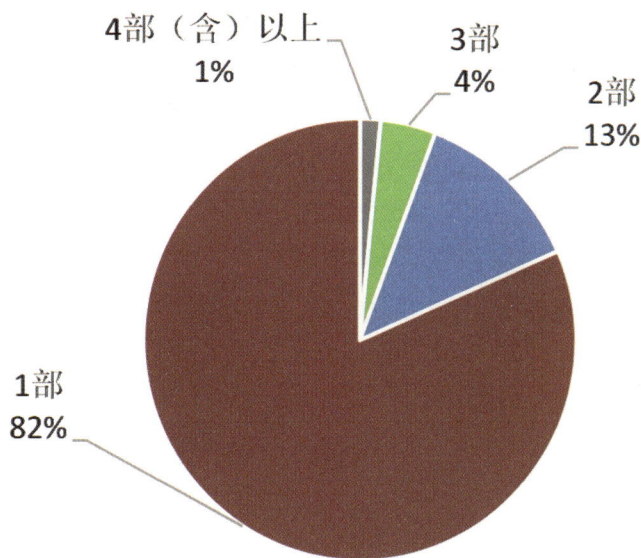

图2.4.7（3）　2021年网络电影导演执导作品数量分布

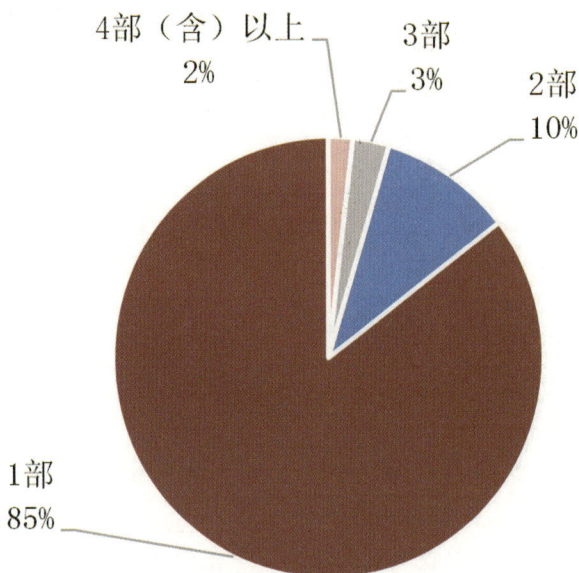

4部（含）以上
2%

3部
3%

2部
10%

1部
85%

数据来源：监管中心统计数据2022.1

国家广播电视总局监管中心

图2.4.7（4） 2021年网络电影主要演员参演作品数量分布

2.4.8 "老演员"和"小年轻"们纷纷加入

近年来随着网络电影行业的快速发展以及网络电影整体品质的提升，有越来越多在传统影视行业经验丰富的导演和演员逐渐认可了这一节目形态，并投入网络电影行业中，这也反映在2021年演员年龄分布中，50后和60后的演员占比较2020年有所提升，例如，演员洪剑涛参演了《冲锋号》、洪卫参演了《无路可逃》、贾冰参演了《让我过过瘾》……这些经验丰富的专业影视人不仅在一定程度上保证了角色的呈现质量，改善了观众的观影体验，同时也帮助网络电影行业更容易走上观众和电影互相成就的良性轨道。

另外，一些拥有一定圈层观众基础的年轻演员也积极投身网络电影行业，并且较多地专注于演绎某些类型的网络电影。比如，较多专注于《叶问宗师觉醒》《血战虎门》等功夫类网络电影的谢苗，较多专注于《老板娘》《大嫂归来》等"大女主"类网络电影的徐冬冬，较多专注于《茅山》《一眉先生》等"道士僵尸"类网络电影的钱小豪，较多专注于《东北轴神》《别叫我酒神2》等东北喜剧类网络电影的宋晓峰等。

2.4.9 "原班人马"合作增多

近年来网络电影中"原班人马"再次合作的情况明显增加，"原班人马"的创作人员有着更高的默契度和更丰富的合作经验，也有利于网络电影品质的提升。如网络电影《炮手燃魂》主演何政军、战卫华、张笑君曾合作过电视剧《亮剑》；网络电影《极速战将》导演程篆和演员洪卫曾合作过电视剧《我是特种兵》；网络电影《兴安岭猎人传说》导演刘轩狄和演员林枫烨、付赫安琪曾合作过《金山伏魔传》《鬼吹灯之怒晴湘西》《伏妖白鱼镇2》《东海龙棺》《道师爷》等多部作品；网络电影《山的那边有条河》导演李权威、制片人周炳华和演员张博豪曾合作过网络电影《中华武魂》；网络电影《蛇王2021》导演苗金仓、苗金光和演员王嘉儒曾合作过网络电影《荒岛求生2背后杀机》《重装机甲》；网络电影《非常保镖》导演邢冬冬、李洪绸和演员邵庄、安宁曾经合作过网络电影《毛骗》《杀不死》等。

2.5 "龙标网络电影"及网播院线电影

业界常说的"院线电影"是指经过主管部门前置审核，获得《电影片公映许可证》并在院线公映的作品（公映时会在片头标注"绿底龙头标志"，简称"龙标"）。近年来有多部获得《电影片公映许可证》的作品，在制作、发行、传播环节有网络视听服务机构深度参与，或在互联网独播或首播（播出时同样在片头展示"龙标"）。为便于理解，我们遵循业界惯例，在本报告中将此类作品称为"龙标网络电影"。自2018年以来，"龙标网络电影"的社会影响在逐年增强。

今年，我们也对"网播院线电影"相关数据进行了一定的统计分析。此处所称的2021年"网播院线电影"，是指2021年在院线公映，随后（年度计算区间为2021年1月1日至2022年1月10日）在网络视听平台播出的影片。近年来随着互联网发行渠道的日益完善，一些院线电影的窗口期越来越短，甚至有院线电影还未结束公映便已转网播出的情况。

▌ 2.5.1 龙标网络电影数量有所下降

2021年全网共上线"龙标网络电影"92部，上线的"龙标网络电影"与网络电影数量之比约为1∶6，较2020年有所下降。

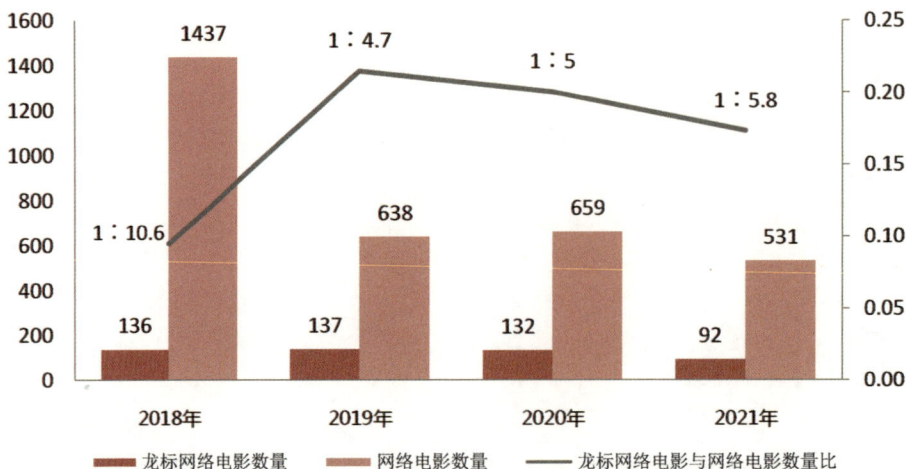

数据来源：监管中心统计数据2022.1

图2.5.1 2018年至2021年"龙标网络电影"与网络电影数量对比

2.5.2 龙标网络电影主旋律作品比例较高

2021年龙标网络电影全年共上线22部主旋律作品，占比较高。例如，2021年1月10日首个"中国人民警察节"，爱奇艺上线龙标网络电影《刑警本色》；7月6日至9日，1905电影网与CCTV6同步播出聚焦公安民警群体的《小城警事多》、讲述女镇长整治水污染故事的《塘河保卫战》、弘扬治沙精神的《八步沙》以及革命影片《火光·绽放》《火光·重生》等。其中，《八步沙》荣获第34届金鸡奖最佳中小成本故事片和最佳男配角两项提名。

表2.5.2 2021年部分主旋律龙标网络电影列表

序号	节目名	主题	题材	播出平台	上线时间
1	刑警本色	公安干警	公安、动作、犯罪	爱奇艺	2021.01.10
2	环保硬汉	环保	剧情	优酷	2021.04.19
3	山歌	脱贫攻坚	剧情	腾讯视频	2021.06.24
4	小城警事多	公安干警	公安、喜剧	1905电影网	2021.07.06
5	塘河保卫战	环保	剧情	1905电影网	2021.07.07
6	八步沙	环保	剧情	1905电影网	2021.07.08
7	火光·绽放	抗战	战争、历史、情感	1905电影网	2021.07.09
8	火光·重生	抗战	战争、历史、情感	1905电影网	2021.07.09
9	血战狙击岭	抗战	战争、动作	腾讯视频	2021.07.21
10	48小时	新中国建设	剧情、历史	1905电影网	2021.07.21
11	猎影追凶	公安干警	公安、刑侦、悬疑、犯罪	1905电影网	2021.08.03
12	九分山水半分田	脱贫攻坚	剧情、情感、喜剧	腾讯视频	2021.09.04
13	东北警察故事	公安干警	公安、枪战、动作	爱奇艺	2021.10.04

数据来源：监管中心统计数据2022.1   国家广播电视总局监管中心

2.5.3 多渠道发行的龙标网络电影数量增多

近年来，随着网络发行模式的逐渐成熟，网院同步、网台同步、先网后台、先网后院等电影发行模式不断被尝试。2021年首先在互联网播出随后登陆院线、电视台或者互联网和院线、电视台同步播出的"龙标网络电影"共25部，占比27%，较2020年明显提高。其中，网台同步17部，网院同步5部，先网后台1部，先网后院2部。

表2.5.3　2021年网络首播、同步或随后在其他渠道发行的"龙标网络电影"列表

序号	节目名	公映许可证号	题材	播出平台	排播模式	播出平台上线时间
1	老男人变奏曲	电审故字【2012】第557号	情感、都市	聚力	先网后台	2021.01.01
2	长安伏妖	电审故字【2020】第301号	古装、动作、玄幻、情感	腾讯视频	网院同步	2021.01.08
3	卸甲归来	电审故字【2020】第213号	动作、枪战、犯罪	爱奇艺	网院同步	2021.01.30
4	不要先生，好的女士	电审故字【2019】第615号	情感	搜狐视频、聚力、乐视视频、风行网	网院同步	2021.02.14
5	我为兄弟狂	电审故字【2019】第745号	情感、犯罪	优酷	先网后院	2021.02.25
6	庖丁传奇之秦淮遗珠	电审故字【2021】第025号	古装、剧情	1905电影网	网台同步	2021.02.26
7	穿工服的青春	电审故字【2020】第257号	剧情	1905电影网	网台同步	2021.03.07
8	又见彩虹	电审故字【2020】第256号	剧情	1905电影网	网台同步	2021.03.10
9	爱在夏日塔拉	电审故字【2020】第450号	剧情	1905电影网	网台同步	2021.03.15
10	春困	电审故字【2016】第553号	剧情	聚力、乐视视频	网院同步	2021.03.31
11	骆驼客3-弓魂传	电审故字【2020】第513号	动作	1905电影网	网台同步	2021.04.05
12	草原上的搏克手	电审故字【2020】第008号	剧情	1905电影网	网台同步	2021.04.15
13	马拉松的约定	电审故字【2020】第464号	剧情、体育	1905电影网	网台同步	2021.04.22
14	疯狂艺术村	电审故字【2020】第203号	喜剧	聚力、乐视视频	网院同步	2021.04.29
15	绝战香炉寺	电审故字【2019】第694号	古装、动作	1905电影网	网台同步	2021.05.05
16	山歌	电审故字【2021】第157号	剧情	腾讯视频	先网后院	2021.06.24
17	小城警事多	电审故字【2021】第068号	公安、喜剧	1905电影网	网台同步	2021.07.06
18	塘河保卫战	电审故字【2020】第530号	剧情	1905电影网	网台同步	2021.07.07

续表

序号	节目名	公映许可证号	题材	播出平台	排播模式	播出平台上线时间
19	八步沙	电审故字【2021】第010号	剧情	1905电影网	网台同步	2021.07.08
20	火光·绽放	电审故字【2021】第193号	战争、历史、情感	1905电影网	网台同步	2021.07.09
21	火光·重生	电审故字【2021】第194号	战争、历史、情感	1905电影网	网台同步	2021.07.09
22	老吕卖驴记	电审故字【2021】第196号	剧情	1905电影网	网台同步	2021.08.30
23	酒人传奇	电审故字【2021】第154号	剧情、情感	1905电影网	网台同步	2021.09.15
24	战火中的雕像	电审故字【2021】第195号	剧情、战争	1905电影网	网台同步	2021.10.13
25	相伴夕阳	电审故字【2021】第105号	剧情	1905电影网	网台同步	2021.10.14

数据来源：监管中心统计数据2022.1

国家广播电视总局监管中心

2.5.4 龙标网络电影分账表现略逊色于网络电影

从传播效果看，龙标网络电影相比网络电影并无优势。在同一视频网站内，目前龙标网络电影无论是最高热度（播放量）还是平均热度（播放量）均不及网络电影，这一点在票房分账上也有直接体现。2021年腾讯视频、爱奇艺分账超过1000万元的龙标网络电影共计8部，占作品总数的9%，相较网络电影低2个百分点。其中，爱奇艺6部、腾讯视频2部。龙标网络电影分账冠军为爱奇艺的《射雕英雄传之降龙十八掌》，分账金额1775万元，较网络电影分账冠军差距较大。

表2.5.4 2021年分账超过1000万元的龙标网络电影列表

序号	节目名	分账（万元）	播出平台	上线时间
1	长安伏妖	1502	腾讯视频	2021.01.08
2	刑警本色	1388	爱奇艺	2021.01.10
3	麒麟幻镇	1013	爱奇艺	2021.01.21
4	雷霆追击	1001	爱奇艺	2021.01.31
5	武松血战狮子楼	1391	爱奇艺	2021.03.07
6	射雕英雄传之降龙十八掌	1775	爱奇艺	2021.06.12

序号	节目名	分账（万元）	播出平台	上线时间
7	黄庙村·地宫美人	1483	腾讯视频	2021.08.20
8	东北警察故事	1431	爱奇艺	2021.10.04

数据来源：监管中心统计数据2022.1 　　　　　国家广播电视总局监管中心

注：年度计算区间为当年1月1日至12月31日。

2.5.5　院线电影转网络播出比例高

　　2021年全年共有525部电影登陆院线。其中国产电影455部，引进电影70部。全年公映的院线电影中，有354部转网络播出（年度计算区间为2021年1月1日至2022年1月10日）占全年院线电影总数的2/3，其中国产电影308部，引进电影46部。

（单位：部）

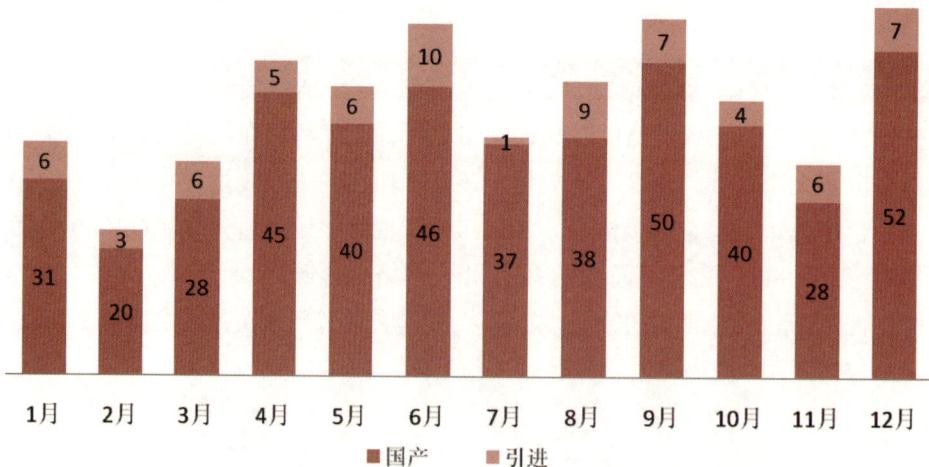

数据来源：监管中心统计数据2022.1 　　　　　国家广播电视总局监管中心

图2.5.5（1）　2021年网播院线电影数量统计（分月度）

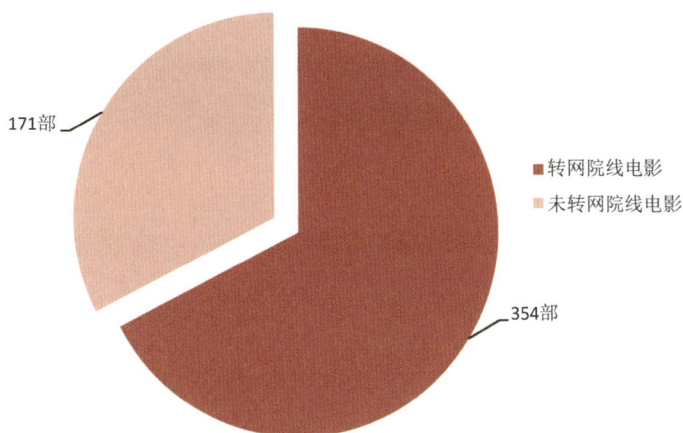

171部

■ 转网院线电影
■ 未转网院线电影

354部

数据来源：监管中心统计数据2022.1 　国家广播电视总局监管中心

注：2021年院线电影系2021自然年在院线公映的电影，是否转网统计区间为2021年1月1日至2022年1月10日

图2.5.5（2）　2021年院线电影转网比例

　　这354部网播院线电影在咪咕视频、聚力、乐视视频、沃视频、优酷、腾讯视频、爱奇艺、芒果TV等15家网站上线播出，其中，咪咕视频网站上线的影片数量高达298部，占院转网影片总数的84%。在其他主要视频平台中，优酷全年共计上线194部网播院线电影，腾讯视频上线171部网播院线电影，爱奇艺上线167部网播院线电影，搜狐视频仅上线17部网播院线电影。以网播院线电影上线数量与网络电影上线数量来做对比可以看出，优酷购买院线电影版权数量远多于网络电影版权，搜狐视频购买网络电影版权数量远多于院线电影版权，而腾讯视频与爱奇艺购买院线电影版权与网络电影版权数量接近。

2021年各平台院线转网影片数量
（单位：部）

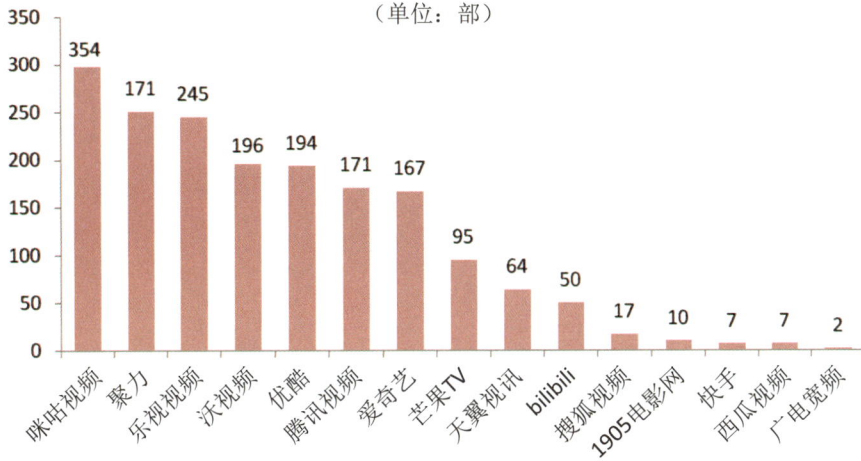

数据来源：监管中心统计数据2022.1 　国家广播电视总局监管中心

图2.5.5（3）　2021年网播院线电影数量（分平台）

目前，网播院线电影主要以"会员免费看全片"的形式面向观众，其中一些影片在刚转网时会采取"单片付费"的形式，并在一段付费期后转为"会员免费看"，个别网播院线电影会采取免费观看的形式。

2.6 年度代表性作品点评

《绝对忠诚之国家利益》

上线时间： 2021年1月1日
导演： 常征
主演： 印小天、曾志伟、刘长德、赵予熙
时长： 83分钟
类型： 公安、动作、悬疑、枪战
在线播放平台： 腾讯视频

　　《绝对忠诚之国家利益》由广东省广播电视局指导，上海腾讯企鹅影视文化传播有限公司、北京国艺同行影业有限公司、青岛市广播电视台（集团）等联合出品，北京国艺同行影业有限公司、中共云南省委宣传部、云南省广播电视局、中共青岛市委宣传部等联合制作。

　　该片是国家广电总局网络视听节目精品创作传播工程扶持项目、国家广电总局网络影视剧项目库入库项目，系网络电影首次聚焦国安题材。片中，中方援建的沙朗国水电站在即将竣工时遭遇火箭弹袭击，国家安全局惊雷小组护送专家前往沙朗国，查出幕后元凶，确保水电站如期交付。影片刻画了国安干警为维护国家利益不畏牺牲、有勇有谋的英勇形象，对"一带一路"倡议和"国家总体安全观"也有所呈现。该片整体制作较好，片中的爆破戏、动作戏、高科技细节等都较为逼真，服装道具亦颇具观赏性。

《我的第二故乡》

上线时间： 2021年3月4日

导演： 蓝志伟、代艺霖、阎阔、周九钦、高桐、刘巴音

主演： 伊布提哈尔·阿布力克木、李天涯、毛乐、张伟夫、
孙小孟、李晓强、沐岚、洪卫、夏凡

时长： 113分钟

类型： 情感、剧情

在线播放平台： 优酷

　　该片由新华网股份有限公司出品，改编自扶贫一线7个真实故事，围绕"我所经历的脱贫攻坚故事"主题，讲述了7家企业坚持党建引领，扎根贫困地区，助力脱贫，推进乡村振兴的故事，展示了中国企业的责任担当，也从侧面生动展示了精准扶贫的中国模式。

　　影片由《托付》《守桥》《小目标》《传承》《姐妹》《绽放》《云》7个故事组成，分别对应保险扶贫、绿色金融扶贫、农村电商扶贫、教育扶贫、就业扶贫、产业扶贫、科技扶贫7种扶贫路径。从中国人寿的"扶贫保"工程，到兴业银行"除水患拔穷根"的综合治理项目，从中国邮政的电商直播卖辣椒，到招商银行建设希望小学、资助贫困学生，从工商银行实施贫困大学生专项招聘，到中国平安的"云农场"、建设银行的"云生产"，每个故事相对独立又有机统一，每家企业都通过自己独特的方式，认真落实中央关于"精准扶贫"的工作要求，成功帮助贫困地区脱贫摘帽。影片在每个故事结束后，先以半分钟图文对照的形式介绍、回望该企业的扶贫模式、历程与成就，再通过新闻报道小窗加语音播报的形式，引出下一个改编故事，有一定巧思，也增强了影片的真实感。

《草原上的萨日朗》

上线时间： 2021年3月21日

导演： 尚永峰

主演： 方青卓、韩菲儿、邵峰、杜旭东

时长： 90分钟

类型： 剧情、喜剧

在线播放平台： 爱奇艺

　　《草原上的萨日朗》由北京市广播电视局指导，赤峰市委宣传部、赤峰市松山区委宣传部支持，北京高兴文化传媒有限公司、东扩文化传媒（北京）有限公司等联合出品，是北京广播电视网络视听发展基金资助项目、北京市广播电视局十部"中国榜样"系列网络电影中的第六部。影片以第十三届全国人大代表、内蒙古自治区小庙子村党支部书记赵会杰为原型，讲述主人公带领村民修桥修路，建立农村合作社，发展乡村特色产业，实现全面脱贫的故事。

　　萨日朗意为"草原上最美的山丹花"，全片热情歌颂了以萨日朗为代表的、像山丹花一样灿烂的广大扶贫干部。面对村民"女人当家，墙倒屋塌，没好事"的指责，萨日朗凭借一股子不服输的精神，"啃硬骨头"，为老百姓办实事、解难事，直至最后赢得村民的信任和拥护爱戴。伴随着一波三折的故事，接地气、冒热气的细节，一个乐观坚韧、无私奉献的基层女干部形象跃然屏幕。《草原上的萨日朗》也因此成为了脱贫攻坚题材网络电影中，塑造模范人物形象较为成功的一部优秀作品。

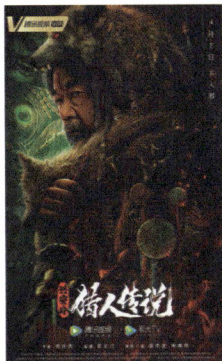

《兴安岭猎人传说》

上线时间： 2021年4月1日

导演： 刘轩狄

主演： 尚铁龙、林枫烨

时长： 83分钟

类型： 悬疑、惊悚

在线播放平台： 腾讯视频

　　《兴安岭猎人传说》由天津兔子洞影视文化传媒有限公司、海宁洞天影视文化传媒有限公司、北京耐飞科技有限公司等联合出品。该片以东北民间流传的"皇围猎人"的神秘传说为切入点，围绕最后一代皇围猎人刘二爷展开，讲述了他通过调查灭

门惨案，探寻"怪力乱神"背后真相的故事。

该片将怪兽、悬疑、寻宝、"鬼神"等元素杂糅进东北民间传说，营造了神秘诡谲的故事氛围。剧情设计别出心裁，三个故事看似相互独立又层层递进，在一连串的民间传说和怪诞故事中，揭露了恶人利用鬼怪传说掩盖恶行的真相，批判了人性的贪婪和阴暗，向观众传达了"人心向善必有福报"的主题。主要演员演技在线，服化道设计较为精良，为全片增色不少。该片上线后市场反响较好，总分账金额达4449万元，成为2021年网络电影分账冠军。

《浴血无名川》

上线时间： 2021年4月2日
导演： 翌翔、郭勇
主演： 李东学、任天野、张光北
时长： 96分钟
类型： 战争、历史、动作、枪战
在线播放平台： 爱奇艺

《浴血无名川》由海空雄鹰影业、爱奇艺、映美传世、米和花影业等公司联合出品，是国家广播电视总局"网络视听节目精品创作传播工程"扶持项目、"中国共产党成立100周年精品网络视听节目创作展播"作品。

该片故事围绕抗美援朝战争中一座无名山川上的局部战役展开，以丰满的人物形象塑造，深刻反映并倾情讴歌了志愿军的战斗意识、战斗意志和牺牲精神。片中，志愿军侦察排深入敌后，师部派某排前去接应其撤退。面对给我军主力造成直接威胁的敌重炮营，两排战士在同后方失去联系、敌强我弱、缺医少药的情况下，毫不畏惧，主动投入战斗，以仅剩2人的代价成功抢夺敌方电台，呼叫我方炮火一举摧毁敌重炮营。为帮助引出敌方狙击手并将其击毙，侦察排长杜川毫不迟疑、凛然赴死，主动暴露自己做诱饵，用生命换取了胜利。

该片艺术水准高，贴合史实、人物生动、细节考究。侦察排长枪上的半截刺刀多次出现，艺术而形象地展示着志愿军战士宁折不弯、战斗到底的钢铁意志。侦察排深入敌后、穿插迂回、小股袭扰等打法，正是志愿军在抗美援朝战争初期的典型战术，也最能体现志愿军战士英勇顽强、"钢少气多"。战士的对白粘泥土、带乡音，质朴、可爱、可亲、可敬。片中的武器装备、后勤补给等道具均参照史实进行还原，生动再现了抗美援朝实战情景。

影片上线当日，爱奇艺移动端为该片设置开屏广告，并多日在首页首屏焦点图位置重点推荐。播放界面设计精心，进度条上的红星奖章、播放中屏幕上随机出现的红星奖章，观众可点击向英雄致敬；视频下方设置"重走英雄路""用声音献礼"互动模块，引导观众缅怀先烈。《浴血无名川》上线后最高热度达7521，刷新了爱奇艺网络电影热度纪录。

《无间风暴》

上线时间：2021年5月21日
导演：黄羿
主演：陈小春、汤镇业、林雪
时长：88分钟
类型：犯罪、警匪、动作
在线播放平台：爱奇艺、优酷

《无间风暴》是由厦门工力影视有限公司、品像（北京）文化传媒有限公司、安徽伍号信息科技有限公司等联合出品的公安题材网络电影。影片讲述了警方卧底"山哥"与大毒枭"金先生"斗智斗勇并在警方的支持配合下最终捣毁犯罪集团的故事。

影片的设定参照了《无间道》等港片，包含了"警匪、卧底、兄弟情"等较多港片常见元素，主演也较多采用香港演员，具有浓厚的"港风"。剧情上的多重反转是该片的一个亮点，但是受时长所限，剧情铺垫不足，致使剧情稍显仓促。从整体上看，影片结构比较完整，情节设计上虽然存在一定"港式警匪"的套路化标签化的模式，但是几位主演的良好演技一定程度上弥补了这一缺憾，对怀念港式影片的观众尚算一个不错的"代餐"。该片以"拼播"的模式在爱奇艺和优酷同步上线，分为普通话和粤语两个版本，3363万的分账票房使该片成为全年分账第二高的网络电影。

《我们的新生活》

上线时间： 2021年7月23日

导演： 申奥、包贝尔、姚婷婷、卢正雨、张栾

主演： 李汶翰、许君聪、王锵、杨子姗、杨超越、
蔡明、包文婧、蓝盈莹、张凯丽、王迅

时长： 146分钟

类型： 喜剧、剧情、情感

在线播放平台： 腾讯视频、优酷、爱奇艺

　　《我们的新生活》由优酷、爱奇艺、腾讯、抖音等联合出品，是国家广电总局"网络视听节目精品创作传播工程"重点扶持项目作品。

　　作为一部"拼盘式"创作，希望多角度反映新时代新生活的作品，该片五个故事对焦大时代中普通人的关切与期盼，所选取的"代际如何沟通""夫妻如何相处""追梦人如何坚持理想"等主题，都是当下普通人需要面对的"人生大事"，且全片叙事没有流于表面的不疼不痒，也没有消费话题收割焦虑。如何面对生活中的磕磕碰碰、艰难险阻？该片给出的答案温暖而充满力量。《冷静冷静》中，冲动离婚的夫妻经过冷静期重归于好。对观众说，面对艰辛琐碎的生活，夫妻可以宽容地相爱，以真诚治愈误解。《云上音乐会》中，大山里的孩子偷偷离家奔赴千里之外参加音乐比赛，被困途中就在列车上唱起向往春天的歌。对观众说，每个人都可以是追梦少年，心有所向就可以接近梦想。

　　在讲述这些故事时，该片还注重为典型化、艺术化的情节赋予普遍性、时代性，进一步提升了作品的思想高度、艺术高度。比如，《最燃不过夕阳红》中，退休职工张女士到大城市帮女儿带孩子、做家务，孤独劳累不适应，却始终以年轻心态面对生活，决不做"苦哈哈的老母亲"。片尾点题的一句"没有谁会被时代抛弃，每个人都是时代的缔造者"，既是在我国人口老龄化背景下，对银发群体活出精彩晚年的真诚鼓励，也是对我国现代化建设和城市化进程中，为家庭和社会默默做出巨大奉献的"母亲们"的深情致敬。

《太空群落》

上线时间： 2021年8月31日
导演： 卢劲涛、张大尉
主演： 伍姣、阮圣文、夏望
时长： 64分钟
类型： 科幻、情感、惊悚
在线播放平台： 爱奇艺

　　《太空群落》是由海口果派影视制作有限公司、北京果派影业文化发展有限公司天津分公司、北京长江乾信新晖投资管理有限公司、北京东视文化传媒有限公司出品的科幻题材网络电影。影片讲述在未来世界中，船长"原"带着人工智能"柒"驾驶星际飞船"深空号"探寻地外文明"信使"，却只有一名船员"尹"生还的神秘事件的真相。

　　影片参照了《三体》和《异星觉醒》等科幻作品，具有比较完整的"世界观"背景设定。片中太空、外星球、宇宙飞船、人工智能等元素的特效制作均比较真实宏大，在网络电影中属于较为少见的尝试，也使得该片成为了网络电影中为数不多的硬科幻作品。此外，影片尝试"生命的本质和形式是否有关"的哲学式思考，为影片赋予了一定的思想深度，避免流于空洞的科幻外壳。但与此同时，影片也存在观影门槛较高，表达方式稍显晦涩等问题。总体上看，这部作品仍可称为是网络电影在"硬科幻"领域的一次成功尝试。

《生死阻击》

上线时间： 2021年10月2日
导演： 焦晓雨
主演： 李幼斌、王韬、史兰芽
时长： 87分钟
类型： 动作、战争
在线播放平台： 爱奇艺

　　《生死阻击》由北京淘梦网络科技有限责任公司、北京晓晓未来文化传媒有限公司等联合出品，是北京广播电视网络视听发展基金扶持作品，主要讲述1941年为确保八路军大部队和村民安全转移，李致远副司令率领三百人的特务营伪装成主力，在马家堡拼死阻击日军，坚守不撤，血战到底的英雄故事。

该片由电视剧《亮剑》原班人马打造，角色塑造立体饱满，既有对八路军战士的群像描写，也有对个体人物的深度刻画。经典剧目的余音，加之立体鲜活的人物塑造，迅速将观众带入了"抗战前线"。全片整体制作较为精良，剧情节奏之张有弛，镜头语言丰富多样，特别是细节之处见用心，让全片对战事的还原更具观赏性和说服力。全片热情歌颂了八路军将士们不畏强敌、勇于牺牲的"亮剑"精神，引发了网民深度共鸣。"英雄"是该片弹幕中的高频词之一。影片上线一周后爱奇艺最高热度6762，传播效果较好。

《我来自北京之玛尼堆的秋天》

上线时间：2021年10月12日

导演：岳丽娜

主演：岳丽娜、朱铁、更登彭措

时长：81分钟

类型：剧情、青春

在线播放平台：爱奇艺

《我来自北京之玛尼堆的秋天》由北京长信影视传媒有限公司出品，是扶贫主题系列网络电影《我来自北京》的第六部。该片也是国家广播电视总局"网络视听节目精品创作传播工程"扶持项目、"中国共产党成立100周年精品网络视听节目创作展播"作品。

影片以四川省甘孜藏族自治州德格县为背景，以北京援藏干部、德格县副县长肖宁月的工作生活为主线，用朴实无华的镜头多角度记录了肖宁月的扶贫路：在教育扶贫上，肖宁月秉持"一个都不能少"的原则，将厌学孩子重新带回课堂，同时为特长孩子谋划特色发展道路；在产业扶贫上，肖宁月多元化发展，一方面身体力行带领乡亲们发展种植合作社，另一方面为贫困村打造特色文化旅游产业。同时，影片以深圳5G高级工程师林楚尧支教德格县，驻村书记黄晓镝牺牲在扶贫岗位上的故事为辅线，展示了青年干部们在扶贫工作中的奋斗与担当，主线和辅线穿插推动情节发展，丰富了内容和人物性格。相比《我来自北京》系列前五部作品通过融入喜剧元素增加观赏性的做法，该片更侧重以舒适恬淡的叙事方式将扶贫工作者们的工作生活经历娓娓道来，朴实温润的影像语言，更加真实地展示了扶贫工作的艰辛不易。

《凡人英雄》

上线时间： 2021年11月26日

导演： 姚文逸

主演： 喻恩泰、衣云鹤、陈昊

时长： 110分钟

类型： 情感、剧情、喜剧

在线播放平台： 优酷

　　《凡人英雄》是由国家广播电视总局、北京市广播电视局指导，优酷信息技术（北京）有限公司、阿里巴巴影业（北京）有限公司、中广天择传媒股份有限公司等联合出品的抗疫题材网络电影。

　　影片围绕疫情之下三位小人物的经历展开。濒临倒闭的酒店店主达志成、倒卖口罩的快递员刘火火，去武汉面试的研究生江小天，全片细腻刻画了他们在疫情骤然降临后的所思所想所为，并以他们的故事为缩影，以他们的经历为线索，通过医护人员驰援、志愿者运送物资、患者们积极配合治疗、村民们自觉参与消杀、酒店业主动配送三餐提供住宿等等情节，为观众呈现了一幅普通人守望相助、团结一心的"中国式抗疫"图景。

3

网络综艺、网播电视综艺

3.1 主要数据一览和研究发现

表3.1 2021年网络综艺、网播电视综艺等相关数据一览表

类型			项目	数量（档）
网络综艺（广义）	网络综艺（狭义）		全年上线数量	452
			全年上线数量	238
			重点综艺	149
			"综N代"综艺	56
			独播综艺	213
			付费综艺	64
			免费综艺	174
			单期平均时长超过120分钟的综艺	52
			有多版本内容的综艺	45
			有衍生内容的综艺	49
			有"先导片"的综艺	30
	多版本和衍生综艺		全年上线数量	214
			多版本综艺全年上线数量	112
		其中	电视综艺的多版本综艺	44
			网络综艺的多版本综艺	68
			衍生综艺全年上线数量	102
		其中	电视综艺的衍生综艺	10
			网络综艺的衍生综艺	92
			付费综艺	168
			免费综艺	46

续表

类型	项目	数量（档）
网播电视综艺	全年上线数量	154
	付费综艺	23
	独播综艺	78
	有多版本内容的综艺	30
	有衍生内容的综艺	5
	网台同播电视综艺	5
	有网络平台参与出品制作的综艺	5

数据来源：监管中心统计数据2022.1 　　　　　　　国家广播电视总局监管中心

　　节目上线数量保持稳定。2021年1月1日至2021年12月31日，在芒果TV、爱奇艺、腾讯视频、优酷等主要视听网站上线播出的网络综艺共452档，其中"狭义"的网络综艺238档，数量较2020年基本持平，多版本和衍生综艺214档，数量较2020年同比上升25%。在主要视听网站上线播出的电视综艺（以下简称网播电视综艺）共154档，与2020年基本持平。

（单位：档）

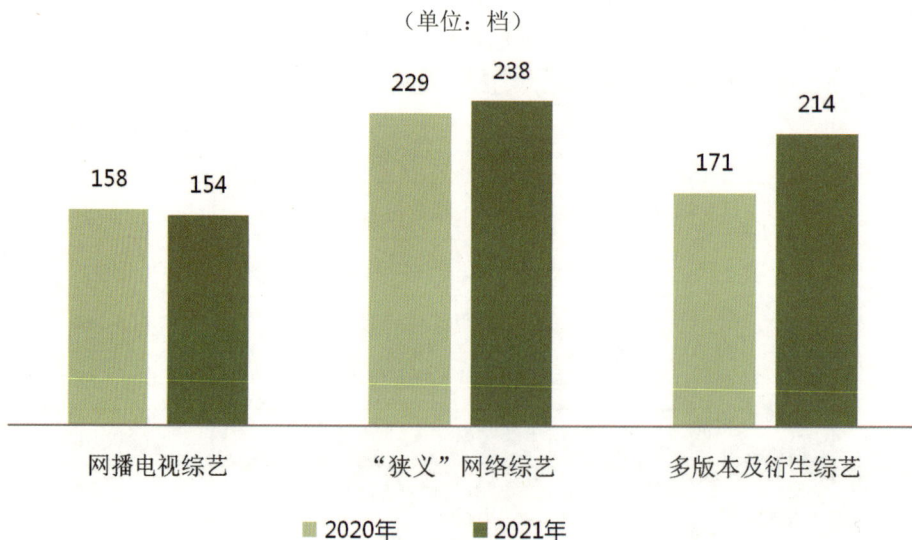

数据来源：监管中心统计数据2022.1 　　　　　　　国家广播电视总局监管中心

图3.1（1）　2020年和2021年网络综艺、网播电视综艺数量统计

（单位：档）

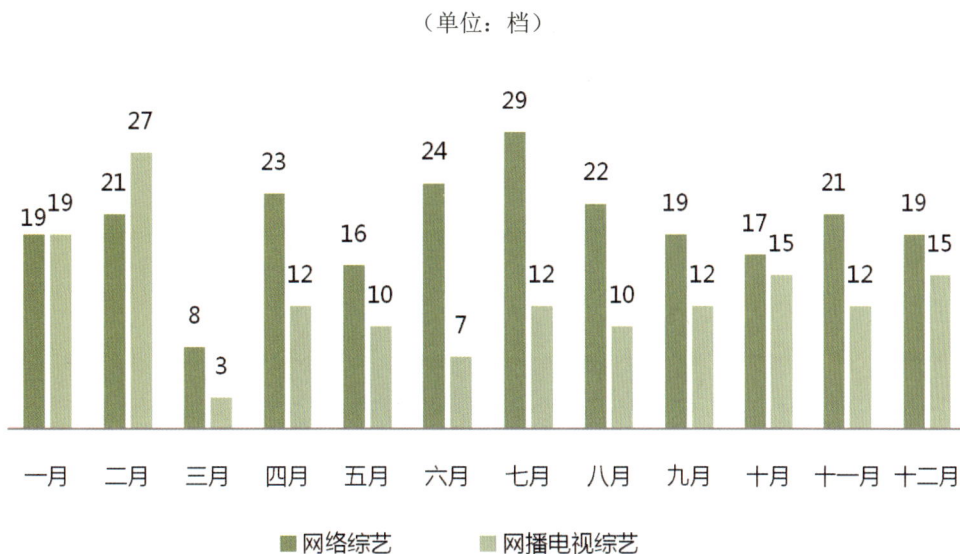

数据来源：监管中心统计数据2022.1　　　　　　　　　国家广播电视总局监管中心

图3.1（2）　2021年网络综艺、网播电视综艺月度上线数量统计

传统文化视听演绎，国风国潮正当红。2021年，网播电视综艺、网络综艺继续从优秀传统文化中淬炼主题，并以网民喜闻乐见的形式予以呈现，助力传统文化创造性转化、创新性发展。以河南卫视《中国节日》系列节目为代表的优秀作品惊艳"出圈"，形成刷屏式传播。

网络综艺主题丰富、贴近网民、创新创造。2021年，网络综艺内容形态相比2020年更加多元多样，观察类节目更加贴近生活，竞技选拔类继续垂直深耕，喜剧、推理类节目数量增多，"她综艺"形式广泛拓展，电竞、国潮、戏剧、职场、体育等圈层主题更加丰富，网络综艺依旧张扬着青春、潮流的气息。但相比往年，引发广泛关注的现象级节目相对不多。

网播电视综艺突出价值引领、突出传统文化、突出地域特色。2021年，网播电视综艺主要集中在综艺晚会类、文化类、生活体验真人秀类节目上。这些节目注重将主题宣传巧妙融入观众喜闻乐见的热播节目，注重探索将传统文化元素和地域特色运用丰富的视听表达予以呈现，取得了良好传播效果。

偶像养成节目退场，网络综艺调整优化。随着文娱领域综合治理深入开展，主要视听平台均未再上线偶像养成类网络综艺节目，选秀类网络综艺节目投票设置明显规范。2018年以来，偶像养成节目一直是头部网络综艺，热度高、影响大。偶像养成类节目的退场，成为2021年网络综艺格局变化的显著标志。

（单位：档）

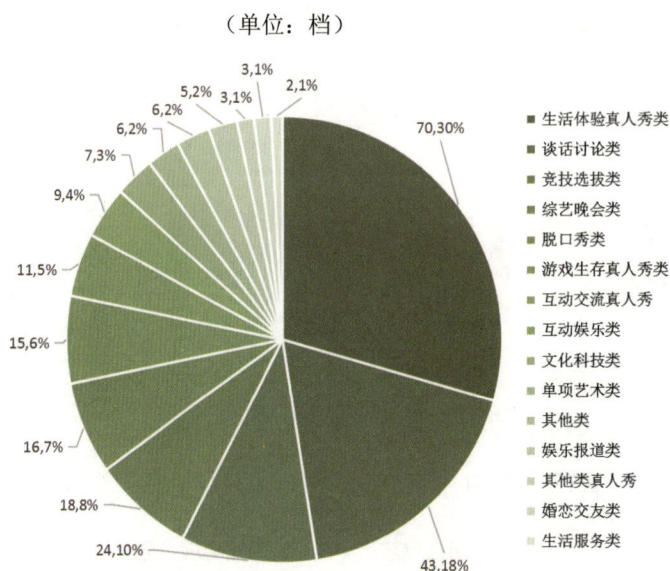

生活体验真人秀类
谈话讨论类
竞技选拔类
综艺晚会类
脱口秀类
游戏生存真人秀类
互动交流真人秀
互动娱乐类
文化科技类
单项艺术类
其他类
娱乐报道类
其他类真人秀
婚恋交友类
生活服务类

数据来源：监管中心统计数据2022.1　　　　　　　　国家广播电视总局监管中心

图3.1（3）　2021年网络综艺各类型上线数量及占比

（单位：档）

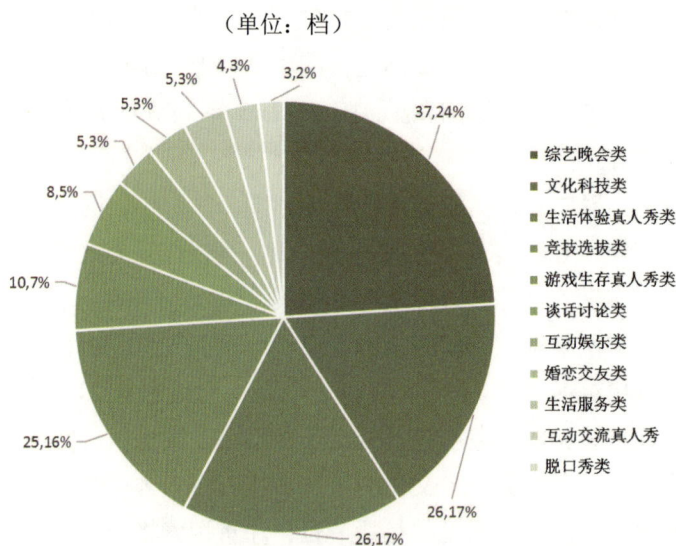

综艺晚会类
文化科技类
生活体验真人秀类
竞技选拔类
游戏生存真人秀类
谈话讨论类
互动娱乐类
婚恋交友类
生活服务类
互动交流真人秀
脱口秀类

数据来源：监管中心统计数据2022.1　　　　　　　　国家广播电视总局监管中心

图3.1（4）　2021年网播电视综艺各类型上线数量及占比

　　网络综艺时长持续增加。2021年单期平均时长超过120分钟的网络综艺（包括上、中、下期）共52档，是2020年的2倍，其中以竞技选拔类、生活体验真人秀类综艺数量居多。此外，网络综艺单期分为上、下两期较为普遍，2021年出现部分网络综艺分为上、中、下三期的现象。网播电视综艺时长相对较为稳定。

  多版本和衍生综艺良性发展。2021年上线播出的多版本节目和衍生综艺共214档，总体数量较2020年的171档同比增加25%，但电视综艺的衍生综艺数量下降明显，网站围绕电视综艺的二次创作力度减小。2021年上线的多版本和衍生综艺中，网络综艺更倾向于开发衍生综艺，而电视综艺则是以开发多版本综艺为主，是其衍生综艺的4倍。

（单位：档）

■ 电视综艺的多版本综艺   ■ 电视综艺的衍生综艺

■ 网络综艺的多版本综艺   ■ 网络综艺的衍生综艺

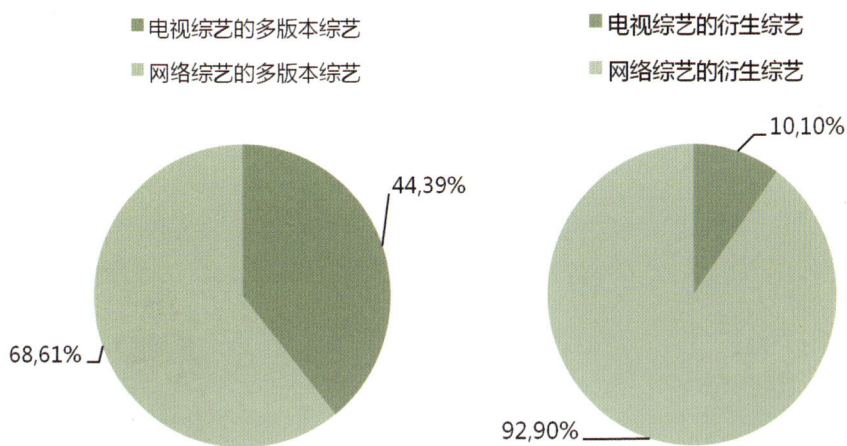

图3.1（5）　2021年多版本综艺、衍生综艺各类型数量及占比

3.2　网络综艺

3.2.1　概貌

2021年，在芒果TV、爱奇艺、腾讯视频、优酷等主要视听网站上线播出的网络综艺共452档，其中"狭义"的网络综艺238档。2019年至2021年，网络综艺数量持续微幅增长。

（单位：档）

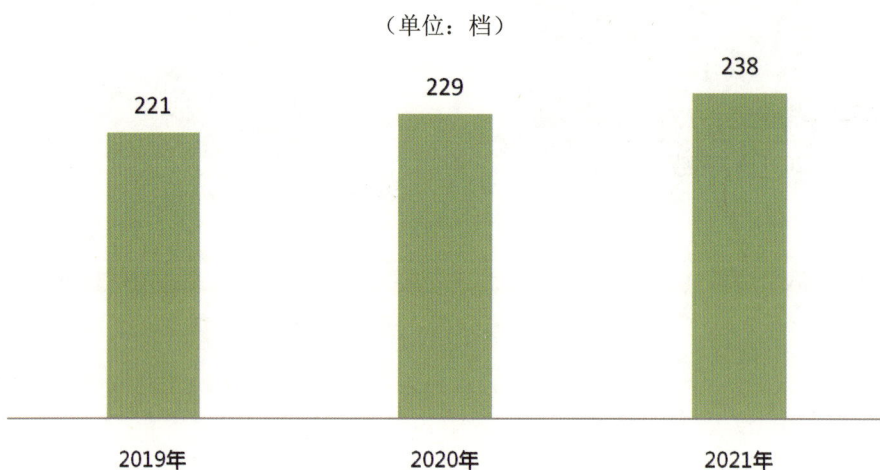

数据来源：监管中心统计数据2022.1　　　　　　　　　　国家广播电视总局监管中心

图3.2.1　2019年至2021年网络综艺数量统计

表3.2.1（1）　2021年部分关注度较高、影响力较大的网络综艺列表

序号	节目名称	节目类型	播出平台	上线时间
1	戏剧新生活	生活体验真人秀类	爱奇艺	2021.01.06
2	吐槽大会 第五季	脱口秀类	腾讯视频	2021.01.31
3	初入职场的我们	生活体验真人秀类	芒果TV	2021.04.23
4	五十公里桃花坞	生活体验真人秀类	腾讯视频	2021.05.23
5	萌探探探案	游戏生存真人秀类	爱奇艺	2021.05.28

续表

序号	节目名称	节目类型	播出平台	上线时间
6	邻家诗话第三季	文化科技类	腾讯视频	2021.06.28
7	奇异剧本鲨	游戏生存真人秀类	爱奇艺	2021.07.10
8	念念青春	文化科技类	优酷	2021.07.28
9	再见爱人	生活体验真人秀类	芒果TV	2021.07.28
10	脱口秀大会第四季	脱口秀类	腾讯视频	2021.08.10
11	披荆斩棘的哥哥	竞技选拔类	芒果TV	2021.08.12
12	"拳"力以赴的我们	竞技选拔类	优酷	2021.09.10
13	登场了！洛阳	文化科技类	爱奇艺	2021.09.15
14	屋檐之夏	生活体验真人秀类	bilibili	2021.09.23
15	一年一度喜剧大赛	竞技选拔类	爱奇艺	2021.10.15
16	令人心动的Offer 第三季	生活体验真人秀类	腾讯视频	2021.11.09
17	中国潮音	竞技选拔类	优酷	2021.11.12
18	忘不了农场	生活体验真人秀类	腾讯视频	2021.12.09
19	我们的滚烫人生	生活体验真人秀类	芒果TV	2021.12.17
20	2021最美的夜	综艺晚会类	bilibili	2021.12.23

数据来源：监管中心统计数据2022.1   国家广播电视总局监管中心

近年，网络综艺制作水准不断提升，内容更加丰富，节目时长也在不断增加，2021年单期平均时长超过120分钟的综艺（包括上、中、下期）共52档，是2020年的2倍，其中以竞技选拔类、生活体验真人秀类综艺数量居多。此外，综艺单期分为上、下两期较为普遍，2021年出现部分综艺分为上、中、下三期的现象，如芒果TV推出的《名侦探学院 第五季》。从平台来看，bilibili长视频节目数量明显增加，独播节目中，有一半的节目时长超过120分钟。

表3.2.1（2） 2021年部分时长超过120分钟的网络综艺列表

序号	节目名称	单期平均时长（分钟）	节目类型	播出平台	上线时间
1	戏剧新生活	160	生活体验真人秀类	爱奇艺	2021.01.16
2	乘风破浪的姐姐 第二季	240	竞技选拔类	芒果TV	2021.01.22
3	吐槽大会 第五季	130	脱口秀类	腾讯视频	2021.01.31
4	创造营2021	260	竞技选拔类	腾讯视频	2021.02.17
5	青春有你 第三季	160	竞技选拔类	爱奇艺	2021.02.18

续表

序号	节目名称	单期平均时长（分钟）	节目类型	播出平台	上线时间
6	我的小尾巴	120	生活体验真人秀类	爱奇艺	2021.03.24
7	怦然心动20岁	120	生活体验真人秀类	优酷	2021.05.05
8	非正式会谈 第6、5季	120	谈话讨论类	bilibili	2021.05.08
9	密室大逃脱 第三季	180	游戏生存真人秀类	芒果TV	2021.05.13
10	萌探探探案	180	生活体验真人秀类	爱奇艺	2021.05.28
11	心动的信号 第四季	140	生活体验真人秀类	腾讯视频	2021.06.23
12	黑怕女孩	150	竞技选拔类	腾讯视频	2021.07.15
13	明日创作计划	180	竞技选拔类	腾讯视频	2021.08.14
14	说唱听我的 第二季	120	竞技选拔类	芒果TV	2021.07.18
15	再见爱人	120	生活体验真人秀类	芒果TV	2021.07.28
16	爆裂舞台	140	竞技选拔类	爱奇艺	2021.08.05
17	脱口秀大会 第四季	160	脱口秀类	腾讯视频	2021.08.10
18	披荆斩棘的哥哥	200	竞技选拔类	芒果TV	2021.08.12
19	90婚介所	120	婚恋交友类	bilibili	2021.08.13
20	明日创作计划	180	竞技选拔类	腾讯视频	2021.08.14
21	这！就是街舞 第四季	180	竞技选拔类	优酷	2021.08.14
22	舞蹈生	120	竞技选拔类	爱奇艺	2021.08.21
23	这！就是灌篮 第四季	120	竞技选拔类	优酷	2021.08.26
24	我的音乐你听吗	140	竞技选拔类	bilibili	2021.08.27
25	导演请指教	200	竞技选拔类	腾讯视频	2021.11.05
26	令人心动的Offer 第三季	180	生活体验真人秀类	腾讯视频	2021.11.09
27	中国潮音	120	竞技选拔类	优酷	2021.11.12
28	名侦探学院 第五季	160	游戏生存真人秀类	芒果TV	2021.11.25

数据来源：监管中心统计数据2022.1

国家广播电视总局监管中心

3.2.2 节目类型

总体来看，2021年的网络综艺覆盖真人秀类、谈话讨论类等13种类型，数量和结构相比2020年变化不大。真人秀类综艺仍是其中最重要的组成部分，共99档，相比2020年增加25档。近年网络综艺持续呈现出贴近生活贴近现实的特征，99档真人秀中，生活体验真人秀70档，增加20档。谈话讨论类综艺共43档，竞技选拔类综艺共24档，数量基本与2020年持平；脱口秀类16档，相比2020年增加4档。

互动交流真人秀类 11档

文化科技类 7档　　谈话讨论类 43档

其他类 6档　　其他真人秀类 3档　　游戏生存真人秀类 15档

娱乐报道类 5档　　生活体验真人秀类 70档　　婚恋交友类 3档

生活服务类 2档

竞技选拔类 24档　　综艺晚会类 18档

脱口秀类 16档　　单项艺术类 6档

互动娱乐类 9档

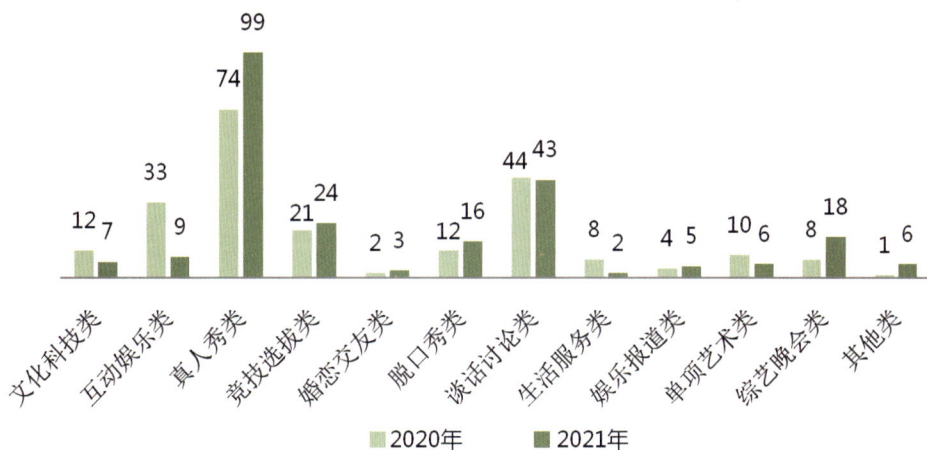

数据来源：监管中心统计数据2022.1　　　　　国家广播电视总局监管中心

图3.2.2（1）　2021年网络综艺类型及上线数量

（单位：档）

数据来源：监管中心统计数据2022.1　　　　　国家广播电视总局监管中心

图3.2.2（2）　2020年和2021年网络综艺节目类型统计

3.2.2.1　真人秀类 · 贴近生活

2021年真人秀类节目继续保持弱化娱乐性、提升现实性的发展趋势，注重发掘内容内涵，强调体验与观察。相比2020年增加的25档节目，其中生活体验类真人秀类占20档。代表性作品如，展现戏剧人生活、创作、演出的《戏剧新生活》，展现老年人、青年人代际共居体验的《屋檐之夏》，沉浸式体验乡间田园生活气息、助力乡村发展的《我的乡间日记》，在前序作品基础上继续聚焦老龄话题，呈现当下老年群体多样生活状态的《忘不了农场》等。

表3.2.2.1　2021年部分生活体验真人秀类网络综艺列表

序号	节目名称	播出平台	上线时间
1	同一屋檐下	优酷	2021.01.06
2	戏剧新生活	爱奇艺	2021.01.16
3	五十公里桃花坞	腾讯视频	2021.05.23
4	我的乡间日记	腾讯视频	2021.07.19
5	屋檐之夏	bilibili	2021.09.23
6	我的家乡好美	芒果TV	2021.11.08
7	奇遇·人间角落	腾讯视频	2021.11.08
8	哈哈哈哈哈 第二季	爱奇艺、腾讯视频	2021.11.12
9	忘不了农场	腾讯视频	2021.12.09
10	我们的滚烫人生	芒果TV	2021.12.17

数据来源：监管中心统计数据2022.1　　　　　　　　　国家广播电视总局监管中心

3.2.2.2　脱口秀类 · 焕发生机

2021年，脱口秀类网络综艺热度有所回升，相关作品更加注重与特定垂类主题的结合，如聚焦女性主题的《听姐说》，聚焦奥运主题的《环环环环环》。围绕热门垂类主题，通过脱口秀的形式予以呈现，这既使得脱口秀创作的主题得到延展，也让脱口秀这一形式更为活跃地出现在网民面前。

表3.2.2.2　2021年部分脱口秀类网络综艺列表

序号	节目名称	播出平台	上线时间
1	吐槽大会 第五季	腾讯视频	2021.01.31
2	听姐说	芒果TV	2021.03.28
3	环环环环环	腾讯视频	2021.07.16
4	姐妹闺房话	腾讯视频	2021.07.19
5	奥运叨叨叨	咪咕视频、芒果TV	2021.07.26
6	脱口秀大会 第四季	腾讯视频	2021.08.10
7	新知董事会	快手	2021.09.03
8	超Nice大会	快手	2021.11.21
9	开场白	西瓜视频	2021.12.08
10	脱口秀跨年2021	腾讯视频	2021.12.25

数据来源：监管中心统计数据2022.1　　　　　　　　　国家广播电视总局监管中心

3.2.2.3 谈话讨论类 · 新老搭配

2021年谈话讨论类节目依旧以"小而美"为主，延续以往贴近现实生活的路线，聚焦网民关注的社会议题、生活话题。同时，2021年，也有一些关照青年人生活、回应青年网民需求的综艺面世，如《念念青春》《敞开心扉的少年》《凌晨零点零零后》等。

表3.2.2.3　2021年部分谈话讨论类网络综艺列表

序号	节目名称	播出平台	上线时间
1	星月对话 2021	优酷、芒果TV	2021.01.14
2	观复猫过年说	爱奇艺	2021.2.10
3	中国妈妈young	西瓜视频	2021.5.6
4	了不起的姐姐 第二季	芒果TV	2021.5.13
5	念念青春	优酷	2021.7.28
6	敞开心扉的少年	腾讯视频	2021.7.29
7	圆桌派 第五季	优酷	2021.9.23
8	晓波会客厅	爱奇艺	2021.10.19
9	君品谈 第二季	爱奇艺	2021.10.22
10	凌晨零点零零后	芒果TV	2021.12.20

数据来源：监管中心统计数据2022.1　　　　国家广播电视总局监管中心

3.2.2.4 竞技选拔类 · 调整优化

2021年竞技选拔类综艺总数量为24档，占比10%，但热度和话题讨论度都相对较高。2021年，竞技选拔类网络综艺，或者说整个网络综艺领域最为人熟知的事件，就是偶像养成节目的退场。在行业综合治理背景下，竞技选拔类综艺也在调整中优化，探索新的创新点、增长点，全年作品主题更加多样，不断向大众熟悉的领域延伸和铺展。如，体育主题从以往的健身等发展到拳击、奥运会运动等项目，如《"拳"力以赴的我们》《奥运叨叨叨》等；喜剧主题从以往的传统小品竞演发展到其他细分喜剧领域的比拼，如《一年一度喜剧大赛》等。

表3.2.2.4　2021年部分竞技选拔类网络综艺列表

序号	节目名称	播出平台	上线时间
1	乘风破浪的姐姐 第二季	芒果TV	2021.01.22
2	创造营2021	腾讯视频	2021.02.17

序号	节目名称	播出平台	上线时间
3	黑怕女孩	腾讯视频	2021.07.15
4	草莓星球来的人	优酷	2021.07.16
5	少年说唱企划	爱奇艺	2021.07.31
6	披荆斩棘的哥哥	芒果TV	2021.08.12
7	我的音乐你听吗	bilibili	2021.08.27
8	"拳"力以赴的我们	优酷	2021.09.10
9	一年一度喜剧大赛	爱奇艺	2021.10.15
10	中国潮音	优酷	2021.11.12

数据来源：监管中心统计数据2022.1　　　　　　　　　　　　国家广播电视总局监管中心

3.2.3　节目主题

　　2021年，网络综艺在主题上继续进行多元探索与深入拓展，极大丰富了综艺节目的表现领域。一方面主题范围不断延展细分，覆盖了武术、电竞、剧本杀、国潮、体育等领域，如音乐综艺《中国潮音》《我的音乐你听吗》，舞蹈类综艺《舞蹈生》等。女性主题的"她综艺"也不断拓展内容广度，如《听姐说》等。另一方面，网络综艺不断与专业领域跨界合作，如喜剧类综艺《一年一度喜剧大赛》、体育类综艺《"拳"力以赴的我们》。

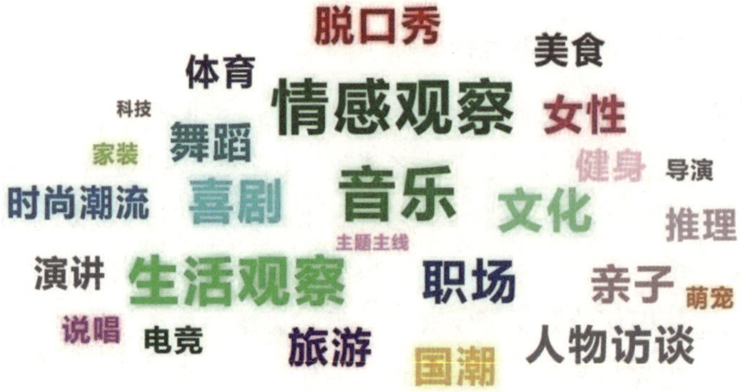

数据来源：监管中心统计数据2022.1　　　　　　　　　　　　国家广播电视总局监管中心

图3.2.3　2021年网络综艺主题分布

表3.2.3　2021年部分网络综艺主题列表

序号	节目名称	节目类型	播出平台	主题
1	初入职场的我们	生活体验真人秀类	芒果	职场
2	奇异剧本鲨	游戏生存真人秀类	爱奇艺	剧本杀
3	"拳"力以赴的我们	竞技选拔类	优酷	体育
4	听姐说	脱口秀	芒果TV	女性
5	我的音乐你听吗	竞技选拔类	bilibili	音乐
6	我是极客	竞技选拔类	爱奇艺、腾讯视频	科技
7	五十公里桃花坞	生活体验真人秀类	腾讯视频	社交实验
8	舞蹈生	竞技选拔类	爱奇艺	舞蹈
9	一年一度喜剧大赛	竞技选拔类	爱奇艺	喜剧
10	中国潮音	竞技选拔类	优酷	潮流

数据来源：监管中心统计数据2022.1　　　　　国家广播电视总局监管中心

3.2.3.1　恋爱主题综艺更加重"观察"

2021年，各网络视听平台继续推出情感观察综艺，关注婚恋、夫妻、兄妹、婆媳、亲子等关系，还原生活角色及生活场景。在恋爱观察主题综艺中，观察元素占据更大比重，如《机智的恋爱》《半熟恋人》《90婚介所》等，这些节目不再以"秀"为主，而是突出观察，多角度、近距离聚焦素人嘉宾的情感发展，辅以情感观点输出，引发观众共情。

表3.2.3.1　2021年部分情感观察主题网络综艺列表

序号	节目名称	节目类型	播出平台	上线时间
1	同一屋檐下	生活体验真人秀类	优酷	2021.01.06
2	婆婆和妈妈 第二季	生活体验真人秀类	芒果TV	2021.02.05
3	我的小尾巴	生活体验真人秀类	爱奇艺	2021.03.24
4	做家务的男人 第三季	生活体验真人秀类	爱奇艺	2021.06.11
5	再见爱人	生活体验真人秀类	芒果TV	2021.07.28
6	敞开心扉的少年	谈话讨论类	腾讯视频	2021.07.29
7	90婚介所	婚恋交友类	bilibili	2021.08.13
8	屋檐之夏	生活体验真人秀类	bilibili	2021.09.23
9	做朋友也没关系	生活体验真人秀类	芒果TV	2021.11.02
10	半熟恋人	生活体验真人秀类	腾讯视频	2021.12.28

数据来源：监管中心统计数据2022.1　　　　　国家广播电视总局监管中心

3.2.3.2 "她综艺"矩阵式发展

2021年聚焦女性主题的"她综艺"不断拓展内容广度，聚焦女性群体热点话题，向观众展现女性风采和态度，体现女性价值。相较于该类主题2020年主要集中于谈话讨论类综艺中，2021年则在生活体验、谈话讨论、脱口秀、竞技选拔等类型综艺中均有涉及。既有生活体验真人秀类的《婆婆和妈妈第二季》《姐姐妹妹的武馆》《上班啦！妈妈》等，也有互动娱乐类的《姐妹俱乐部》、脱口秀类《听姐说》等，对女性的情感、社交、工作等多个维度展开剖析。同时，竞技选拔类综艺也增加了女性视角，如《爆裂舞台》《我是女演员》《黑怕女孩》等，通过挖掘女性特有的舞台气质，展现女性勇往直前的竞技状态。

表3.2.3.2　2021年部分女性主题网络综艺列表

序号	节目名称	节目类型	播出平台	上线日期
1	婆婆和妈妈 第二季	生活体验真人秀类	芒果TV	2021.2.25
2	听姐说	脱口秀类	芒果TV	2021.3.28
3	我是女演员	竞技选拔类	优酷	2021.4.10
4	妻子的浪漫旅行 第五季	生活体验真人秀类	芒果TV	2021.4.14
5	上班啦！妈妈	生活体验真人秀类	爱奇艺	2021.4.27
6	姐妹俱乐部	互动娱乐类	爱奇艺	2021.5.29
7	黑怕女孩	竞技选拔类	腾讯视频	2021.7.15
8	姐妹闺房话	脱口秀类	腾讯视频	2021.7.19
9	爆裂舞台	竞技选拔类	爱奇艺	2021.8.5
10	这！就是妈妈	谈话讨论类	优酷	2021.9.1

数据来源：监管中心统计数据2022.1　　　　　　　　　　　国家广播电视总局监管中心

3.2.3.3 体育运动主题迎来小高潮

2021年是东京奥运会举办之年，同时也是2022年北京冬奥会预热之年，体育主题成为网络综艺的新发力点，数量较2020年有所提升，同时节目质量也进一步提高，主要体现在"大场面"。综艺与体育的结合，一方面让综艺可以借助体育的竞技对抗属性和热点话题制造看点，另一方面体育也可以通过综艺增进网民的认知和代入感。如《"拳"力以赴的我们》《这！就是灌篮 第四季》《超新星运动会 第四季》《篮板青春 第二季》等综艺，将艺人、运动达人和专业运动员组合，以竞技、游戏等多元化形式表达，吸引了网民的关注；《环环环环环》《奥运叨叨叨》等综艺将体育赛事作为议题，讲解、交流中传达出拼搏向上的体育精神。

表3.2.3.3 2021年部分体育主题网络综艺列表

序号	节目名称	节目类型	播出平台	上线日期
1	姐姐妹妹的武馆	生活体验真人秀类	腾讯视频	2021.03.10
2	Hello健习生	谈话讨论类	腾讯视频	2021.04.15
3	环环环环环	脱口秀类	腾讯视频	2021.07.16
4	奥运叨叨叨	脱口秀类	咪咕视频、芒果TV	2021.07.26
5	这！就是灌篮 第四季	竞技选拔类	优酷	2021.08.26
6	"拳"力以赴的我们	竞技选拔类	优酷	2021.09.10
7	篮板青春 第二季	游戏生存真人秀类	腾讯视频	2021.10.26
8	超新星运动会 第四季	互动娱乐类	腾讯视频	2021.10.27

数据来源：监管中心统计数据2022.1 　　国家广播电视总局监管中心

3.2.3.4 "青年文化"主题垂类深耕

网络综艺历来是青年文化的重要载体。2021年，不少网络综艺继续突出年轻化表达，推理社交、时尚潮流、国潮、电竞、说唱等贴近年轻网民喜好的综艺持续涌现。如《少年说唱企划》将目标锁定在年轻说唱新人身上，打造潮流音乐综艺；《敞开心扉的少年》聚焦国内青少年家庭教育与亲子关系等话题，帮助家庭建立良好的沟通环境；《初入职场的我们》《令人心动的Offer第三季》《90婚介所》等综艺通过从年轻人的职业选择、恋爱生活等角度出发，探讨当下年轻人工作模式与方法，切入年轻人关注的社会热点，贴近生活接地气。

表3.2.3.4 2021年部分"青年文化"网络综艺列表

序号	节目名称	节目类型	播出平台	上线日期
1	恰好是少年	生活体验真人秀类	腾讯视频	2021.04.11
2	初入职场的我们	生活体验真人秀类	芒果TV	2021.04.13
3	萌探探探案	游戏生存真人秀类	爱奇艺	2021.05.28
4	奇异剧本鲨	游戏生存真人秀类	爱奇艺	2021.07.10
5	草莓星球来的人	竞技选拔类	优酷	2021.07.16
6	敞开心扉的少年	谈话讨论类	腾讯视频	2021.07.29
7	少年说唱企划	竞技选拔类	爱奇艺	2021.07.31
8	90婚介所	婚恋交友类	bilibili	2021.08.13
9	令人心动的Offer 第三季	生活体验真人秀类	腾讯视频	2021.11.09
10	凌晨零点零零后	谈话讨论类	芒果TV	2021.12.20

数据来源：监管中心统计数据2022.1 　　国家广播电视总局监管中心

3.2.3.5 喜剧主题数量热度齐升

2021年喜剧综艺数量较2020年有所增加，基于喜剧厂牌积攒的观众基础，以及喜剧综艺欣赏的普适性受到广泛关注。喜剧综艺自身也在不断探索新形态，挖掘新的主题方向。如《一年一度喜剧大赛》引入快节奏的素描喜剧，从生活中寻找主题，为观众呈现欢乐、温暖喜剧作品，形式新鲜，赢得了好口碑。《象牙山爱逗团》形成与剧集作品的互动，邀请东北喜剧艺人参与城市采风，实现喜剧与生活体验的开放式融合，提升了节目的喜剧质感。此外，《脱口秀大会第四季》《吐槽大会 第五季》等综艺突破以往固有模式，从小众主题走向大众生活，通过改变赛制、增加参与度等创新手段，借助幽默内容让观众感受生活中鲜活的一面，收获了网民的喜爱。

表3.2.3.5　2021年部分喜剧主题网络综艺列表

序号	节目名称	节目类型	播出平台	上线日期
1	吐槽大会 第五季	脱口秀类	腾讯视频	2021.01.31
2	老郭有新番	单项艺术类	优酷	2021.04.05
3	象牙山爱逗团	生活体验真人秀类	优酷	2021.06.12
4	脱口秀大会 第四季	脱口秀类	腾讯视频	2021.08.10
5	德云斗笑社 第二季	游戏生存真人秀类	腾讯视频	2021.08.20
6	一年一度喜剧大赛	竞技选拔类	爱奇艺	2021.10.15
7	脱口秀跨年2021	脱口秀类	腾讯视频	2021.12.25

数据来源：监管中心统计数据2022.1　　　　　国家广播电视总局监管中心

3.2.3.6 社交实验型综艺开始萌芽

2021年，各网络视听平台开始上线社交实验型综艺，如《五十公里桃花坞》《戏剧新生活》等。这些社交实验型综艺为观众呈现艺人回归普通人的群居生活状态，通过调整日常的交流方式，积极地融入群体生活，缓解人的"社恐"情绪，与慢综艺有点形似，但带有鲜明的社交实验色彩。

表3.2.3.6　2021年部分社交实验型网络综艺列表

序号	节目名称	节目类型	播出平台	上线日期
1	五十公里桃花坞	生活体验真人秀类	腾讯视频	2021.5.23
2	戏剧新生活	生活体验真人秀类	爱奇艺	2021.1.16

序号	节目名称	节目类型	播出平台	上线日期
3	马栏花花便利店	生活体验真人秀类	芒果TV	2021.12.21
4	大伙之家	生活体验真人秀类	腾讯视频	2021.11.25
5	奇遇·人间角落	生活体验真人秀类	腾讯视频	2021.11.8

数据来源：监管中心统计数据2022.1　　　　　　　　国家广播电视总局监管中心

3.2.4　制作传播

3.2.4.1　播出平台

2021年，各主要网络视听平台持续发力，继续积极打造自己的品牌特色。芒果TV、爱奇艺、腾讯视频、优酷4家平台全年上线网络综艺共206档。其中，独播181档，占4家平台全年上线网络综艺节目的88%。

（单位：档）

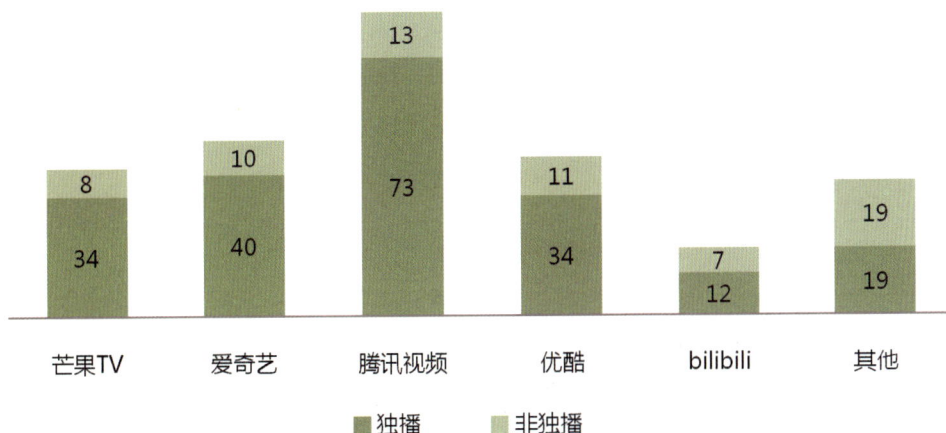

数据来源：监管中心统计数据2022.1　　　　　　　　国家广播电视总局监管中心

图3.2.4.1（1）　2021年主要网络视听平台上线网络综艺数量统计

在全年上线的238档网络综艺中，独播综艺213档。独播综艺中，芒果TV上线34档，爱奇艺上线40档，腾讯视频上线73档，优酷上线34档；其余数量较多的是bilibili和西瓜视频。本小节以下数据仅统计各网络视听平台独播节目数量。

（单位：档）

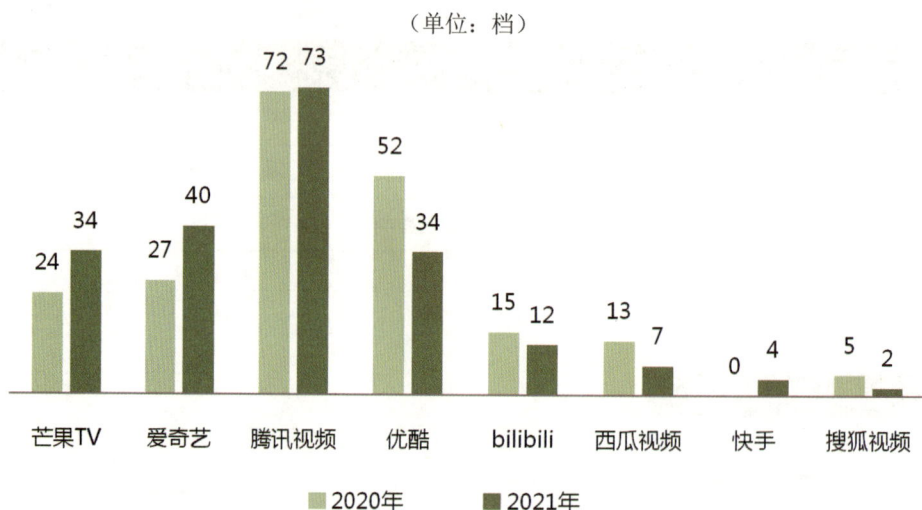

数据来源：监管中心统计数据2022.1

国家广播电视总局监管中心

图3.2.4.1（2） 2020年和2021年主要网络视听平台独播网络综艺节目统计

3.2.4.2 腾讯视频

2021年腾讯视频上线的网络综艺中，生活体验真人秀类最多，共有23档，占比近1/3。其余数量较多的为谈话讨论类、生活体验真人秀类、互动交流真人秀类、脱口秀类、竞技选拔类、游戏生存真人秀类。互动娱乐类大幅减少，由15档减少至3档。

（单位：档）

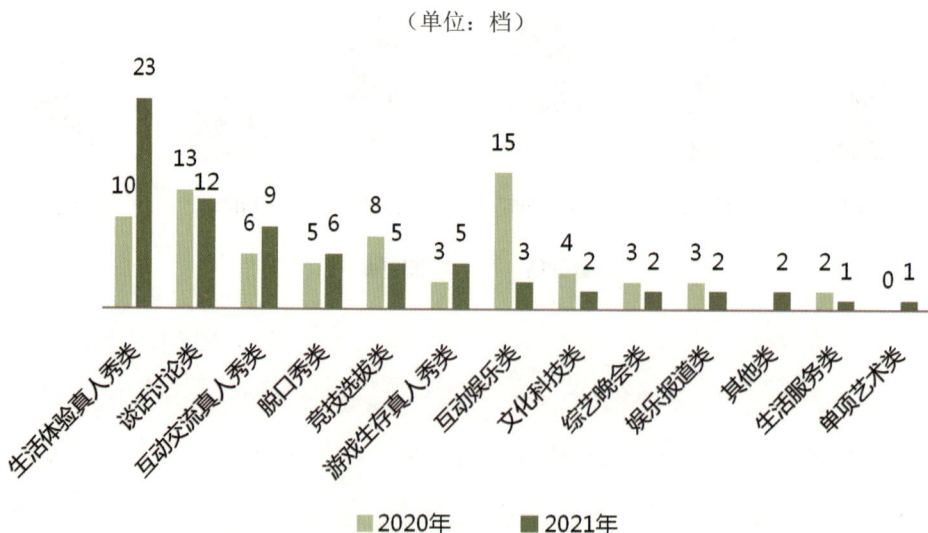

数据来源：监管中心统计数据2022.1

国家广播电视总局监管中心

图3.2.4.2 2020年和2021年腾讯视频网络综艺数量统计

腾讯视频继续其多元布局的理念，不断试水新主题垂类，呈现出"全面开花"的状态，如《姐姐妹妹的武馆》《五十公里桃花坞》等。同时，发挥"综N代"的热度，创新节目内容形式，延长IP生命周期。如《吐槽大会 第五季》《脱口秀大会 第四季》《邻家诗话 第三季》等。

3.2.4.3　爱奇艺

2021年爱奇艺上线的网络综艺节目中，生活体验真人秀类最多，共有13档，占比近1/3。其余数量较多的为竞技选拔类、谈话讨论类、互动娱乐类。

（单位：档）

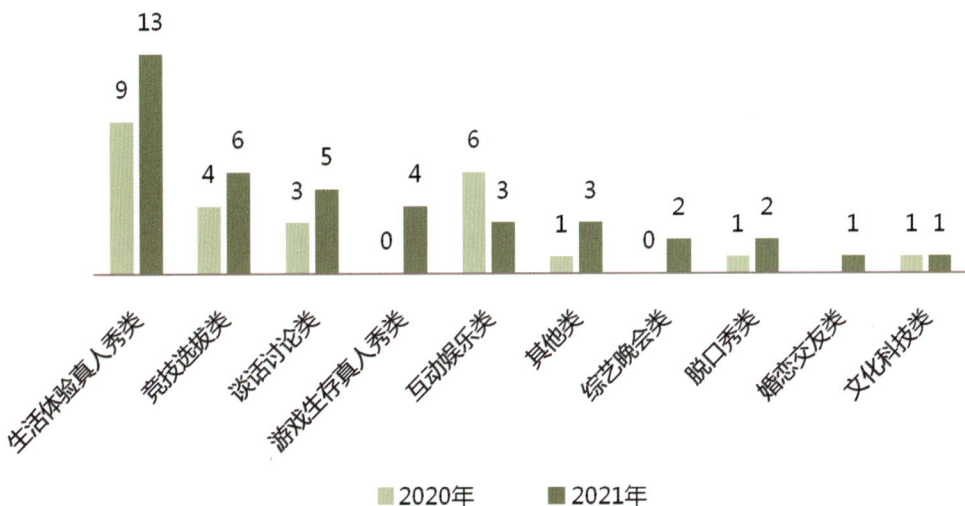

数据来源：监管中心统计数据2022.1　　　　　　　　　国家广播电视总局监管中心

图3.2.4.3　2020年和2021年爱奇艺网络综艺数量统计

2021年，爱奇艺在年轻人感兴趣的社交推理方面发力明显，推出《奇异剧本鲨》《萌探探探案》《最后的赢家》等节目。此外，青春主题风格的综艺《潮流合伙人 第二季》《做家务的男人 第三季》《少年说唱企划》《爆裂舞台》等也沿袭了爱奇艺年轻化的表达。

3.2.4.4　优酷

2021年，优酷上线的网络综艺节目中，谈话讨论类最多，共有8档，其余数量较多的为竞技选拔类、生活体验真人秀类、生活服务类、单项艺术类。

（单位：档）

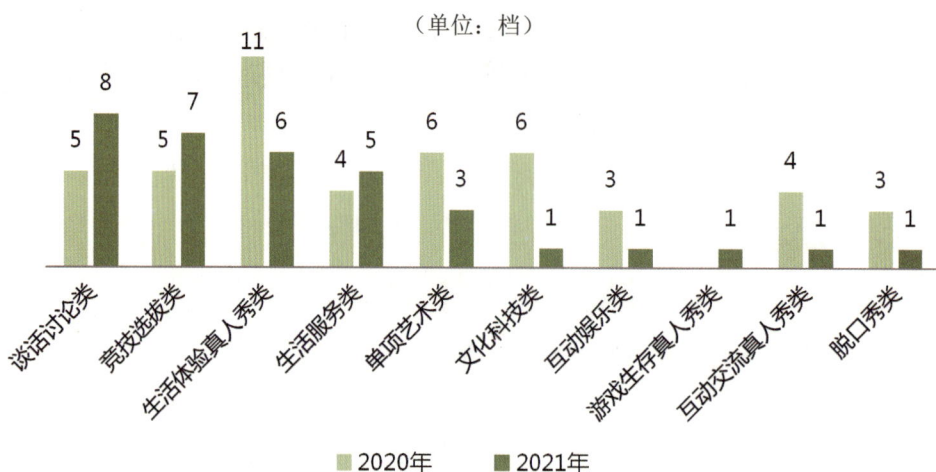

国家广播电视总局监管中心

图3.2.4.4　2020年和2021年优酷网络综艺数量统计

优酷的"这！就是"系列仍是其综艺体系的一大特色，涵盖街舞、体育、潮流等主题，如《这！就是潮流》《这！就是妈妈》《这！就是灌篮 第四季》等节目。此外，2021年优酷保持了其"小而美"的人文领域综艺创作方向，如《圆桌派 第五季》《锵锵行天下 第二季》《念念青春》等。除此之外，2021年优酷加大喜剧综艺的探索，重点发力喜剧综艺，如《老郭有新番》《象牙山爱豆团》。

3.2.4.5　芒果TV

2021年，芒果TV上线的网络综艺节目中，生活体验真人秀类最多，共有13档，其余数量较多的为谈话讨论类、娱乐报道类、游戏生存真人秀类、竞技选拔类、互动娱乐类。

（单位：档）

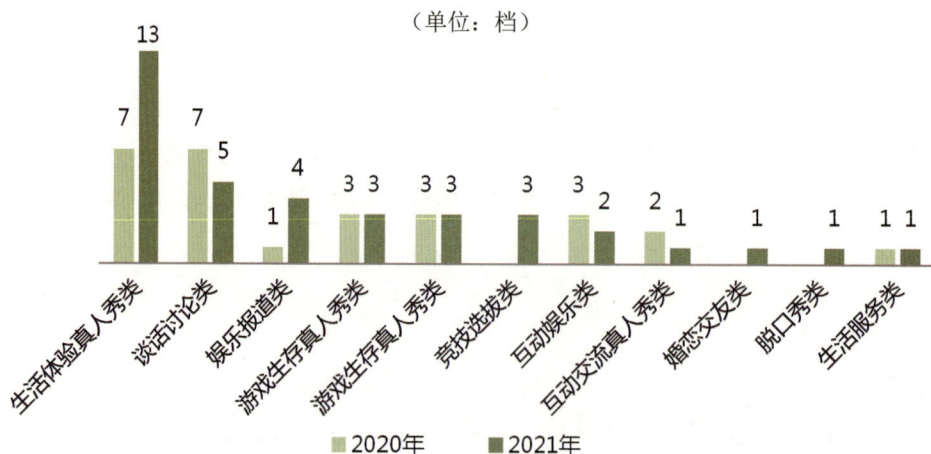

国家广播电视总局监管中心

图3.2.4.5　2020年和2021年芒果TV网络综艺数量统计

芒果TV基于情感主题风格，进一步延续情感类综艺，吸引更多用户群。同时推出类型多样的偏重女性市场的综艺节目，聚焦女性群体，吸引女性观众的关注。例如，从女性的不同年龄段和情感角度推出《再见爱人》《听姐说》等。此外，通过"姐姐"模式的成功，芒果TV继续探索"哥哥"综艺，如《披荆斩棘的哥哥》，成为2021年芒果TV的亮眼内容。

3.2.4.6 焦点图推荐

2021年，各视听网站在网页端首页首屏焦点图共推荐网络综艺127档，占全年综艺的62%。其中独播节目105档，占独播综艺的58%。其中，腾讯视频首页焦点图推荐综艺39档，爱奇艺、芒果TV、优酷分别推荐22档、20档、14档。搜狐上线的2档综艺全部在焦点图推荐。

各视听网站在移动端首页首屏焦点图共推荐网络综艺88档，占全年综艺的42%。其中独播节目82档，占独播综艺的45%。其中，腾讯视频首页焦点图推荐综艺26档，爱奇艺、优酷、芒果TV分别推荐20档、24档、17档。搜狐上线的2档综艺全部在焦点图推荐。

腾讯视频移动端推荐数量明显少于网页端，爱奇艺移动端推荐数量略少于网页端，而优酷和芒果TV移动端推荐数量则略高于网页端。

（单位：档）

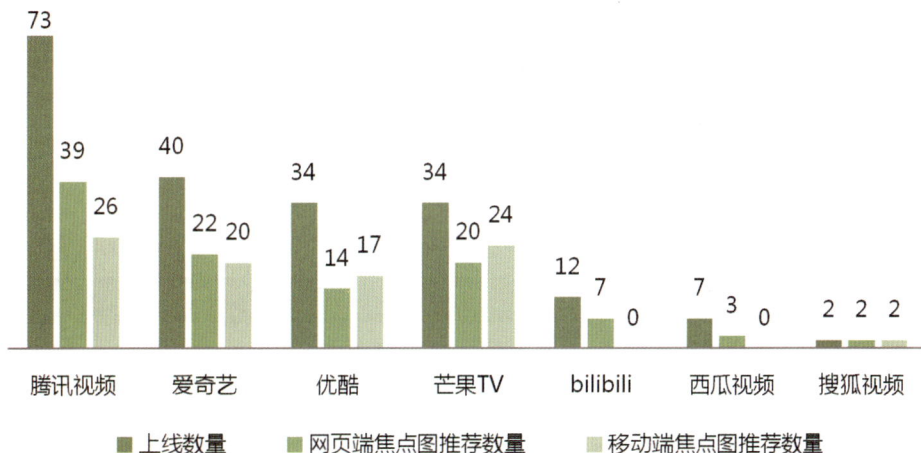

数据来源：监管中心统计数据2022.1　　　　　国家广播电视总局监管中心

图3.2.4.6　2021年各网络视听平台网络综艺网页端焦点图推荐数量统计

2021年，在网页端首页首屏焦点图共推荐天数超过10天（含）的网络综艺共计57档。其中。爱奇艺19档，腾讯视频15档，芒果TV13档，优酷10档。芒果TV《再见爱人》《初入职场的我们》《妻子的浪漫旅行 第五季》推荐天数最多，分别为79天，62天，62天。首页首屏焦点图推荐天数较多的节目中生活体验类真人秀类节目居多。

表3.2.4.6（1）　2021年主要网站网页端首页首屏焦点图推荐部分网络综艺列表

序号	节目名称	节目类型	播出平台	节目期数	上线时间
1	同一屋檐下	生活体验真人秀类	优酷	15	2021.01.06
2	我的小尾巴	生活体验真人秀类	爱奇艺	10	2021.03.24
3	初入职场的我们	生活体验真人秀类	芒果TV	12	2021.04.13
4	妻子的浪漫旅行 第五季	生活体验真人秀类	芒果TV	12	2021.04.14
5	上班啦！妈妈	生活体验真人秀类	爱奇艺	12	2021.04.27
6	密室大逃脱 第三季	游戏生存真人秀类	芒果TV	12	2021.05.13
7	拜托了冰箱 轰趴季	互动娱乐类	腾讯视频	10	2021.06.22
8	心动的信号 第四季	生活体验真人秀类	腾讯视频	10	2021.06.23
9	草莓星球来的人	竞技选拔类	优酷	10	2021.07.16
10	再见爱人	生活体验真人秀类	芒果TV	13	2021.07.28
11	爆裂舞台	竞技选拔类	爱奇艺	12	2021.08.05
12	脱口秀大会 第四季	脱口秀类	腾讯视频	10	2021.08.10

数据来源：监管中心统计数据2022.1　　　　　　　国家广播电视总局监管中心

在移动端首页首屏焦点图共推荐天数超过10天（含）的网络综艺共计50档。其中，芒果TV13档，腾讯视频13档，爱奇艺12档，优酷12档。芒果TV《披荆斩棘的哥哥》《再见爱人》《吐槽大会第 第五季》推荐天数较多。

表3.2.4.6（2）　2021年主要网站移动端首页首屏焦点图推荐部分网络综艺列表

序号	节目名称	节目类型	播出平台	节目期数	上线时间
1	吐槽大会第 第五季	脱口秀类	腾讯视频	10	2021.01.31
2	初入职场的我们	生活体验真人秀类	芒果TV	12	2021.04.13
3	妻子的浪漫旅行 第五季	生活体验真人秀类	芒果TV	12	2021.04.14
4	密室大逃脱 第三季	游戏生存真人秀类	芒果TV	12	2021.05.13
5	再见爱人	生活体验真人秀类	芒果TV	13	2021.07.28
6	女儿们的恋爱 第四季	生活体验真人秀类	芒果TV	13	2021.08.07
7	披荆斩棘的哥哥	竞技选拔类	芒果TV	12	2021.08.12
8	德云斗笑社 第二季	游戏生存真人秀类	腾讯视频	10	2021.08.20

序号	节目名称	节目类型	播出平台	节目期数	上线时间
9	"拳"力以赴的我们	生活体验真人秀类	优酷	10	2021.09.10
10	我们恋爱吧 第三季	生活体验真人秀类	优酷	12	2021.09.29

数据来源：监管中心统计数据2022.1　　　　　　　　　　国家广播电视总局监管中心

3.2.4.7　更新节奏

2021年，各视听平台6～8月期间上线节目较多，共计上线75档。其中，7月上线节目数量达到全年顶峰，有29档，仅腾讯视频在7月就上线节目12档，暑期档竞争激烈。3月上线节目数量较少。

（单位：档）

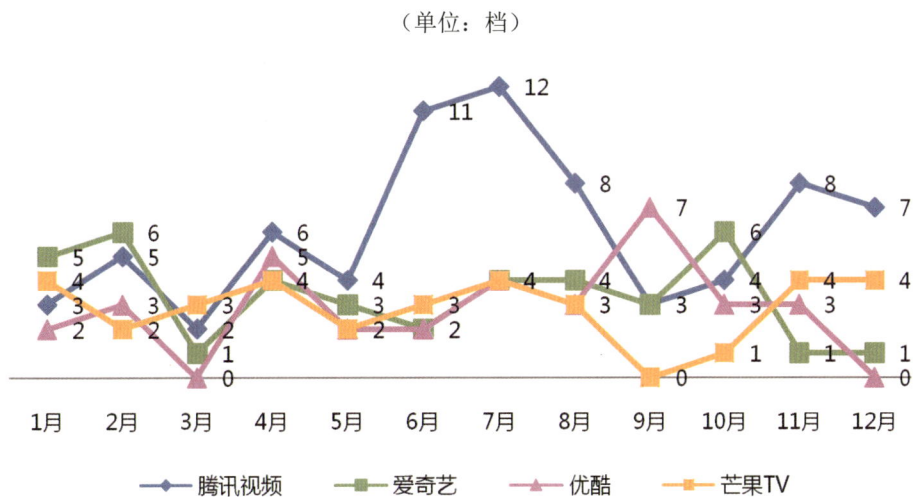

数据来源：监管中心统计数据2022.1　　　　　　　　　　国家广播电视总局监管中心

图3.2.4.7（1）　2021年主要网络视听平台各月度上线网络综艺统计

暑期档节目中，以竞技选拔类和生活体验真人秀类节目居多，头部节目效应明显。

表3.2.4.7　2021年部分暑期档网络综艺列表

序号	节目名称	节目类别	播出平台	上线时间
1	拜托了冰箱 轰趴季	互动娱乐类	腾讯视频	2021.06.22
2	心动的信号 第四季	生活体验真人秀类	腾讯视频	2021.06.23
3	邻家诗话 第三季	文化科技类	腾讯视频	2021.06.28
4	奇异剧本鲨	游戏生存真人秀类	爱奇艺	2021.07.10

序号	节目名称	节目类别	播出平台	上线时间
5	这！就是潮流	竞技选拔类	优酷	2021.07.11
6	黑怕女孩	竞技选拔类	腾讯视频	2021.07.15
7	说唱听我的 第二季	竞技选拔类	芒果TV	2021.07.18
8	再见爱人	生活体验真人秀类	芒果TV	2021.07.28
9	少年说唱企划	竞技选拔类	爱奇艺	2021.07.31
10	爆裂舞台	竞技选拔类	爱奇艺	2021.08.05
11	女儿们的恋爱 第四季	生活体验真人秀类	芒果TV	2021.08.07
12	脱口秀大会 第四季	脱口秀类	腾讯视频	2021.08.10
13	披荆斩棘的哥哥	竞技选拔类	芒果TV	2021.08.12
14	这！就是街舞 第四季	竞技选拔类	优酷	2021.08.14
15	明日创作计划	竞技选拔类	腾讯视频	2021.08.14
16	恋恋剧中人	生活体验真人秀类	爱奇艺	2021.08.19
17	德云斗笑社 第二季	游戏生存真人秀类	腾讯视频	2021.08.20
18	这！就是灌篮 第四季	竞技选拔类	优酷	2021.08.26

数据来源：监管中心统计数据2022.1　　　　　　　　　　　　　CIII 国家广播电视总局监管中心

　　2021年，网络综艺上线周期仍以周更为主，周播节目205档，占86%；一次性上线的节目共计20档，主要是综艺晚会类节目和单项艺术类节目；不定期上线的节目8档；日播节目5档，主要是娱乐报道类和谈话讨论类节目。

（单位：档）

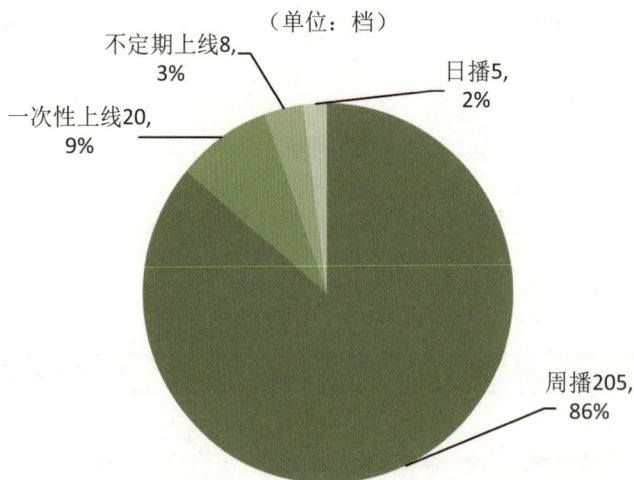

不定期上线8，
3%

一次性上线20，
9%

日播5，
2%

周播205，
86%

数据来源：监管中心统计数据2022.1　　　　　　　　　　　　　CIII 国家广播电视总局监管中心

图3.2.4.7（2）　2021年网络综艺更新频率统计

周更节目中，周三至周五上线的节目较多，其中周四上线的节目最多，有45档。每周更新两期以上（含）和单期分开上线的节目增多，有61档。头部节目中，周一上线的文化科技类节目较多，周二上线的脱口秀类、职场类、恋爱类综艺较多，周三上线的生活观察类节目较多，周四上线选秀、歌唱类节目较多，周五上线演技竞技类节目较多，周六上线舞蹈、歌唱、游戏竞技类节目较多，周日上线的健身、旅行类节目较多。

（单位：档）

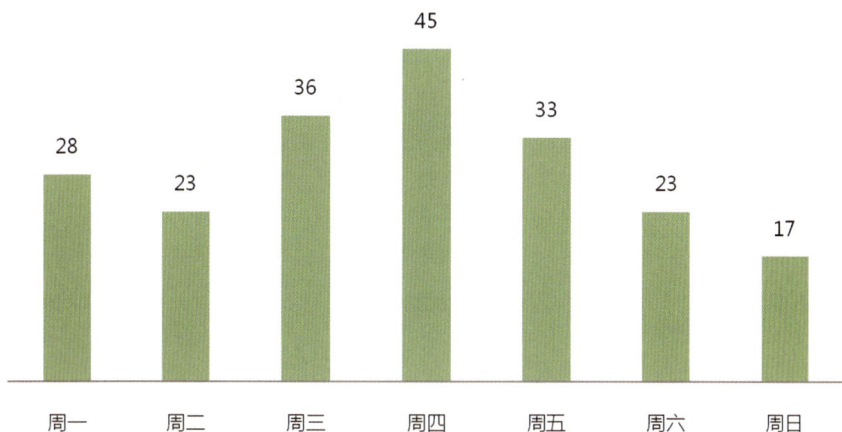

数据来源：监管中心统计数据2022.1　　　　　　　国家广播电视总局监管中心

图3.2.4.7（3）　2021年周播网络综艺上线日期分布

3.2.4.8　会员权益

2021年，共有30档网络综艺节目上线先导片，其中，28档为独播节目，腾讯视频上线14档，芒果TV上线9档，优酷上线3档，爱奇艺上线1档，bilibili上线1档。

（单位：档）

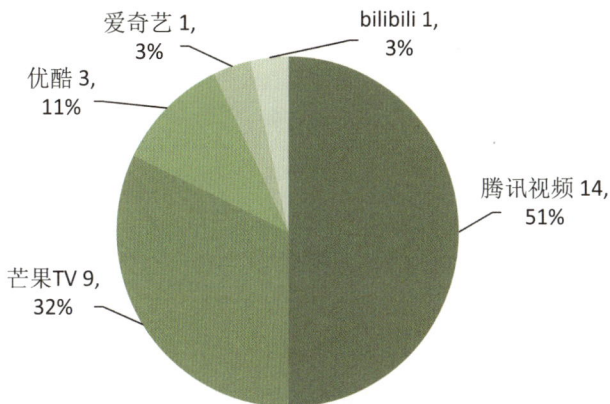

数据来源：监管中心统计数据2022.1　　　　　　　国家广播电视总局监管中心

图3.2.4.8（1）　2021年各网络视听平台有先导片网络综艺节目数量占比统计

2021年，网络综艺的观看权限进一步成为视听平台会员权益的组成部分，有64档综艺会员可抢先观看或仅限会员观看。其中，腾讯视频28档，芒果TV 17档，优酷3档，爱奇艺13档，bilibili 2档，多平台1档。

（单位：档）

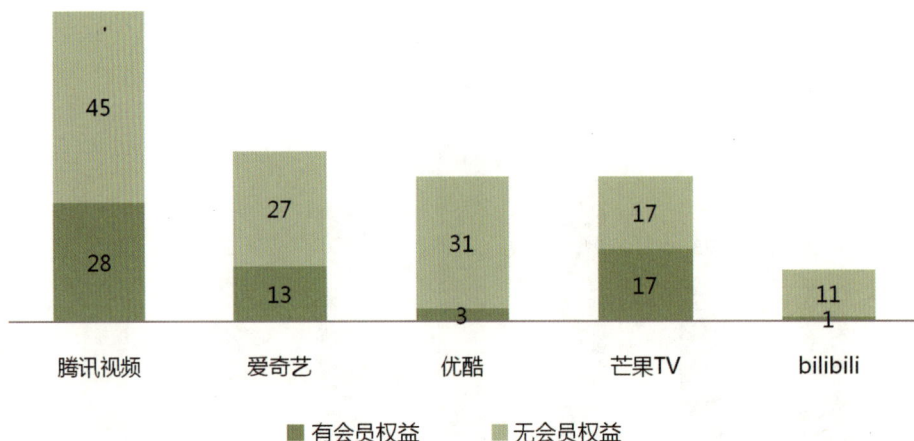

数据来源：监管中心统计数据2022.1　　　　　　　　　　　国家广播电视总局监管中心

图3.2.4.8（2）　2021年各网络视听平台涉及会员权益节目数量统计

表3.2.4.8　部分会员抢先看网络综艺列表

序号	节目名称	节目类型	播出平台	上线时间
1	戏剧新生活	生活体验真人秀类	爱奇艺	2021.01.16
2	乘风破浪的姐姐 第二季	竞技选拔类	芒果TV	2021.01.22
3	吐槽大会 第五季	脱口秀类	腾讯视频	2021.01.31
4	创造营2021	竞技选拔类	腾讯视频	2021.02.17
5	姐姐妹妹的武馆	生活体验真人秀类	腾讯视频	2021.03.10
6	听姐说	脱口秀类	芒果TV	2021.03.28
7	恰好是少年	生活体验真人秀类	腾讯视频	2021.04.11
8	初入职场的我们	生活体验真人秀类	芒果TV	2021.04.13
9	妻子的浪漫旅行 第五季	生活体验真人秀类	芒果TV	2021.04.14
10	密室大逃脱 第三季	游戏生存真人秀类	芒果TV	2021.05.13
11	五十公里桃花坞	生活体验真人秀类	腾讯视频	2021.05.23
12	心动的信号 第四季	生活体验真人秀类	腾讯视频	2021.06.23
13	说唱听我的 第二季	竞技选拔类	芒果TV	2021.07.18
14	再见爱人	生活体验真人秀类	芒果TV	2021.07.28

序号	节目名称	节目类型	播出平台	上线时间
15	女儿们的恋爱 第四季	生活体验真人秀类	芒果TV	2021.08.07
16	脱口秀大会 第四季	脱口秀类	腾讯视频	2021.08.10
17	披荆斩棘的哥哥	竞技选拔类	芒果TV	2021.08.12
18	德云斗笑社 第二季	游戏生存真人秀类	腾讯视频	2021.08.20
19	超新星运动会 第四季	互动娱乐类	腾讯视频	2021.10.27
20	导演请指教	竞技选拔类	腾讯视频	2021.11.5
21	令人心动的Offer 第三季	生活体验真人秀类	腾讯视频	2021.11.9
22	大湾仔的夜	生活体验真人秀类	芒果TV	2021.11.17
23	哈哈哈哈哈 第二季	生活体验真人秀类	爱奇艺，腾讯视频	2021.11.20
24	名侦探学院 第五季	游戏生存真人秀类	芒果TV	2021.11.25
25	半熟恋人	生活体验真人秀类	腾讯视频	2021.12.28

数据来源：监管中心统计数据2022.1 　　　　　　　国家广播电视总局监管中心

3.2.4.9　广告

2021年，126档网络综艺有广告冠名（赞助）商，107档节目有冠名商，62档有3个（含）以上赞助商。广告形式仍以广告商冠名、主持人嘉宾口播、中插商业广告、中插嘉宾创意广告、挂角贴片、背景道具等形式为主。从广告商类型来看，乳品、饮品、电商平台、奶粉、白酒、汽车等行业的赞助商较多。

表3.2.4.9（1）　2021年网络综艺中部分冠名商

序号	广告商类型	广告商品牌	冠名节目（部分）
1	乳品类	蒙牛（纯甄、真果粒）	创造营2021、青春有你 第三季
		伊利（今典、谷粒多、甄稀等）	乘风破浪的姐姐 第二季、披荆斩棘的哥哥、让生活好看 第二季、德云斗笑社 第二季、萌探探探案、脱口秀大会 第四季、少年说唱企划、脱口秀跨年2021
		君乐宝	听姐说
		养乐多	非正式会谈 第6、5季
2	饮品类	康师傅（冰红茶、喝开水等）	令人心动的Offer 第三季、怦然心动20岁、黑怕女孩、姐妹俱乐部、春日酱、家族年年夜FAN
		书亦烧仙草	大湾仔的夜
		农夫山泉	忘不了农场、奇遇·人间角落
		外星人电解质水	说唱听我的 第二季、中国潮音

序号	广告商类型	广告商品牌	冠名节目（部分）
2	饮品类	美年达	密室大逃脱 第三季
		bubly微笑趣泡	导演请指教
		生气啵啵汽水	"拳"力以赴的我们
		元气森林	舞蹈生
		茶裏王	拜托了冰箱 轰趴季
3	电商平台类	唯品会	妻子的浪漫旅行 第五季、婆婆和妈妈 第二季、心动的信号 第四季、非常静距离
		京东	一年一度喜剧大赛、快乐嗨翻天、Phone狂制噪吧、Hello健习生
		天猫	我的音乐你听吗
		考拉海购	了不起的姐姐 第二季
		蘑菇街	大有可为的我
4	奶粉类	旗帜鲜活奶粉	我的小尾巴 第二季
		美素佳儿	我是女演员
		合生元	上班啦！妈妈
		佳贝艾特	戏剧新生活
		蓝河绵羊奶	恰好是少年
		菁挚幼儿配方奶粉	五十公里桃花坞
5	生活用品类	海天（火锅@ME、酱油）	吐槽大会 第五季、圆桌派 第五季
		云南白药牙膏	风味实验室·新春特辑 第二季
6	酒类	剑南春	登场了！洛阳、恋恋剧中人
		五粮液	酌见
		贵州习酒	君品谈 第二季
7	汽车类	沃尔沃	十三邀 第六季
		一汽红旗	仅三天可见 特别实验季
		广汽本田	30vs60

数据来源：监管中心统计数据2022.1

国家广播电视总局监管中心

表3.2.4.9（2）　2021年网络综艺中部分赞助商

序号	广告商类型	广告商品牌	赞助节目（部分）
1	电商平台类	京东	披荆斩棘的哥哥、上班啦！妈妈、快乐嗨翻天、密室大逃脱 第三季、青春有你 第三季、少年说唱企划
		唯品会	乘风破浪的姐姐 第二季、做家务的男人 第三季
		蘑菇街	黑怕女孩

序号	广告商类型	广告商品牌	赞助节目（部分）
2	手机类	vivo	乘风破浪的姐姐 第二季、青春有你 第三季、2021爱奇艺为爱尖叫晚会、一年一度喜剧大赛、奇异剧本鲨
		华为	家族年年年夜FAN、姐妹俱乐部
		三星	上班啦！妈妈、妻子的浪漫旅行 第五季、披荆斩棘的哥哥
3	生活服务类	铂爵旅拍	恋恋剧中人、再见爱人、女儿们的恋爱 第四季、机智的恋爱
		QQ音乐	黑怕女孩、创造营2021、说唱听我的 第二季、爆裂舞台
		中国移动	家族年年年夜FAN、Phone狂制噪吧、2021爱奇艺为爱尖叫晚会、屋檐之夏
		方太	拜托了冰箱 轰趴季、忘不了农场
		小红书	萌探探探案、脱口秀大会 第四季
4	汽车类	大众	戏剧新生活、心动的信号 第四季、上车吧！冠军、登场了！洛阳
		凯迪拉克	大湾仔的夜
		绿源电动车	脱口秀大会 第四季、同一屋檐下
		奥迪	上车吧！冠军
		雪佛兰	最后的赢家
5	饮品类	百事可乐	一年一度喜剧大赛、导演请指教、五十公里桃花坞
		脉动	恰好是少年
6	奶粉类	皇家美素佳儿	婆婆和妈妈 第二季、最后的赢家
		贝因美	做家务的男人 第三季
		菁挚幼儿配方奶粉	一年一度喜剧大赛、
7	运动品牌类	puma	令人心动的Offer 第三季、创造营2021
		Keep	吐槽大会 第五季、大有可为的我
8	白酒类	江小白	拜托了冰箱 轰趴季
		剑南春	戏剧新生活、2021爱奇艺为爱尖叫晚会、开拍吧
9	护肤品类	纽西之谜	乘风破浪的姐姐 第二季、心动的信号 第四季
		资生堂	导演请指教
		欧莱雅	明日创作计划、岳努力越幸运
10	食品药品类	海天	哈哈哈哈哈 第二季
		太太乐	做家务的男人 第三季、大湾仔的夜、忘不了农场、机智的恋爱
		优乐美	机智的恋爱
		可比克	爆裂舞台、心动旅行
		云南白药	脱口秀大会 第四季

数据来源：监管中心统计数据2022.1

3.3　网播电视综艺

3.3.1　概貌

2021年，网播电视综艺数量共计154档，与2020年大体持平。

（单位：档）

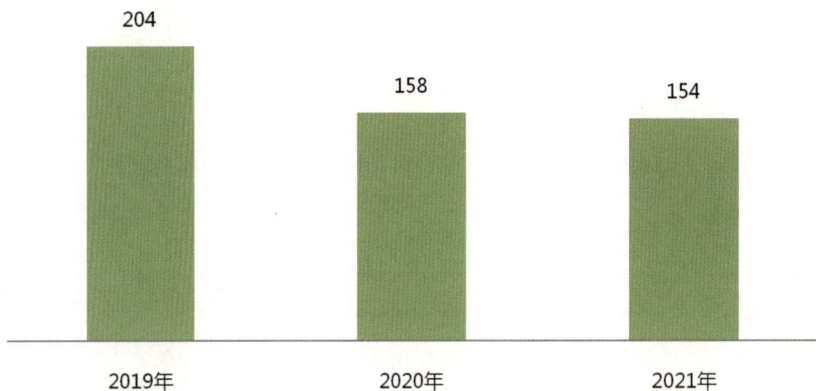

数据来源：监管中心统计数据2022.1　　　　　　　国家广播电视总局监管中心

图3.3.1（1）　2019年至2021年网播电视综艺上线数量统计

表3.3.1　2021年关注度较高、影响力较大的网播电视综艺列表

序号	节目名称	节目类型	播出频道	播出时间	网络播出平台
1	经典咏流传 第四季	文化类	CCTV-1	2021.01.04	腾讯视频、爱奇艺
2	中国地名大会 第二季	竞技选拔类	CCTV-4	2021.01.23	bilibili
3	金牌喜剧班	竞技选拔类	CCTV-3	2021.02.06	央视网
4	2021河南省春节晚会	综艺晚会类	河南卫视	2021.02.10	快手
5	典籍里的中国	文化类	CCTV-1	2021.02.12	爱奇艺、央视网、咪咕视频
6	中国诗词大会 第六季	竞技选拔类	CCTV-1	2021.02.13	央视网
7	向往的生活 第五季	生活体验真人秀类	湖南卫视	2021.04.23	芒果TV

序号	节目名称	节目类型	播出频道	播出时间	网络播出平台
8	隐秘的细节	文化类	河南卫视	2021.05.18	优酷
9	最美中轴线	文化类	北京卫视	2021.07.03	爱奇艺、bilibili、咪咕、腾讯视频
10	京城十二时辰	生活体验真人秀类	北京卫视	2021.07.09	腾讯视频
11	你好生活 第三季	生活体验真人秀类	CCTV-3	2021.08.05	爱奇艺、央视网、bilibili
12	嗨放派	生活体验真人秀类	浙江卫视	2021.08.14	腾讯视频、爱奇艺
13	国学小名士 第四季	文化类	山东卫视	2021.09.09	爱奇艺、PPTV、腾讯视频
14	河南卫视中秋晚会	综艺晚会类	河南卫视	2021.09.19	优酷
15	最美中国戏	文化类	北京卫视	2021.10.23	爱奇艺、咪咕视频、腾讯视频、优酷、bilibili
16	国家宝藏·展演季	文化类	CCTV-3	2021.10.23	爱奇艺、bilibili、央视网、优酷、腾讯视频
17	舞千年	文化类	河南卫视	2021.11.06	bilibili
18	冬梦之约 第二季	生活体验真人秀类	北京卫视	2021.12.03	优酷
19	万里走单骑 第二季	文化类	浙江卫视	2021.12.19	腾讯视频
20	青春守艺人	互动娱乐类	天津卫视	2021.12.24	优酷

数据来源：监管中心统计数据2022.1　　　　　　　国家广播电视总局监管中心

网播电视综艺的节目时长，受到电视频道排播特点的影响，普遍在120分钟以内。2021年网播电视综艺时长在120分钟以内的节目有127档，占总数量的82%。超过120分钟的均为综艺晚会类节目。

时长在120分钟以内的节目中，60分钟以内的节目有55档，以生活体验真人秀类和文化科技类为主，共33档，占总数60%；60分钟—120分钟的节目有72档，以竞技选拔类节目为主，共22档，占总数31%，其他类型分布较为平均。

（单位：档）

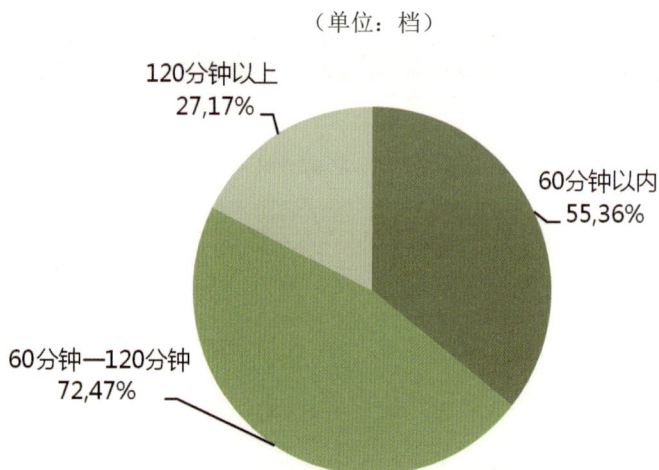

120分钟以上
27,17%

60分钟以内
55,36%

60分钟—120分钟
72,47%

数据来源：监管中心统计数据2022.1　　　　　　　　　　　　　国家广播电视总局监管中心

图3.3.1（2）　2021年网播电视综艺时长统计

3.3.2　节目内容

2021年网播电视综艺涉及11个类型，各类型就数量分布情况而言大致分为3个梯队：第一梯队为综艺晚会类节目，数量达到37档，较具代表性的节目有河南卫视《2021河南省春节晚会》、央视综艺频道《2021年中央广播电视总台七夕晚会》等；第二梯队为文化科技类、生活体验真人秀类、竞技选拔类节目，分别有26档、26档、25档，包括央视综合频道《典籍里的中国》、湖南卫视《向往的生活 第五季》、东方卫视《欢乐喜剧人 第七季》等；第三梯队为谈话讨论类、互动娱乐类等其他类型节目，均不超过10档，包括北京卫视《一起向未来》、湖南卫视《欢唱大篷车》等。

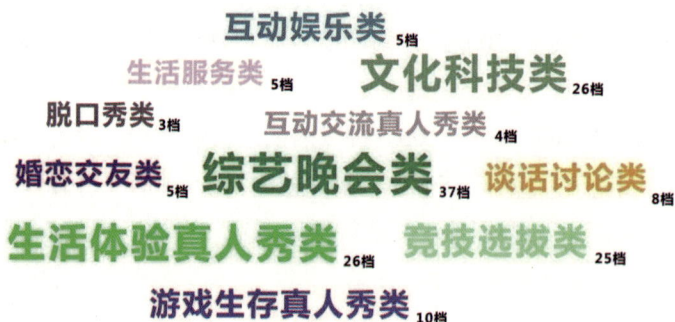

互动娱乐类 5档
生活服务类 5档　文化科技类 26档
脱口秀类 3档　互动交流真人秀类 4档
婚恋交友类 5档　综艺晚会类 37档　谈话讨论类 8档
生活体验真人秀类 26档　竞技选拔类 25档
游戏生存真人秀类 10档

图3.3.2　2021年各类型网播电视综艺及上线数

2021年，多档优秀电视综艺立足优质内容，借力互联网、用足互联网，形成"破圈"之效、"刷屏"传播，取得了良好社会反响。文化类节目深挖广拓，积极探索传统文化的创新表达。比如，"中国节日"系列节目深入挖掘春节、元宵、清明、端午等中国节日文化内涵，《唐宫夜宴》《端午奇妙游》等作品收获观众共情，赢得各方好评。《典籍里的中国》以舞台剧的形式进行古今对话，深入挖掘、形象呈现传统典籍思想内涵；《舞千年》将舞蹈艺术与剧集形式相融合，带给观众沉浸式观赏体验等。热门真人秀节目融入时代主题，强化价值引领。如《奔跑吧·黄河篇 第二季》继续行走在黄河沿线重要城市，展现黄河流域生态保护和高质量发展的新成就，《极限挑战宝藏行 第二季》探访内蒙古、福建、新疆、长三角等地的秀美山川和民俗文化，展现"绿水青山就是金山银山"发展理念落地开花的成果。

还有一些节目聚焦冬奥主题和区域特色，也在互联网上获得了广泛关注，如《冬梦之约 第二季》《最美中轴线》等。

河南广播电视台"中国节日"系列节目的探索，为广播电视节目用好用足互联网渠道放大器作用积累了经验。在节目创作阶段，河南台便通过全网征集主角名字、寻找素人演员为节目进行预热。2021河南春晚一改常规，率先在网络平台上线。其中创意节目《唐宫夜宴》守正创新、守正出奇，一夜"破圈"。河南台紧紧把握稍纵即逝的舆情热度，在短时间策划制作了唐小妹"元宵奇妙游"主题元宵晚会，再次火爆全网。清明、端午期间，河南台继续通过精彩片段预热、网民互动预热等方式，助力水下舞蹈《洛神水赋》等高质量节目赢得全网喝彩。相关短视频和话题的传播影响，经过全网、全平台、全终端、长时间跨度的共振放大，不仅让"中国节日"系列节目成为了河南台的一张亮丽名片，更激发了网民对传统文化之美的由衷向往，于润物无声中引导网民进一步坚定了文化自信。

2021年网播电视综艺中，"综N代"节目有49档之多，而这其中播出5季及以上的节目有19档，占比达39%。此类"长青"节目通过内容、模式创新，赢得了网民持续关注。如脑力竞技真人秀节目《最强大脑 第八季》、喜剧展演竞技节目《欢乐喜剧人第七季》、艺人游戏互动娱乐节目《王牌对王牌 第六季》、住房装修改造真人秀节目《暖暖的新家 第十二季》等。

表3.3.2　2021年部分播出5季及以上的网播电视综艺列表

序号	节目名称	播出时间	播出频道	网络播出平台
1	最强大脑 第八季	2021.01.08	江苏卫视	爱奇艺、优酷、腾讯视频
2	欢乐喜剧人 第七季	2021.01.10	东方卫视	腾讯视频
3	新相亲大会 第五季	2021.01.24	江苏卫视	优酷
4	王牌对王牌 第六季	2021.01.29	浙江卫视	爱奇艺、腾讯视频
5	百变大咖秀 第六季	2021.01.29	湖南卫视	芒果TV
6	跨界喜剧王 第五季	2021.01.30	北京卫视	爱奇艺

序号	节目名称	播出时间	播出频道	网络播出平台
7	中国诗词大会 第六季	2021.02.13	CCTV-1	央视网
8	见字如面 第五季	2021.02.20	黑龙江卫视	腾讯视频
9	极限挑战 第七季	2021.04.04	东方卫视	爱奇艺、腾讯视频、优酷
10	向往的生活 第五季	2021.04.23	湖南卫视	芒果TV
11	奔跑吧 第五季	2021.04.23	浙江卫视	爱奇艺、腾讯视频、优酷、芒果TV
12	新相亲大会 第六季	2021.05.09	江苏卫视	优酷
13	暖暖的新家 第十二季	2021.08.09	北京卫视	咪咕视频、爱奇艺
14	梦想改造家 第八季	2021.09.15	东方卫视	咪咕视频、爱奇艺
15	蜜食记 第七季	2021.10.31	安徽卫视	咪咕视频、优酷、爱奇艺、腾讯视频

数据来源：监管中心统计数据2022.1

国家广播电视总局监管中心

3.3.3　制作传播

3.3.3.1　播出平台

2021年主要网络视听平台全年上线网播电视综艺154档，其中爱奇艺上线79档、优酷上线63档，腾讯视频上线53档、芒果TV上线28档，4家网站上线网播电视综艺数量占全年网播电视综艺数量的93%。

（单位：档）

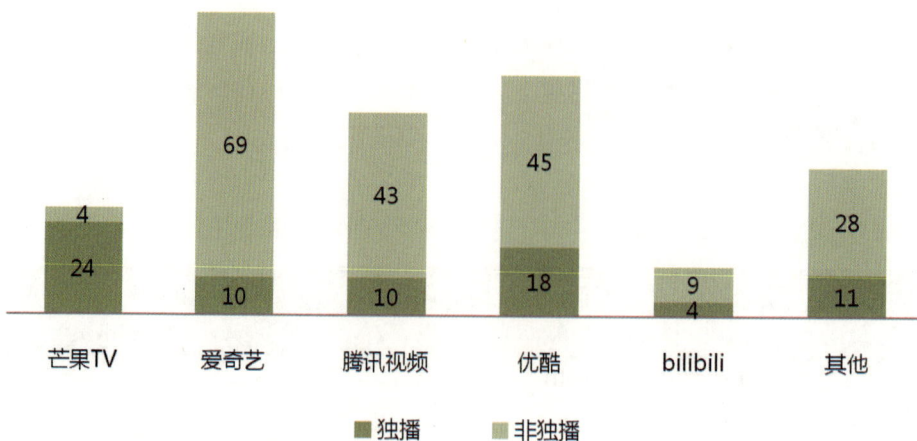

| | 芒果TV | 爱奇艺 | 腾讯视频 | 优酷 | bilibili | 其他 |
独播/非独播数据：芒果TV 24/4，爱奇艺 10/69，腾讯视频 10/43，优酷 18/45，bilibili 4/9，其他 11/28

■独播　■非独播

数据来源：监管中心统计数据2022.1

国家广播电视总局监管中心

图3.3.3.1（1）　2021年主要网络视听平台上线网播电视综艺统计

154档网播电视综艺中，独播综艺78档，占总量的50%。独播综艺中，芒果TV上线24档，优酷上线18档，腾讯视频、爱奇艺各上线10档，其余数量较多的是央视网和bilibili。

（单位：档）

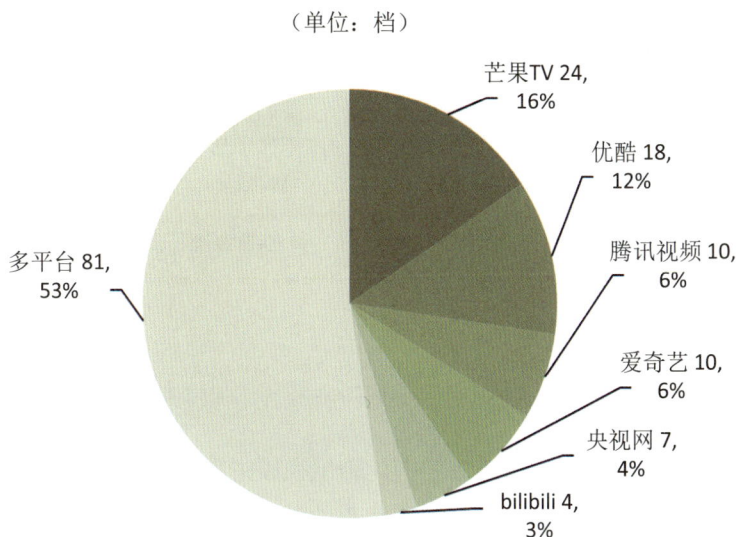

芒果TV 24，16%
优酷 18，12%
腾讯视频 10，6%
爱奇艺 10，6%
央视网 7，4%
bilibili 4，3%
多平台 81，53%

数据来源：监管中心统计数据2022.1　　　　　　　　　　国家广播电视总局监管中心

图3.3.3.1（2）　2021年主要网络视听平台上线网播电视综艺统计（比例）

网播电视综艺是各网络视听平台补全自身综艺版图的有效手段，其在网络视听平台的上线播出情况主要呈现出三个特点：一是影响力大、知名度高的热门电视综艺亦受网络视听平台青睐，往往是多个网络视听平台采买播出，如东方卫视制作的《极限挑战 第七季》、浙江卫视制作的《奔跑吧 第五季》等；二是部分网络视听平台在卫视的选择上表现出一定的倾向性，最具代表性的是芒果TV与湖南卫视，二者一体联动，湖南卫视的电视综艺基本只在芒果TV播出，如《百变大咖秀 第六季》《时光音乐会》等；三是网络视听平台参与制作的电视综艺，均在相应网络视听平台独播上线，如河南卫视与bilibili联合制作的《舞千年》、东方卫视与优酷联合制作的《追光吧！》等。

3.3.3.2　焦点图推荐

2021年，各主要视听机构在首页首屏焦点图推荐电视综艺共84档，占全年网播电视综艺的56%。其中，腾讯视频首页焦点图推荐电视综艺40档，芒果TV推荐27档，爱奇艺推荐24档，优酷推荐21档。

（单位：档）

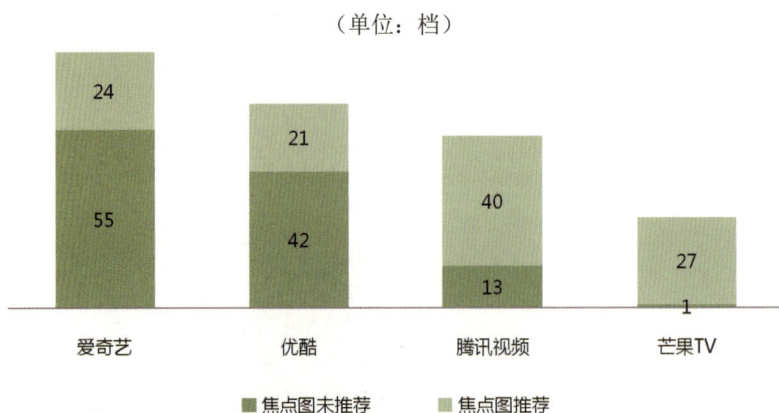

■ 焦点图未推荐   ■ 焦点图推荐

数据来源：监管中心统计数据2022.1

国家广播电视总局监管中心

注：数据以网络视听平台网页版首页焦点图为准。

图3.3.3.2　2021年各网络视听平台电视综艺焦点图推荐数量统计

首页首屏焦点图推荐的电视综艺中，腾讯视频主推的节目多为竞技选拔类和文化科技类综艺，爱奇艺、芒果TV和优酷重点推荐的电视综艺集中在游戏生存真人秀类和生活体验真人秀类。

表3.3.3.2　主要视听网站首页首屏焦点图推荐部分电视综艺列表

播出平台	序号	节目名称	节目类型	节目期数	上线时间
腾讯视频	1	最强大脑 第八季	文化科技类	12	2021.01.04
	2	天赐的声音 第二季	竞技选拔类	12	2021.01.07
	3	王牌对王牌 第六季	游戏生存真人秀类	12	2021.01.14
	4	中国好声音2021	竞技选拔类	25	2021.03.30
	5	我们的歌 第三季	竞技选拔类	25	2021.04.15
爱奇艺	1	欢乐喜剧人 第七季	竞技选拔类	12	2021.01.06
	2	奔跑吧 第五季	游戏生存真人秀类	14	2021.02.27
	3	嗨放派	生活体验真人秀类	21	2021.04.08
	4	奔跑吧黄河篇 第二季	游戏生存真人秀类	11	2021.04.30
	5	国家宝藏·展演季	文化科技类	20	2021.05.05
芒果TV	1	你真的太棒了	游戏生存真人秀类	5	2021.01.09
	2	百变大咖秀 第六季	互动交流真人秀类	11	2021.01.15
	3	妈妈，你真好看	生活体验真人秀类	11	2021.02.22
	4	牛气满满的哥哥	游戏生存真人秀类	12	2021.03.27
	5	欢唱大篷车	互动娱乐类	11	2021.04.23

续表

播出平台	序号	节目名称	节目类型	节目期数	上线时间
优酷	1	欢乐喜剧人 第七季	竞技选拔类	12	2021.01.06
	2	极限挑战 第七季	游戏生存真人秀类	24	2021.02.19
	3	奔跑吧 第五季	游戏生存真人秀类	14	2021.02.27
	4	打卡吧！吃货团	生活体验真人秀类	12	2021.04.04
	5	奔跑吧黄河篇 第二季	游戏生存真人秀类	11	2021.04.30

数据来源：监管中心统计数据2022.1 　　　　　　　　　　　　国家广播电视总局监管中心

3.3.3.3 更新节奏

2021年，各主要网络视听平台在年初1—2月上线电视综艺数量明显高于其他月份，1月由于大量电视综艺集中开播，各主要网络视听平台也纷纷跟播，2月则由于春节的原因，各网络视听平台上线的电视综艺则以晚会类节目居多。经过3月的短暂低谷期后，各网络视听平台上线电视综艺的节奏开始趋于平稳。

（单位：档）

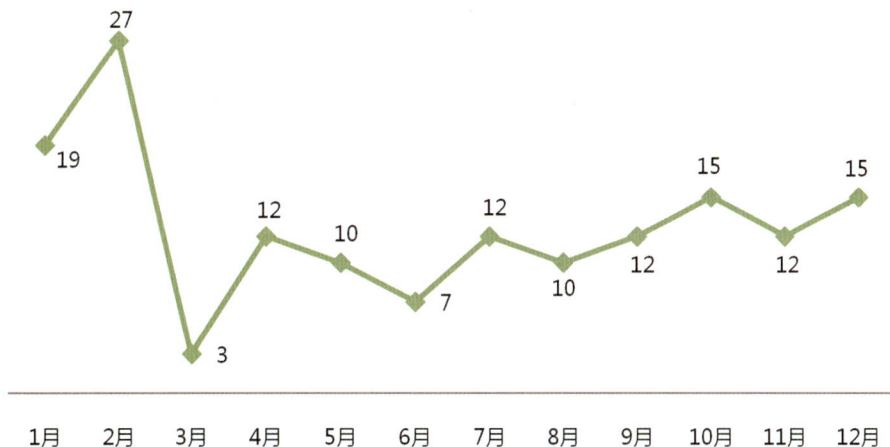

数据来源：监管中心统计数据2022.1 　　　　　　　　　　　　国家广播电视总局监管中心

图3.3.3.3　2021年主要网络视听平台上线电视综艺数量趋势图

2021年上线的网播电视综艺，周一至周日每天上线数量均为22档，呈现"一字线"平均趋势，一周内的网播电视综艺上线频次稳定。网播电视综艺上线周期同电视频道更新周期整体呈伴随状态，网站和电视频道播出时间前后差距不大，基本不会超过24小时。

3.3.3.4　会员权益

2021年网播电视综艺中，涉及会员权益的节目有23档，131档节目不涉及会员权益。免费观看是网播电视综艺的主流。

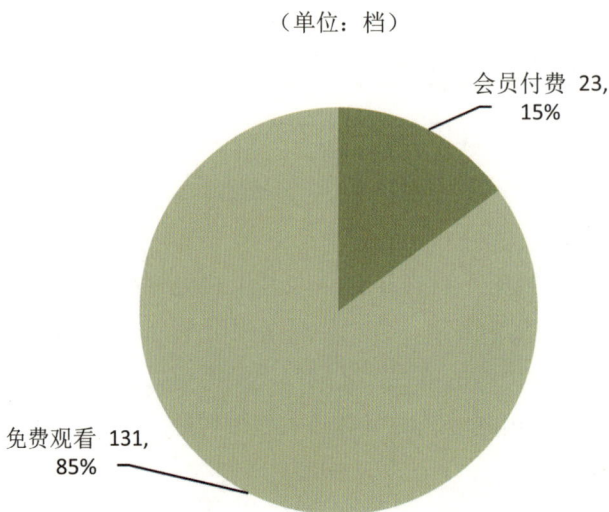

（单位：档）

会员付费　23，
15%

免费观看　131，
85%

数据来源：监管中心统计数据2022.1　　　　　　　　　　　　　国家广播电视总局监管中心

图3.3.3.4　2021年网播电视综艺会员权益占比统计

3.3.3.5　网台合作进一步深化

2021年卫视频道与网络视听平台在综艺方面显出了较强的合作热情，且网台合作从原来的版权采买，向联合出品、联合制作扩展。广电机构与网络视听机构观念、手法的深度碰撞，给综艺的创作传播带来了新思路、新玩法。其中，网台合作的文化类综艺节目，既突出了广播电视机构主流媒体的价值引领力，又突出了网络视听机构贴近年轻网民的亲和力。例如，河南卫视和bilibili联合出品的《舞千年》既突出传统媒体擅长表现的中华审美风范和震撼视听体验，又有互联网属性的趣味性、沉浸式体验，赢得不少年轻受众的青睐；北京卫视和优酷联合出品的《冬梦之约 第二季》通过专业运动员、艺人和素人组合的多元视角，打破圈层，聚焦冬奥冰雪运动项目，全景式展现冬奥魅力和人文风貌，均取得了良好反响。

3.4 多版本和衍生综艺

3.4.1 概貌

本报告所指的多版本和衍生综艺，是指所用素材在特定主体节目拍摄过程产生，或与主体节目情节设置有相通性的综艺。多版本和衍生综艺的主体节目来源既包含"狭义"的网络综艺节目，也包括电视综艺节目（所产生的多版本和衍生综艺须在网络首播）。衍生综艺多围绕主体节目进行二次创作；而多版本综艺则是在原版综艺的素材基础上进行重新编排，如增加一些花絮、互动内容等。

2021年，全网上线多版本和衍生综艺共214档，总体数量较2020年的171档增加25%。在网络综艺市场进入调整的背景下，各网络视听平台愈发看重多版本综艺所带来的直接效益与长尾价值，稳固受众群体、增加用户黏性、提升会员付费价值、拉长内容付费周期等。多版本和衍生综艺数量迎来小爆发，特别是多版本综艺，相较2020年增加127%，会员（Plus）版、精编版成为头部综艺标配。与此同时，电视综艺的衍生综艺数量下降明显，各主要网络视听平台围绕电视综艺的二次创作力度有所减小。

表3.4.1 2019—2021年多版本和衍生综艺数量统计

类别 年份	全年上线数量 （档）	网络综艺的衍 生综艺（档）	网络综艺的多版 本综艺（档）	电视综艺的衍 生综艺（档）	电视综艺的 多版本综艺（档）
2019年	186	76	55	17	38
2020年	171	81	30	21	39
2021年	214	92	68	10	44

数据来源：监管中心统计数据2022.1　　　　　　　　　　　　　国家广播电视总局监管中心

分平台看，主要网络视听平台上线的多版本和衍生节目数量均有所提升，其中芒果TV上线数量最多，达87档。

（单位：档）

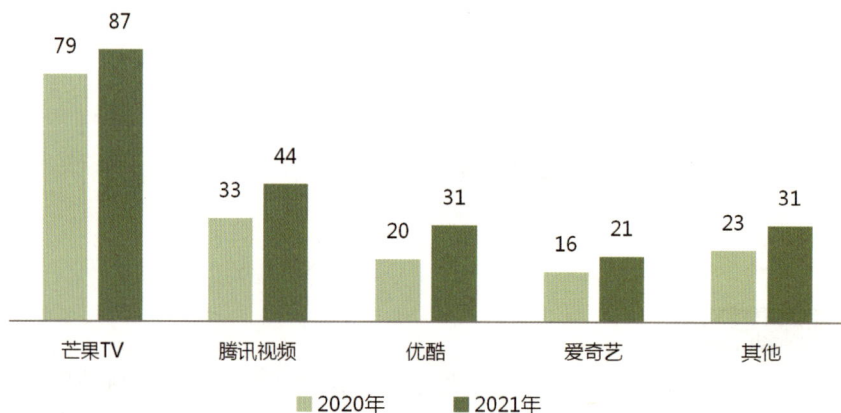

数据来源：监管中心统计数据2022.1　　　　　国家广播电视总局监管中心

图3.4.1　2020年和2021年各平台播出多版本和衍生综艺数量统计

3.4.2　节目内容

2021年上线的214档多版本和衍生综艺中，真人秀类综艺占据主要部分，谈话讨论类、竞技选拔类综艺次之，其他如互动娱乐类、单项艺术类综艺数量也较多。总体来看，2021年多版本和衍生综艺节目类型分布与正片节目基本保持一致。

（单位：档）

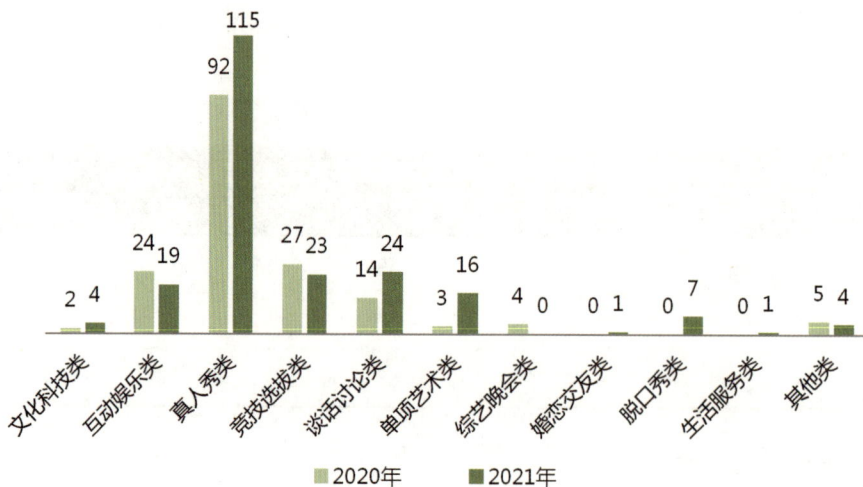

数据来源：监管中心统计数据2022.1　　　　　国家广播电视总局监管中心

图3.4.2.2　2020年和2021年多版本和衍生综艺类型统计

3.4.2.1　多版本综艺

多版本综艺主要包括精编类和定制类两种：精编类多版本综艺是指伴随头部综艺节目的播出，或对已完结的系列节目进行正片的精编处理，冠以会员（Plus）版、升级版、精编版等标签为主的节目；定制类多版本综艺是指利用既有素材进行重新编排、碎片化剪接，多为对受邀嘉宾的单线故事剪辑，或对主体节目的内容进行整合，满足会员用户的多元观看诉求，打通正片内容。

表3.4.2.1　2021年部分综艺的多版本网络综艺列表

序号	主体综艺名	主体综艺类型	多版本综艺名	播出平台	上线时间
1	乘风破浪的姐姐	竞技选拔类	乘风破浪的姐姐 第二季 舞台纯享版	芒果TV	2021.01.16
			乘风破浪的姐姐 第二季 会员（Plus）版		
2	怦然心动20岁	生活体验真人秀类	怦然心动20岁 加料纯享版	优酷	2021.05.05
			怦然心动20岁 会员版		
3	令人心动的Offer	生活体验真人秀类	令人心动的Offer 精编版	腾讯视频	2021.06.08
4	超新星运动会	互动娱乐类	超新星运动会 精编版	腾讯视频	2021.06.17
5	演员请就位	竞技选拔类	演员请就位 精编版	腾讯视频	2021.07.26
6	再见爱人	生活体验真人秀类	再见爱人 会员（Plus）版	芒果TV	2021.07.28
			再见爱人 沉浸版		
7	女儿们的恋爱 第四季	生活体验真人秀类	女儿们的恋爱 第四季 会员（Plus）版	芒果TV	2021.08.07
			女儿们的恋爱 第四季 嗑糖版		
8	追光吧！	竞技选拔类	追光吧！加料板	优酷	2021.11.20
			追光吧！纯享版		
9	开拍吧	竞技选拔类	开拍吧 加更版	爱奇艺	2021.12.10
10	闪光的乐队	竞技选拔类	闪光的乐队 纯享版	爱奇艺	2021.12.25
			闪光的乐队 加更/会员版	爱奇艺/优酷/腾讯视频	

3.4.2.2　衍生综艺

衍生综艺一方面在内容设置上倾向于围绕嘉宾或选手为中心的分享性、成长性、实用性的生活观察、情感观察为主，常见于生活体验真人秀类、竞技选拔类综艺，让观众感受到嘉宾或选手的人生体验与生活态度，拥有相对固定的主题；另一方面也包含对主体节目进行独立创作而开发的新节目，拥有完整的环节流程，呈现的内容与正片具有差异化特点，具备较强的独立性。

表3.4.2.2　2021年部分综艺的衍生网络综艺列表

序号	主体综艺名	主体综艺类型	衍生综艺名	衍生路径	播出平台	上线时间
1	创造营2021	竞技选拔类	大岛日记2021 创造营2021 练习室 营人进入异次元 会变成笨蛋吗	围绕选手为中心的分享性、成长性、实用性的生活观察、情感观察	腾讯视频	2021.02.17
2	春日酱	生活体验真人秀类	春日就酱过	围绕嘉宾为中心的分享性、成长性生活观察、情感观察为主	爱奇艺	2021.04.01
3	密室大逃脱第三季	游戏生存真人秀类	密室大逃脱 第三季大神版	对主体节目进行独立创作开发	芒果TV	2021.05.13
4	做家务的男人 第三季	生活体验真人秀类	不做家务做什么第三季 男人的家务日记第三季	围绕嘉宾为中心的分享性、成长性生活观察、情感观察为主	爱奇艺	2021.06.11
5	黑怕女孩	竞技选拔类	黑怕女孩啥都不怕 黑怕女孩 初舞台全纪录	围绕选手为中心的分享性、成长性赛事观察、生活观察、情感观察为主	腾讯视频	2021.07.15
6	再见爱人	生活体验真人秀类	再见爱人 爱情修炼手册 猜不透的爱人	围绕嘉宾为中心的分享性、成长性生活观察、情感观察为主	芒果TV	2021.07.28
7	披荆斩棘的哥哥	竞技选拔类	哥哥的少年时代 超前营业的哥哥 甜蜜的任务之哥哥的下午茶	对主体节目进行独立创作	芒果TV	2021.08.12
8	这！就是街舞 第四季	竞技选拔类	街舞要ONE MORE第二季 街舞营业中 第四季 街舞4 海选全纪录	围绕选手为中心的分享性、成长性赛事观察、生活观察、情感观察为主	优酷	2021.08.14
9	"拳"力以赴的我们	竞技选拔类	酷酷的铁拳 拳手集结全纪录 拳力营业中	围绕选手为中心的分享性、成长性赛事观察、生活观察、情感观察为主	优酷	2021.09.10

3.4.3 制作传播

3.4.3.1 播出平台

分平台看，芒果TV、腾讯视频、优酷、爱奇艺分别上线多版本和衍生综艺87档、44档、31档和21档。

各平台策略差异明显。芒果TV对电视综艺、网络综艺的多版本衍生节目都很重视，以此填补主体综艺空档，进行周期或半周期式排播，稳定节目周间流量。相对而言，腾讯视频、优酷、爱奇艺3家网站的多版本和衍生节目主要围绕自家网综进行。

（单位：档）

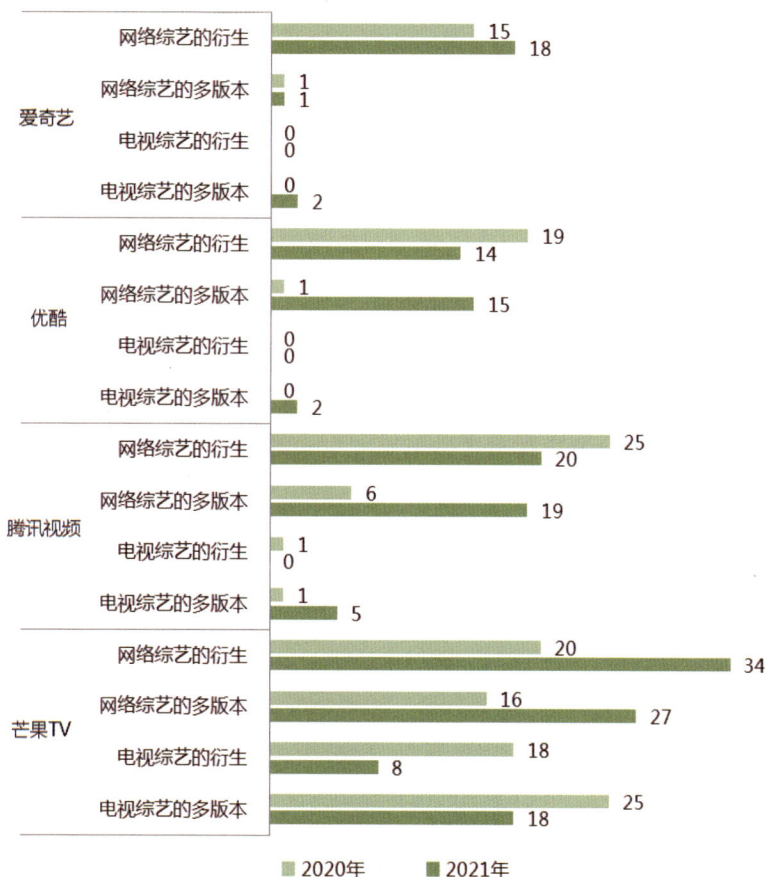

图3.4.3.1 2020年、2021年主要视听网站多版本节目、衍生节目统计

3.4.3.2 会员权益

2021年，各网络视听平台上线播出多版本和衍生综艺共214档，其中，173档综艺节目仅会员观看，占比81%；41档综艺节目非会员可观看，占比19%。在播出效果

上，多版本和衍生综艺在稳定平台流量、提升会员用户付费价值、拉长内容付费周期等方面作用明显，并直接为各网络视听平台带来直观的会员增长。

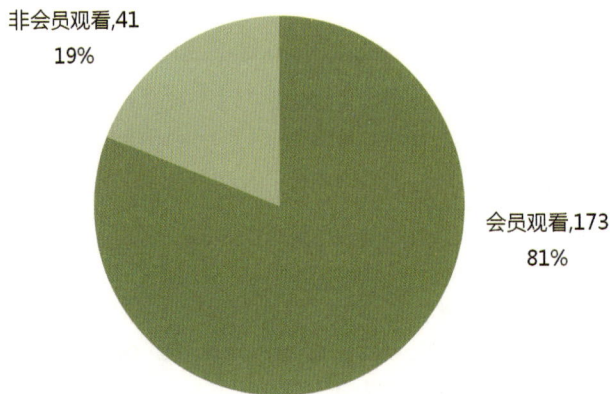

非会员观看,41 19%

会员观看,173 81%

数据来源：监管中心统计数据2022.1　　　　国家广播电视总局监管中心

图3.4.3.2　2021年多版本和衍生综艺会员权益情况

3.4.3.3　排播情况

2021年多版本和衍生综艺排播上，围绕前期预热和伴随式排播展开，一方面为主体综艺播出充分预热，作为前期宣传为作品制造话题和热度，吸引目标受众，提升传播影响力；另一方面，各网络视听平台愈发看重多版本和衍生综艺的周期拉通效果，伴随式排播已然成为头部综艺的标配阵容，打通播出周期、播出内容，稳固主体综艺热度，增强用户会员体验。此外，多版本和衍生综艺也参与到"暑期档"排播的竞争热潮，视听平台凭借各自平台网络综艺的自主版权和与电视综艺的合作版权，针对已完结的系列节目进行精编处理，并在暑期集中上线，有效召回目标用户，一定程度上提高平台受众数量，提升平台"暑期档"的竞争力。

表3.4.3.3　2021年部分伴随式排播多版本和衍生综艺列表

序号	主体综艺名称/上线时间	多版本和衍生综艺名称/上线时间	播出平台
1	向往的生活 第五季/周五	向往的生活 第五季 会员Plus版/周六	芒果TV
		向往的生活 第五季 慢直播/周日	
		向往的生活 第五季 VIP加长版/周一	
		掏空向往的后期硬盘/周五	
		向往动物园/周五	
		向往的生活 第五季 老友记/周五	

续表

序号	主体综艺名称/上线时间	多版本和衍生综艺名称/上线时间	播出平台
2	黑怕女孩/周四	黑怕女孩 初舞台全记录/周六	腾讯视频
		黑怕女孩啥都不怕/周二	
		黑怕女孩 加更版/周日	
3	再见爱人/周三	再见爱人 会员Plus版/周三	芒果TV
		再见爱人 爱情修炼手册/周四、周五、周六	
		再见爱人 沉浸版/周五	
		猜不透的爱人/周四	
4	披荆斩棘的哥哥/周四、周五	披荆斩棘的哥哥 舞台纯享版/周四	芒果TV
		哥哥的少年时代/周五	
		披荆斩棘的哥哥 会员Plus版/周六	
		哥哥的少年时代 课间版/周二	
		超前营业的哥哥/周四	
		甜蜜的任务之哥哥的下午茶/周日	
		眼见/周二	
5	这！就是街舞 第四季/周六	街舞要ONE MORE 第二季/周六	优酷
		街舞营业中 第四季/周六、周日	
		街舞4 海选全纪录/周六	
		一起火锅吧 第二季/周一	
6	德云斗笑社 第二季/周五、周日	斗笑社相声全纪录 第二季/周一	腾讯视频
		德云哥哥直拍/周一	
		番外相声/周二	
		德云下班后/周三	
		德云限定营业中 第二季/周四	
7	做家务的男人 第三季/周五	不做家务做什么 第三季/周六	爱奇艺
		男人的家务日记 第三季/周二、周三、周四	

数据来源：监管中心统计数据2022.1

国家广播电视总局监管中心

3.5　年度代表性作品点评

《戏剧新生活》

节目类型：生活体验真人秀类

上线时间：2021年1月16日

期数：10期（上、下）

时长：70分钟左右

在线播放平台：爱奇艺

　　《戏剧新生活》是由爱奇艺出品的生活体验真人秀节目，于2021年1月16日起在爱奇艺上线播出，共10期。节目由黄磊、赖声川、乔杉牵头，集结刘晓晔、修睿、吴彼等8位戏剧人，在乌镇戏剧公社生活两个月，完成10场演出。节目把阳春白雪的戏剧从剧院搬到荧屏上，让更多观众走近戏剧艺术，纪录片式的拍摄手法将戏剧人生活、创作、排练、演出的方方面面呈现在镜头面前，展现了戏剧人的欢笑、艰辛、无奈、执着，也为真人秀节目的发展打开了新思路。

　　节目在嘉宾、地点、作品的选择上展现了较高专业度。8位戏剧专业人士在乌镇或重新演绎乌镇戏剧节获奖作品，或临时创作编排戏剧，通过风格各异的戏剧人，折射出不同年代戏剧的特点，在碰撞交流中展现出戏剧的魅力。此外，节目的每个戏剧都围绕有价值的议题，映射到不同的社会话题，增加综艺节目的表达锐度，受到了观众的关注与认可。同时，节目还设置了"戏剧小白课堂"，向大众解释戏剧相关的必要知识与专业名词，带领观众更好地理解戏剧文化。

　　节目采用了纪录片式的拍摄手法，将戏剧台前幕后创作的整个过程进行全景式记录，让观众全面、近距离地感受戏剧舞台上下的"琐碎"。无论是剧本打磨阶段嘉宾们各种天马行空的想象和头脑风暴，还是自制道具时变废为宝，万物皆可用的创造过程，抑或是反复排练后逐渐成型的舞台效果，真人秀部分的讲述，都让观众获得了一种与演员共同完成戏剧的深度参与感。

《念念青春》

节目类型： 谈话讨论类
上线时间： 2021年7月8日
期数： 8期
时长： 45分钟左右
在线播放平台： 优酷

　　《念念青春》是由优酷、视纳华仁（CNEX）联合制作出品的谈话讨论类节目，于2021年7月8日起在优酷播出，共8期。节目中张艾嘉作为"青春聆听者"，与新朋老友们一同分享青春时期的记忆。节目通过"青春念诵会"打开"青春"话题，从不同时期、不同维度切入主题，挖掘青春的不同模样，如作家刘同分享读书时写下的日记，承认自己青春时期深受"谄媚型人格"困扰；98岁高龄的画家黄永玉分享自己年轻时奋不顾身的爱情故事，激发观众的青春认同。节目通过当下年轻人所关注的亲情、爱情、友情等话题，实现对现实的呼应。除引用嘉宾们的故事外，还呈现许多可视化记录，如周深求学的旧照片，作家刘同青春时期的日记，摄影师金浩森外婆的照片等，透过老故事和旧物件，拉近与观众的青春距离和青春共情。

　　《念念青春》运用纪实的创作手法，让节目更加具有真实感和生活化风格，并以"青春念诵会"的形式，让嘉宾公开读出个人青春时期写下的"青春文本"，通过特写镜头，捕捉现场嘉宾的真情实感。此外，节目让嘉宾回到青春发生地，扩展了青春文本内容的情感。并采用内容转场的跳跃式剪辑方法，让不同的画面场景在话题内容、情绪和意境方面始终关联。另外，节目采用星素结合的方式，让各年龄层和各行业的观众都能从节目中看到自己的影子，用多元化的表达引发观众情感共鸣。

《披荆斩棘的哥哥》

节目类型： 竞技选拔类
上线时间： 2021年8月12日
期数： 12期（上、下）
时长： 110分钟左右
在线播放平台： 芒果TV

　　《披荆斩棘的哥哥》是由芒果TV出品的竞技选拔类节目，于2021年8月12日起在芒果TV播出，共12期。节目邀请张晋、陈小春、刘迦等30余位演员、歌手、舞者、音乐制作人，通过训练和考核，挑战7场不同主题演唱会，最终组成17人"滚烫唱演家族"，由此打造多档定制团综，多方位呈现"滚烫人生"。

　　《披荆斩棘的哥哥》定位"大龄"艺人成团出道，以"滚烫的人生永远发光"为主题，凸显男艺人拼搏奋取的滚烫人生。在节目作品的呈现上，以舞台剧、乐队风、说唱、艺术家合作等形式进行舞台表演，融入摇滚、武侠、古典、格斗、方言、民族风等元素，舞台设计精美，节目整体表现多样化、富有层次感，令观众耳目一新。如陈小春部落作品《往事只能回味》以舞台剧的形式将表演划分三个时空维度，以音乐为载体串联，糅合普通话、重庆话、粤语等特色rap，配以曼波舞进行点缀，打造复古风舞台，极大丰富了作品内容，受到观众喜爱；张晋、赵文卓多次在作品中添加武侠风、中国风，如武术、剑术、太极等具有中华文化符号的元素；张晋部落作品《MMA》改编为主打格斗风、节奏感强的表演曲目，充分展现男性阳刚之气，舞台效果具有爆发力，将现场氛围引向高潮。

　　在制作上，《披荆斩棘的哥哥》舞美制作精致，赋予舞台美感、艺术感，多数作品打造多维度剧场实景舞台，呈现出形态丰富的舞台效果，如李承铉部落作品《yellow》，融合迷雾、雨滴、彩虹等元素，舞台色整体呈现冷色调，进一步烘托舞台表现力；言承旭部落作品《凄美地》搭建"绿野仙踪"式的丛林布景，为舞台表演赋予凄美的意境；林志炫部落作品《爱》，以艺术家合作方式，舞台简约，钢琴搭配白色绸缎飘舞以及唯美歌声，向观众展现音乐与舞蹈魅力，艺术感、空灵感十足。

《登场了！洛阳》

节目类型： 文化科技类

上线时间： 2021年9月15日

期数： 10期

时长： 70分钟左右

在线播放平台： 爱奇艺

　　《登场了！洛阳》是由爱奇艺出品、知了青年制作、洛阳文保集团指导的文化科技类网络综艺，于2021年9月15日起在爱奇艺上线播出。《登场了！敦煌》由汪涵及一众"95后"嘉宾组成"探索团"，通过实地走访、场景还原以及致敬环节，向观众展示洛阳自夏商到曹魏再到盛唐的丰厚历史文化，再现洛阳的历史荣光，满足观众沉浸式感受洛阳古城千年风韵的精神需求。

延续精良制作，创新表达方式，提升观众观看体验。《登场了！洛阳》在保持前作《登场了！敦煌》良好制作水准的基础上，在表达方式上下功夫、费心思，为观众带来更好的观赏体验。

优化叙事节奏，深化探索层次。在每期节目开始时，探索团会收到同一主题下的两个谜题，而后便兵分两路进行探索。期间通过后期剪辑交替呈现探索团的探索进度，最终两路人马汇合，分享各自的探索心得，实现对一个主题多角度多方面的探索和解读。例如，第二期节目的主题为"神都夜宴"，探索团成员需要选择"做人"还是"做菜"，然后分头去探索当年唐朝洛阳的礼仪文化与饮食文化，最终在节目末尾根据探索成果合力为观众呈现了一场精彩绝伦的神都夜宴复原大秀。

注重细节表现，提升观看体验。由于每期节目都分两条线进行探索，对节目中专家的讲解及探索团的发现，节目组会贴心地及时归纳并通过短暂的静止画面、小贴士等形式展示，以便于观众及时理解掌握当前的节目进度。同时，节目中出现的服、妆考究的端酒侍女、红白二色的别致花字等细节都展现着节目组对细节的精确把控。

延伸镜头，聚焦幕后，展现考古工作者的苦与乐。《登场了！洛阳》延伸镜头、聚焦幕后，将国宝文物与发掘考古工作者相串联，邀请考古专家讲述文物发掘时的点点滴滴，为观众展示文物背后不为人知的故事。例如首期节目中，节目组邀请参与二里头考古工作几十年的当地村民郭振亚，以参与者的视角为观众解读几十年来考古人对考古事业的热爱与奉献，并提到二里头考古队首任队长赵芝荃的遗嘱是把自己的骨灰撒在洛河，也体现出几代考古人筚路蓝缕、接续奋斗，为发掘中华文明起源作出的巨大贡献。节目的最后，探索团成员也通过情景演绎还原了当年村民郭振亚在自己菜地里发掘到青铜爵上交给考古队的情景，向考古工作者致敬。再如，第四期节目中，探索团成员来到了魏明帝曹叡为自己早逝的女儿曹淑修建的墓中。洛阳市文物考古研究院副研究员王咸秋在讲解曹淑的诔文时，提到自己在发掘这座古墓时女儿也只有三岁，特别能理解曹叡对于早逝女儿的爱，嘉宾也共情哽咽。

同时，节目组还借由专家之口，呼吁大家对考古工作应当树立正确观念。如第三期节目中，洛阳市文物考古研究院副研究员王咸秋带领探索团探访了曹休墓，在墓室现状与文献记载的巨大落差之下，王咸秋呼吁大家应当对当今火热的"盗墓"题材IP树立正确的看法，认识到盗墓行为是为了一己私利的违法行为，割裂文物与墓葬的关系，对考古发掘工作会带来巨大的破坏。

以新奇形式呈现传统文化，找寻传统文化在现代社会的生存土壤。《登场了！洛阳》为观众展示数千年前先民的生活风貌，并将当代文化与其有机结合，为传统文化在现代的传承和发展提供更多可能。例如第三期节目中，节目组将时下流行的"盲盒文化"与国宝文物相结合，嘉宾们用盲盒附带的考古工具将土块逐层打破，寻找其中的文物，实现了娱乐性与科普性的平衡，淡化了传统科普中的说教感。再如，第五期节目中，嘉宾们在专家的指导下体验魏晋时期的服饰及美妆文化，探寻其与当代审美的异同，嘉宾也不禁感叹道："时尚是轮回。"

《屋檐之夏》

节目类型：生活体验真人秀类
上线时间：2021年9月23日
期数：10期
时长：120分钟左右
在线播放平台：bilibili

　　《屋檐之夏》是由bilibili出品，小梦马文化传媒联合制作的生活体验真人秀类节目，于2021年9月23日在bilibili播出，共10期。节目邀请3位60岁以上的老人分别与数位来上海打拼的年轻人共居21天，并设置观察团对这3组"临时家庭"21天的生活点滴进行观察和探讨。

　　节目以"屋檐之夏，欢迎回家"为口号，通过真人秀的形式碎片化描绘两代人在同一屋檐下的生活情境，借助"在大城市打拼的年轻人"和"缺少子女陪伴的独居老人"这两种极具带入感和亲切感的角色设置，让观众深入其中、联系自我。如第五期节目中，嘉宾刘雪华在收到另一位老人的聚会邀请后，因为自己的"社恐"性格既不愿出门社交又不便拒绝邀请，最后内疚到哭泣的片段更是引起观众的广泛共鸣。网友用"我也这样""特别理解"等弹幕刷屏，相关话题也登上了微博热搜。在节目播出时，由节目衍生出的相关话题"刘雪华哭着说有爸妈真好""你能接受和老年人一起住吗"在微博、知乎等社交平台引发网友热烈讨论。在嘉宾构成方面，节目除了选取B站平台内颇具人气的up主外，还邀请到心理学家、知名教授等作为观察嘉宾，用专业视角解读这场青老共居体验，提供更多更具深度的洞见。

　　同时，节目真实地展现大城市独居老人的生活面貌，让人们看到老年人也像年轻人一样或精力充沛或心事重重，引导观众正确看待独居老人、坦然面对衰老，这在目前我国人口老龄化问题日益严重的时代背景下，具有一定的现实意义。

《一年一度喜剧大赛》

节目类型：竞技选拔类

上线时间：2021年10月15日

期数：13期（上、下）

时长：70分钟左右

在线播放平台：爱奇艺

　　《一年一度喜剧大赛》是由爱奇艺、米未传媒联合出品，米未传媒制作的竞技选拔类节目，于2021年10月15日在爱奇艺播出，共12期正片及1期跨年特别节目。节目邀请到25组"新喜剧人"，在初舞台排位赛后将所有晋级选手分配至由徐峥、黄渤、于和伟带领的3个社团中，并以社团为单位通过数轮的作品展演来竞技角逐。

　　《一年一度喜剧大赛》创新节目赛制，强化主题引导，通过数轮的主题赛、场景赛、行业赛，选取如"爱情""社交""宿舍"等能引起年轻人群广泛共鸣的事物作为创作主题，引导喜剧人将作品建立在生活中切实存在的烦恼与困境之上，收获良好的观众反馈。如第四期节目中以"网络"为主题创作的作品《时间都去哪儿了》，描绘了在截稿时间逼近的背景下，想要尽快完稿的主角不断被各种短视频、社交软件诱惑，一次次地妥协道"那我就刷五分钟"的情景，真实演绎了现代社会人们是如何被手机应用软件占用时间，网友纷纷通过"请把监控拆了""人间真实"等弹幕来表示赞同。除此之外，《三毛保卫战》中当代年轻人的脱发焦虑、《互联网体检》反映的视听平台收费乱象、《当男人踏进民政局后》里现代人对婚姻复杂的情感，这些从生活中提取、放大的细节，无一不直击观众内心，数度登上微博热搜榜，引起网民热议，实现用欢乐消解生活中的苦闷，向大众传递正向的情绪。

　　在舞台设计方面，节目着力营造剧场氛围，舞美表现较好，使场景布置高度贴合主题，助力作品表达。如第五期节目中的作品《丛林法则》，讲述了几个原始人互相竞争"内卷"的故事，节目除了用森林图片作为远景背景外，还用各种树桩、灌木、藤蔓等实物营造出了高仿真度的原始森林，充分还原参赛者的创作意图，给予观众沉浸式的观赏体验。

　　在表现形式方面，《一年一度喜剧大赛》为观众呈现sketch（素描喜剧）、漫才、默剧、音乐剧、物件剧、独角戏等多种表演形式，为较为小众的喜剧形式提供了舞台，一定程度上拓展了观众对喜剧的固有认识，节目整体制作精良，观感较好。

《令人心动的 Offer 第三季》

节目类型：生活体验真人秀类
上线时间：2021年11月9日
期数：10期
时长：180分钟左右
在线播放平台：腾讯视频

　　《令人心动的 Offer 第三季》是由腾讯视频制作出品的一档职场观察类真人秀节目，于2021年11月9日起在腾讯视频播出，共10期。节目聚焦医疗行业，多维度、多角度来观察与探讨多名外科相关专业医学生进入医院进行临床学习，并争取医院领导面试机会的成长故事，带领观众一起从不同切面了解医学生群体成长中的艰辛与挑战，增进大众对医疗行业领域的广泛认知，提高大众对医护人员的理解、共情与信任。

　　《令人心动的 Offer 第三季》继续聚焦初入职场的青年学子，将目光从律师群体转移到了医生群体，以医学生为观察对象。观察团阵容既有经验丰富的专业医生、拥有医学相关教育背景的青年艺人，又有多年进行社会新闻深度采访报道的媒体人，以及在专一领域有丰富职场经验的前辈嘉宾。节目从多维度、多角度来观察与探讨医学生们在真实的医院环境中学习成长的故事，进一步探讨职场、医生的工作和生活、医患关系，甚至健康、生命、人性等热点话题，在网络上形成议题，引发讨论，进而带动观众产生共鸣和共情。节目中一些医患互动情节引得不少观众直呼"破防了"，医生高强度的工作也让人感叹"医生都不是一般人"，带教老师的专业性也让观众好评如潮。

　　作为一档职场观察类真人秀，节目并没有因为综艺自带的娱乐性而放松对专业性的把关。与前两季相比，节目根据医生行业的严格考核制度调整了节目的选拔规则，不再固定观察对象，而是按照医院科室的要求选取实习生，并根据实际工作情况"留级"或者补入新人。节目的环节设置更加严苛，首先通过实践考核、笔试选取符合资格的医学生，再由医院安排层层考核，在尽量不打扰医院、医生的正常工作，保护到病人隐私的前提下，尽量全面地展现医学生的成长过程。从医生的值班生活，到急诊室参与急救，从走进社区宣讲健康知识，再到闲暇时间反复练习伤口缝合、病历填写等，节目弱化了职场竞争，更偏向于记录个人成长，展现了一丝不苟、为病人负责的医者仁心与职业态度，让观众了解到医学生成长的艰辛、培养医学生的不易等。

《中国潮音》

节目类型： 竞技选拔类
上线时间： 2021年11月12日
期数： 10期（上、下）
时长： 120分钟左右
在线播放平台： 优酷

　　《中国潮音》是由优酷、酷狗音乐联合制作出品的竞技选拔类节目，于2021年11月12日起在优酷播出，共10期。节目以"国潮"为主题，由大张伟、毛不易、薛之谦、张靓颖、张亚东担任"乐府令"导师团，节目集结国风、流行、民乐等不同领域的41组全球华人顶尖音乐人和表演者，将中国元素和潮流音乐融合，呈现出文化自信的美。如PANDA（攀达）、川子唢呐、红格格的《踏山河》中，巧妙融合了电音、国风、说唱、唢呐、戏腔等音乐元素，将传统元素和潮流音乐在碰撞中充分地表达。此外，节目通过融合音乐的属性，让大量的小众乐器和中国传统乐器成为音乐作品的支点，打破乐手的伴奏角色，呈现出乐手和歌手之间平等的合作关系，受到观众广泛关注。例如，"乐玲珑"组合的《生如夏花》，不仅融合了笛声、定音鼓、水琴等乐器，还通过手碟运用五声调式的形式，营造出音色的强烈氛围感，让人声与器乐互不干扰、相互包裹。

　　制作方面，节目将"国潮"视觉化，通过将灯光、舞台、画面完美地融为一体，凸显舞台空间的观赏性和感染力，让节目整体更有层次感。此外，节目设置了生动有趣的潮音课堂穿插其中，对观众起到科普音乐知识的作用。例如，林喆向观众展示了大军鼓、手碟、颤音琴、中国镲，并配有字幕小贴士，图文并貌的解说，帮助观众更好地理解音乐知识。节目在评审标准方面也不断探索新规则，如通过"年代主题战""大师融合挑战赛"等赛制体现节目的创新模式。

《忘不了农场》

节目类型：生活体验真人秀类

上线时间：2021年12月9日

期数：10期

时长：100分钟左右

在线播放平台：腾讯视频

　　《忘不了农场》是由腾讯视频、恒顿传媒、瀚纳影业联合制作出品的一档聚焦老年群体的公益类生活体验真人秀节目，于2021年12月9日起在腾讯视频播出，共十期。节目讲述黄渤、佟丽娅、辣目洋子和五位老人共同经营一家农场的暖心故事。从《忘不了餐厅》第一季和第二季仅关注认知障碍，到多维度观察整个老年群体，《忘不了农场》视野更加开阔。节目寻访老年人的真实生活状态，展现当下老年人的生活图鉴，与老人们一起营造他们理想中的养老环境，引导全社会持续关注、关爱老年群体，传递了积极、温暖的价值观。

　　《忘不了农场》延续该系列节目的精髓，依旧致力于打造关心老年群体、关注认知障碍的公益性节目。本季节目在节目名称，录制环境，关注重点方面都做出了调整，将餐厅迁移到农场里面，让老年人有更加舒适的环境。同时，节目保留了科普课堂，模拟体验老年生活，观众来信，联欢晚会等经典环节，让观众在"熟悉"的氛围中，享受"升级"体验。节目探讨了"老年人是否应该住养老院""老年人如何避开网络诈骗""老年人如何适应网络环境""老年人如何做到情感生活的现实向表达"等话题，给受众提供一个了解老年群体的机会，以丰富的话题视角、敏锐的社会洞察，透过五位老人所呈现出的生活状态，让不同年龄阅历的群体，都能从中有所收获。此外，节目积极追求在轻松、愉快的环境中展现出老人们乐观、治愈的心态。沈腾、徐峥、陈赫、邓超等人到农场做客时，和老人们一起做着各种小游戏，引导观众更多、更好地和老年人进行沟通。节目在录制环境上颇为用心，考虑到老年群体对自然环境的适应和偏好，将节目场景从餐厅换到了农场，优美的自然场景让画面更加赏心悦目，同时也让叙事空间更加丰富。不论是据说藏有八千斤鱼的垂钓区，还是像童话里的房子一样的生活区，或者是贴近有机生活的蔬菜采摘区，还有专门为老人们设置的单边扶手、床边护栏马桶助力架、折叠沐浴椅等，都让农场更加充满了人性化。同时，节目精心细致地策划布置拍摄视角，全方位、多层次地展现了嘉宾们的内在心理和外在行为，使节目更具真实性。加之，节目后期制作中加入了俏皮的背景音乐，特效花字等，使节目在幽默、真实、娱乐、温馨层面融合恰当且巧妙。

《2021最美的夜》

节目类型：综艺晚会类
上线时间：2021年12月31日
期数：1期
时长：240分钟左右
在线播放平台：bilibili

国家广电总局网络视听精品工程项目、跨年晚会《2021最美的夜》于12月31日晚在bilibili上线播出，时长约四小时。晚会由bilibili出品，唯众传媒制作。在延续以往二次元、燃系表达风格的基础上，本届晚会在内容上突出传统文化的现代演绎、年轻化表达，并以国风元素点缀全篇，为年轻观众献上了一席精彩纷呈的文化盛宴。

传统文化节目及元素先声夺人、可圈可点。晚会以传统文化类节目为亮点，经典民间故事、民族音乐舞蹈等节目悉数惊艳登场。如，创意来自于北宋传世名画《千里江山图》的舞蹈《只此青绿》，以中国古典舞演绎古代中国画中的青绿山水，黄褐色的舞台布景如古老画卷，一排扎高髻、着蓝衣的女舞者如起伏峰峦，画卷闭合之间、舞者翩跹之际呈现古代中国画与中国古典舞的意境之美。再如以《白蛇传》为素材改编的粤剧电影《白蛇传·情》插曲《待你归来》，一侧是断桥和水漫金山的场景里粤剧演员唱出传颂千年的民间故事传奇，另一侧则是现代场景里香港歌手演唱当代人对白蛇传说的感慨，两人在古今场景中穿越相遇，演绎出一场跨越时空的千年等待。华丽的戏服、优美的身段、别有韵味的唱腔，让人回味无穷，为粤剧递出了一张唯美名片。这些传统文化类节目在海内外收获了如潮好评，成功拉近了年轻观众、海外观众与中国传统文化的距离。有B站网友评论道："美艳不可方物""这样的节目才符合国人审美"；有Meta网友评论道："nice and beautiful show."（优秀又好看的节目。）"Wow！Amazing！"（哇！太了不起了！）

国风元素还如繁星般点缀在其他节目中，如在热门流行歌曲《热爱105度的你》中插入民乐经典曲目《春节序曲》片段；用电音吉他对《十面埋伏》《赛马》《渔舟唱晚》等民乐经典曲目进行再创作等，都是传统文化的现代演绎、年轻化表达的生动样本。

两版本直播有创意。双直播间设计是本届晚会的重要特色之一，部分节目以区别又有联系两个版本双线播出，形成叙事上的互文。例如，两直播间的观众分别可以看到说唱节目《今天是美好的一天》和《明天是美好的一天》，粤剧《待你归来·许仙》和《待你归来·白素贞》等，让观众在"穿越时空"的切换中，感受对今天的肯定和对明天的企盼、许仙和白娘子的相互思念等多角度叙事，很有新意。有网友在弹幕中评论道："我是对面来的，这个时空好可！""马不停蹄过来，这个版好温柔。"

4

网络纪录片、网播电视纪录片、
网播纪录电影

4.1 主要数据一览和研究发现

表4.1 2021年网络纪录片、网播电视纪录片等相关主要数据一览表

类型	项目		数量
网络纪录片	全年上线数量		377
	其中	纪录长片	62
		纪录短片	131
		微纪录片	184
		系列纪录片	202
		续集纪录片	43
		衍生纪录片	33
		网络视听平台参与出品或制作的纪录片	143
		网台合作纪录片	18
		中外合作纪录片	23
		独播纪录片	211
		付费（会员权益）纪录片	105
		先网后台播出的纪录片	16
		海外传播纪录片	14
网播电视纪录片	全年上线数量		267
	其中	纪录长片	92
		纪录短片	127
		微纪录片	48
		系列纪录片	181
		续集纪录片	22
		付费（会员权益）纪录片	28
		先台后网播出的纪录片	257
		网台同播纪录片	10
网播纪录电影	全年上线数量		10

数据来源：监管中心统计数据2022.1

国家广播电视总局监管中心

2021年，全网共上线网络纪录片377部，其中独播作品211部、占比超过半数；全网共上线网播电视纪录片267部，其中独播作品58部、占比相对较少；全网共上线网播纪录电影10部，其中独播作品4部。从作品数量来看，网络纪录片和网播电视纪录片均继续保持良好的上升势头，网播纪录电影略有浮动。

（单位：部）

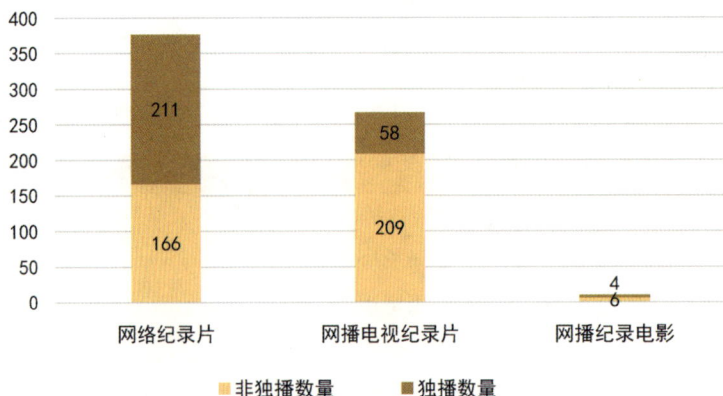

数据来源：监管中心统计数据2022.1　　　　　国家广播电视总局监管中心

图4.1（1）　2021年网络纪录片、网播电视纪录片、网播纪录电影数量统计

网络传播方面，新华网、人民网、芒果TV、爱奇艺、腾讯视频、优酷、西瓜视频等平台以网络纪录片为主要传播品类。腾讯视频（188部）上线网络纪录片数量最多。央视网、bilibili等平台则为受众奉献了更多的网播电视纪录片。bilibili（175部）上线网播电视纪录片数量最多。此外，爱奇艺为网播纪录电影品类传播数量最多的平台。

（单位：部）

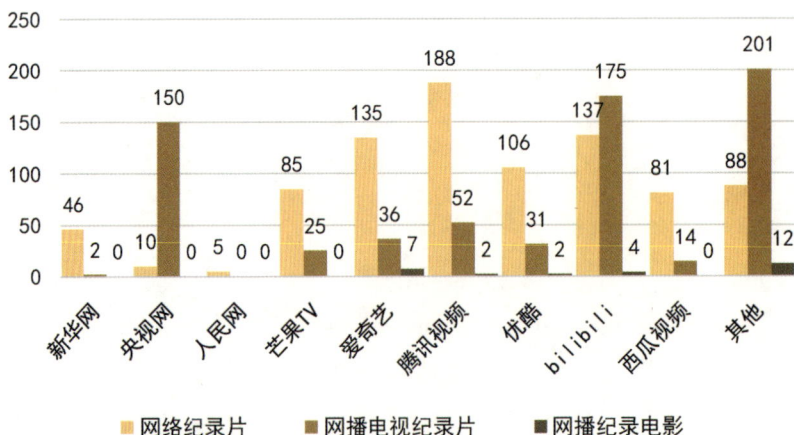

数据来源：监管中心统计数据2022.1　　　　　国家广播电视总局监管中心

图4.1（2）　2021年网络纪录片、网播电视纪录片、网播纪录电影各平台上线数量统计

播出节奏方面，网络纪录片、网播电视纪录片全年表现出总体平稳、略有波动的整体态势。以季度为统计单位来看，网络纪录片、网播电视纪录片均在第一季度达到上线量高点，第二季度、第三季度的上线数量相对较低。以月度为统计单位来看，除4月外，网络纪录片单月上线数量均不低于网播电视纪录片，最大差幅出现在8月，达25部之多；变化趋势方面，网络纪录片各月变化较大。

（单位：部）

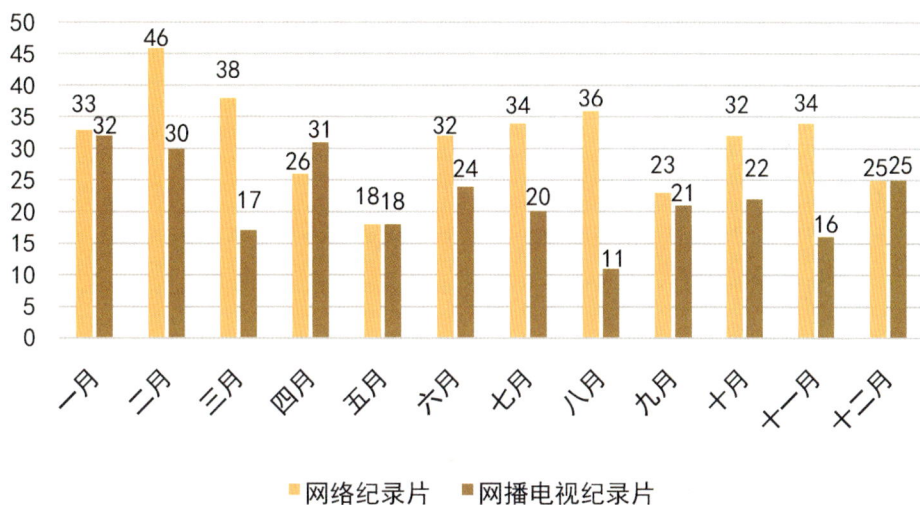

数据来源：监管中心统计数据2022.1

国家广播电视总局监管中心

图4.1（3） 2021年网络纪录片、网播电视纪录片各月度上线数量统计

时长类型方面，2021年上线的网络纪录片和网播电视纪录片依然保持着差异化的格局，这和两类作品的传播渠道分布、主要受众诉求联系紧密。仅在网络视听平台传播、以网民为受众的网络纪录片，更倾向于单集时长20分钟以内的微纪录片形式，擅以小体量、高密度的内容输出适应移动时代的受众需求。以电视频道为第一传播渠道、以网络受众作为二次传播对象的网播电视纪录片，单集时长超过20分钟的纪录短片和纪录长片则占绝对比重。

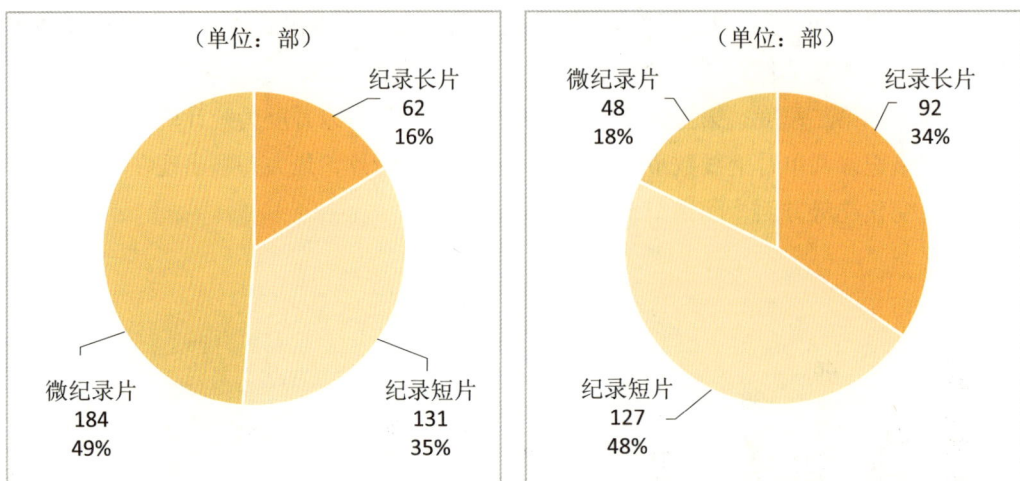

（单位：部）

纪录长片
62
16%

微纪录片
184
49%

纪录短片
131
35%

（单位：部）

微纪录片
48
18%

纪录长片
92
34%

纪录短片
127
48%

数据来源：监管中心统计数据2022.1

国家广播电视总局监管中心

图4.1（4） 2021年网络纪录片、网播电视纪录片时长类型上线数量统计

4.2 网络纪录片

4.2.1 概貌

2021年，全网共上线播出网络纪录片377部，相较于2019年（150部）、2020年（259部）实现了数量和增幅的双增长，势头良好。

（单位：部）

数据来源：监管中心统计数据2022.1　　国家广播电视总局监管中心

图4.2.1　2019年至2021年新上线网络纪录片数量统计

表4.2.1　2021年关注度较高、影响力较大的网络纪录片列表

序号	片名	播出平台	上线时间
1	奇妙之城	优酷	2021.01.05
2	微光者	芒果TV	2021.03.04
3	小小少年	bilibili	2021.03.10
4	敦煌：生而传奇	腾讯视频	2021.03.25
5	百年大党：老外讲故事	爱奇艺、腾讯视频、优酷、bilibili、西瓜视频、好看视频	2021.04.07

续表

序号	片名	播出平台	上线时间
6	走近大凉山	芒果TV、爱奇艺、腾讯视频、优酷、bilibili、西瓜视频	2021.04.28
7	雕琢岁月	芒果TV、咪咕视频	2021.05.01
8	新兵请入列	央视网、腾讯视频	2021.06.02
9	六个团子	爱奇艺	2021.06.22
10	超凡未来：你不了解的中国科学故事	爱奇艺、腾讯视频、优酷、bilibili、西瓜视频	2021.06.23
11	烈火，鲜血与旗帜	bilibili	2021.06.24
12	党的女儿	新华网、芒果TV	2021.06.28
13	青春正当时	芒果TV	2021.07.01
14	柴米油盐之上	腾讯视频	2021.07.15
15	你好，儿科医生	西瓜视频	2021.07.24
16	棒！少年 纪录剧集	爱奇艺	2021.07.27
17	119请回答	腾讯视频	2021.08.11
18	是这样的，法官	腾讯视频	2021.09.09
19	离不开你	爱奇艺	2021.09.16
20	求偶游戏	bilibili	2021.10.04
21	一叶茶千夜话	咪咕视频	2021.10.15
22	勇敢者的征程	腾讯视频	2021.11.09
23	人生一串 第三季	bilibili	2021.11.17
24	迎篮而上的女孩	优酷	2021.12.02
25	风味人间3：大海小鲜	腾讯视频	2021.12.19

数据来源：监管中心统计数据2022.1　　　　　　　国家广播电视总局监管中心

4.2.2 节目内容

4.2.2.1 整体印象

回忆峥嵘岁月、书写时代答卷，主题主线作品表现亮眼。围绕建党百年、脱贫攻坚·全面小康、疫情防控等题材，全年共计上线55部主题主线类网络纪录片。这些作品充分发挥纪实影像的艺术魅力，带领观众穿越时空，潜入峥嵘百年的党史深处、奔赴全面小康的火热一线、身临疫情防控的各个角落，不仅正能量充沛，更以较强的传播力掀起了一波又一波的宣传热潮。

　　启迪社会思考、彰显文化自信，社会现实和文化艺术作品继续高质量发展。2021年，社会现实（118部）和文化艺术（86部）仍然在数量上领跑各题材。值得一提的是，这两类作品在内容质量上又有更进一步的提升，如社会现实题材更加突出时度效，彰显人文关怀；文化艺术题材集中聚焦优秀传统文化，彰显文化自信。

　　数量再迎增长、市场供给充足，续集纪录片和衍生纪录片传播效果良好。共计43部续集纪录片、33部衍生纪录片在2021年上线播出，相较2020年（34部、14部）分别有27%、136%的增长。其中，续集纪录片以美食、社会现实题材为主，且有近四成作品连续更新至三季以上；衍生纪录片大有成为院线大片、热播影视剧"标配"的趋势，《〈你好，李焕英〉独家纪录片》《〈唐人街探案〉系列独家纪录片》等不少作品收获了良好的受众反馈。

（单位：部）

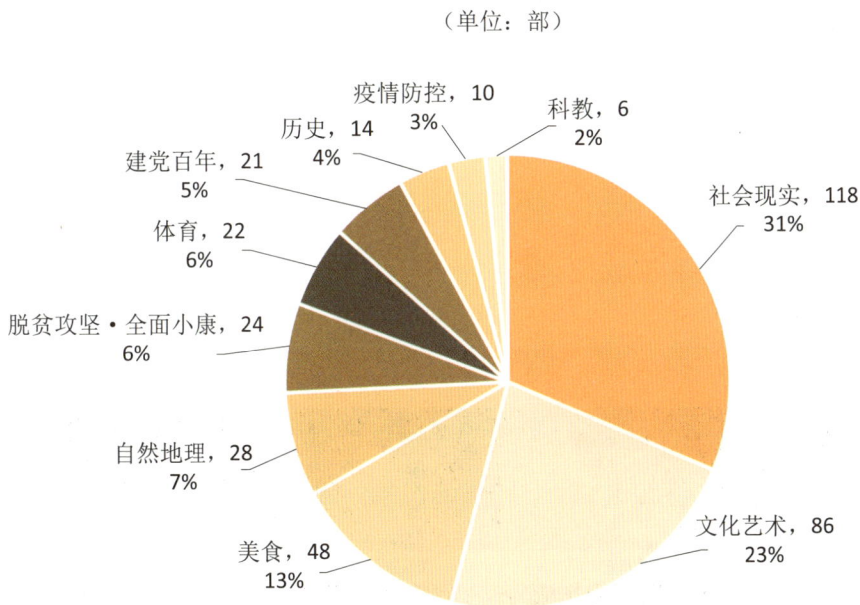

数据来源：监管中心统计数据2022.1　　　　　国家广播电视总局监管中心

图4.2.2.1　2021年网络纪录片各题材类型上线数量统计

4.2.2.2　立体呈现、精准传播，营造建党百年良好氛围

　　2021年是中国共产党成立100周年，在这一重要时间节点，全年共上线21部献礼建党百年、弘扬伟大建党精神的网络纪录片。这些作品以讲述党史故事、介绍党史人物、普及党史知识为主要内容，播出节奏呈贯穿全年、持续升温态势，充分发挥了网络视听在党史宣传中的重要作用，并呈现出立体化和精准化的特点。

（单位：部）

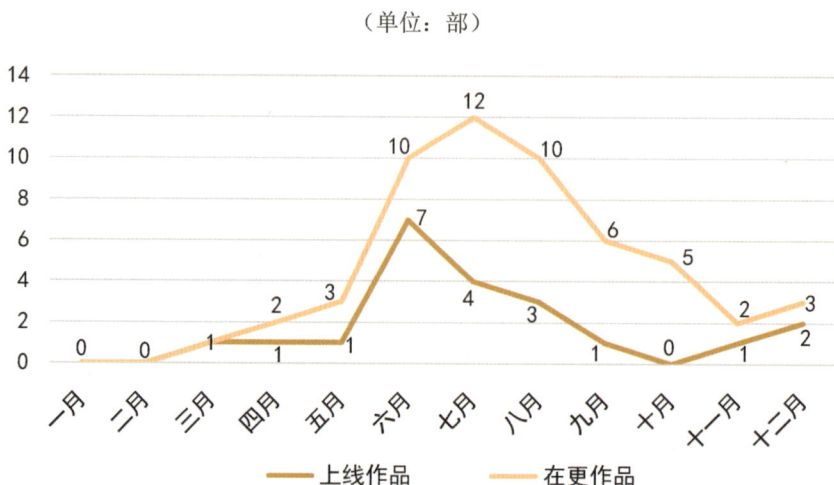

数据来源：监管中心统计数据2022.1　　　　　　　　　　　国家广播电视总局监管中心

图4.2.2.2（1）　2021年建党百年题材网络纪录片每月上线作品、在更作品数量统计

立体化呈现，集中体现在丰富的节目素材、多样的表现手法等方面。如《百年党史"潮"青年》《跨越时代的旋律》等作品充分利用史料档案、革命文物、经典红歌等宝贵的红色资源，综合调用旁白讲述、人物访谈、实地探访、情景再现、动画演示等多种表现手法，细致描摹了中国共产党矢志践行初心使命、筚路蓝缕奠基立业、创造辉煌开辟未来的百年历史。

故地探访　　旁白讲述　　情景再现　　人物访谈

红色故地　　红色文物　　红色旋律　　红色照片

数据来源：监管中心统计数据2022.1　　　　　　　　　　　国家广播电视总局监管中心

图4.2.2.2（2）　2021年建党百年题材网络纪录片主要呈现元素、表现手法截图

精准化传播，主要体现在这些作品重点针对青少年受众及海外受众两大群体，有的放矢地采用了与之适配的叙事逻辑和表达语态，较好地实现了分众化传播。如用"网感"十足的旁白文案活泼讲述严肃历史的《青春正当时》，以细节满满的动画形式在寓教于乐中科普党史的《烈火，鲜血与旗帜》，还有聚焦90后青年党员、颇具

"燃"感的《风华正茂百年青》，这些作品都侧重青少年思想教育的引导性和互动性，起到了让红色基因、革命薪火代代传承的重要作用。再如《百年大党：老外讲故事》《闪耀的平凡：青春接力》等作品从外国友人视角出发，讲述其在中国的所见所闻与亲身感受，客观阐释了党的坚强领导是造就"中国奇迹"的关键，出色地实现了借嘴说话、借船出海的效果。

数据来源：监管中心统计数据2022.1　　　　国家广播电视总局监管中心

图4.2.2.2（3）　2021年建党百年题材网络纪录片涉及党史故事、党史人物关键词云图

表4.2.2.2　2021年上线播出的建党百年题材网络纪录片代表性作品列表

序号	片名	播出平台	上线时间
1	百年大党：老外讲故事	爱奇艺、腾讯视频、优酷、bilibili、西瓜视频、好看视频	2021.04.07
2	烈火，鲜血与旗帜	bilibili	2021.06.24
3	百年党史"潮"青年	芒果TV、爱奇艺、bilibili	2021.06.28
4	党的女儿	新华网、芒果TV	2021.06.28
5	追光者 第二季	优酷	2021.06.28
6	风华正茂百年青	芒果TV	2021.06.28
7	青春正当时	芒果TV	2021.07.01
8	闪耀的平凡：青春接力	芒果TV	2021.07.08
9	恰是韶华	芒果TV、爱奇艺、腾讯视频、优酷、bilibili、西瓜视频	2021.08.18
10	勇敢者的征程	腾讯视频	2021.11.09

数据来源：监管中心统计数据2022.1　　　　国家广播电视总局监管中心

4.2.2.3　回顾脱贫攻坚历程，讲述圆梦小康故事

2021年是"两个一百年"奋斗目标历史交汇的关键节点，这一年，我们历史性地解决了绝对贫困问题、全面建成了小康社会。围绕这一重大主题，全年共上线24部网络纪录片，情感充沛地回顾了波澜壮阔的脱贫历程和举国同心的小康之路。

相较2020年，这一题材的作品除了在数量上大幅提升超过七成以外，还在内容上表现出了以小切口折射大时代、以小人物抒发大情怀的显著变化。如《时代回响》《奋斗的力量》等作品从微观视角出发，将宏大主题落地于小人物的个体命运，以小见大地讲述了基层干部团结群众、在全面建成小康路上发生的感人故事，由点及面地呈现了乡镇小村筚路蓝缕的脱贫历程和焕然一新的可喜变迁。此外，还有《数字中国 新农村·新农业·新农民》等作品以聚焦"数字三农"建设的方式，勾勒出一幅描绘农村新貌、展示农民新生活的盎然画卷。

数据来源：监管中心统计数据2022.1　　　　　　　　　　国家广播电视总局监管中心

图4.2.2.3　2021年脱贫攻坚·全面小康题材网络纪录片涉及人物、地域关键词云图

尤为值得一提的是，日本导演竹内亮执导的《走近大凉山》、英国导演柯文思执导的《柴米油盐之上》等作品还以国际视角体察中国社会发展，其调研式、行进式的创作风格，富有创造力、感染力的话语表达，不但生动真实地塑造了诗意征程上一个个身份普通却个性鲜明的中国人形象，更有据有力地向全世界分享着中国经验、中国智慧和中国方案。

表4.2.2.3 2021年脱贫攻坚·全面小康题材网络纪录片代表性作品列表

序号	片名	播出平台	上线时间
1	一个都不能少	爱奇艺、搜狐视频	2021.01.29
2	战贫之路	新华网、芒果TV、爱奇艺、腾讯视频、优酷、bilibili、西瓜视频	2021.02.23
3	劳生不悔	爱奇艺	2021.02.24
4	一亿人的脱贫故事	新华网、芒果TV、爱奇艺、腾讯视频、优酷、bilibili、西瓜视频、好看视频	2021.02.24
5	中国减贫密码	新华网、芒果TV、腾讯视频、优酷、bilibili	2021.02.28
6	走近大凉山	芒果TV、爱奇艺、腾讯视频、优酷、bilibili、西瓜视频	2021.04.28
7	大国小康	新华网、芒果TV、腾讯视频、好看视频	2021.07.05
8	柴米油盐之上	腾讯视频	2021.07.15
9	遇见西藏	新华网、芒果TV、腾讯视频、优酷、bilibili、西瓜视频、好看视频	2021.08.17
10	中国减贫：史无前例的人类奇迹	芒果TV、腾讯视频、bilibili、西瓜视频	2021.09.01

数据来源：监管中心统计数据2022.1   国家广播电视总局监管中心

4.2.2.4 社会现实题材仍为产量大户，彰显人文关怀、启迪社会思考

2021年，社会现实类作品依旧是网络纪录片产量的最大输出，全年118部的上线量同比增长超过五成。

数据来源：监管中心统计数据2022.1   国家广播电视总局监管中心

图4.2.2.4 2021年社会现实题材网络纪录片涉及职业、议题、新闻关键词云图

总体来看，该题材内容特点主要表现为三方面：一是通过不同"职业向"作品折射社会百态，彰显人文关怀。如《119请回答》《是这样的，法官》《你好，儿科医

生》《新兵请入列》等作品分别将镜头对准消防员、法官、医生、军人等职业群体，以其为主观视角、结合其职业特性体察人间冷暖、传递生活感悟。二是以议题化作品回应社会关切，引发共鸣与思考。如《奇妙的蛋生》《小小少年》等作品在"双减"政策下各种声音层出不穷时上线播出，分别聚焦父母和子女两大群体，围绕生育、教育等热点话题进行了相对开放式的探讨和记录，引发观众的广泛关注和普遍共鸣。三是将新闻性融入纪实性，让社会发展中的重大事件在纪实影像中凝练为难忘的时代记忆。如《奔向星辰大海》《我们都是追梦人》《这里会长出一朵花》等作品分别就神舟十二号升空、粤港澳大湾区青年就业创业、职场人士在疫情影响下寻找事业转机等社会事件，应时而生地为社会演变留下时间的刻度、记忆的温度。

表4.2.2.4　2021年社会现实题材网络纪录片代表性作品列表

序号	片名	播出平台	上线时间
1	奇妙之城	优酷	2021.01.05
2	警急任务	爱奇艺	2021.01.08
3	教书匠	央视网、爱奇艺、腾讯视频、优酷、bilibili	2021.02.27
4	一直看着你来的路口	爱奇艺	2021.03.04
5	小小少年	爱奇艺、bilibili	2021.03.10
6	奇妙的蛋生	优酷	2021.04.29
7	江南工匠影像工程系列	bilibili	2021.05.01
8	新兵请入列	央视网、腾讯视频	2021.06.02
9	你好，先锋	芒果TV、爱奇艺、腾讯视频、优酷、西瓜视频	2021.06.02
10	我的时代和我 第二季	优酷	2021.06.24
11	我在敦煌	优酷	2021.07.03
12	你好，儿科医生	西瓜视频	2021.07.24
13	119请回答	腾讯视频	2021.08.11
14	心外纪事	腾讯视频、bilibili、西瓜视频	2021.08.19
15	是这样的，法官	腾讯视频	2021.09.09
16	离不开你	爱奇艺	2021.09.16
17	最美中国 第六季	优酷	2021.11.02
18	火线救援	腾讯视频、bilibili	2021.11.09
19	真实中国：民主自由人权探索之旅	新华网、芒果TV、爱奇艺、腾讯视频、优酷、好看视频	2021.12.09
20	蓝海中国	央视网、腾讯视频、bilibili、西瓜视频	2021.12.31

数据来源：监管中心统计数据2022.1

国家广播电视总局监管中心

4.2.2.5 文化艺术题材主要聚焦符号性文化，衍生类作品占比较大

2021年共上线文化艺术题材网络纪录片86部，相比2020年（54部）增幅近六成，是仅次于社会现实题材的产量大户。其中，《理想的征途》《〈你好，李焕英〉独家纪录片》等以热播电视剧、电影为主体作品的衍生纪录片占比近四成，并在传播时与主体作品置于同一页面、关联推送，形成了不同节目类型之间的共振效应。

（单位：部）

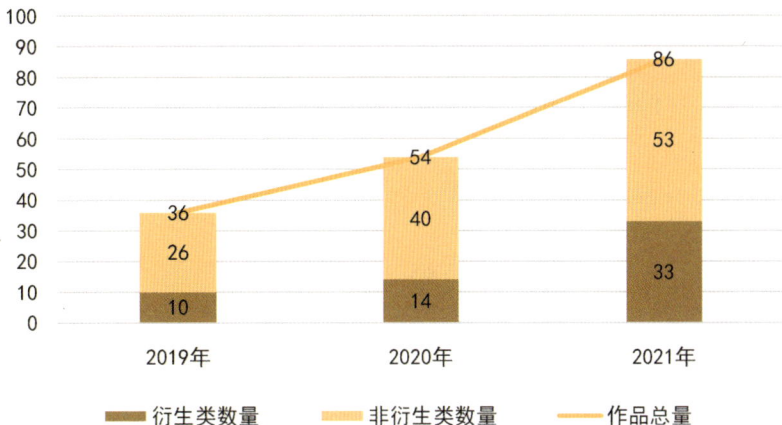

数据来源：监管中心统计数据2022.1   国家广播电视总局监管中心

图4.2.2.5（1） 2019年至2021年文化艺术题材网络纪录片衍生类数量、非衍生类数量统计

从节目内容来看，非遗文化、民族文化、茶文化等具有符号性、代表性的细分主题作品数量最多、影响最大。如《非遗传承，少年敢当》以当代青年传承国风手作等非遗手艺为切入点，通过典型化选材、故事化表达，让传统文化在与青年文化的碰撞中创新呈现、以文化人；《云深之处》《Silhouette轮廓》等作品以大凉山彝族、云南独龙族的特色民俗文化为载体，展现了各民族和睦相处的美好图景。

图4.2.2.5（2） 2021年文化艺术题材网络纪录片涉及符号性文化关键词云图

当然，还有不少文化艺术题材的作品发挥了对外讲好中国故事、传播中华优秀传统文化的重任，彰显着深厚的文化自信。如《东方医学》聚焦中华民族传统医学，探寻其历史沿革与当代传承，展现其文化底蕴和科学价值；《一叶茶千夜话》以主题式设计、故事化讲述的方式，立体化呈现了中国茶文化在人类文明进程中所产生的深远影响。

表4.2.2.5　2021年文化艺术题材网络纪录片代表性作品列表

序号	片名	播出平台	上线时间
1	后藏非遗	腾讯视频	2021.01.11
2	云深之处	芒果TV、腾讯视频、bilibili、咪咕视频	2021.01.26
3	《唐人街探案》系列独家纪录片	腾讯视频	2021.02.12
4	《你好，李焕英》独家纪录片	腾讯视频、bilibili	2021.02.13
5	觉醒年代：独家幕后纪录片	优酷	2021.02.14
6	雕琢岁月	芒果TV、咪咕视频	2021.05.01
7	东方医学	爱奇艺、腾讯视频、优酷、bilibili、好看视频、西瓜视频	2021.06.09
8	理想的征途	芒果TV	2021.07.05
9	广东非遗影像	腾讯视频	2021.07.08
10	非遗传承，少年敢当	爱奇艺、bilibili	2021.08.09
11	空竹绝响	爱奇艺	2021.08.27
12	《我和我的父辈》电影幕后纪实	腾讯视频	2021.10.01
13	一叶茶千夜话	咪咕视频	2021.10.15
14	千古风流人物 第一季	腾讯视频	2021.10.15
15	非遗智造局 第一季	西瓜视频	2021.11.16

数据来源：监管中心统计数据2022.1　　　　　　　　　　　国家广播电视总局监管中心

4.2.2.6　自然地理题材成为讲好中国故事的新赛道，讲求时度效、展现生态美

2021年的自然地理题材网络纪录片共计上线播出28部，相较2020年（13部）在数量上实现了成倍增长。其中，依旧有相当比例的作品通过中外合作的方式产出、借助最新的影像技术赋能，使得该题材作品整体上保持了较高水准。如由bilibili与BBC Studios、Discovery传播公司等联合出品的《求偶游戏》采用4K超高清影像技术和杜比音效制作技术，为观众奉献了堪称盛宴级别的视听享受；再如由企鹅影视与BBC Studios、Netflix等共同制作的《生命之色》通过运用红外、潜拍等摄制技术，将动物界中隐藏的色彩世界成功捕捉、精彩呈现。

与此同时，不少作品更加讲求时度效，如《家乡宝返滇记》《万物共生》等以倡导人与自然和谐共生为主题的作品，在《生物多样性公约》缔约方大会第十五次会议举办前后应时播出，向全世界展示了我国在生物多样性保护方面的可喜成就和负责任的大国形象。可以看到，自然地理题材作品已经成为网络纪录片讲好中国故事的重要载体，《生命共同体——黄河》《一路象北》《角力冠头岭》《米尔斯探秘生态中国》《万物共生》等作品都在真实记录、客观呈现我国生态环境的大框架下，以描绘我国独特生态之美例证了我国在生态治理方面的累累硕果，在展现我国野生动物生存环境不断向好的同时，极具说服力地诠释了我国在生态文明建设方面一直所践行的人类命运共同体理念。

数据来源：监管中心统计数据2022.1　　　国家广播电视总局监管中心

图4.2.2.6　2021年自然地理题材网络纪录片涉及影像技术关键词云图

表4.2.2.6　2021年自然地理题材网络纪录片代表性作品列表

序号	片名	播出平台	上线时间
1	米尔斯探秘生态中国	爱奇艺	2021.02.10
2	雏鹰长成记	腾讯视频	2021.03.16
3	零水日	腾讯视频、bilibili	2021.04.22
4	六个团子	爱奇艺	2021.06.22
5	伊甸园：最后的秘境	bilibili	2021.07.25
6	一路象北	优酷	2021.08.25
7	求偶游戏	bilibili	2021.10.04
8	南岭物语	腾讯视频	2021.10.11
9	四季中国 第二季	新华网、bilibili、西瓜视频	2021.11.24
10	精彩中国	爱奇艺、bilibili	2021.12.30

数据来源：监管中心统计数据2022.1　　　国家广播电视总局监管中心

4.2.2.7　美食题材的平台竞争再度升级，续集属性、独播属性双高

作为网络纪录片中大众接受度最高的垂直题材，美食类作品在2021年的产量再翻一番，达到了48部之多。其中，超过三成（15部）为续集作品，这一占比亦为网络纪录片各题材之最，《寻找黔味》《中华制面》两部作品一年内连更两季的高频节奏同样罕见。

（单位：部）

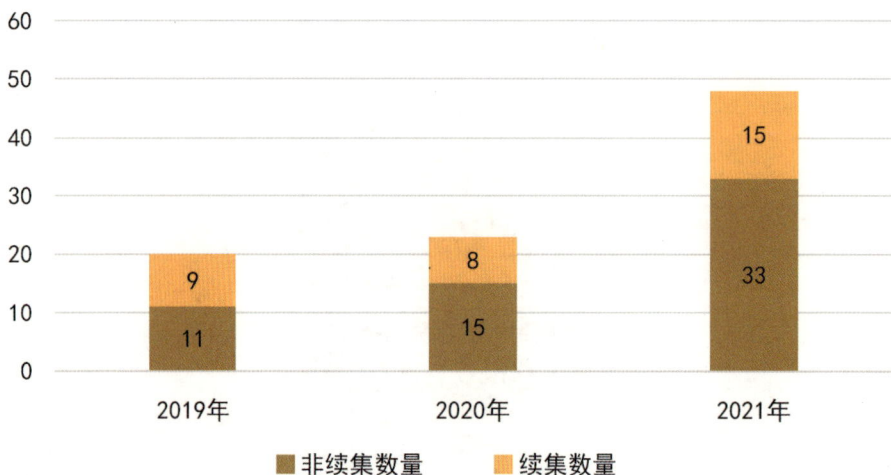

数据来源：监管中心统计数据2022.1　　　　　　　　　　国家广播电视总局监管中心

图4.2.2.7（1）　2019年至2021年美食题材网络纪录片非续集数量、续集数量统计

值得关注的是，该类题材作品发展最为重要的动能来自主要视听平台的策略调整，围绕该类题材网络纪录片的平台竞争也不再拘泥于单部作品或者一个系列，而是呈现出品牌化、矩阵化的竞争趋势。如腾讯视频继续围绕"风味""一日之食"两大IP深耕内容生产，陆续上线了《风味原产地·贵阳》《向着宵夜的方向 第二季》《风味人间3·大海小鲜》等优质作品；bilibili也在整合包括"人生一串"IP在内的美食类作品后，首次推出了"逃不掉的B站美食纪"品牌计划，通过《中华制面（第二季、第三季）》《奇食记》《来宵夜吧》《我粉你》《人生一串 第三季》等多部独播作品"俘获"不同喜好的网络受众。

（单位：部）

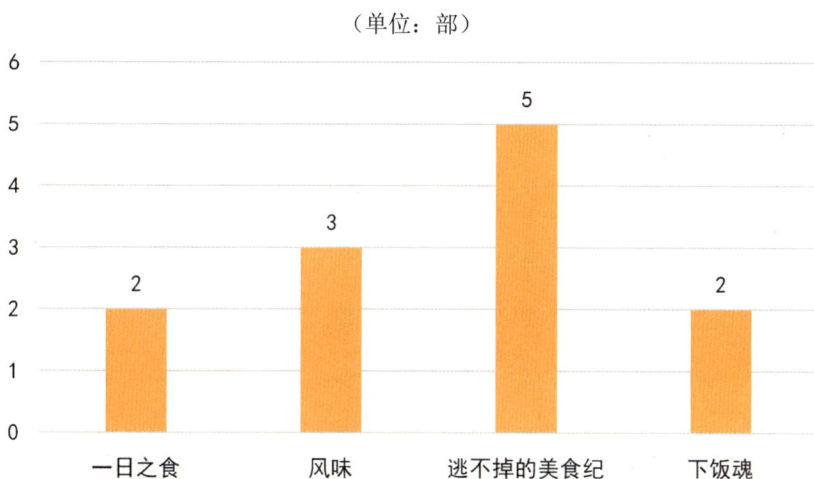

数据来源：监管中心统计数据2022.1　　国家广播电视总局监管中心

图4.2.2.7（2）　2021年美食题材网络纪录片IP矩阵作品数量统计

表4.2.2.7　2021年美食类网络纪录片代表性作品列表

序号	片名	播出平台	上线时间
1	喜粤之味 第一季	腾讯视频、bilibili	2021.01.14
2	乡野下饭魂	爱奇艺	2021.02.15
3	开动吧！海鲜	腾讯视频	2021.03.24
4	有面有朋友	优酷	2021.03.31
5	下饭菜 第一季	爱奇艺	2021.04.07
6	风味原产地·贵阳	腾讯视频	2021.06.22
7	不白吃的食神之旅	bilibili、西瓜视频	2021.08.08
8	向着宵夜的方向 第二季	腾讯视频	2021.08.16
9	人生一串 第三季	bilibili	2021.11.17
10	风味人间3·大海小鲜	腾讯视频	2021.12.19

数据来源：监管中心统计数据2022.1　　国家广播电视总局监管中心

4.2.3　制作传播

4.2.3.1　国际合作

2021年，中外合作创作生产的网络纪录片共23部，相较2020年（15部）增长了53%。从合作方式来看，国内机构更多参与出品，国外机构更多参与制作。从参与数量来看，国内外机构同比均有显著增加，其中国外机构增幅超1倍。

（单位：部）

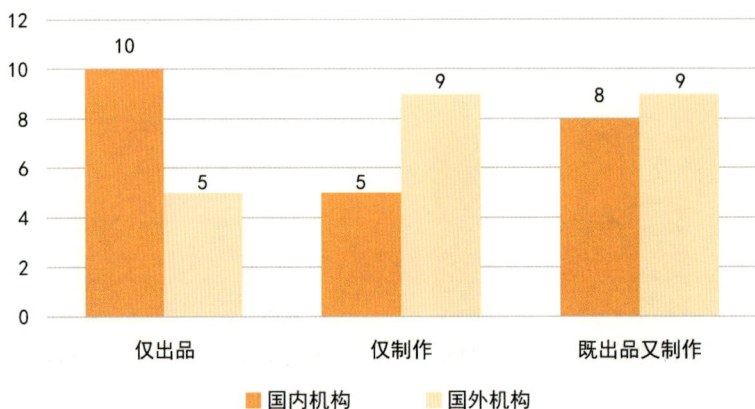

图4.2.3.1（1）　2021年网络纪录片中外机构合作方式统计

（单位：部）

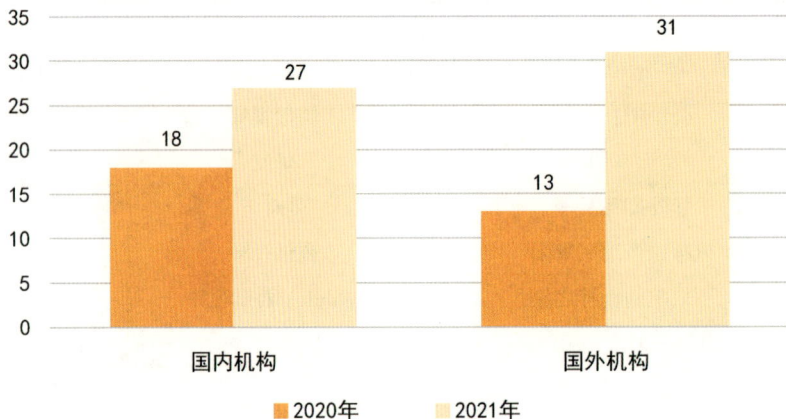

图4.2.3.1（2）　2020年至2021年中外合作网络纪录片涉及国内、国外机构数量统计

　　其中，国内机构依然以五洲传播中心、解读中国工作室等专业机构为主、占比近半，但同时腾讯视频、优酷等网络视听机构数量也有明显提升、达到10家；国外机构来自美国、英国、日本、新加坡等10余个国家和地区，其中既有Discovery传播公司、BBC Studios等大众较为熟知的海外机构，也有廷坎岛影视制作公司、法国第三视角制片公司等新鲜面孔。

（单位：部）

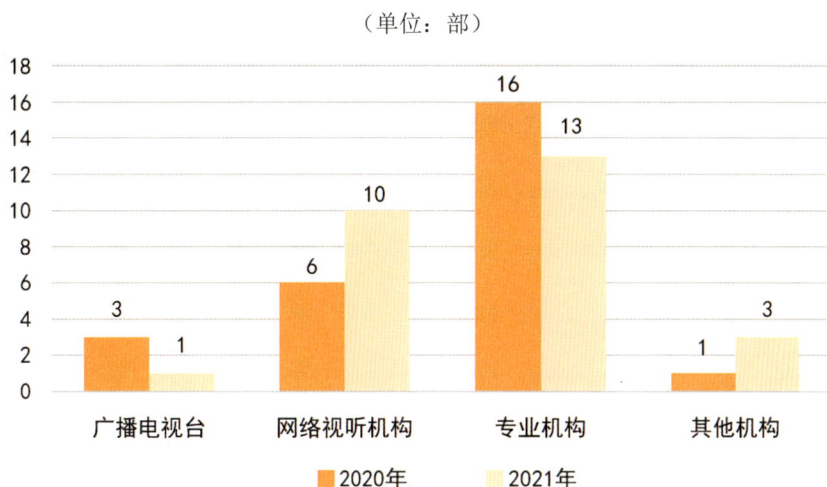

图4.2.3.1（3）　2020年至2021年网络纪录片中外合作的中方机构分类统计

中外合作的制作背景，加之大多配有中英双语字幕，使得这些作品更利于进行海外传播。包括《战疫启示录》《超凡未来：你不了解的中国科学故事》《求偶游戏》在内的至少10部作品，分别通过国际影展、海外网络视听平台以及海外电视台触达了海外观众。

表4.2.3.1　2021年中外合作网络纪录片海外传播作品列表

序号	片名	海外传播渠道
1	战疫启示录	2021年度新加坡媒体节展播并获亚洲创意学院大奖中国区最佳单集纪录片奖
2	智慧中国 第三季	Discovery探索频道
3	暗夜繁星	2020年美国温泉城纪录电影节展播并获评委会大奖；2021年SPE Media电影节展播并获最佳多元文化影片奖
4	来自东方的列车	Discovery探索东南亚、南亚及澳新频道
5	零水日	2020年法国夏纳国际电影节启动全球销售发行
6	超凡未来：你不了解的中国科学故事	Discovery探索频道、YouTube
7	和平使命	美国历史频道
8	求偶游戏	英国广播公司
9	光阴的故事——中泰一家亲	泰国国家电视台
10	勇敢者的征程	Discovery+、PrimeVideo

4.2.3.2 播出平台

新华网2021年共上线网络纪录片46部，相较2020年（10部）增幅超过3倍。这些作品绝大多数由新华网开办主体新华社出品或制作，占比达98%；作品体量以微纪录片为主，占比超过七成。作品内容时效性、议题性较强，如《你好，欢迎回到地球》《载梦星空》两部作品均在神舟十二号返回舱安全着陆之际应时上线，致敬了默默奉献的航天工作者。

（单位：部）

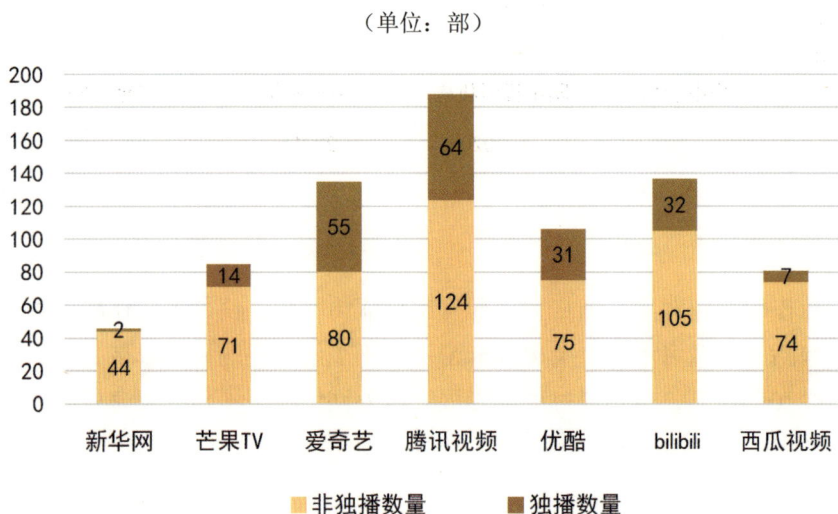

数据来源：监管中心统计数据2022.1　　　　国家广播电视总局监管中心

图4.2.3.2（1）　2021年网络纪录片各主要视听平台上线数量统计

（单位：部）

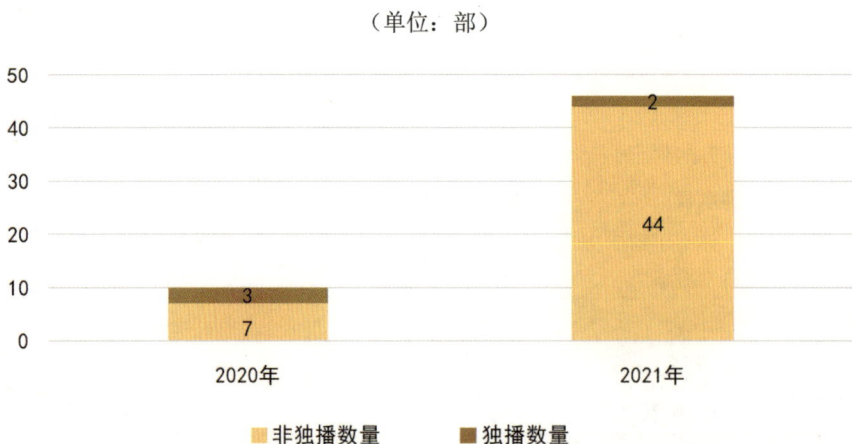

数据来源：监管中心统计数据2022.1　　　　国家广播电视总局监管中心

图4.2.3.2（2）　新华网2020年至2021年上线播出的网络纪录片数量统计

芒果TV 2021年共上线网络纪录片85部，相比2020年（30部）增幅明显；独播作品14部，变化不大。其中，较具代表性的依然为其自制作品，如《党的女儿》《微光者》《雕琢岁月》等，其风格延续了该平台的一贯特色，在坚守以正能量、青春态共振青年群体的基础上力求创新。值得一提的是，2021年芒果TV整合资源、成立了纪录片工作室，相继上线播出了多部以青春主题、青年视角、青年声音传递能量、激发斗志的作品，如讲述中国香港青年在内地创业、生活励志故事的《我们都是追梦人》，以外籍嘉宾视角探访青年党员人生故事的《闪耀的平凡：青春接力》等。

（单位：部）

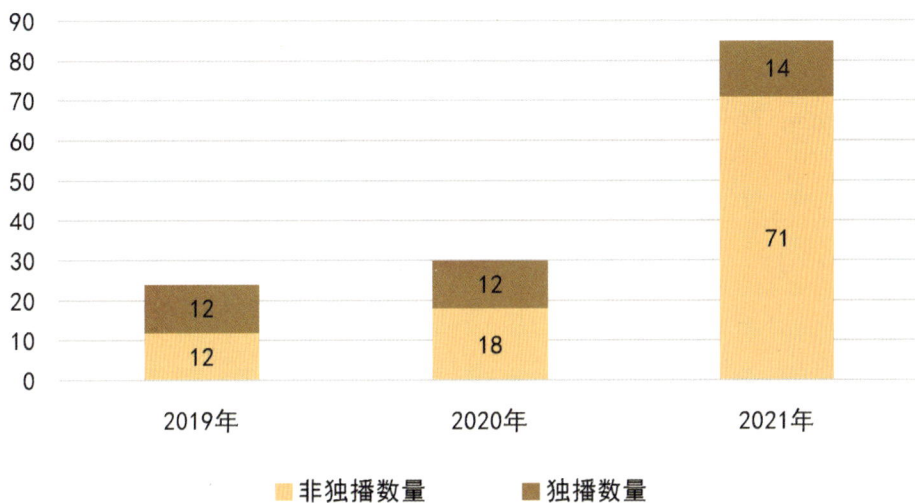

数据来源：监管中心统计数据2022.1　　　　　　　　　国家广播电视总局监管中心

图4.2.3.2（3）　芒果TV 2019年至2021年上线播出的网络纪录片数量统计

爱奇艺2021年共上线网络纪录片135部，相比2020年（81部）增长67%；独播作品55部，同比增长41%，独播率（41%）高于其他网络视听平台。其中，较为值得关注的是爱奇艺2021年上线播出的美食题材作品多达19部、为各网络视听平台之最，部分作品也收获了较高关注度，如《下饭菜 第一季》相关微博话题阅读量逾6亿次。此外，账号上传依然为该平台所传作品的主要上载方式，这与爱奇艺2021年全新升级的分账合作模式，以及推出纪录片"青创计划"不无关系。

（单位：部）

数据来源：监管中心统计数据2022.1　　　　国家广播电视总局监管中心

图4.2.3.2（4）　爱奇艺2019年至2021年上线播出的网络纪录片数量统计

腾讯视频2021年共上线播出网络纪录片188部，其中独播作品64部，两项数据均继续领跑各网络视听平台。相较以往，腾讯视频2021年在保持美食题材基本盘的基础上，通过以《119请回答》《是这样的，法官》等作品为代表的"人间真实"系列实现了社会现实题材的较大突破，上述两个题材的作品站内播放量（10亿）占该平台所有作品站内总播放量（22亿）的近半数。此外，该平台播出的脱贫攻坚·全面小康题材作品《柴米油盐之上》、历史题材《敦煌：生而传奇》也具有较高水准，收获不少好评。

（单位：部）

数据来源：监管中心统计数据2022.1　　　　国家广播电视总局监管中心

图4.2.3.2（5）　腾讯视频2019年至2021年上线播出的网络纪录片数量统计

优酷2021年共上线网络纪录片106部，保持增长态势，其中独播作品31部，与上一年基本持平。其代表性作品以优酷参与出品或制作的22部网络纪录片为主，这些作品大多具有较强的受众互动性、6部作品微博相关话题阅读量过亿，包括多个话题登上微博热搜、话题总阅读量逾50亿的《奇妙之城》；入选2021年度广电总局推荐优秀国产纪录片片单、微博相关话题阅读量达6.9亿的《我的时代和我 第二季》等。

（单位：部）

数据来源：监管中心统计数据2022.1 国家广播电视总局监管中心

图4.2.3.2（6） 优酷2019年至2021年上线播出的网络纪录片数量统计

bilibili 2021年共上线网络纪录片137部，相比2020年（85部）有超六成的增幅，其中，独播作品32部。精准切中年轻受众特别是"Z世代"的兴趣偏好与精神需求，是bilibili一如既往的特色风格，代表性作品包括探讨少年成长与家庭教育的《小小少年》、关注养宠一族情感诉求的《小主安康·宠物医院 第三季》、聚焦电竞文化的《不破不立》等。此外，bilibili 2021年在美食题材作品方面加强资源整合，首次推出了"逃不掉的B站美食纪"品牌计划，陆续上线《小城夜食记 第二季》《人生一串 第三季》等5部平台出品且独播的作品，站内播放量均达到千万级。

（单位：部）

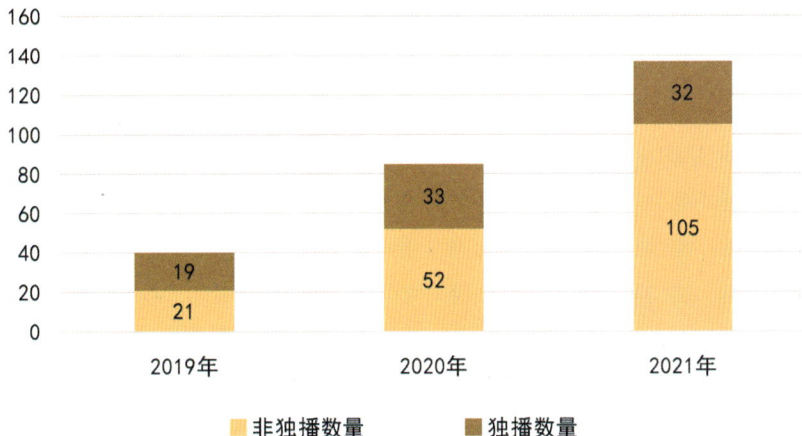

数据来源：监管中心统计数据2022.1 国家广播电视总局监管中心

图4.2.3.2（7） bilibili 2019年至2021年上线播出的网络纪录片数量统计

西瓜视频2021年共上线网络纪录片81部，相较2020年（26部）有超2倍的增幅，其中，近七成作品为微纪录片，为该平台传播总量的主要增长点。但该平台具有较大影响力的作品还相对较少，仅有聚焦儿科医生职业现状的《你好，儿科医生》一部。值得关注的是，西瓜视频2021年接连对外发布"中视频伙伴计划""伙伴计划推荐官活动"等商业企划，旨在吸引更多优质创作人入驻平台、产出包括网络纪录片在内的各类优质作品。

（单位：部）

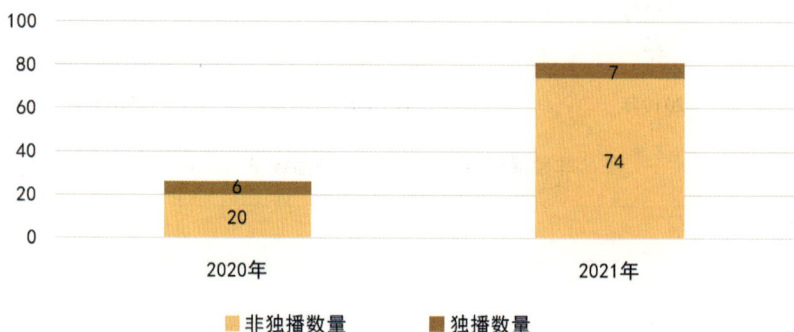

数据来源：监管中心统计数据2022.1　　　　　　　国家广播电视总局监管中心

图4.2.3.2（8）　西瓜视频2020年至2021年上线播出的网络纪录片数量统计

4.2.3.3　焦点图推荐

芒果TV、爱奇艺、腾讯视频、优酷4家网络视听平台2021年通过网页端、移动端的首页焦点图推荐网络纪录片共计61部。其中，腾讯视频两端推荐作品数量均为上述4家平台之最。

（单位：部）

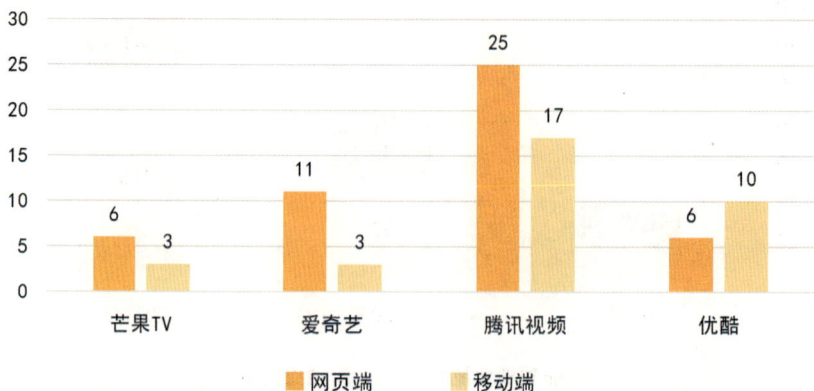

数据来源：监管中心统计数据2022.1　　　　　　　国家广播电视总局监管中心

图4.2.3.3（1）　2021年四家网络视听机构首页焦点图推荐网络纪录片作品数量统计

从获推作品具体来看，首先各平台无一例外均只对独播作品进行焦点图推荐；其次无论是网页端还是移动端，社会现实题材作品均获得更多曝光机会，尤其是平台参与生产制作的社会现实题材作品，如腾讯视频参与出品的《新兵请入列》《是这样的，法官》、优酷参与出品的《奇妙之城》获推时长均持续5日以上。

（单位：部）

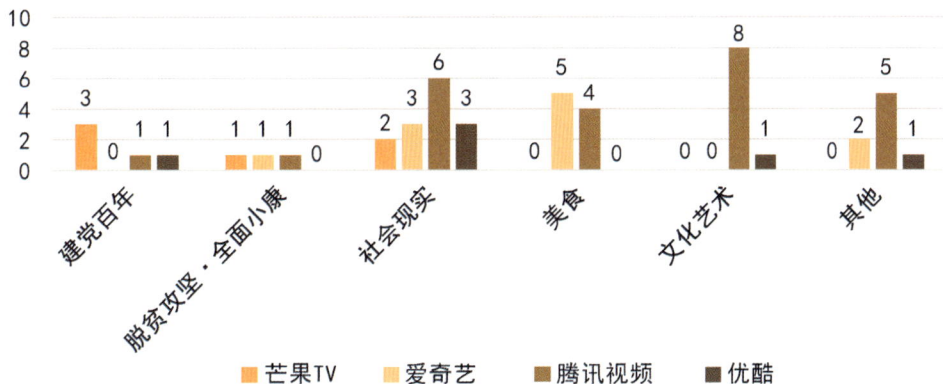

数据来源：监管中心统计数据2022.1

国家广播电视总局监管中心

图4.2.3.3（2） 2021年四家网络视听机构网页端首页焦点图网络纪录片类型统计

（单位：部）

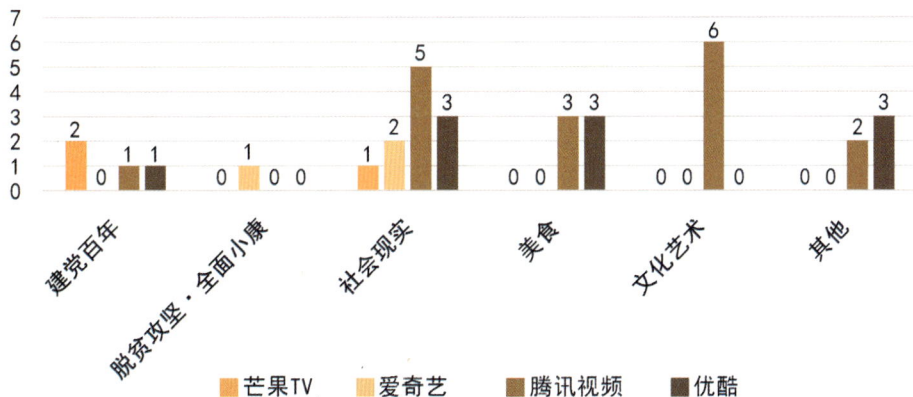

数据来源：监管中心统计数据2022.1

国家广播电视总局监管中心

图4.2.3.3（3） 2021年四家网络视听机构移动端首页焦点图推荐网络纪录片类型统计

4.2.3.4 更新节奏

2021年，网络纪录片（除单部集作品135部）的更新节奏以周更（123部）为主，占非单部集作品总量（242部）的51%。

（单位：部）

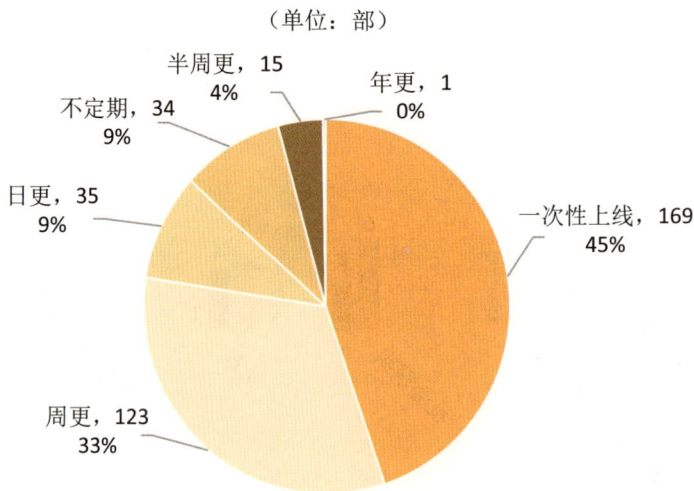

数据来源：监管中心统计数据2022.1　　　　国家广播电视总局监管中心

图4.2.3.4　2021年网络纪录片更新节奏统计

4.2.3.5 会员权益

2021年，涉及会员权益的网络纪录片共计105部，是2020年（43部）的2.44倍；其中有半数为周更作品，而占比最大的会员权益类型为全集仅VIP可看、高达77%。

（单位：部）

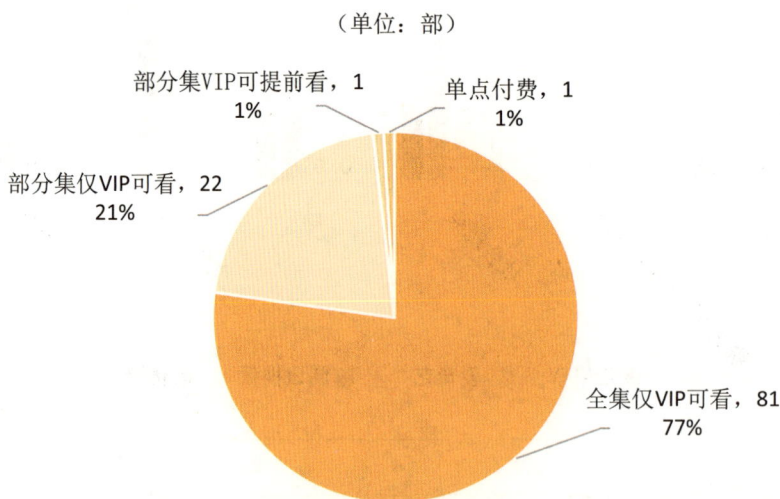

数据来源：监管中心统计数据2022.1　　　　国家广播电视总局监管中心

图4.2.3.5　2021年网络纪录片付费权益统计

4.3　网播电视纪录片

4.3.1　概貌

　　2021年，全网共上线播出网播电视纪录片267部，相较2020年（159部）增长近七成、增幅超过网络纪录片同期数据。

（单位：部）

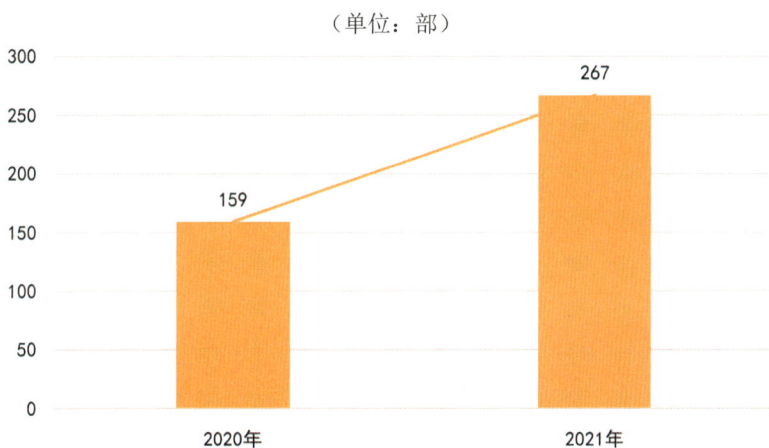

数据来源：监管中心统计数据2022.1　　　　　　　　　国家广播电视总局监管中心

图4.3.1　2020年至2021年上线网播电视纪录片数量统计

表4.3.1　2021年网播电视纪录片代表性作品列表

序号	片名	网络播出平台	电视频道	排播模式
1	百炼成钢：中国共产党的100年	央视网、央视频、芒果TV、爱奇艺、腾讯视频、优酷、bilibili、西瓜视频、咪咕视频、搜狐视频	江苏卫视、北京卫视、东方卫视、湖南卫视	先台后网
2	敢教日月换新天	央视网、央视频、优酷、bilibili	CCTV-1、CCTV-9	先台后网
3	黄河人家	腾讯视频、bilibili、西瓜视频	河南卫视	先台后网
4	摆脱贫困	央视频、央视网、芒果TV、爱奇艺、腾讯视频	CCTV-1、CCTV-2、CCTV-4、CCTV-9、CCTV-13	先台后网

续表

序号	片名	网络播出平台	电视频道	排播模式
5	闽宁纪事	bilibili	CCTV-9、东南卫视、宁夏卫视	先台后网
6	脱贫大决战——我们的故事	爱奇艺、腾讯视频、bilibili	东方卫视、江苏卫视、山东卫视、陕西卫视、广西卫视	先台后网
7	智造美好生活	央视网、央视频、bilibili	CCTV-4	先台后网
8	我们如何对抗抑郁	央视网、央视频、bilibili	CCTV-9	先台后网
9	曹雪芹与红楼梦	央视网、央视频、bilibili	CCTV-9	先台后网
10	岳麓书院	芒果TV、bilibili、咪咕视频	湖南卫视、湖南电视台金鹰纪实频道	先台后网
11	完美星球	腾讯视频、bilibili	CCTV-9	先台后网
12	青海·我们的国家公园	芒果TV	CCTV-9、青海卫视、湖北卫视、湖南卫视、河南卫视、浙江卫视、云南卫视	网台同播
13	雪豹的冰封王国	央视网、央视频、bilibili	CCTV-9	先台后网
14	书简阅中国	央视网、央视频、bilibili	CCTV-9	先台后网
15	紫禁城	腾讯视频、bilibili、咪咕视频	北京卫视	先台后网
16	澳门之味	央视网、央视频、bilibili	CCTV-1、CCTV-9、CCTV-4、CGTN	先台后网
17	李约瑟和中国古代科技	央视网、央视频	CCTV-10	先台后网
18	走出荣耀	爱奇艺、西瓜视频	东方卫视、上海广播电视台纪实人文频道	先台后网
19	王阳明	优酷	CCTV-10	先台后网
20	山河岁月	央视网、央视频、芒果TV、bilibili、咪咕视频	CCTV-1、CCTV-9、北京卫视	先台后网

数据来源：监管中心统计数据2022.1

国家广播电视总局监管中心

4.3.2 节目内容

4.3.2.1 整体印象

2021年上线播出的网播电视纪录片在思想性和艺术性上表现出高度统一，以建党百年和脱贫攻坚·全面小康题材为代表的主旋律作品占有绝对比重，正能量充盈；社会现实和文化艺术题材各有所长，但都为讲好中国故事作出了有益尝试；自然地理题材以视听盛宴级的表现，将以中国国家公园为代表的美丽生态画卷徐徐展开。可以说，无论是电视观众还是网络受众，都能在这些作品中收获审美享受和精神愉悦。

4.3.2.2　题材类型

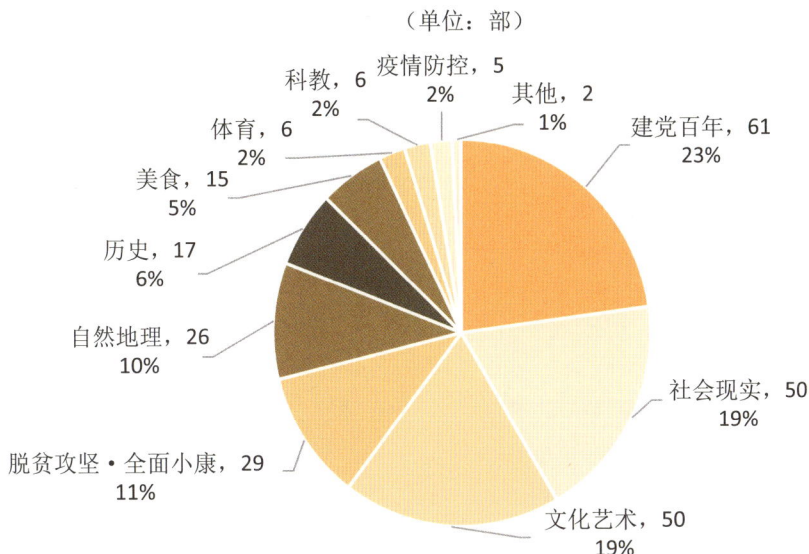

（单位：部）

科教，6　2%
疫情防控，5　2%
其他，2　1%
体育，6　2%
建党百年，61　23%
美食，15　5%
历史，17　6%
自然地理，26　10%
社会现实，50　19%
脱贫攻坚·全面小康，29　11%
文化艺术，50　19%

数据来源：监管中心统计数据2022.1　　国家广播电视总局监管中心

图4.3.2.2　2021年网播电视纪录片各题材类型上线数量统计

　　建党百年是2021年网播电视纪录片占比最大的作品题材，全年共上线相关作品61部、占比两成以上，是同题材网络纪录片数量（21部）的近3倍。相比同题材的网络纪录片，这些作品除了数量多，还体现出体量更大、篇幅更长以及地域特色更鲜明的特点。从时长类型来看，纪录短片和纪录长片占比较大，共计54部；从作品分集来看，系列纪录片占据主流，达47部。另外，基于该类作品所涉红色文物、红色故地等素材均具有地域性，因此大量作品都表现出较强的地域特色，如《百年历程》《诞生地》《红星闪耀时——辽宁"馆"里的党史记忆》《守护与开放——广百年红色印记》等作品，将镜头分别对准北京、上海、辽宁、广西等地，充分调用本地红色资源，用功用情讲述地方党史。

　　脱贫攻坚·全面小康题材的网播电视纪录片2021年上线量达到29部、占比11%，数量高于同题材网络纪录片（24部）、与2020年情况相反。这些作品在内容上保持了与同题材网络纪录片相同的特点，即以小切口折射大时代、以小人物抒发大情怀的表达逻辑，特别是借脱贫历程亲历者的命运转折反映整个时代波澜壮阔的巨大变迁，通过实现小康的典型案例对各地脱贫成就进行梳理总结。如《前进吧！少年》聚焦贫困乡村的求学少年，在他们的成长故事中展现了社会各界对脱贫攻坚事业作出的巨大贡献；再如《这八年——精准扶贫在湖南》以湖南一地近年来在交通扶贫、产业扶贫、易地扶贫搬迁等方面所取得的显著成果，充分诠释了在全国各地落地开花、产生实效的精准扶贫这一重要举措。

社会现实题材网播电视纪录片2021年共上线播出50部、同比增长近五成。尽管数量上相较同题材网络纪录片（118部）仍有较大差幅，但整体质量较为优异，13部作品入选2021年度总局推荐的优秀国产纪录片片单。具体来看，以不同领域的人物故事切入，挖掘其背后的思想力量和精神力量是该类作品最为典型的内容特征。其中，人民警察、医护群体、病患群体是较多作品关注的对象，如《大城无小事·城市真英雄2021》《我是警察·小沙和老李》《雪域戍边人》分别聚焦刑事犯罪侦查及经济犯罪侦查、社区治安管理、边境地区治安秩序维护等不同职能的警察群体，展现投身公安事业的他们为守护社会安定所做出的担当作为与无怨无悔。

文化艺术题材网播电视纪录片2021年共上线播出50部，同比增长4倍以上，是增幅最为明显的题材。相较同题材网络纪录片，这些作品在本土文化的呈现上更具全球视野，具体表象包括以具有代表性的世界遗产为记录对象、注重引发不同文化背景下观众的情感共鸣、旨在体现中华文明拥抱世界的开放姿态等。如《大足石刻：石头上的世界》首次将坐落在重庆的世界八大石窟之一——大足石刻，同其他世界文化遗产相对照、联系，不仅更显其无穷魅力，还让更多海外观众更易接受理解其所蕴含的独特意义。此外，该题材部分作品还尝试了一些创新表达，如《典故里的科学》采用动画展示结合情景再现的多样手法，以当代视角对传统文化进行了深入挖掘。

自然地理是2021年网播电视纪录片与网络纪录片作品数量最为接近的题材，全年上线播出相关作品26部，是2020年（9部）的近3倍。相比同题材网络纪录片，该类作品在保持以展现我国在生态文明建设方面一直所践行的人类命运共同体理念为侧重点的基础上，更多地体现出了本土性。一方面是制作上基本均为国内机构完成拍摄产出，另一方面是主题落脚点更多放在了中国独有生态景观和珍稀的野生动植物，如《国家公园：野生动物王国》《青海·我们的国家公园》《祁连山国家公园》均以10个中国国家公园为记录对象，从不同角度切入展现了人与自然和谐共生的美丽生态画卷。

4.3.3 制作传播

4.3.3.1 制作主体

与网络纪录片制作来源丰富、各方主体相对均衡不同，网播电视纪录片制作层面呈现出以各级电视台为主要供给的局面。2021年，各级电视台参与制作（含出品）的网播电视纪录为142部。其中，央视参与了63部，参与形式以既出品又制作为主；省级卫视参与了77部、地市级电视台参与了6部，且均以制作为最主要的参与形式。此外，2021年上线播出的网播电视纪录片中，还有8部作品具有中外合作的制作背景，涉及14家国外制作机构。

（单位：部）

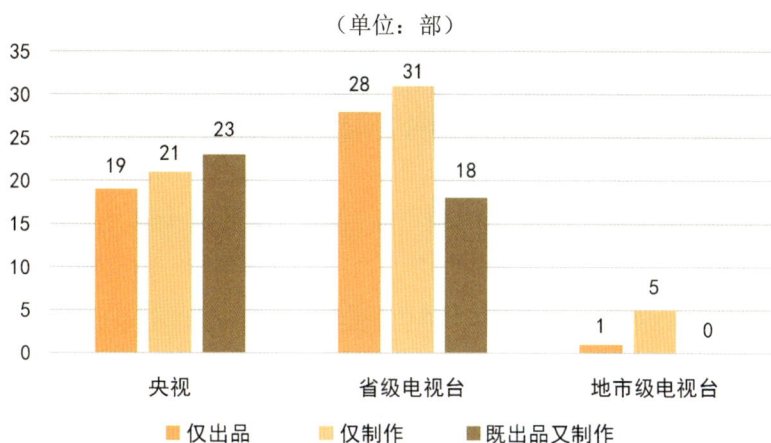

数据来源：监管中心统计数据2022.1　　国家广播电视总局监管中心

图4.3.3.1　2021年网播电视纪录片各级电视台参与形式统计

4.3.3.2　传播分析

2021年，网播电视纪录片的排播模式仍以先台后网（257部）为主、以台网同播（10部）为辅，且先台后网作品占比由2020年的81%继续上升至96%。电视播出方面，以央视各频道为最重要的渠道，有超过六成的作品仅在央视播出、一成左右的作品既在央视也在省级卫视播出。网络传播方面呈现出三大特点：一是体量差距明显，最头部的bilibili（175部）、央视网（150部）两家平台传播量是其他平台的3倍以上；二是传播平台有所丰富，包括荔枝网、咪咕视频在内的越来越多的广播电视台官方网站、商业视听网站继续丰富网播电视纪录片的传播渠道；三是移动优先趋势明显，越来越多的电视纪录片通过央视频、西瓜视频、学习强国等移动客户端走近网络受众。

（单位：部）

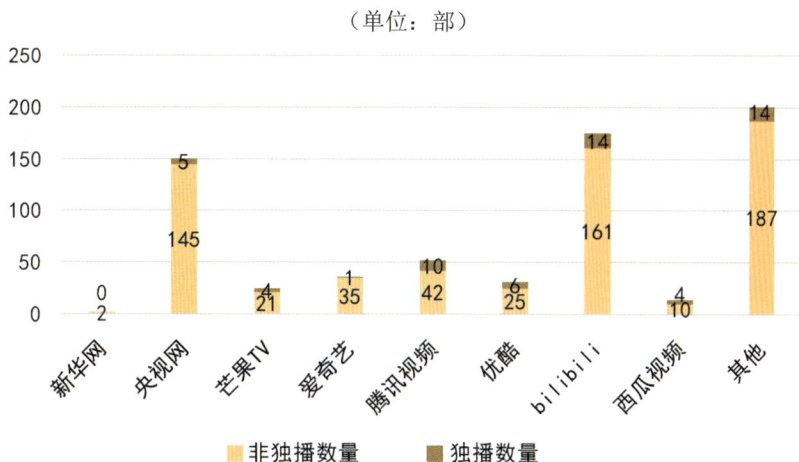

数据来源：监管中心统计数据2022.1　　国家广播电视总局监管中心

图4.3.3.2　2021年网播电视纪录片各网络视听平台上线数量统计

4.3.3.3　焦点图推荐

芒果TV、爱奇艺、腾讯视频、优酷4家网络视听平台2021年通过网页端、移动端的首页焦点图推荐网播电视纪录片共计19部、占总量的7%，相比网络纪录片同期数据（61部，16%）均有较大差距。其中，腾讯视频两端推荐作品数量均为上述4家平台之最，这一情况与网络纪录片相同；芒果TV推荐总量次之，且偏好文化艺术题材以及两端同时推荐的方式；优酷推荐总量并列第二且所涉题材最广，但推荐渠道仅限于移动端；爱奇艺推荐总量最少，美食题材获推频率相对较高。

（单位：部）

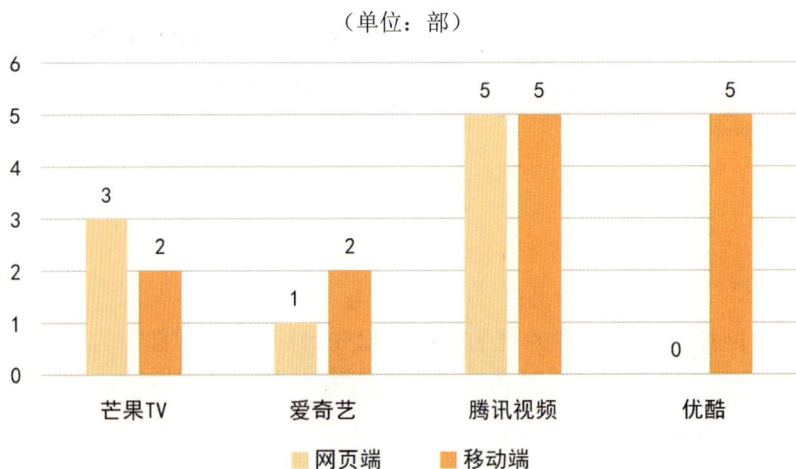

数据来源：监管中心统计数据2022.1　　　　　国家广播电视总局监管中心

图4.3.3.3　2021年四家网络视听平台首页焦点图推荐网播电视纪录片作品数量统计

4.4　网播纪录电影

2021年，网播纪录电影共上线播出10部作品，相比2020年（13部）略有减少。

表4.4　2021年上线播出的网播纪录电影列表

序号	片名	内容类型	网络播出平台
1	武汉日夜	疫情防控	爱奇艺、1905电影网
2	爱我长城	建党百年	乐视视频、咪咕视频、PP视频
3	往事如昨	社会现实	乐视视频、咪咕视频、PP视频
4	岁月在这儿	建党百年	爱奇艺
5	九零后	历史	爱奇艺、腾讯视频、bilibili
6	风筝·风筝	文化艺术	爱奇艺
7	大学	社会现实	爱奇艺、腾讯视频、优酷、bilibili、乐视视频、咪咕视频
8	天工苏作	文化艺术	bilibili
9	龙虎武师	文化艺术	爱奇艺
10	一直游到海水变蓝	历史	爱奇艺、优酷、bilibili、乐视视频、咪咕视频、PP视频

数据来源：监管中心统计数据2022.1　　　　　　国家广播电视总局监管中心

　　内容方面，2021年上线播出的网播纪录电影共涉及5种题材，其中文化艺术（3部）最多，建党百年、历史和社会现实次之，均为2部。值得一提的是，《风筝·风筝》《龙虎武师》两部文化艺术题材作品均聚焦中国电影从业人员台前幕后的动人故事，充满情怀。此外，还有部分作品彰显出记录历史、弘扬时代精神的责任感，如《岁月在这儿》回溯了新中国成立以来的难忘瞬间、《爱我长城》讲述了老一辈革命家的感人故事及其传承的长城精神、《武汉日夜》聚焦白衣逆行者并弘扬了其所承载的伟大抗疫精神。

（单位：部）

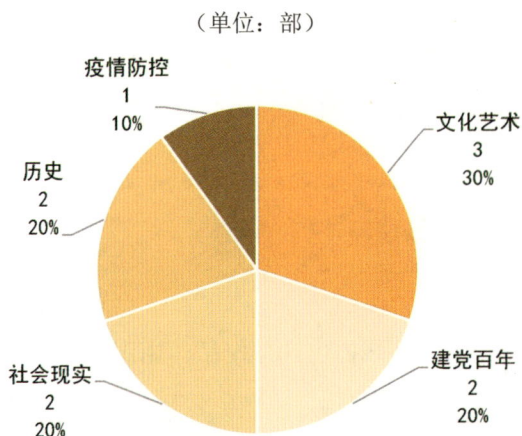

数据来源：监管中心统计数据2022.1 　　　　　　　　　　　国家广播电视总局监管中心

图4.4（1）　2021年网播纪录电影各题材类型上线数量统计

制作方面，这些作品有半数均具有网络视听平台参与合作的制作背景，合作形式以参与出品为主；其中爱奇艺表现最为活跃，共涉及3部作品。此外，网台合作产出的作品有3部，共涉及5家广播电视台，如《武汉日夜》由央视电影频道、湖北广播电视台、武汉广播电视台共同参与生产。

传播方面，多平台播出作品为6部，独播作品为4部；播出节奏以网院同播（7部）为主，先院后网的作品为3部；传播作品数量最多的平台为爱奇艺，共7部，包括3部独播作品。从传播效果来看，多部作品受众反馈良好，如《九零后》《龙虎武师》均获得了8分以上的豆瓣评分、《武汉日夜》相关微博话题阅读量高达55亿。

（单位：部）

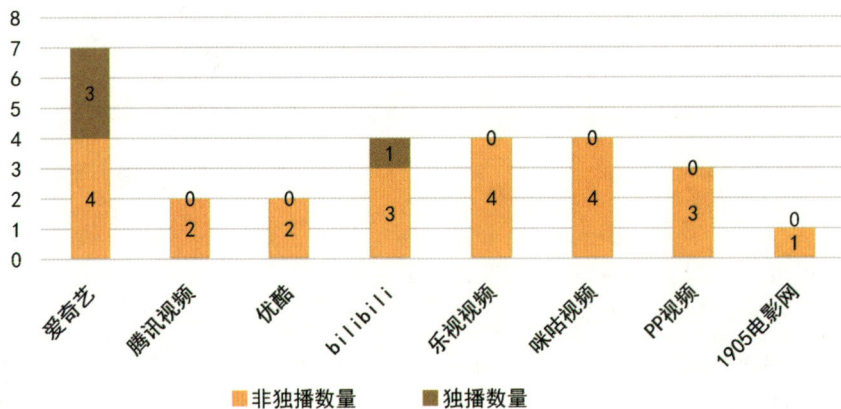

数据来源：监管中心统计数据2022.1 　　　　　　　　　　　国家广播电视总局监管中心

图4.4（2）　2021年网播纪录电影网络播出平台数量统计

4.5　年度代表性作品点评

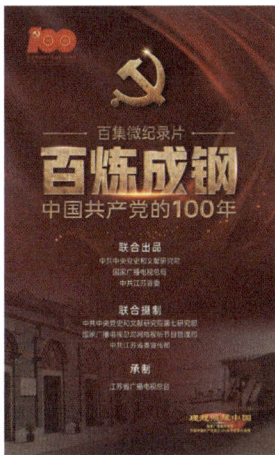

《百炼成钢：中国共产党的100年》

上线时间： 2021年3月30日

类型： 建党百年

总编导： 张军锋、曹海滨

集数： 100集

集均时长： 8分钟

在线播出平台： 央视网、央视频、芒果TV、爱奇艺、腾讯
视频、优酷、bilibili、西瓜视频、咪咕视频、
搜狐视频

　　《百炼成钢：中国共产党的100年》是由国家广播电视总局、中央党史和文献研究院、江苏省委联合出品，江苏省广播电视总台承制的党史学习教育题材微纪录片。该片每集撷取中国共产党在革命、建设、改革、新时代四个时期中的重要事件，讲述党史故事、介绍党史人物、普及党史知识。该片用生动讲好中国共产党故事的有益探索和尝试，为配合全党开展党史学习教育提供了权威生动的影视教材。

　　该片各集虽体量短小，但结构紧凑、内容丰富、思想深刻，通过丰富翔实的史料档案、感人至深的红色故事全景再现了中国共产党矢志践行初心使命、筚路蓝缕奠基立业、创造辉煌开辟未来的百年历史。"二七"罢工运动中视死如归的革命烈士，老渔阳里和南湖游船等见证峥嵘的红色故地，以及井冈山精神和长征精神等历久弥新的宝贵精神财富，这些从具象到抽象的红色资源既令所述故事愈加真实可感，又深刻回答了中国共产党为什么"能"、马克思主义为什么"行"、中国特色社会主义为什么"好"的重大历史命题。

　　该片强化艺术表达，注重引发受众情感共鸣、思想共振。一方面在叙事手法上讲求悬念感与连贯性，引人入胜，每个故事均以背景简介与提出疑问开篇，随着一位位踌躇满志的党史人物、一个个充满活力的进步团体纷纷登场，故事脉络逐渐清晰，开篇疑问也随之明朗。另一方面，视听素材丰富、形式多样、现场感强，有效运用实景拍摄、情景再现和动画演示相结合的方式高度还原了中共一大会议、南昌起义等多个具有重要意义的党史场景，并创新使用动态沙画的形式对李大钊"喜欢留着两撇黑胡子、戴着一副圆框眼镜"等人物细节进行了充分补充，拉近了普通观众与厚重党史之间的心理距离。

此外，该作品积极发力全媒传播，突出移动优先，在江苏卫视播出后，陆续登陆芒果TV、爱奇艺、腾讯视频、优酷、bilibili等主要视听网站以及抖音、快手、西瓜视频等短视频平台，形成网上网下联动的传播格局，取得良好传播效果。

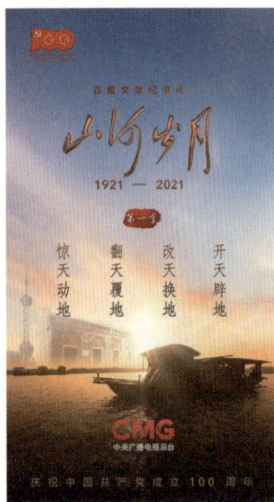

《山河岁月》

上线时间： 2021年5月18日

类型： 建党百年

总导演： 王建国

集数： 44集

集均时长： 25分钟

在线播出平台： 央视网、央视频、芒果TV、bilibili、咪咕视频

《山河岁月》是由中央广播电视总台出品的百集文献纪录片。该片精心选取中国共产党历史中的一百个重大事件、关键场景、重要人物等，全景式展现中国共产党栉风沐雨、砥砺前行的百年历程，生动诠释中国共产党人为人民谋幸福、为民族谋复兴的初心使命。

该片按照党史的不同时期分为四季，以时间为整体框架，每一集精选一个主题，通过重要事件和人物故事的渐次展开，以点带面推动整体进程，让整个纪录片的叙事风格既有厚重的历史感又有灵动的故事性，相得益彰，不落窠臼。与此同时，片中将百年党史中筚路蓝缕、奠基立业的伟大篇章娓娓道来，不时切换镜头展现今日中国的美丽繁华，让历史与现在互为交织，引领观众感悟今天的美好生活来之不易。

《山河岁月》深入挖掘百年党史中有过突出贡献的人物，通过多方位展示历史人物的照片、影像、手书等，配合人物亲属、专家学者的采访，形成历史背景和深入解读的融合表达，让历史人物形象变得更加鲜活起来。毛泽东上万字的读书笔记、陈望道翻译的《共产党宣言》中译本，书写了共产党人的孜孜求索；对毛泽东、朱德、叶挺、张闻天等先辈后人的讲述，展现了亲人眼中不一样的伟人形象。该片除了采用大量珍贵的文物文献和历史影像，还拍摄了大量红色历史旧址、名人画作，合理运用影视作品片段、绘制沙画等形式，让百年党史更加具象化、立体化。真实还原了历史场景，提升了节目的影像质感和叙事张力，为观众建立起更加直观的感官和情绪体验。让观众跟随镜头回到历史的发生现场，实地探访革命旧址。

该片除了在央视综合频道、中文国际频道等电视台播出外，央视频、央视网等新媒体平台也同步推出。微博相关话题阅读量逾1亿次，片中的精彩片段和图片在微博热传，引发网友热议。

《山河岁月》讲述建党百年气壮山河、风云岁月的非凡历程，呈现英雄先烈前仆后继的革命征途，展现中国共产党人为人民谋幸福、为民族谋复兴的初心使命，用影像为庆祝中国共产党百年华诞增添了浓墨重彩的一笔。

《小小少年》

上线时间：2021年3月10日

类型：社会现实

导演：孙超

集数：6集

集均时长：60分钟

在线播出平台：爱奇艺、bilibili

《小小少年》由bilibili出品，北京五星传奇文化传媒股份有限公司、北京中青盛世传媒文化有限公司联合摄制。该片通过对多位"痴迷"于自然、科技、艺术、运动等不同领域少年的跟踪拍摄，真切质朴地记录下他们对自己所热爱事物的追寻过程与探索经历。围绕着少年成长、家庭教育等热点话题，全片以相对冷峻客观的态度，为观众突破传统思维、引发全新思考提供了充足空间。

该片聚焦的是一批在生活中被誉为"天才"的少年，但内容上有意避开了他们展现天赋的高光时刻，而是回归其平凡生活，以从结果倒推原因、从现象剖析本质的探究式逻辑冷静观察、客观记录。在影画表现方面，该片并不以"上帝视角"审视片中少年或是对其轻下论断，不采用任何旁白或解说，以冷峻客观的态度仅作观察式记录、留下启发受众思考的空间。正是在这样的大前提下，作品中少年们登上舞台、绽放光芒的励志故事全然没有"鸡汤"式的落俗观感，而是因其背后异于常人的努力付出和家人们充满爱的合理引导变得富有内涵、耐人寻味。如长在猪肉铺的小云儿自幼展现出对舞蹈的热爱和天赋，仅靠模仿视频就能将高难度动作学得有模有样，但真正进入专业学习后并没有因此收获一夜成名的奇迹；但她并未放弃，不论在猪肉铺里抑或是病床上她都时刻坚持着不懈训练，最终得以圆梦，登上了央视大舞台。再如面对痴迷各种昆虫的儿子，殷然妈妈并不像不少普通家庭的父母，对这个"恶心又害怕"的"癖好"表示不理解或极力反对，而是秉持着"与其旁观，不如一起玩"的想法，选择与儿子一同趴在地上观察昆虫举止、为昆虫清理家园等，用理解和陪伴给予孩子最大的尊重和鼓励。

《小小少年》关注社会热点议题，以一群看似小众的"天才少年"为样本，却成功引发了大众关于子女养育、亲子关系乃至社会评价体系等一系列话题的广泛讨论，是一部较具启发意义的社会现实题材网络纪录片。

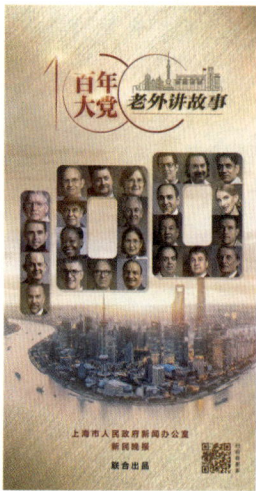

《百年大党：老外讲故事》

上线时间：2021年4月7日

类型：建党百年

导演：王向韬

集数：100集

集均时长：3分钟

在线播出平台：爱奇艺、腾讯视频、优酷、bilibili、西瓜视频、好看视频

《百年大党：老外讲故事》是由上海市人民政府新闻办公室与《新民晚报》联合出品的网络微纪录片。该片每集邀请一位在沪生活多年的外国友人，用每集三分钟的微纪录片形式，以第一人称视角讲述他们在中国的所见所闻，呈现我国经济社会发展取得的巨大成就，并结合他们的亲身感受，阐述党的坚强领导是造就"中国奇迹"的关键。

该片的采访对象来自英国、美国、澳大利亚等多个国家，广泛涉及商贸、学术、文艺、体育等行业，其中不乏两次获得奥斯卡奖的英国知名导演柯文思（Malcolm Clarke）、巴西足球明星奥斯卡（Oscar dos Santos Emboaba Júnior）等在海内外具有较高知名度和影响力的人物，并且片中邀请的采访外国友人，均在中国有较长的工作生活经历。他们在节目中对中国经济社会发展和中国共产党在其中发挥重要作用的介绍与评论，均结合其真实经历、切身感受，因而极具说服力。比如，英国导演柯文思（Malcolm Clarke）在提及新冠疫情防控时以温和、冷静的语气评论称："我们的政府过于短视、或者过于傲慢，不愿意学习中国的经验。在过去一年我在中国经历了三次隔离，深切体会到预警措施的完整程度和防疫体系的反应程度。"此外，该片部分集还就西方国家对我的偏见进行了有针对性的回应。如来自丹麦的企业家李曦萌（Simon Lichtenberg）用流利的汉语介绍了自己自1987年以来在上海的生活和创业经历，随后细致介绍了目前当地政府"店小二理念"等服务企业的努力，并评论称："近几年国外有很多媒体做了很多关于中国的负面报道，主要是说中国政府太强。我不这么认为。中国没有要把有中国特色的社会主义在哪里哪里用（推广到世界），中国是在管自己的事情。中国是一个发展中的国家，没有一个很强的政府，没法让中国那么快做起来。"

在庆祝中国共产党成立100周年之际，《百年大党：老外讲故事》借嘴说话，讲好了故事，是一部网络视听献礼建党百年的匠心之作。

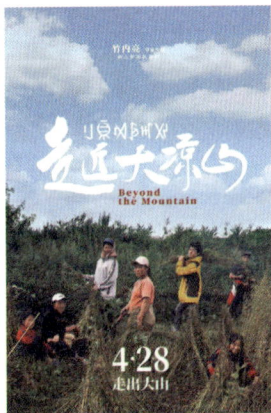

《走近大凉山》

上线时间： 2021年4月28日

类型： 脱贫攻坚·全面小康

导演： 竹内亮

集数： 1集

集均时长： 52分钟

在线播出平台： 芒果TV、爱奇艺、腾讯视频、优酷、bilibili、西瓜视频

《走近大凉山》由解读中国工作室出品，南京和之梦文化传播有限公司制作、日本导演竹内亮执导，配有中英文双语字幕、日语后期解说。该片以竹内亮的旅行体验为脉络，将其亲眼所见的、发生在四川省凉山彝族自治州的脱贫故事娓娓道来，揭示着大凉山已经发生以及正在发生的深刻巨变。全片朴实无华却又充满温情，有据有力地向全世界分享着脱贫攻坚历程中的中国经验和中国智慧。

该片所记录的是大凉山人民当前最为日常的生活图景，但因有了竹内亮十年前在该地的所见所闻作为对照组，便形成了异常直观的对比效果，脱贫攻坚过程之艰难、决胜之伟大也在这样的对比中自然凸显。片中，便民服务的大力推行，让大山深处的村民足不出村就能享受便利的金融服务；易地搬迁和产业扶贫政策的综合实施，不但让悬崖村等地的乡亲们走进城市、改善了居住条件，更以开办劳动技能培训班的形式帮助着他们融入城市生活；因地制宜加上多方支持的大环境下，志智双扶理念落地为外籍教练、专业设施的足球学校建设。这些看似再普通不过的日常记录，暗含着当地十年间翻天覆地的巨大变化，也洋溢着令人感同身受的质朴纯真。

值得一提的是，该片所具有的调研式、行进式创作风格赋予了本片强烈的感染力，令人眼前一亮。开篇，一列绿皮火车缓缓驶入站台，观众们便跟随镜头开启了一场大凉山之旅；一路上，样态原始的耕种场景、热情好客的彝族同胞相继映入眼帘；随后，在列车上、在田间地头、在学校的足球场边，竹内亮与当地人简单轻快地对话着，话家常般进行着一场关于大凉山脱贫攻坚的田野调查。

《走近大凉山》以亲历者的身份分享着关于贫困乡村过去和今天的故事，从外籍友人的视角记录着大凉山各族群众脱贫减贫、同奔小康的生动场景，充满感染力和说服力，是一部受到海内外网民广泛好评的网络纪录片。

《新兵请入列》

上线时间：2021年6月2日

类型：社会现实

导演：赵云泽、张鑫

集数：7集

集均时长：38分钟

在线播出平台：央视网、腾讯视频

《新兵请入列》是一部由央视网、腾讯视频联合出品的军旅题材纪录片。该片别出心裁地聚焦一群刚刚入伍的"00后"义务兵，以真实细腻的镜头记录了他们从初来乍到、懵懂无知的"新兵蛋子"，成长为保家卫国的海陆空三军战士的蝶变。以年轻化的话语方式书写了有笑有泪、有热血亦有疼痛的新兵日记。180天的记录留给观众的是关于成长与责任的深刻思考，是新时代军人身上的坚守与担当，更是一堂令人刻骨铭心的爱国主义教育课。

该片在选材上跳出了传统军旅题材纪录片的窠臼，所记录的对象不是训练有素、整齐划一的雄壮之师，而是初来乍到、个性鲜明的00后新兵；不以重大历史事件作为叙事脉络，而是记录这些年轻平凡的个体180天的"魔鬼训练"，片中虽不见金戈铁马，却见证了海陆空三军新兵们脱胎换骨的蝶变，展现了新时代解放军战士青春热血以身许国的精神风貌。以生动写实的影像揭开军营生活的神秘面纱，展现军营故事里的人情味，挖掘小人物身上的可敬可爱，将宏大主题落地于平凡、鲜活的小人物小场景，为军旅这一相对小众的主题增添了不少亲和力，主观视角镜头的调用和人物采访的穿插等内聚焦叙事巧妙地拉近了作品与观众的距离，让主人公的真情实感自然流露，使观众更易产生代入感。该片吸引人之处还在于解说词巧妙化用网络流行语、使用年轻网民喜欢的调侃语气，十分贴合年轻观众喜闻乐见的话语形态，营造了生动活泼又"接地气"的效果。除网言网语外，解说词还体现了文采斐然、风趣幽默的特点，兼具文化感和"网感"，使画风不轻浮不"卖惨"，妙语连珠、雅俗共赏，摆脱了让观众审美疲劳"煽情"套路，与新兵们苦中作乐、先苦后甜的军营生活相映成趣。

在征兵季到来前夕，该片在央视军事频道、央视网、腾讯视频播出后取得了良好传播效果。该片通过记录一个个有血有肉真实的个体，将恢弘的军营生活拆解成了新兵们的热血成长故事，既有效传播了充满正能量的新时代人民军队之声，也为军旅主题的年轻化表达打开了新思路。

《我的时代和我 第二季》

上线时间： 2021年6月24日

类型： 社会现实

导演： 刘军卫

集数： 9集

集均时长： 45分钟

在线播出平台： 优酷

《我的时代和我 第二季》由优酷出品，三多堂传媒公司制作。该片聚焦谷爱凌、徐冰、崔宝秋等9位来自我国体育、艺术、科技等不同行业的佼佼者，通过对他们台前和幕后、成长与成功等多维度的对比式记录，以人物专稿形式探讨着个人际遇与时代机遇的话题，并入选国家广播电视总局庆祝建党100周年重点纪录片片单。

该片用长期近距离跟拍积累的大量素材呈现了9位代表性人物工作和生活的日常，重点呈现他们在面临受挫乃至变故时所坚持的顺应时代、追求梦想的精神力量。在世纪疫情的大背景下，这种精神力量尤为可贵、更具价值。如在《无限人生》分集中，彼时刚满16岁的滑雪运动员谷爱凌正在全力备战2022北京冬奥会，突如其来的新冠肺炎疫情打乱了她的所有计划，然而面对出行困难、无人指导、伤病风险、学业压力等多重困境，她展现出了超越年纪的良好心态和自律意识，传递出顽强拼搏、超越自我的振奋力量。

在制作方面，该片也可圈可点。首先，该片在全4K拍摄技术和精良后期制作的加持下，表现出了极具水准的电影质感，能够赋予受众审美享受；其次，该片擅用蒙太奇手法将长期跟拍和精心收集的大量素材穿插呈现，用故事化表达取代了时序单线的叙事逻辑，艺术性较强。如在《单刀赴会》分集中，围绕国足运动员武磊球场内外的故事多线并行，该片灵活调度插叙、倒叙、补叙等多种叙事逻辑，综合运用比赛同期声、身边人访谈、个人特写、影视资料、现场记录等丰富视听素材，将武磊作为球员、队友、丈夫、父亲等各个角色的形象立体呈现。不少网友评论："这个时代的代表人物，以最接近本我的形象出现，不再只有光鲜亮丽，还有迷惑伤痛。""看到了很多不同的优秀人物的生活，是部有质感的片子。"

《我的时代和我 第二季》通过展现人物对生活和职业的敬畏与热爱，引发了网友的广泛关注。该片所传达的积极向上的人生态度和时代精神，也激励着每一位正在观看该片、关注"我"们的时代个体。

《柴米油盐之上》

上线时间： 2021年7月15日
类型： 脱贫攻坚·全面小康
导演： 柯文思
集数： 4集
集均时长： 35分钟
在线播出平台： 腾讯视频

《柴米油盐之上》由国务院新闻办公室对外推广局、国家广播电视总局网络视听节目管理司指导，解读中国工作室、腾讯视频、福建省广播影视集团、深圳市宣传部出品，上海东注文化发展有限公司制作。该片以国际视角及富有创造力、感染力的话语表达，讲述了四个普通中国人圆梦小康的故事，生动真实、个性鲜明且振奋人心，形象而深刻地揭示了故事背后的中国经验与中国智慧。

该片深入乌蒙山区等地区，将镜头对准经历过贫苦岁月的年轻村支书、女货车司机、杂技演员、民营企业家等基层干部群众，通过实地跟踪采访，从多个侧面真实、客观记录全面建成小康社会战略对普通中国人生活的影响。片中，异地搬迁等扶贫政策改善了村民的居住条件，让深山里的孩子享受到了良好教育；物流运输业的兴盛，让全国人民都能体验到衣食住行的便利，也让出生在农村的年轻人走进城市、融入城市；优秀传统文化的弘扬，给民间艺术表演者提供了更大的人生舞台；乡村振兴等战略的提出，助推了民营企业快速成长，他们又反哺家乡，实现了共同富裕……这些发生在中国乡村、城市里的典型又"新奇"的日常，让世界观众真真切切地看到：全面建成小康社会的受益者是每一位普通中国人。

该片选取的拍摄对象都是各行各业的普通人，他们愿意袒露心声、展现真性情，即使有镜头存在，他们的行为、言语都显得诚实且感人。在人物采访中，该片巧妙地避开了"主题先行"的弊端，没有把特定的大背景强加于采访中，而是着重问询采访对象当下的感想，用他们的独白将故事的逻辑链条有机串联，增强了内容的可信度和感染力。《柴米油盐之上》前三集故事均以主人公的名字命名。正如片头以书写的方式一笔一画地将主人公的名字呈现在荧幕前那样，该片遵循着一种朴素的风格，将全面建成小康社会的宏大背景落地于一个个鲜活而完整的柴米油盐故事里。该片的亮点正在于此：不说教、不自夸，而是以人说事、以事释理、以情入心。于镜头转换之间、情节推进之际，引导观众感受人间烟火中的中国情怀。

《智慧中国 第三季》

上线时间：2021年12月19日
类型：科教
总导演：SAM GOSS
集数：3集
集均时长：44分钟
在线播出平台：bilibili

《智慧中国 第三季》是由bilibili与五洲传播中心联合出品的网络纪录片，配有中英双语字幕。该片深入探访多个堪称大国重器的中国科研基地，带领观众详细了解中国近年来的科学重器、科学成就以及科研成果，展现了令人惊叹的中国科技创新活力以及其背后令人钦佩的科学家精神。

该片分别以"保护地球""星际探秘""仰望深空"为主题，用三集篇幅逐层递进地展现着中国科学家对地球、外太空乃至整个宇宙的探索经历，以及中国在航天航空、人工智能、生物技术、信息技术等硬科技领域的硬核技术。为了达到更好的科学普及效果，该片在内容的呈现上力求元素丰富、深入浅出。该片以外籍嘉宾带领观众实地参观科研成果为主线，在实景记录中着重通过嘉宾与科学家的对话完成对科学原理的简单阐释。此外，该片还辅以数据呈现、动画演示等手法，客观形象地展示了中国在广泛领域所取得的前沿科学成果。如该片在介绍郭守敬望远镜的工作原理时，用形状相似的乒乓球"扮演"原子，通过动画演示方式直观表现量子力学基本概念；再如以"造福10亿人免于饥饿""其发电量总和是世界所有发电厂的3000多倍"的客观数据，具象体现我国研发、研制的超级水稻和超级电站对全世界所起到的重要作用。

值得一提的是，该片除了彰显我国为解决全球问题所展现的大国担当以外，还展示了中国科学家严谨笃学的科研态度和自强不息的科学精神。如天文光学工程师崔向群带领团队十年如一日地穿梭在理论演算与现场实验之中，始终坚持着顺境不惰、坚持逆境的初心使命；遗传分子学专家黎志康在被问到如何看待科学研究室，他铿锵有力地说道："好的科学应该受益每一个人。"

《智慧中国 第三季》致敬中国科学家和科学重器，并通过多种渠道走向了国际受众，是对全世界讲好中国故事的一次有益尝试。

5

网络动画片、网播电视动画片

5.1　主要数据一览和研究发现

2021年网络动画片、网播电视动画片主要数据表

类型	项目			数量（部）
网络动画片	网络动画片（狭义）	全年上线数量（广义）		359
		全年上线数量		188
		故事来源	原创动画片	68
			改编动画片	120
		制作方式	3D动画片	78
			2D动画片	108
			定格动画片	2
		播出频率	周播动画片	179
			日播动画片	5
			一次性上线动画片	4
		播出平台	独播动画片	149
			多平台动画片	39
		动画时长	单集时长3分钟以内的动画片（含3分钟）	40
			单集时长3分钟以上的动画片	148
		重点动画片		103
		续作动画片		68
		付费动画片		134
	动态漫画	全年上线数量		171
网播电视动画片	类别	全年上线数量		166
		制作方式	3D动画片	100
			2D动画片	62
			定格动画片	4
		播出平台	独播动画片	55
			多平台动画片	111

数据来源：监管中心统计数据2022.1

国家广播电视总局监管中心

节目体量有所增长。 2021年全网上线188部网络动画片，总时长38073分钟。总部数与总时长相比2020年分别小幅增加6%和4%。

（单位：部）

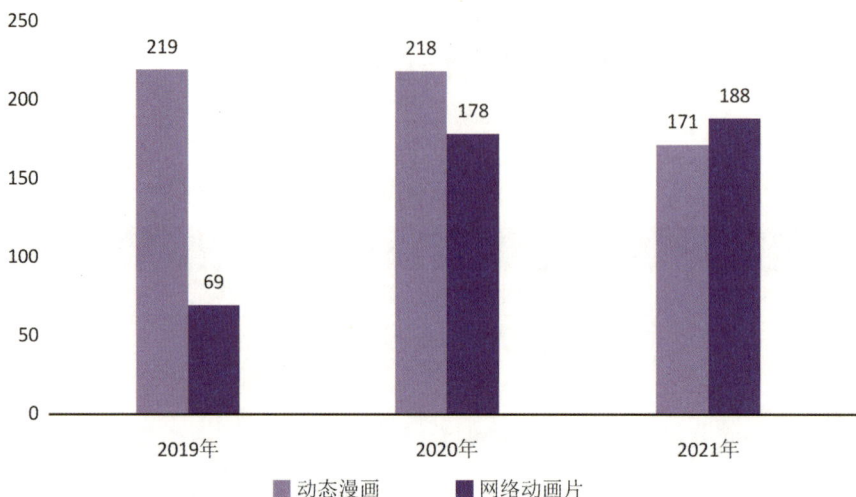

数据来源：监管中心统计数据2022.1　　　　　　　　　　　　国家广播电视总局监管中心

图5.1（1）　2019年至2021年网络动画片（广义）数量对比

（单位：部）

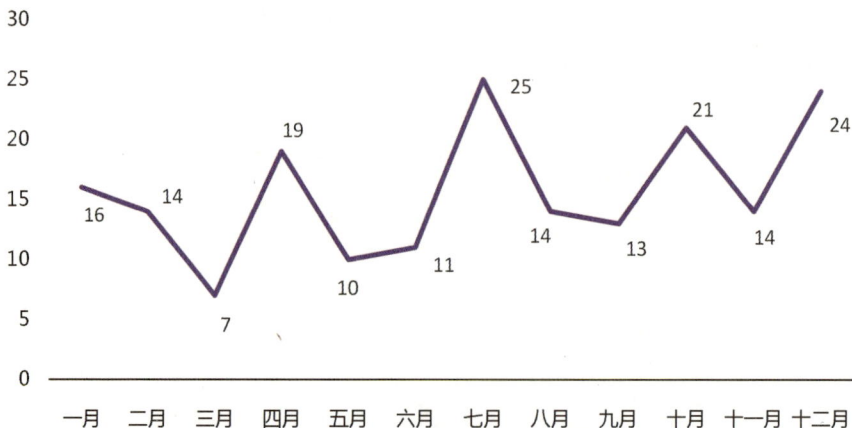

数据来源：监管中心统计数据2022.1　　　　　　　　　　　　国家广播电视总局监管中心

图5.1（2）　2021年网络动画片上线时间统计

独播比例进一步提高。 2021年的独播动画片共149部，占上线总数的79%，比2020年增加7个百分点。

（单位：部）

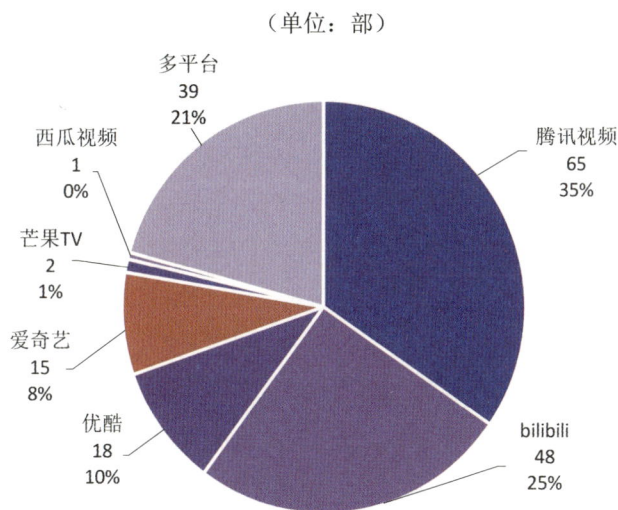

数据来源：监管中心统计数据2022.1

国家广播电视总局监管中心

图5.1（3） 2021年网络动画片播出平台统计

主旋律作品增多，影响力显著提高。网络动画片涌现出一批聚焦党史等主题主线、积极传递主旋律的作品。这些作品与时代同频共振，与现实社会深度链接，更具亲和力，更加精品化、年轻态，拓展了主旋律内容的表达方式，提升了主旋律内容的传播力、影响力。

优质"国风"作品不断涌现。2021年，在主管部门和相关政策扶持引导下，平台和制作公司纷纷加大力度挖掘和培育传统文化IP，更多具有中国内涵、中国元素、中式审美的网络动画片涌现出来，"国风"作品广受观众喜爱。

多种题材类型融合。网络动画片的题材保持多样化、分众化，并在细分基础上呈现多种题材类型融合的特征，尤其是在奇幻、科幻、情感等类型作品中，可见多元价值理念的传递探索。

平台自制、参与出品作品成为主流。2021年，头部平台持续发力IP开发，由头部平台主导、制作方多种形式参与制作的模式已成主流。各大平台更加深度地参与到动画IP的开发过程，与其他内容生产平台、制作机构共同打造重点作品。2021年，头部平台自制、参与出品的作品达116部，比上年增加51部。

IP改编作品占比上升。2021年IP改编作品共120部，占作品总数的64%，与2020年相比上升18个百分点。改编动画片内容来源中，改编自小说、漫画，先期拥有稳定受众群体的作品占比上升较大。

"出海"模式愈加成熟，国际化传播步伐加快。2021年，更多国产网络动画片探索全球发行。一批具有中国元素、彰显中国审美旨趣、呈现当代中国价值观念、反映全人类共同价值追求的优秀作品走出国门，收获了较好播出效果。

5.2 节目内容

5.2.1 概貌

2021年，网络动画片进入稳步发展期。全网共上线网络动画片188部，与2020年相比，总部数增长6%。同时，2021年独播网络动画片占上线总数的79%，与2020年的72%相比增长7个百分点，和2019年的52%相比增长27个百分点，独播网络动画片的占比逐年增大。

（单位：部）

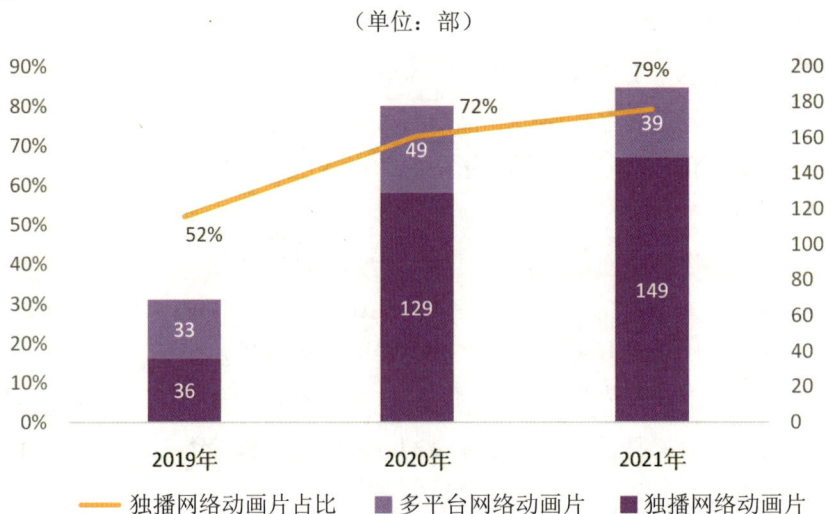

数据来源：监管中心统计数据2022.1

国家广播电视总局监管中心

图5.2.1 2019年至2021年网络动画片数量对比

表5.2.1 2021年部分关注度较高、影响力较大的网络动画片列表

序号	片名	题材	上线时间	播出平台
1	伍六七之玄武国篇	搞笑、冒险	2021.01.27	爱奇艺、腾讯视频、优酷、bilibili
2	凡人修仙传 燕家堡之战	玄幻、热血	2021.01.31	bilibili
3	万界奇缘 第一季	玄幻、冒险	2021.02.17	爱奇艺
4	狐妖小红娘 两生花篇	情感、玄幻	2021.03.26	腾讯视频

序号	片名	题材	上线时间	播出平台
5	斗破苍穹 第四季	玄幻、热血	2021.03.28	腾讯视频
6	拾忆长安·明月几时有 第二季	古风、情感	2021.04.15	芒果TV、bilibili
7	两不疑	情感、搞笑	2021.04.21	bilibili
8	天宝伏妖录 第二季	玄幻、励志	2021.04.25	bilibili
9	画江湖之不良人 第四季	奇幻、冒险	2021.04.29	腾讯视频
10	时光代理人	奇幻	2021.04.30	bilibili
11	眷思量之烟霞海客	玄幻、冒险	2021.06.14	腾讯视频
12	元龙 第二季	玄幻、热血	2021.07.03	bilibili
13	少年歌行 风花雪月篇	热血、古风	2021.07.28	优酷、bilibili
14	魔道祖师 完结篇	玄幻、古风	2021.08.07	腾讯视频
15	一人之下 第四季	玄幻、搞笑	2021.09.24	腾讯视频
16	邪王追妻3：神女归来	穿越、情感	2021.09.29	爱奇艺
17	斗罗大陆之小舞复活	玄幻、奇幻	2021.11.13	腾讯视频
18	新秦时明月之百步飞剑	奇幻、武侠	2021.11.25	优酷
19	冰火魔厨	奇幻、魔幻	2021.12.11	优酷
20	风起洛阳之神机少年	奇幻、悬疑	2021.12.17	爱奇艺

数据来源：监管中心统计数据2022.1

国家广播电视总局监管中心

5.2.1.1 主旋律作品数量增多，传播效果良好

2021年，围绕"建党百年""乡村振兴"等主题，网络动画片涌现出多部聚焦党史等主题主线、积极传递主流声音的作品。这些作品与时代同频共振，与现实社会深度链接，通过生动有趣的动画语言让主旋律作品更具亲和力，主旋律内容的传播力、影响力不断提升。

主旋律作品更加精品化、年轻态，在题材、制作等方面尝试以青春化表达激发网民强烈共鸣。《血与火：新中国是这样炼成的》以年轻观众喜闻乐见的微动画片形式，还原中国共产党成立到新中国成立二十八年间的代表性历史事件，让党史故事可亲、可敬、可信。《那年那兔那些事儿 党史课》在系列IP的基础上，以爱国主义铺陈底色，重温百年风雨路，深入刻画党领导人民走过的百年奋斗历程，以生动故事展现苦难辉煌的党史，传递浓厚爱国情怀。《写给家乡的三行诗》关注社会转型期的"乡土情结"，将个体层面的乡愁话题融入社会层面的乡村振兴建设浪潮，用温情故事讲故乡发展，通过发掘普通人物的闪光点，凸显青年群体的先锋力量，兼具主旋律表达与动画特有的观赏性。

在媒体融合环境下，主旋律动画片借助短视频等平台实现立体化传播，形成大小屏互动、融合，进一步提升传播力、影响力。如《血与火：新中国是这样炼成的》充分发挥小体量、碎片化传播的优势，在抖音、快手、西瓜视频等短视频平台播出，全网总播放量超2.8亿次，微博相关话题"新中国是这样炼成的"阅读量超1.4亿次，取得了良好传播效果。

5.2.1.2 精品内容持续涌现

2021年，网络动画片在主旨立意、故事表达、制作手段等方面表现亮眼，精品佳作频出。《伍六七之玄武国篇》《眷思量》《枕刀歌》《民法漫游记》等一批制作精良的作品上线播出，形成了网络动画片独树一帜的风格，引发了广泛的讨论。

《民法漫游记》紧跟社会热点，以《西游记》为创作基础，将重要法条与民生实际相结合，挑选热点条款解释改编为独立剧集，通过生动、幽默的可视化语言向社会公众，尤其是青少年群体进一步普及《民法典》。《枕刀歌》主打中式写意武侠风格，描述了快意恩仇、侠义当头的江湖故事，以张弛有度、种类繁多的动作画面为特色，展现中国武侠的独有动作美感。《伍六七之玄武国篇》延续了系列IP的简洁独特画风，与时俱进对社会热点针砭时弊，将武侠风与科幻元素巧妙地结合起来。

这些网络动画片制作精良、内涵丰富，取得了较好的传播效果。播放量方面，《伍六七之玄武国篇》《眷思量》全网播放量均达3亿，《眷思量》上线首日播放量破千万。口碑方面，上述作品的豆瓣评分基本保持在8.0以上。传播影响方面，不少作品获得主流媒体、网民自发讨论、转载和推荐，《伍六七之玄武国篇》《枕刀歌》等播出期间，作品相关词条均登上社交平台热搜榜，相关微博话题阅读量均破亿。

5.2.1.3 国风作品风潮更劲

2021年，更多具有中国内涵、中国元素、中式审美的网络动画片涌现出来，成为广受观众喜爱的"国风"作品。在主管部门和相关政策扶持引导下，更多平台和制作公司纷纷加大力度进行传统文化IP的挖掘和培育，推动"国风"风潮更加强劲。

此类作品往往取材于经典传统文化故事，巧妙地将中华美学精神与动画审美相融合，持续获得广大观众尤其是年轻观众的喜爱。古风质感的画面和台词叙事，蕴含并传递出一脉相承的传统价值观念。如《枕刀歌》讲述对江湖的感悟和人生的感知，点出"侠之大者，为国为民"的家国情怀。《秘宝之国》讲述数据界修复师与秘灵合力修复文物、找寻失落记忆的故事，通过秘灵记忆的恢复再现传奇历史，赋予历史文物以全新生命力，唤起观众对传统文化的珍惜与怀念之情。

在形式上，此类作品的人物造型、场景设计、背景音乐等均展现中国古典美。如《白月儿》借鉴传统国画审美，呈现雅致的水墨风格画面，借画面、声音的留白体现意境之美。《眷思量》的故事背景参考南北朝时期，从主角到配角皆使用极具中式传统审美的建模，具有独树一帜、辨识度高的中式美学风格。

5.2.1.4　创新表达方式，讲好中国故事

2021年，网络动画片在理念、内容等层面不断创新，贴合新的时代语境，创新叙事方式，将当代流行元素融入动画表达，增强作品的感染力和穿透力，提升作品的美学价值、文化内涵和观众美誉度，持续探索中国故事新表达。

网络动画片更加紧跟时代步伐，饱含人文情怀，在描绘日常生活和个体命运中展现当代青年的精神世界，探讨新时代下的人生价值，引发不同年龄群体共情。《我是大神仙 铸灵篇》围绕主角的梦想和成长展开，运用更成熟写实的风格为动画角色建模，贴合故事的整体走向，注重动画中角色的不断成长。《李林克的小馆儿》讲述退伍老兵在胡同开小餐馆的故事，将不同阶层人群的真实生活浓缩在烟火气十足的餐馆中，展现喧嚣城市生活中的温暖和治愈。

2021年，网络动画片从历史资料、典籍传说等经典传统文化故事中广泛取材，感受历史脉搏、生命光彩，持续助力传统文化创造性转化。同时，充分发挥动画片更适宜"造梦"的优势，融合现实主义和浪漫主义，探索打造更多经典国产动画IP。《中华优秀传统文化系列动画片》《西行纪 宿命篇》《春秋封神》等作品，均在原著的基础上进行二次创作，更符合现代观众审美取向，呈现出精彩纷呈的中国故事。

5.2.1.5　女性视角叙事作品增多

2021年，更多作品尝试打破常见的男性视角叙事方法，从女性角色的所思所感出发，搭建丰富多元的叙事结构，视角广、有新意，受到网民的普遍认可。

在内容主题方面，此类作品更多关注女性角色本身以及两性关系等，充分发挥动画片可以展现丰富想象力等优势，联动二次元世界和现实世界，增加作品的新意和亮点。如《只好背叛地球了》讲述平凡的地球女孩陆凡与土星人"土帅"在恋爱中拯救世界的故事，生动描绘了恋爱中的少女情怀，使作品更具趣味性和可看性。

在人物塑造方面，此类作品精准刻画女性角色，注重人物情感表达，打破女性群体常见的脸谱化、标签化，以平等独立视角塑造出许多令人印象深刻的女性形象。如古风作品《眷思量》用细腻的影视化叙事手法铺陈剧情，塑造出独立善良的女主角屠丽形象。《两不疑》讲述皇帝和皇后因互换身体逐渐产生爱意的故事，片中的皇后徐钰不同于以往古风动画片中或温婉或狠毒的常见皇后形象，而是一个能征能战、英气逼人的爽朗女性。

5.2.2 题材类型

2021年，网络动画片的题材保持多样化、分众化特征，搞笑、玄幻、奇幻类题材占比最大，武侠、美食、科幻、游戏等元素深受年轻群体喜爱。作品中融合成长、梦想、社会责任、家庭等多个主题，表达多元价值理念，呈现热血奇幻、神话传奇、悬疑推理等多种类型融合的节目特性。

（单位：部）

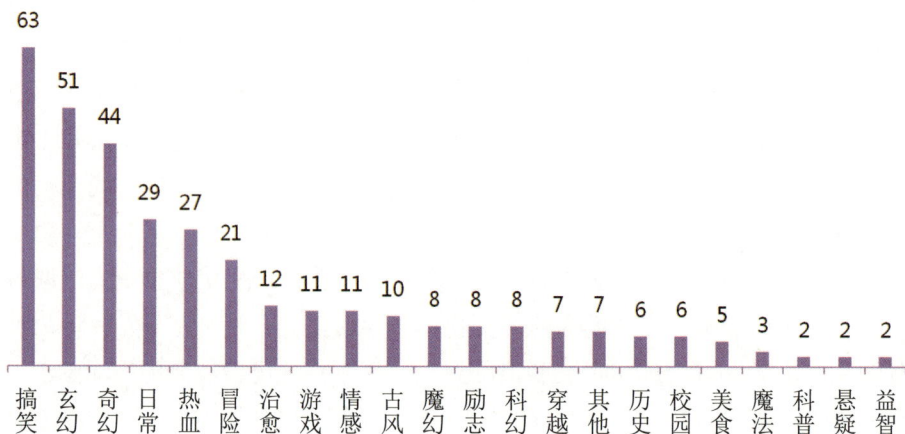

数据来源：监管中心统计数据2022.1　　　　　　　国家广播电视总局监管中心

图5.2.2　2021年网络动画片元素题材统计

5.2.2.1　玄幻·受众群稳定

2021年含玄幻元素的作品共51部，占全年上线总数的27%，较2020年占比增加11个百分点。其中47部为IP改编作品，占比超九成；27部为续集作品，占比过半。大部分作品篇幅较长，单集时长在15分钟以上的作品有37部，占比超七成。

此类作品常与热血、冒险、穿越等元素相结合，以惊险刺激的情节和快节奏的叙事吸引受众。如《元龙 第二季》讲述王胜来到无忧城中做生意，暴露身份后与五大家以无忧城为棋盘展开对弈，作品中融合"枪战""穿越"等流行文化元素。《流星幻剑》讲述身负重要秘密的少年叶不归知道自己身世后试图保护世界的故事，展现少年在追逐梦想和个人价值认同的过程中，思考对天下苍生的责任感和使命感，受到青年群体的认同和喜爱。

由于这些作品基本为小说改编和漫画改编，剧本IP充足，潜在受众稳定，加之动画公司拥有较为稳定的创作量产能力，以《凡人修仙传》《完美世界》等为代表的过半数玄幻类动画作品已实现续作开发。

5.2.2.2　搞笑·多元素融合 轻松活泼

2021年含搞笑元素的作品共63部，占全年上线总数的34%，与2020年相比占比减少18个百分点。其中34部为原创作品，44部为非续集作品，展示出此类作品的较强原创性。大部分作品短小精悍，单集时长在5分钟以内的作品有42部，占比超六成。

此类作品在日常、游戏等题材中加入搞笑元素，整体氛围轻松幽默，有稳定的受众群。有的作品以普通人的日常生活为主要内容，引起青年群体的共鸣，如《SOS！超危职场人》《三三的生活果然有问题》等。有的作品将时下热门的游戏与动画相融合，创作出与游戏内容相关的原创情节，收获稳定受众，如《吃鸡大作战 第四季》《没出息的阴阳师一家 第三季》等。有的作品将动物拟人化，角色可爱、呆萌，能够很好地拉近与观众的距离，2021年超过20部作品中的主角为可爱、治愈的动物，如《水豚汤馆》《手机里的浣熊小镇》《小狮子赛儿》等。

5.2.2.3　日常·短小精悍

2021年以日常生活为主题的作品共29部，占全年上线总数的15%，与2020年相比占比增加4个百分点。其中20部为原创作品，占比近七成；24部为非续集作品，占比超八成。此类作品多为泡面番，单集时长在5分钟以内的作品有24部，占比超八成。

日常题材的作品以搞笑为主，同时加入美食、校园、治愈等元素，用简单轻松的剧情治愈观众。如《冲鸭！美食丰收队》《李林克的小馆儿》等作品充分展现锅塌豆腐、啤酒鸭、雪菜带鱼、蜜汁烤肋排等美味菜肴，在制作美食中品味人生哲学，呈现烟火气十足、人情味丰富的理想生活社区。《咸鱼哥》描绘"咸鱼"的生活方式与处世哲学，用无厘头的脱线剧情和夸张的演出、搞笑的对白放大日常生活中的有趣细节，为观众减压、放松。

5.2.2.4　游戏·动游联动

2021年含游戏元素的作品共11部，占全年上线总数的6%，较2020年占比减少8个百分点。其中9部为IP改编作品，占比超八成，基本为相关游戏改编而成；8部为非续集作品，占比超七成。此类作品基本较为短小，单集时长在5分钟以内的作品有8部，占比超七成。

此类作品情节多简单、搞笑，与热门游戏"联动"，展现出网络动画片与网络游戏的良好互通性。如《我的迷你世界伙伴》《吃鸡大作战 第四季》《峡谷开饭了》均改编自王者荣耀、英雄联盟等当下热门游戏，加入原创情节使人物生活在游戏世界中或进行游戏。有的作品原创游戏世界，加入大量游戏元素，关联AR、VR等热门元素。如《幻游猎人》设定背景为公元2079年，讲述人类在虚拟赛博时代出现认知错乱，在虚拟世界之中长久沉迷的故事。

5.2.2.5　情感·古风为主

2021年以情感元素为主的作品共11部，占全年上线总数的6%，与2020年相比占比增加2个百分点。其中10部为IP改编作品，6部为续集作品。此类作品时长较为平均，单集时长在10分钟—20分钟以内的作品有10部。

此类作品设定多为古代，普遍包含"奇幻""穿越"等元素，讲述人物情感故事。如《拾忆长安·明月几时有 第二季》《萌妻食神 第二季》等8部作品为古风情感题材，《萌妻食神 第二季》中现代美食杂志编辑叶佳瑶穿越到怀宋年间，凭借精湛的厨艺成为天上居主厨。《打火机与公主裙》《只好背叛地球了》等3部作品为现代情感题材，与校园、职场、奇幻等元素相结合。如《只好背叛地球了》讲述土星人张一坨为了实现入侵地球大计追求地球少女陆凡的故事，作品在现实生活中加入外星人等"超现实"元素，使情感故事更加有趣。

5.2.2.6　科幻·更多中国元素

2021年，以科幻元素为主的作品共8部，比2020年多1部，数量保持平稳。其中5部为原创作品，5部为续集作品。此类作品时长较长，单集时长在20分钟—30分钟以内的作品有7部。

文学IP一直是改编类作品较为青睐的剧本来源。2021年科幻类网络动画片与文学的互动逐渐加强，所有改编作品的IP均为小说。这些作品将小说中精巧的结构、生动的故事、鲜活的人物带入网络动画片中，融合科技感与艺术感，增加了网络动画片的趣味性、可看性。

部分作品在科幻的基础上加入"武侠""游戏"等元素，融入中国文化、元素，形成更加丰富的剧情设定。如《红荒》讲述"零零柒镖局"在神秘的红雾世界冒险的故事，加入"末世废土""武侠镖局""赛博朋克"等元素，形成极具中国特色的未来世界武侠江湖；剧中的人物设定充满中国元素，部分角色还使用了京剧脸谱式的"勾脸"。《时间囚徒》的故事背景设定在2060年，讲述世界组织在全球范围内挑选精英特工组建危情局，王牌小队魅影为了完成任务几乎全员阵亡的故事。这部作品将现代流行文化和中华传统文化相结合，展现魅影小队勇于奉献、敢于担当的精神，是对时代精神的解读和再现。

5.2.2.7　偶像·虚拟偶像加入

2021年以偶像元素为主的作品仅有1部——《爱在西元前 第二季》。该作品改编自周杰伦同名歌曲，以繁华都市为故事背景，加入"外星人"等奇幻的设定，讲述偶像团体的职场生态。这部作品将"偶像"和"奇幻"元素相结合，既生动有趣，又把握时下审美情趣，拥有稳定的受众群体。虚拟偶像正在成为网络动画领域一个不容忽视的新业态，网络动画片中的不少人气角色呈现出"虚拟偶像化"的特征。

值得注意的是，除了作品中含有偶像元素外，2021年还出现将网络世界中的虚拟偶像加入动画情节的现象。如《仙王的日常生活 第二季》将虚拟偶像泠鸢和Hanser变为动画中的角色，两个角色在动画中参加选秀节目，展现出她们作为虚拟偶像的性格和特色。

5.2.3 故事来源

2021年，网络动画片故事来源多元化特征明显，呈现改编为主、原创为辅的格局。120部IP改编作品，占64%；68部原创作品，占36%，IP来源覆盖小说、漫画、游戏、歌曲等多种类型。

（单位：部）

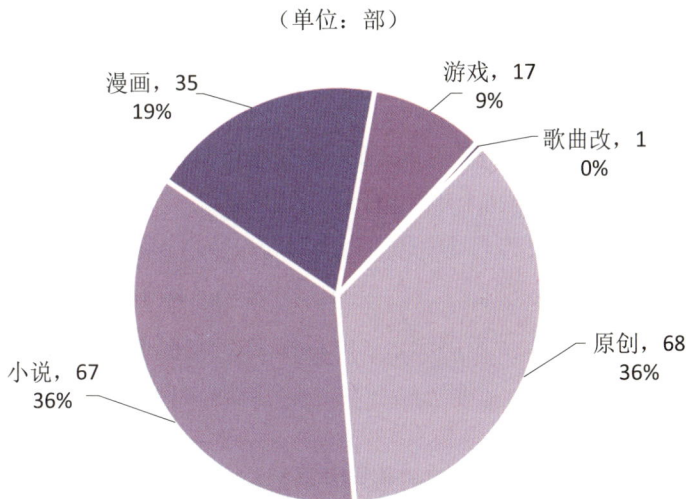

漫画，35 19%
游戏，17 9%
歌曲改，1 0%
原创，68 36%
小说，67 36%

数据来源：监管中心统计数据2022.1

国家广播电视总局监管中心

图5.2.3 2021年网络动画片故事来源统计

5.2.3.1 IP改编作品·数量增加占比上升 小说、漫画为主要故事来源

IP改编动画片由于先期拥有稳定的受众群体，一直是各大平台非常重要的内容来源。2021年IP改编作品共120部，占64%，与2020年相比增加39部，在全年上线作品中占比提高18个百分点。

其中，改编自小说、漫画的作品增幅较大，改编自游戏的作品数量变化不大。《凡人修仙传 燕家堡之战》《元龙 第二季》等改编自小说的作品67部，与2020年相比增加25部；《两不疑》《肥志百科 第二季》等改编自漫画的作品35部，与2020年相比增加9部；《没出息的阴阳师一家 第三季》等改编自游戏的作品17部，较2020年增加4部。

5.2.3.2 原创作品·占比下降 但佳作不少

2021年原创作品共68部，占36%，与2020年相比原创动画片占比下降18个百分点。虽然数量有所下降，但《枕刀歌》《长剑风云》《秘宝之国》等原创动画片仍收获了较好口碑，这些作品融入创作者鲜明的个人风格，呈现出原创作品的创新性和独特性。

68部原创动画片中，59部为首季作品，占比87%。从题材类型来看，2021年的原创作品以搞笑、日常、奇幻类作品为主，如《我真的没用咩？》的主角斯大是一颗在晕倒的人头上跑步的星星，梦想着和超级英雄一样拯救世界，帮助受害者；《SOS！超危职场人》的主角左大石初入职场，工作中危机四伏，每天都在紧张又欢乐的气氛中解决职场危机。从制作方式来看，原创作品以2D作品为主，共47部，占比约七成。

5.2.3.3 系列作品、矩阵作品·渐成规模

2021年，网络动画片"系列IP"不断延续。大量动画片依靠越来越成熟的制作体系形成系列化，叙事和制作水准继续提高。

网络动画片加大力度开发续集作品。2021年上线的续集作品68部，占全年上线作品的36%，比2020年提高18个百分点。平台倾向于选择首季或前几季质量较高、反响较好的作品续约，《斗破苍穹 第四季》《画江湖之不良人 第四季》等"长寿"续集作品口碑质量双高。

（单位：部）

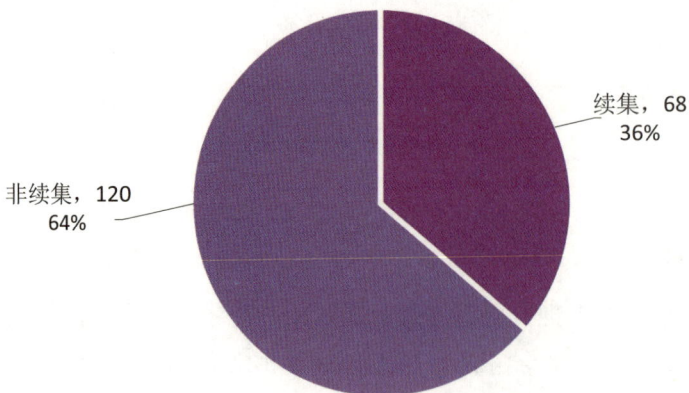

数据来源：监管中心统计数据2022.1

国家广播电视总局监管中心

图5.2.3.3 2021年网络动画片统计（续集/非续集）

除了续集作品，2021年网络动画片持续产出大量衍生作品与多版本节目，呈现以

IP 为核心进行再创作、产生多个番外篇或特别版本的衍生模式。

番外篇、特别篇等为原IP增加新内容，也在内容层面进行分层，满足不同受众的审美需求，提供多样观看体验。这些作品有的是在原作基础上观照现实，如《梦幻书院之呼吸健康科普》为原IP的番外篇，以科普防疫知识为主；有的是在原作基础上拓宽受众，如《叶罗丽X冰莲花》为幼儿向动漫《精灵梦叶罗丽》的番外，偏向全年龄段受众；有的为原作做补充，增加新的视角和背景故事，如《紫川·互动剧》是《紫川》的隐藏剧集，在观看动画正片时，进度条拉到特定时间点，即可点击进入隐藏剧情。

5.2.4 作品形式

2021年上线的网络动画片形成以2D动画为主流、3D动画不断增长的发展趋势。其中2D动画片108部，占比57%；3D动画片78部，占比42%；定格动画片2部，占比1%。

（单位：部）

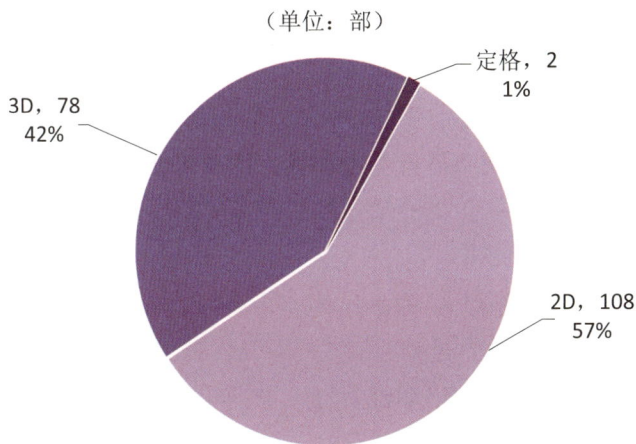

数据来源：监管中心统计数据2022.1　　　国家广播电视总局监管中心

图5.2.4　2021年网络动画片作品形式统计

5.2.4.1 2D动画·仍为主流 单部体量延展

2021年网络动画片中2D动画片108部，占全年上线总数的57%，与2020年相比下降14个百分点，但仍是主流。

从作品题材来看，2D动画片中，奇幻、玄幻题材数量与2020年基本持平，仍是2D动画片的主体。这些作品以奇幻、玄幻为题材，但整体风格仍然轻松、日常，如《水豚汤馆》《绝顶》等。

从故事来源看，2D动画逐渐从原创作品占主流转变为改编作品占主流。2021年超半数2D动画为改编作品，共60部，占2D动画片总数的56%，与2020年相比提升7个百分点，主要改编自漫画与小说。

从作品体量来看，2D动画的篇幅变长，平均单集时长10分钟，相比2020年的8分钟有所增长。其中单集时长在10分钟以上的作品42部，占比39%，比2020年多5部，占比提升10个百分点。

5.2.4.2 3D动画·增量显著 技术进步革新

2021年网络动画片中3D动画片78部，占全年上线总数的41%，与2020年相比提升14个百分点。当前网络动画片市场仍以2D动画片为主流，但不难看出3D动画片正迅速发展并占据越来越大的比重。

2021年的3D动画片更倾向IP改编作品，整体篇幅增大。从作品题材来看，3D动画片以奇幻、玄幻题材为主。从故事来源看，IP改编作品为60部，占总数的77%，比2020年提高12个百分点，主要改编自小说，共49部，如《唯我独神》《冰火魔厨》等。从作品体量来看，2021年3D动画的作品比2020年体量更大，其中单集时长在10分钟以上的作品共64部，占3D作品总数82%，比2020年提高19个百分点。

3D动画在技术层面有不小的进步与革新，制作手段和生产效率有所提升。如《星辰变 第三季》使用Houdini呈现冰火雷电特效，打造震撼的战斗场面，运用水下流体模拟等效果让角色和环境的关系显得更加真实；《唯我独神》制作团队针对引擎开发了一整套自动化管理软件，从传统的动画数据到引擎制作实现完整的自动数据转换流程，效率和效果均有大幅度提升。

5.2.4.3 定格动画·体量减小

2021年的网络动画片中，定格动画共2部，占全年上线总数的1%。从作品题材来看，定格动画倾向于选择治愈、搞笑的题材，与前两年类似。从故事来源看，定格动画更倾向于制作原创作品，2021年的定格动画均为原创作品。从作品体量来看，定格动画的体量整体偏小，两部动画的总集数在20集以内，单集时长在2分钟以内，相比2020年15分钟以内的单集时长大幅度缩短。

5.2.5 作品体量

2021年，全网上线的188部网络动画片，总时长38073分钟，总部数、总时长较2020年略有增长。

其中11分钟—20分钟的动画片数量最多，共73部，占上线总数的39%；1分钟—5分钟的动画片次之，共52部；20分钟以上的动画片33部，6分钟—10分钟的动画片30部。

（单位：部）

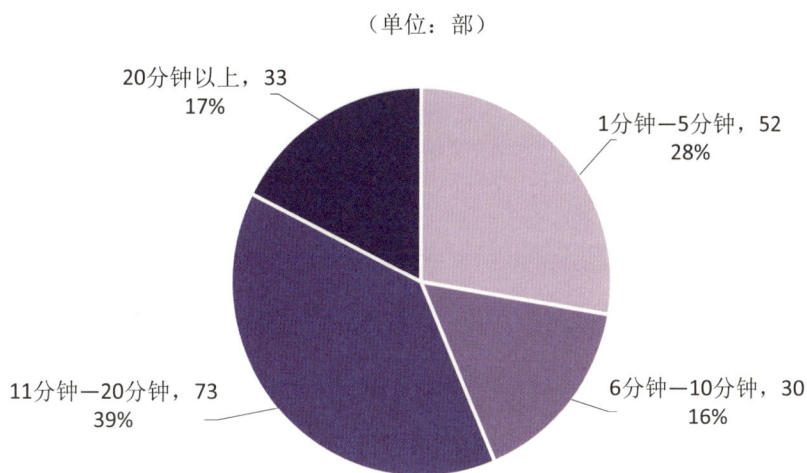

20分钟以上，33
17%

1分钟—5分钟，52
28%

11分钟—20分钟，73
39%

6分钟—10分钟，30
16%

数据来源：监管中心统计数据2022.1

国家广播电视总局监管中心

图5.2.5　2021年网络动画片单集时长统计

5.3 制作传播

5.3.1 播出平台

芒果TV、爱奇艺、腾讯视频、优酷、bilibili等头部平台持续发力，打造更多重点作品与独播作品。2021年的独播动画片共149部，占上线总数的79%，比2020年增加7个百分点。其中，芒果TV 2部，爱奇艺15部，腾讯视频65部，优酷18部，bilibili 48部，西瓜视频1部。

平台的独播动画作品更倾向于选择品质好、人气高、平台自制、自有版权的内容。2021年独播作品的题材与2020年一致，集中在搞笑、奇幻、玄幻类型，以原创作品和小说改编类作品为主。109部为平台自制或参与出品，占独播动画片总数的73%，比2020年占比增加24个百分点。

（单位：部）

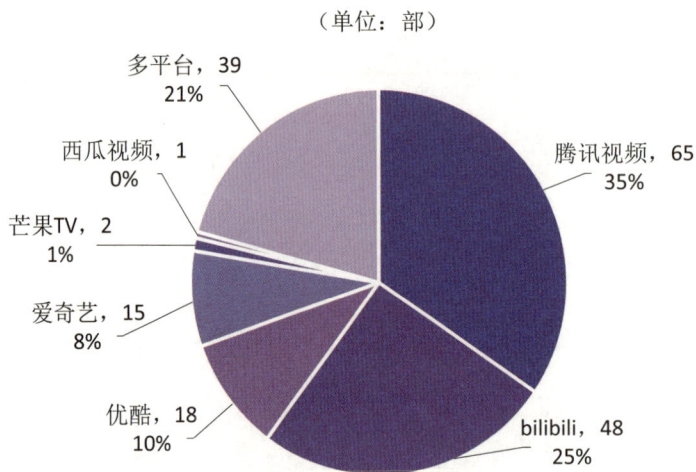

多平台，39
21%

西瓜视频，1
0%

芒果TV，2
1%

爱奇艺，15
8%

优酷，18
10%

腾讯视频，65
35%

bilibili，48
25%

数据来源：监管中心统计数据2022.1

国家广播电视总局监管中心

图5.3.1 2021年网络动画片播出平台统计

5.3.2　头部平台主导IP开发

5.3.2.1　加大扶持力度

2021年，头部平台从内容生产着手加大对网络动画片的扶持力度，鼓励优质内容创作。

首先，腾讯、bilibili等头部平台继续加大对动画、漫画等二次元内容生产公司的投资力度。bilibili2021年投资知行合一、北京初色美刻动画科技有限公司等多家动漫相关内容制作公司，并增持艺画开天等多家动漫相关内容制作公司的股份。腾讯对分子互动进行投资，并追投铸梦动画、百漫文化等内容制作公司。

其次，头部平台持续探索以工作室形式聚集制作人员，孵化、打造重点作品的模式。如爱奇艺设立高能工作室、传奇工作室、麒麟工作室、新鲜工作室等多个动画工作室，提供多元化内容，进行新的技术尝试。其中高能工作室的作品《风起洛阳之神机少年》《只好背叛地球了》、有料工作室的作品《春秋封神》等均已在2021年上线。

再次，平台不断加大对内容创作团队和个人的扶持力度，提供包括内容创作、资金、技术等多方面的资源扶持。腾讯"2021年中国青年动画导演扶持计划"、优酷"一千零一夜计划"、bilibili"小宇宙新星计划""寻光计划"等，不仅对动画制作者、原创作品进行扶持，还面向院校学生、独立动画导演、动画企业等群体征集创意，提供各类支持。这些计划已经初具成效，部分团体的作品已经上线，如曾获得"小宇宙新星计划"银奖的717动画工作室制作的作品《咸鱼哥》在2021年上线。

值得注意的是，除了长视频平台，快手、抖音等短视频平台也加大对动画相关内容和账号的扶持力度，发力建设二次元内容生态。如快手推出"发电计划"，重点扶持动漫内容；抖音推出"轻漫计划"2.0线上活动，发掘、激励动漫IP发展。

5.3.2.2　自制、参与出品作品增多

2021年，头部平台持续发力IP开发，已形成由头部平台主导、制作方通过多种形式参与的主流形式。各大平台更加深度地参与到动画IP的开发过程，与其他内容生产平台、制作机构共同打造重点作品。2021年上线的网络动画片中，头部平台自制、参与出品的作品达116部，比2020年增加51部，占全年网络动画片上线总量的62%。

从开发模式来看，上述模式以联合开发IP为主。机构联合出品的作品达71部，占平台参与作品61%，如《万界奇缘 第一季》《星武神诀 第一季》等为爱奇艺、若鸿文化联合出品，《斗破苍穹 第四季》为阅文集团、企鹅影视、万达影视联合出品。平台独立出品的作品有45部，占平台参与作品39%，如爱奇艺出品的动画片《邪王追妻3：神女归来》《风起洛阳之神机少年》、bilibili出品的动画片《长剑风云》《时光代理人》等。

从作品类型来看，上述作品以IP改编作品和需要付费观看的独播作品为主。其

中，91部为IP改编作品，占平台参与作品的78%；109部为独播作品，占平台参与作品的94%；113部为付费作品，占平台参与作品的97%。

5.3.2.3 打造内容IP矩阵

平台持续布局动漫内容矩阵，从立项开始，涵盖动画、漫画等多种形式，形成同一IP多方联动，呈现多元化内容。如爱奇艺建立集爱奇艺动漫频道、叭嗒App、爱奇艺漫画App等一体的动漫内容平台矩阵，涵盖动画、漫画、动态漫画等多种内容形式。

大量IP以漫画、小说为源头进行改编，如《唯我独神》改编自同名小说，《绝顶》改编自曾获得金龙奖"最佳漫画编剧奖"的同名漫画。此类改编作品中大量画面直接使用漫画分镜，更易保留故事的完整性，容易获得"原著粉"的认可。

部分IP还与游戏、影视剧、纪录片等联动，形成动、影、漫、游多方联动内容。如动画片《灵笼》《大理寺日志》在取得动漫作品的成功后，宣布启动真人影视化项目；改编自漫画的动画《春秋封神》已上线，还将根据同一IP改编回合制卡牌手游，采用动画原版配音人员，在内容方面构成多形态互动；改编自漫画的《我是大神仙》推出一系列电竞主题纪录片，与漫画、动画相互呼应。

5.3.3 更新情况

5.3.3.1 上线时间·呈现一定规律性

2021年，网络动画片在暑期（6—8月）新上线50部，约占全年总量的1/3。根据季度时段划分，4月、7月、10月、12月新上线动画片数量最多，分别为19部、25部、21部、24部；3月新上线动画片数量最少，仅有7部。2021年，虽然有新冠肺炎疫情影响，但新作品仍保持较为稳定的推出频率，体现出动画制作中远程协作、网络化程度较高带来的较好适应性。

（单位：部）

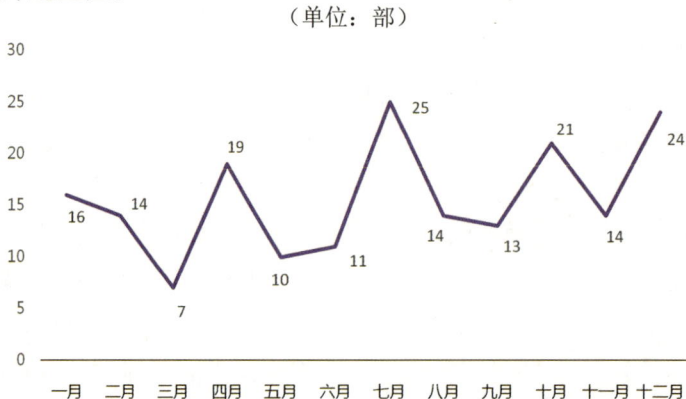

数据来源：监管中心统计数据2022.1   国家广播电视总局监管中心

图5.3.3.1 2021年网络动画片月上线节目数量统计

5.3.3.2　更新节奏·周更、季播为主

2021年网络动画片基本为周更，全年新上线动画片中有179部为周更，5部为日更，4部为一次性上线。

每周更新4天以上的日更动画片占3%，相比2020年的11%，占比下降8个百分点。这些日更动画片均为首季播出的原创作品，4部的单集时长在5分钟以内，相比于2020年日更动画单集时长均在3分钟以内，体现出日更动画片更快的内容生产、更新能力，如《七七小分队》《冉冉爱熊猫兔》等。一次性上线的动画总集数都在3集以内，基本为2D作品，如《写给家乡的三行诗》《白月儿》等。

季播动画仍是网络动画片的主流，受产能影响，网络动画片一般每年制作上线一季，制作准备期一般为一至两年。随着技术和效率的提升，部分作品空窗期可缩短至几个月，同一年可以上线两季。如《肥志百科 第二季》与《肥志百科 第三季》上线间隔为3个月，《如果历史是一群喵 第六季》与《如果历史是一群喵 第七季》上线间隔为6个月，《手机里的浣熊小镇》与《手机里的浣熊小镇 第二季》上线间隔为9个月，这些作品均在2021年上线播出。

部分网络动画片能够实现周更且连续一年持续更新，成为为数不多的年番作品。2021年年番作品逐渐增多，如《冰火魔厨》系列篇、《一念永恒》系列篇、《斗罗大陆》系列篇、《吞噬星空》系列篇、《完美世界》系列篇等。这类作品需要制作方在策划和制作等环节提供更强的支撑。年番作品的增多，显示动画制作技术的进步、产能的提升，也侧面反映出观众对网络动画片的观看需求不断增加。

5.3.4　经营情况

5.3.4.1　分账模式·上线新功能

分账模式的推行，为网络动画片内容创作生产提供了全新样态，并可通过增强优质内容的变现能力反推作品内容质量升级。分账合作正在成为越来越多内容创作者的选择，无论是创作者还是用户群，都对升级后的分账合作提出更高要求。2021年，部分主要平台不断调整具体规则，逐步形成符合自身发展需求和规划的网络动画片分账模式，分账剧题材内容日渐丰富，合作形式越发多元化。

以爱奇艺为例，自2021年12月1日起，爱奇艺付费分账动漫月结与自助提现功能正式上线。最新的爱奇艺动漫付费分账合作收入计算公式为：合作方总收入（元）=会员分账收入（元）+广告分账收入（元）；会员分账收入（元）=会员分账有效时长（小时）×分级单价（元）；广告分账收入比例：独家7∶3，非独家5∶5。

分账周期为作品在线的授权期内全周期分账，结算周期按自然月度结算。评审维度包含动画题材、动画质量、IP热度、制作团队等方面。

表5.3.4.1　爱奇艺作品定级单价表

网络动画片					
定级标准			规格		授权权利
级别	单价（元）	总集数	总时长（分钟）	单集时长（分钟）	是否独家
S	1.2	不限	≥90	>5	独家
A+	1.0	不限	≥60	>2	独家
A	0.6	不限	≥30	>2	独家
B	0.4	不限	≥30	>2	非独家
动态漫画					
定级标准			规格		授权权利
级别	单（元）	总集数	总时长（分钟）	单集时长（分钟）	是否独家
S	1.0	不限	≥120	>5	独家
A+	0.8	不限	≥90	>5	独家
A	0.6	不限	≥60	>5	独家
B	0.4	不限	≥60	>5	非独家

数据来源：监管中心统计数据2022.1　　　　　　　　　　　国家广播电视总局监管中心

5.3.4.2　付费权益· 付费节目增多 超前点播取消

2021年，各视频平台继续在网络动画片领域围绕会员权益进行多元化开发，如设置动画专属会员、设置联合会员卡、设置超前点播模式等。

付费节目增多。2021年需付费观看的网络动画片有134部，占上线总数的71%，比2020年提高27个百分点。需付费观看的网络动画片基本为体量较大的独播作品。从作品题材来看，需付费观看的节目以搞笑、奇幻、玄幻题材为主。从作品体量来看，需付费观看的节目体量较大，其中单集时长在10分钟以上的作品共102部，占需付费观看节目总数的76%。从播出平台来看，121部为独播作品，占需付费观看节目总数的90%，独播作品仍是吸引平台用户付费的主要力量。

超前点播功能取消。2021年，《山河剑心》《全职法师 第五季》等作品在VIP观看后开启超前点播，用户可付费提前观看结局，按照通行价格以3元/集按顺序解锁。网络动画片的超前点播服务自2020年开始。2021年10月，爱奇艺、腾讯视频、优酷等平台均先后取消超前点播功能。

会员权益设置多样。部分平台为动漫用户设置了专属会员权利。如爱奇艺FUN会员可观看爱奇艺动漫频道和漫画频道的会员付费作品（单点除外），同时可享FUN会员抢先看、仅FUN会员观看等特权。部分平台通过开通联合会员卡扩大用户数。例如，腾讯视频设置腾讯视频+腾讯动漫联合会员，既可在腾讯视频观看付费动画片，也可在腾讯动漫平台观看付费漫画、独享番外等。

5.3.4.3　广告投放·深度合作方式

2021年，网络动画片广告以贴片广告、中插广告为主，并将广告内容与节目内容深度结合，广告内容融入正片故事情节和场景正成为主流。

贴片广告多出现在片尾，通过贴图、扫码互动等方式提供商品信息，增加互动性和参与性，用户可扫描二维码进入品牌互动页面。2021年，这些广告多为推送相关制作机构或其他动画作品、同IP的漫画、广播剧等，如《天宝伏妖录 第二季》片尾的贴片广告宣传《天宝伏妖录》动画片和同名广播剧。

口播类广告一般在片头或片尾，多为宣传同IP的动画作品、漫画、游戏等，如《只好背叛地球了》《武庚纪 万众一心篇》等作品均在片尾宣传动画作品，《斗罗大陆》系列动画片在片尾以口播形式宣传同名手游。

中插广告主要集中在片头，个别出现在中间时段，以广告小剧场为主要形式。其中，小剧场独立于正片，以剧中人物为主角原创广告情节，为广告产品量身打造专属剧情。以《镇魂街 第二季》第一集为例，片头的小剧场将主角的互动设置在不同场景中，借此展示商品。

场景植入类广告一般在正片中，将商品变为剧中人物所用，将产品介绍自然融入到动画情节中。

表5.3.4.3　部分代表性广告统计表

序号	广告类型	时段	节目名称	举例
1	贴片	片尾	《天宝伏妖录 第二季》	
2	口播	片尾	《完美世界 大荒石村》	
3	小剧场	片头	《两不疑》	

续表

序号	广告类型	时段	节目名称	举例
4	场景植入	片中	《颜王》	
5	中插	片中	《大王饶命》	

数据来源：监管中心统计数据2022.1　　　　　　　　　　国家广播电视总局监管中心

5.3.4.4 "出海"进程加快

2021年，更多国产网络动画片探索全球发行，合理选用全球观众喜闻乐见的中国元素，彰显中国审美旨趣，呈现出能够展现当代中国价值观念、反映全人类共同价值追求的优秀作品，取得较好的播出效果。

《百妖谱》《我开动物园那些年》《元龙》《汉化日记》等10余部网络动画片，与Netflix、Funimation、Sony Music Solutions、Aniplex等海外公司达成海外版权合作，涉及全球近200个国家及地区。《伍六七之玄武国篇》等作品在全球范围同步上线并获得好评，具有浓厚中国元素的作品正逐渐被更多海外观众认可。

5.3.5 制作机构

2021年新上线的188部网络动画片，由超80家制作机构制作完成，其中大部分为动画制作公司，另有部分为个人工作室。大部分制作机构在2021年的上线作品为1~2部，个别机构产出势头迅猛，有4家机构全年的上线作品达到5部及以上，15家机构在2021年的上线作品为3部及以上。

从作品的题材来看，制作机构在题材的选择上各有侧重。玄机科技、索以文化、杭州若鸿文化等机构作品以玄幻、奇幻类型为主，大火鸟文化、声影动漫等机构作品以奇幻类型为主。

从作品的形式来看，制作机构各有所长，作品多有独特气质。福煦影视、玄机科技、索以文化等机构作品基本为3D作品，如福煦影视制作的《完美世界》系列、玄机科技制作的《武庚纪》系列。视美精典、启缘映画、声影动漫等机构作品基本为2D作品，如启缘映画制作的《一人之下 第四季》、声影动漫制作的《只好背叛地球了 第一季》。

从作品的延续来看，个别制作机构持续制作同一系列的作品，保障作品的连续性与持久性。如若森数字的"画江湖"系列、小疯映画的"伍六七"系列等，2021年若森数字制作完成《画江湖之不良人 第四季》《画江湖之换世门生 第二季》，小疯映画制作完成《伍六七之玄武国篇》。

5.3.6　作品配音

2021年，网络动画片的配音流程体系化、成熟化，仍以专业的配音团队为主力。较为知名的配音工作室主要有729声工场、北斗企鹅工作室、边江工作室、光合积木工作室等。知名的配音工作室和配音演员们也是受众选择观看一部作品的考量之一，热度较高、知名的工作室和配音演员会给作品带来一定人气和关注。

表5.3.6　2021年知名配音团队及代表作品统计表

序号	知名配音团队	2021年主要配音作品	主要配音演员
1	729声工场	《一念永恒之争锋篇》《狐妖小红娘 两生花篇 》《两不疑》《仙王的日常生活 第二季》《大王饶命》	阿杰（张杰）、乔诗语、紫堂宿、李诗萌、杨天翔
2	北斗企鹅文化传播有限公司	《魁拔之殊途》《手机里的浣熊小镇》《非人哉 夏至篇》《绝顶》《秘宝之国》《镇魂街 第二季》	皇贞季、藤新、山新（王宥霁）、图特哈蒙、叶知秋
3	光合积木工作室	《伍六七之玄武国篇》《眷思量之烟霞海客》《黑白无双 第三季》《紫川》	姜广涛、宝木中阳（宋明）、张凯、马正阳
4	边江工作室	《完美世界 大荒石村》《天宝伏妖录 第二季》	边江、张思王之、DK（卢力峰）、刘思岑
5	上海领声文化传媒有限公司	《斗罗大陆之海神之光》《吞噬星空之壮志凌云》	吴磊、狄菲菲、赵乾景
6	音熊联萌工作室	《山河剑心之千秋 》《斗破苍穹 第四季》《太乙仙魔录 第四季》《西行纪 宿命篇》《游侠战纪》	夏磊、沈达威、杨鸥、冯骏骅、谢添天
7	浙江龙游雷霆配音工作室	《星武神诀》《万界奇缘 第一季》《万界独尊》《星河至尊 第一季》	徐翔、柳知萧、Akria明
8	绍兴吼浪文化传媒有限公司	《黑白无双 第三季》《非人哉 冬至篇》《识夜描银》	宝木中阳、周倜、张胡子、胡正健、余昊威
9	北京森中人文化传媒有限公司	《只好背叛地球了》《爸妈来自二次元》	赵爽、钱文青、柳真颜、冯岚

数据来源：监管中心统计数据2022.1

5.4 动态漫画

5.4.1 概貌

2021年，全网上线动态漫画作品171部，比2020年减少47部，占上线网络动画片（广义）总数的48%，比2020年减少7个百分点。

（单位：部）

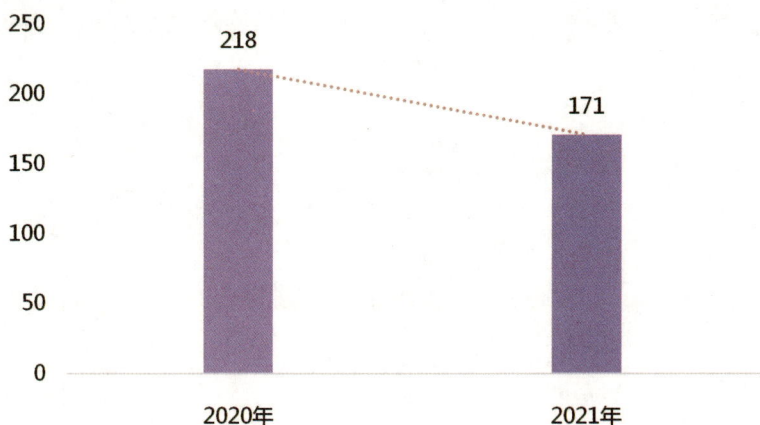

数据来源：监管中心统计数据2022.1

国家广播电视总局监管中心

图5.4.1 2020年和2021年网络动态漫画数量对比

动态漫画作品扩充了网络动画片（广义）市场，一定程度上可填补动画和漫画作品的部分空白，吸引了不少受众。整体来看，大多数的动态漫画作品热度和播放量没有动画作品高，但体量较大，值得关注与分析。

表5.4.1 2021年部分关注度较高、影响力较大的网络动态漫画列表

序号	片名	题材	上线时间	播出平台
1	善良的阿呆	魔幻、冒险	2021.01.01	爱奇艺、腾讯视频、优酷、bilibili、咪咕视频
2	仙武帝尊	玄幻、冒险	2021.01.14	优酷

序号	片名	题材	上线时间	播出平台
3	斗罗大陆外传 神界传说	奇幻、冒险	2021.01.29	爱奇艺、腾讯视频、优酷、咪咕视频、乐视视频
4	逆天邪神 第二季	玄幻、热血	2021.02.05	爱奇艺
5	斗罗大陆2绝世唐门 第三季	奇幻、冒险	2021.06.18	爱奇艺、腾讯视频、优酷、咪咕视频
6	神印王座 第一季	魔幻	2021.06.18	芒果TV、爱奇艺、腾讯视频、优酷、bilibili
7	大神探诸葛九九	推理、冒险	2021.06.24	爱奇艺、腾讯视频、优酷、bilibili
8	阿衰 第六季	搞笑、日常	2021.10.02	芒果TV、爱奇艺、腾讯视频、优酷、bilibili
9	万古剑神	玄幻、奇幻	2021.10.30	爱奇艺、腾讯视频、优酷
10	斗罗大陆3龙王传说 第二季	奇幻、冒险	2021.11.08	爱奇艺、腾讯视频、优酷

数据来源：监管中心统计数据2022.1　　国家广播电视总局监管中心

5.4.2 节目内容

5.4.2.1 题材类型

2021年，网络动态漫画的题材类型呈现多元化、分众化的特征，相比2020年以情感、奇幻、玄幻等类型为主的特征，2021年题材更加细分，形成情感、都市、搞笑、玄幻、奇幻、青春校园等多种题材共同发展的趋势。

（单位：部）

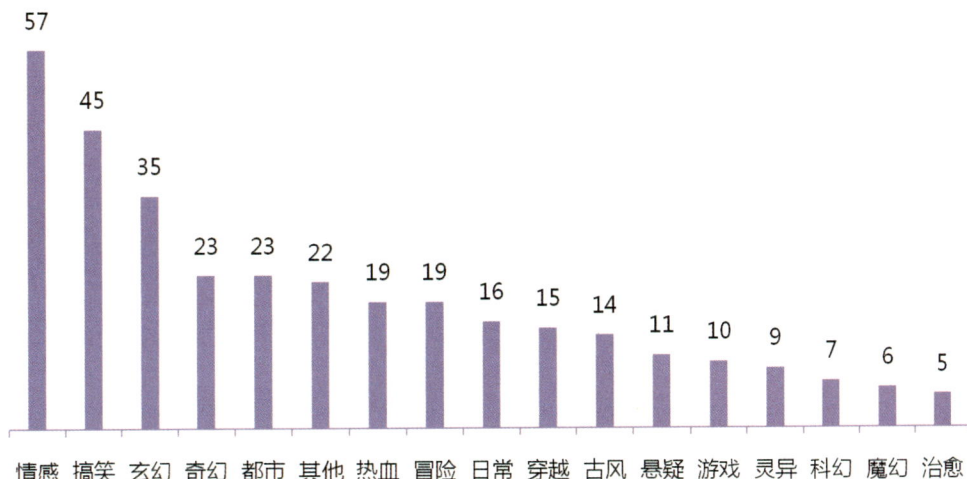

数据来源：监管中心统计数据2022.1　　国家广播电视总局监管中心

图5.4.2.1　2021年网络动态漫画元素统计

2021年含情感元素的动态漫画作品57部，与2020年相比大幅减少。这些作品基本以爱情为主线，加入"穿越""重生"等元素，讲述都市爱情故事或者古风爱情故事。内容基本改编自小说、漫画，如《私宠甜心宝贝 第三季》《迟到的公主殿下》等。

2021年含搞笑元素的动态漫画作品45部，大部分加入"日常""情感"等元素，讲述丰富、有趣的日常生活或令人啼笑皆非的感情生活，如《猫咪的人类饲养指南 动态漫》以两猫一人的多重视角讲述"铲屎官"日常，《拾忆长安将军》讲述冷脸将军李昊与活泼可爱的郎中林寻蕊欢喜冤家的爱情故事。

2021年含玄幻、科幻、奇幻等元素的作品占比均有所增加，其中含玄幻元素的作品35部，基本以青年人为主角，讲述他们修仙升级、历练人生的经历，如《绝世战魂》中家族少主天生废魂，机缘巧合下其神秘的太古战神之魂觉醒；含奇幻元素的作品23部，大部分讲述因意外或突发状况而引发的都市奇幻故事，如《时空恋人》的主人公袁晓佳因一部手机跨越时空，与因公殉职的恋人取得联系；含科幻元素的作品7部，大部分在科幻的基础上加入"情感""穿越""游戏"等元素，如《氪金玩家 第二季》中讲述游戏《纪元》风靡全球后，主人公利用自身优势建帮立派、开本复国的故事。

5.4.2.2 节目体量

从单集时长看，2021年新上线的网络动态漫画作品时长集中在10分钟以下。其中，6分钟—10分钟的动态漫画数量最多，共94部，占动态漫画上线总数的55%；1分钟—5分钟的动态漫画数量次之，共64部；11分钟—20分钟的动态漫画13部。

（单位：部）

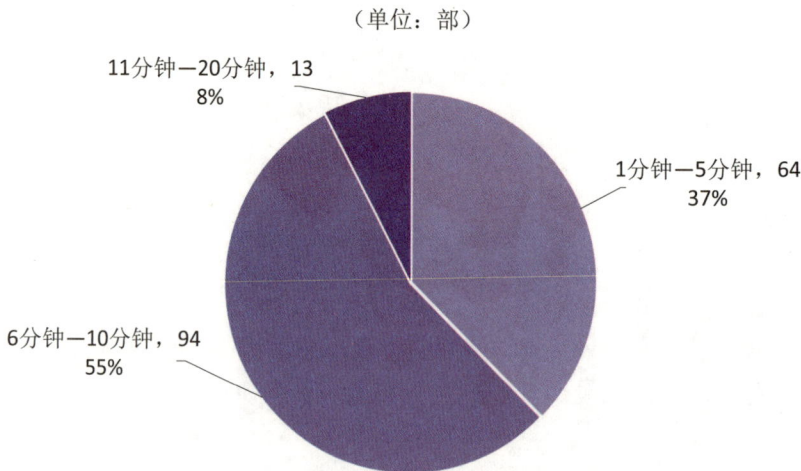

数据来源：监管中心统计数据2022.1

国家广播电视总局监管中心

图5.4.2.2（1） 2021年网络动态漫画单集时长统计

从单部作品的总集数看，2021年新上线的网络动态漫画以40集以下作品为主。其中，总集数为21—40集的作品数量最多，共76部，占上线总数的44%；总集数为1—20集的作品数量次之，共37部。

（单位：部）

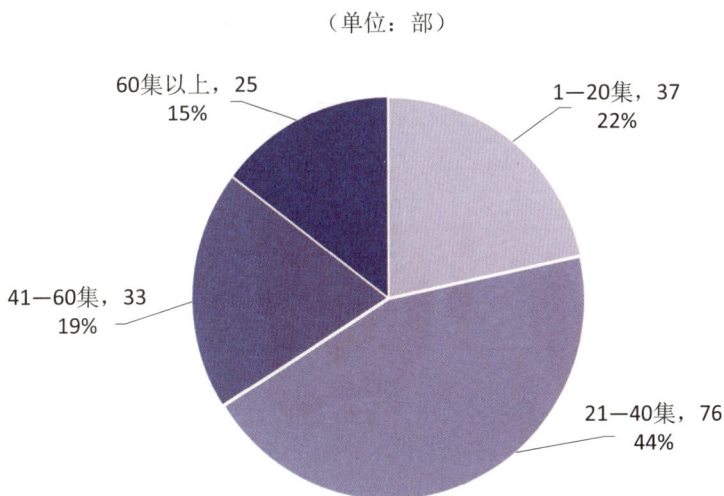

60集以上，25
15%

41—60集，33
19%

1—20集，37
22%

21—40集，76
44%

数据来源：监管中心统计数据2022.1 　　　　　　　　　　　　 国家广播电视总局监管中心

图5.4.2.2（2）　2021年网络动态漫画单部集数统计

5.4.2.3　节目形式

由于动态漫画与漫画在表现形式上联系紧密，适用手机播放的竖屏作品更适合动态漫画的表达。因此，在动态漫画中使用竖屏形式呈现的作品比常规动画中的竖屏作品更多。

2021年新上线12部竖屏动态漫画。从题材来看，这些作品以情感、搞笑题材为主，情节简单、节奏紧凑，便于观众快速理解内容。从体量来看，这些作品单集时长均在3分钟之内，体量较小，可满足用户的碎片化观看需求。从播出平台来看，这些作品以独播为主，在长视频平台可免费观看。

▌5.4.3　制作传播

2021年新上线的动态漫画中94部为独播作品，占全年上线总数的55%，比2020年多39部；多平台播放作品77部，占比45%。

独播作品中，优酷上线作品最多，为38部，占全年上线总数的22%；爱奇艺次之，共20部，占全年上线总数的12%。独播作品中23部为头部平台参与或独立出品的作品，约占独播作品总数的1/4。

（单位：部）

优酷，38
22%

多平台，77
45%

爱奇艺，20
12%

芒果TV，17
10%

bilibili，5
3%

腾讯视频，14
8%

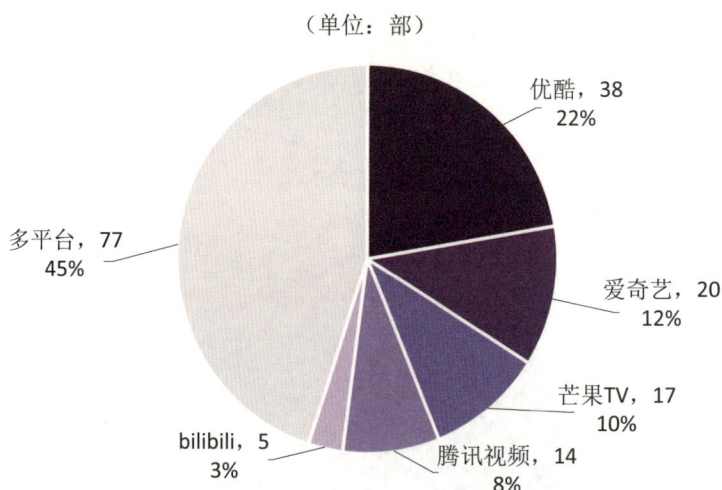

数据来源：监管中心统计数据2022.1

国家广播电视总局监管中心

图5.4.3（1）　2021年网络动态漫画播出平台统计

从用户权益看，2021年新上线的网络动态漫画中有111部需付费观看，占网络动态漫画上线总数的65%，比2020年占比提升5个百分点。这些需付费观看的作品中83部为首季作品，28部为续集作品。

从更新频率看，2021年网络动态漫画的更新频率以周播为主，其中，151部作品为周播，占网络动态漫画上线总数的88%，比2020年下降8个百分点；日播作品19部，同比上升8个百分点；1部为一次性上线。每周更新集数超过4集的日播网络动态漫画中，有15部为时长1分钟之内的短动画作品，4部为2分钟—4分钟的作品，相比2020年日播作品均为时长1分钟之内的短动画作品，2021年的日播作品平均时长有所增加。

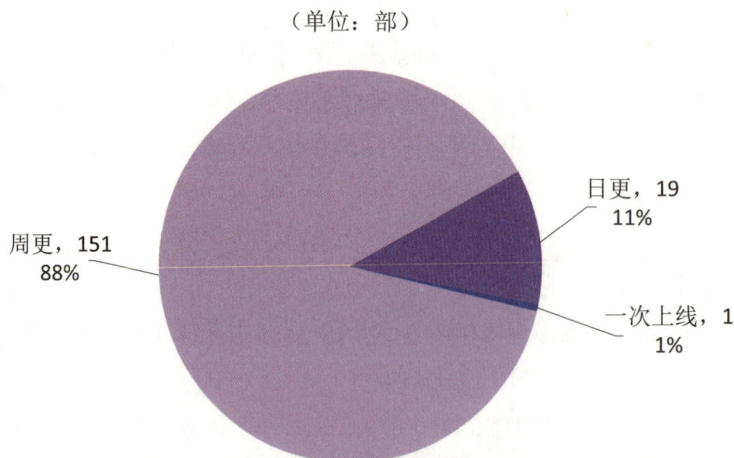

（单位：部）

日更，19
11%

周更，151
88%

一次上线，1
1%

数据来源：监管中心统计数据2022.1

国家广播电视总局监管中心

图5.4.3（2）　2021年网络动态漫画更新节奏统计

5.5 网播电视动画片

近年来，越来越多获得《国产电视动画片发行许可证》的电视动画片探索在电视和网络视听平台同步播出，并有"先网后台"等排播模式出现。2021年共166部电视动画片同步在网络视听平台上线播出，成为网络平台动画内容的重要部分。

5.5.1 节目内容

5.5.1.1 题材类型

2021年，选择在网络视听机构上播出的电视动画片（以下简称为"网播电视动画片"）题材类型呈现集中化的特征，约半数作品含有益智、冒险元素，形成以益智、冒险题材为主，搞笑、科幻、历史等多种题材共同发展的趋势。

（单位：部）

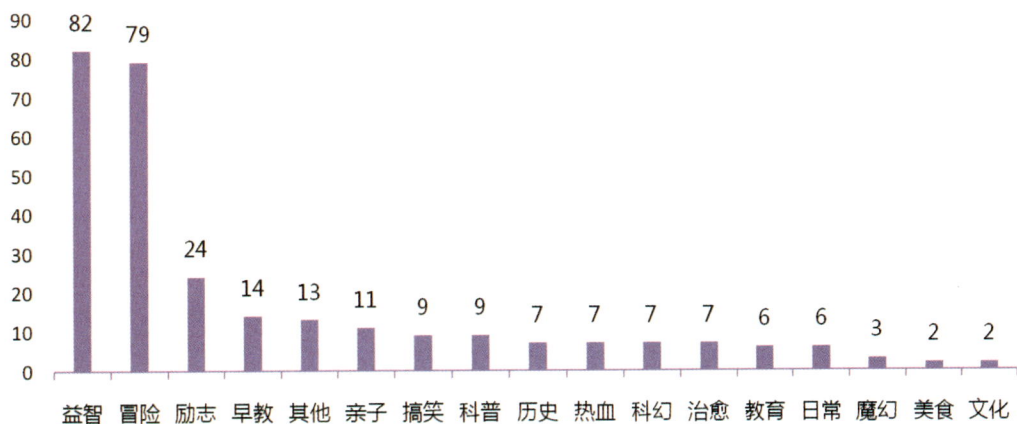

数据来源：监管中心统计数据2022.1　　　　　国家广播电视总局监管中心

图5.5.1.1　2021年网播电视动画元素题材分类

含益智元素的作品82部，约占网播电视动画片总数的一半。这些作品一般注重科学、历史等知识与生活常识的普及，带有科普的性质。如《北斗领航梦》向青少年普及北斗的相关知识，宣扬新时代的北斗精神。《魔怪车小队》以车为主角，提升少年儿童对颜色、形状、职业、交通工具功能等方面的认知。

含冒险元素的作品79部，约占网播电视动画片总数的一半。这些作品一般以少年儿童为主角，或以少年儿童喜爱、熟悉的动物、植物等为主角，讲述大家一起冒险、玩耍的过程。如《嘟当曼 第四季》中嘟当曼和它的玩具伙伴们遇到了新麻烦，传说中的顽皮大魔王来到奇巴布幼儿园，嘟当曼和伙伴们集结成嘟当救援队，帮助大家化解危机。《旗旗号巡洋舰》中皮皮鲁和电动狗、铁皮警察、橡皮鸭等船员们一起驾驶"旗旗号"巡洋舰，在冒险中认识了各种玩具，并帮玩具们解决麻烦，实现愿望。

5.5.1.2　节目体量

相较于网络动画片，网播电视动画片的体量更大。从单集时长来看，81%的作品单集时长在6分钟—15分钟。其中，11分钟—15分钟的作品数量最多，共92部，占上线作品总数的55%；6分钟—10分钟的网播电视动画片数量次之，共43部，占上线作品总数的26%。

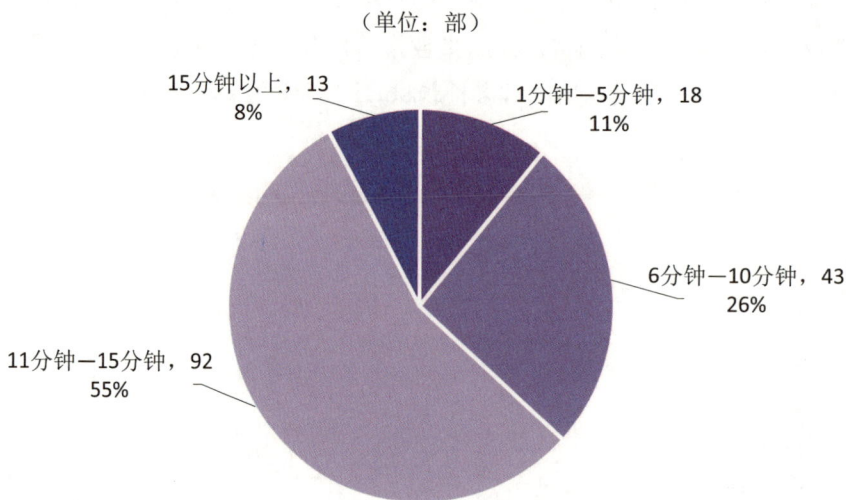

（单位：部）

15分钟以上，13
8%

1分钟—5分钟，18
11%

6分钟—10分钟，43
26%

11分钟—15分钟，92
55%

数据来源：监管中心统计数据2022.1　　　国家广播电视总局监管中心

图5.5.1.2（1）　2021年网播电视动画单集时长统计

从单部作品的总集数看，网播电视动画片的总集数集中在"21—30集"和"40集以上"两个区间，共占比约七成。2021年上线的网播电视动画片中，总集数为21—30集的共81部，占上线总数的49%；总集数为40集以上的网播电视动画片数量共35部，占上线总数的21%。

（单位：部）

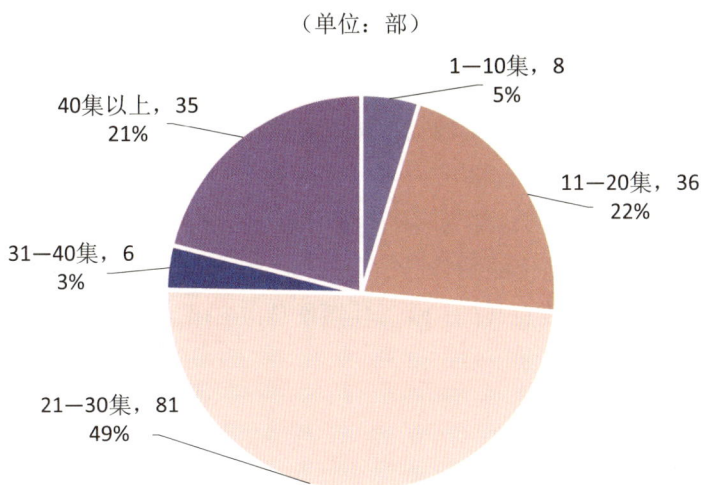

数据来源：监管中心统计数据2022.1

国家广播电视总局监管中心

图5.5.1.2（2） 2021年网播电视动画总集数统计

5.5.1.3 节目形式

2021年上线的网播电视动画片以3D作品为主，2D作品和定格作品较少。其中3D动画片100部，占比61%；2D动画片62部，占比37%；定格动画片4部，占比2%。

3D动画是网播电视动画片的主流作品形式，其中78部的单集时长在10分钟以上，占比77%。3D动画中不乏续集作品，如《小鸡彩虹 第八季》《百变校巴 第七季》《超级飞侠 第十季》等，显示出3D网播电视动画片的内容持久度与较稳定的生产力。相比3D动画，2D动画占比较少，但质量毫不逊色，如《大王日记》《幸福路上》《下姜村的绿水青山梦》等优秀作品持续涌现。

（单位：部）

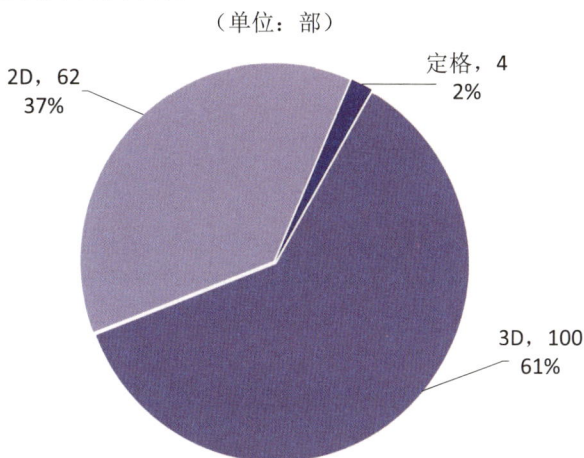

数据来源：监管中心统计数据2022.1

国家广播电视总局监管中心

图5.5.1.3 2021年网播电视动画作品形式统计

5.5.2 播出平台

网络视听平台逐渐成为电视动画片的重要播出阵地之一，不少电视台还与平台实行联播共创，如湖南金鹰卡通的《咖宝车神》系列、《23号牛乃唐》等。

网播电视动画片以多平台播出为主，大多数会选择3个至4个平台上线播出。在2021年的166部作品中，111部为多平台播出，占比66%；55部为平台独播，占比34%。独播作品中，爱奇艺上线的作品数量最多，共23部，占上线总数的14%；腾讯视频次之，共17部，占上线总数的10%。独播作品以3D作品为主，共34部，占独播作品总数的62%。

（单位：部）

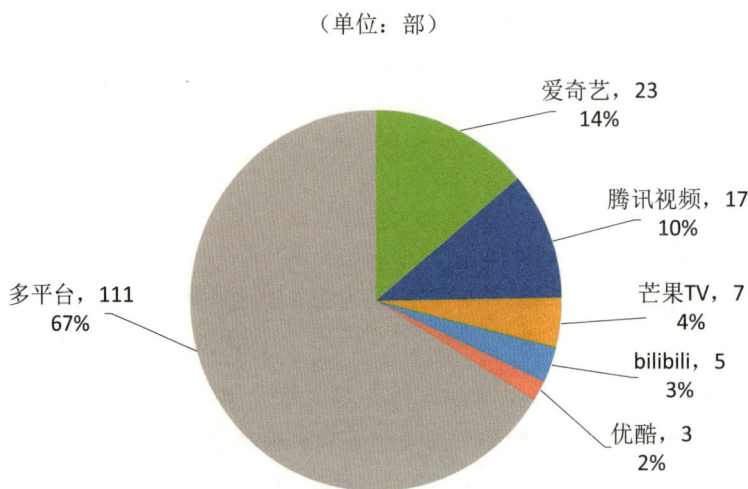

爱奇艺，23 14%
腾讯视频，17 10%
芒果TV，7 4%
bilibili，5 3%
优酷，3 2%
多平台，111 67%

数据来源：监管中心统计数据2022.1

国家广播电视总局监管中心

图5.5.2 2021年网播电视动画播出平台统计

5.6　年度代表性作品点评

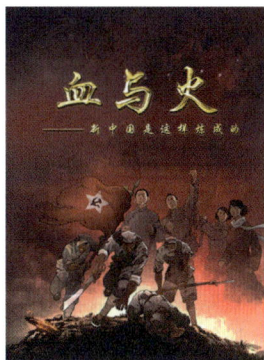

《血与火：新中国是这样炼成的》

片名： 血与火：新中国是这样炼成的
上线时间： 2021年6月1日
集数： 30集
集均时长： 3分钟
节目类型： 热血、历史
在线播放平台： bilibili、搜狐视频

党史题材系列微动画片《血与火：新中国是这样炼成的》由浙江出版联合集团、人民网联合出品，上海和胤文化传播有限公司、武汉江通动画传媒股份有限公司制作，共30集。该片以年轻观众喜闻乐见的微动画片形式，还原中国共产党成立到新中国建立28年间的代表性历史事件，为广大观众提供一份生动鲜活的党史学习教材。

从作品表达来看，该片通过可视化呈现、互动化传播，讲好了故事，讲"活"了党史，让党史故事更加可亲、可敬、可信。节目每集围绕一个党史代表性事件展开，遴选党史中的重要历史瞬间，以紧凑的情节还原历史事件，通过微动画片形式生动展现出中国共产党在革命初期的创业之艰。通过简洁的对白和生动的画面，细致呈现共产党人不惧个人安危、义无反顾坚持革命的伟大精神，给年轻观众以情感共鸣和信念塑造。

从传播方式来看，该片在线上线下积极联动，互动化传播效果好，让严肃的党史题材"二次元"化，触达年轻观众。人民网专区专栏"媒体集萃"对该片进行特别推荐，bilibili移动端首页首屏"建党百年"专区持续置顶。同时，该片充分发挥小体量、碎片化传播的优势，在西瓜视频、抖音、快手等短视频平台传播，取得良好效果。

《下姜村的绿水青山梦》

片名：下姜村的绿水青山梦

上线时间：2021年5月4日

集数：7集

集均时长：13分钟

节目类型：励志、日常

在线播放平台：bilibili

　　《下姜村的绿水青山梦》由杭州友诺动漫有限公司制作出品，共7集，是国家广播电视总局重点动画项目。该片取材于真实事件，讲述下姜村在时任浙江省委书记习近平的帮扶下，从收入低、环境差、交通难的贫困村，发展成绿水青山、生活幸福的"网红村"的历程。

　　该片重点围绕习近平2005年亲自指导下姜村沼气建设这一事件进行艺术创作，将"下姜第一沼气"作为全片重要场景和线索，叙事节奏得当。在背景画面中多次出现习近平考察下姜村照片，以及"访贫问苦"等标语，既避免了硬插入特写镜头的生硬感，又能够激发观众的考据兴趣，引导观众主动深入了解动画背后的故事，感受总书记的为民情怀。

　　从现实取材是该片的一个鲜明特色，从脱贫致富、绿水青山的主题，到片中重要情节的还原，乃至自然风光、村镇民居、沼气池等场景建模，均基于现实进行还原，给观众身临其境之感。该片通过实地参观、背景讲解、亲身体验等方式，让观众以游客身份循序渐进感受下姜村风土人情和时代变化。片中UP主李想与华宇两位"网生代"之间的交流互动轻松风趣，增加了全片叙事表达的生动性，有效中和了脱贫攻坚、生态文明等宏大主题的严肃感，使作品更具亲和力。

　　《下姜村的绿水青山梦》通过巧妙的构思、精心的创作，讲活了下姜村的脱贫故事，展现了习近平生态文明思想的鲜活实践，把硬核主题融入网感叙事，贴近青年受众，让厚重题材轻盈落地，产生了积极的社会影响。

《大王日记》

片名：大王日记

上线时间：2021年1月1日

集数：2集

集均时长：25分钟

节目类型：励志、亲子

在线播放平台：芒果TV、腾讯视频、优酷等

《大王日记》为国家广电总局重点动画项目，由江苏省广播电视总台与南京秦淮源头影视发展有限公司、南京凌众文化发展有限公司、上海森宇文化传媒股份有限公司联合出品，江苏广播电视总台优漫卡通卫视频道、江苏广电影视动漫传媒有限责任公司、南京凌众文化发展有限公司、南京傲世之环文化传媒有限公司联合制作，共2集。该片为原创作品，讲述支教老师小王在红旗村和村干部一起落实扶贫政策，通过互联网改变了红旗村的贫困环境和7名学生人生的故事。

从作品立意来看，该片立意明确、主题突出，以独特、有趣的视角呈现普通、温暖的乡村生活。片中以一只名叫"大王"的猫的视角来呈现乡村脱贫故事，在幽默轻松的氛围中展现教育扶贫战线基层工作者的辛勤与伟大。

从作品表达来看，该片将脱贫攻坚的大主题与温情搞笑的小氛围相结合，既有趣又"有益"。片中角色都是乡村脱贫事业中参与者的缩影，对人物细节的把控使剧情更加丰满。全片采用清新亮丽的水彩画风格，在8K场景精度下再现青山绿水的浪漫。

《大王日记》先后获得了第27届上海电视节白玉兰奖"最佳动画片"奖、第17届中国国际动漫节"金猴奖"红色动漫奖优秀奖，并且入选了国家广播电视总局爱国主义题材纪录片、动画片推荐片目。

《幸福路上》

片名：幸福路上

上线时间：2021年1月21日

集数：10集

集均时长：25分钟

节目类型：励志

在线播放平台：芒果TV、优酷

该片由国家广播电视总局组织策划，优酷等多家机构联合制作完成，分为9个篇章，共10集。全片从儿童视角出发，分9段讲述发生在乡村的扶贫脱贫故事，从产业扶贫、教育扶贫角度呈现脱贫攻坚历史成就。

从作品立意来看，该片透过儿童视角体现"少年儿童是未来奋斗的新希望"主题。当科学家阿泉到航天局工作时，村长对他说："无论走到哪里，都别忘记你脚下家乡的土地。"时光流转，在国家扶贫政策下，贫瘠的故土已经变成了青山绿水，他也经过个人奋斗成为航天科学家，并带着科研成果回到家乡。在他参与研制的火箭升空后，他的侄子也拿着火箭模型望向天空，一代代传承预示着新的开始和希望。

从作品表达来看，该片精准把握受众的年龄层和审美需求，构思精巧，饱含深意。《打走蚤蚤怪》一集设计了一个名叫"蚤蚤怪"的怪物，"蚤"音同"穷"，意指农作物的天敌"蝗虫"。打走"蚤蚤怪"也寓意通过不断完善的农村建设赶走"贫穷"，这一设计巧妙地将儿童熟悉的话语体系与脱贫主题联系在一起，易于少儿理解。

该片用新颖立意、独特视角、清新表达展现了动画作品阐释宏大主题的独特魅力，于2020年入选国家广播电视总局爱国主义题材纪录片、动画片推荐片目。

《写给家乡的三行诗》

片名：写给家乡的三行诗
上线时间：2021年8月31日
集数：3集
集均时长：15分钟
节目类型：励志
在线播放平台：爱奇艺

《写给家乡的三行诗》由领风工作室、北京艾尼美图文化有限公司等共同制作，绍兴市上虞区特色小镇投资建设有限公司出品。该片突出乡村振兴主题，将乡土情结融入家乡发展的时代浪潮中，浓缩进具有代表性的温情故事里，发掘普通人物的闪光点，凸显青年群体的先锋力量。

该片讲述年轻人回到故乡、帮助村民致富的故事，以城市亲历者的记忆串联起几十年间城市的变迁，展现质朴、美好的乡村生活，描绘出乡村振兴的美丽画卷。

从作品风格来看，该片对"家乡"进行了生动、具象的阐释，整体画风清新明快，展现山清水秀、舒适宜居的农村美、家乡美。该片还深挖本土特色，通过梁山伯与祝英台、女儿红、越窑青瓷等文化符号增加地域的独特性，展示浙江乡村的深厚历史、文化沉淀。

从作品立意来看，节目以普通群众和基层工作者为主角，展现普通的日常生活和不普通的美丽心灵。该片将乡土情结概括为"归乡"，着重描写青年群体、青年力量返乡发展之路，聚焦新农村发展建设，关注传统文化和精神的传承。

《伍六七之玄武国篇》

片名：伍六七之玄武国篇
上线时间：2021年1月27日
集数：10集
集均时长：16分钟
节目类型：搞笑、冒险
在线播放平台：爱奇艺、腾讯视频、优酷、bilibili

《伍六七之玄武国篇》由啊哈娱乐（上海）有限公司与广州小疯文化传播有限公司联合出品，广州小疯文化传播有限公司制作，共10集。该片为原创作品，是"伍六七"系列IP的第三季。片中，为了保护小鸡岛居民平静的生活，伍六七和伙伴们开启了去往玄武国的冒险之旅，寻找身世真相和解救小岛的办法。

从作品风格来看，《伍六七之玄武国篇》整体风格风趣、幽默、热血，画风简单又极具特色，作品最大的亮点是张弛有度、笑中有泪的无厘头搞笑风格，以及关照社会热点的叙事能力。作为续集作品，新一季动画的风格更加丰富多元，不仅有"刺客"这一颇具武侠风的设定，还有"科技国"等科幻元素，既能体现温馨日常的小岛生活，也有刀光剑影的江湖风格。

从作品结构来看，《伍六七之玄武国篇》作为系列动画的最新篇章，延续故事主线，叙事结构层层递进。作品以伍六七寻找自己失去的记忆为主线，对主人公的心境描绘也呈现出递进式的成长过程。同时，该篇在叙事上运用倒叙、隐喻蒙太奇等手法，增加了作品厚度。

《伍六七之玄武国篇》在豆瓣评分9.0分，接连入围有"动画奥斯卡"之称的法国安锡国际动画节主竞赛单元和上海白玉兰电视节动画竞赛单元，并在海外视频播放平台取得较好的成绩，是国产网络动画片成功"出海"的典范。

《枕刀歌》

片名：枕刀歌

上线时间：2021年2月5日

集数：14集

集均时长：16分钟

节目类型：热血、冒险

在线播放平台：腾讯视频

　　网络动画片《枕刀歌》由广州更号三文化传播有限公司制作与出品，共14集，分为《戈壁起风沙》《泥俑揭家仇》《江海一阔见苍生》等12个篇章。该片讲述主人公何方知为父报仇、查明自己身世的故事，是一部难得的国风武侠佳作。全片动作画面流畅，充满中国武侠的神韵。

　　从作品风格来看，这部作品通过呈现有张有弛、花样繁多的动作画面，展现出中国武侠独有的动作美感，充满浓厚的武侠风格。动画中的打斗画面细致流畅，干脆利落，尤其注重动态细节描写，能够表现出角色的辗转腾挪和发力细节。除了大量多样的武术动作，该片还展示了多种兵器的交锋，饱含中华武术的历史底蕴。

　　从作品立意来看，该片以中式武侠的写意风格，描述了快意恩仇、刀光剑影、侠义当头的江湖。以"杀父之仇不共戴天，有仇必报有恩必偿"为出发点，引出"一人一马双佩刀，千里黄沙闯驿站"的故事开端。不仅画面唯美，叙事上还注重对江湖和人生的探讨，体现出主人公在人生理想、爱情、亲情的羁绊中逐渐感受到的家国情怀，用"一朝英雄拔剑起，又是苍生十年劫"点出"侠之大者，为国为民"的中国武侠精神。

　　该片饱含中式武侠的神韵，呈现出武侠之美、中国文化之美，展示出网络动画独有的魅力，是一部兼具美感与意蕴的国风武侠佳作。

《末世觉醒之溯源（下）》

片名：末世觉醒之溯源（下）

上线时间：2021年4月13日

集数：13集

集均时常：22分钟

节目类型：科幻

在线播放平台：腾讯视频

　　《末世觉醒之溯源》由上海腾讯企鹅影视文化传播有限公司、星辉互动娱乐股份有限公司、北京天工艺彩文化传播有限公司联合出品，北京天工艺彩文化传播有限公司制作，共13集。该片为原创作品，讲述了拥有短暂预测未来能力的马三在解救同伴的过程中找寻记忆和自我，最终击碎阴谋的故事。

　　从叙事结构来看，该片为末世科幻题材，拥有完整的剧情逻辑和清晰的世界观。与上半部相比，《末世觉醒之溯源 下》在剧情方面可圈可点，给观众带来更强的参与感。随着剧情的发展，片中主角团的隐藏身份被一一揭开，下半季还增加了新的角色，增强叙事完整性。

　　从作品质量来看，《末世觉醒之溯源》的画质较为出彩。无论是野外的树林、黄昏中的荒漠，还是科技感十足的废博城，都呈现出较好的视觉体验。在环境渲染中，尤其注意冷暖关系和画面远近的对比，如森林中月光和角色光的勾勒、车灯的照亮范围、篝火火星的处理等，都显示出制作技术上的成熟。

　　该片剧情干净利落，画风细致并具有质感，人物刻画生动鲜明，是一部优秀的科幻题材作品。

《眷思量》

片名：眷思量
上线时间：2021年6月14日
集数：15集
集均时长：20分钟
节目类型：玄幻、冒险
在线播放平台：腾讯视频

　　3D原创动画片《眷思量》由央炎（天津）文化发展有限公司、上海腾讯企鹅影视文化传播有限公司联合出品，北京吾立方数码科技有限公司制作。该片从主角镜玄父母消失的故事入手，一步步揭开思量岛上的秘密往事，讲述了一群年轻人为了各自的人生目标努力蝶变、挣脱枷锁的故事。

　　《眷思量》具有中式美学风格、独特生动的角色和原创的故事表达，将"中国风"与奇幻巧妙融合。片中的宝物"万象方"来源于稀世国宝独孤信印章的造型，阵法理论来自二十八星宿、四象、五行等中国传统文化，主人公屠丽的肚兜花纹灵感则来自"五星出东方利中国"的国宝文物织锦。

　　从作品风格来看，《眷思量》具有独特的美术风格。片中的背景年代参考南北朝时期，从主角到配角皆为极具中式传统审美的建模，具有独树一帜、极具辨识度的人物画风。该片在人物建模中将古典美与二次元结合，呈现出统一风格下的不同特点。每个人物从手部铜环、金丝刺绣到身上穿戴的衣物，无一不充满中国元素。

从作品视角来看，《眷思量》在剧情设置、情感表达等方面还注意融入女性视角的考量，突出片中男性人物温柔、长情等特质，借助女性视角的构图、分镜对人物进行诠释，更易引起女性观众的情感共鸣。

《23号牛乃唐 第二季》

片名：23号牛乃唐 第二季
上线时间：2021年6月24日
集数：26集
集均时长：13分钟
节目类型：冒险、励志
在线播放平台：芒果TV

《23号牛乃唐 第二季》由湖南金鹰卡通传媒有限公司、深圳市汉文唐传播有限公司出品，湖南金鹰卡通传媒有限公司、北京迪生动画制作有限公司、苏州鸿鹰动画有限公司联合制作。动画延续第一季的模式，以一集一个小故事的形式深入挖掘儿童成长和亲子关系话题。

在主题立意上，《23号牛乃唐 第二季》从儿童视角出发，通过记录牛乃唐和她的家人同学之间发生的趣事，展现孩子的童真世界与家长的成人观念的碰撞，讨论亲子教育问题。

在剧情设置上，《23号牛乃唐 第二季》的创作深入生活，通过粉丝征文将现实故事加入到动画创作中，多个故事紧贴当下社会热点，如教育双减政策、老年人防诈骗、全民接种疫苗等。作为现实题材的动画片，片中还尝试探讨当代育儿问题，以寓教于乐的方式提供育儿思路。

在人物形象的设计上，该片经历了多次实地采风和校园采访，深入观察学生生活，使角色更贴近学生生活。与第一季相比，动画中的角色在不断成长。马马虎虎的牛乃唐成为了可以带领同学们解决困难的领头羊；时常焦虑的妈妈可以转换视角让女儿做自己的老师；宠孩子的爸爸也会放手让孩子独自面对困难。人物塑造的生动鲜活使整个剧情发展有温度、接地气。

《23号牛乃唐 第二季》以优质的内容创作引起亲子家庭情感共鸣，收获观众一致好评。

附　表

附表1　2021年上线的网络剧信息列表

序号	剧名	题材类型	播出平台	上线时间
1	少年如歌	青春校园	爱奇艺	2021.01.07
2	我在窗口遇见他	奇幻、情感	优酷	2021.01.08
3	灵域	玄幻	爱奇艺	2021.01.09
4	世界上最动听的你	青春、情感	腾讯视频	2021.01.12
5	我的初恋是暗恋	青春校园	爱奇艺	2021.01.13
6	我的小确幸	都市、情感	腾讯视频	2021.01.13
7	我爱你（2021）	都市、情感	搜狐视频	2021.01.14
8	扎心了老铁	古装、喜剧	搜狐视频	2021.01.14
9	炼爱北京	都市、情感	爱奇艺	2021.01.15
10	初恋是CV大神	都市、情感	优酷	2021.01.18
11	我就是这般女子	古装、情感	腾讯视频	2021.01.18
12	原来时光都记得	青春校园	优酷	2021.01.20
13	大侠卢小鱼之夕阳红战队	喜剧、武侠	bilibili	2021.01.21
14	我的女友是外星人	科幻、喜剧、情感	搜狐视频	2021.01.21
15	旋风魔术师 第一季	奇幻、青春、情感	爱奇艺	2021.01.21
16	旋风魔术师 第二季	奇幻、青春、情感	爱奇艺	2021.01.21
17	紧张大师	青春、都市、喜剧	优酷、聚力网	2021.01.22
18	姐姐的小狼友	都市、情感	优酷	2021.01.25
19	女孩子不好惹	奇幻、情感	优酷	2021.01.28
20	悄悄地喜欢你	青春校园	优酷	2021.01.31
21	不可思议的爱情	都市、情感、体育（游泳）	芒果TV	2021.01.31
22	这届男团太难带了	都市	芒果TV	2021.02.05
23	扑通扑通喜欢你	情感、青春校园	爱奇艺	2021.02.06
24	我的宠物少将军	古装、奇幻、情感	搜狐视频	2021.02.08

续表

序号	剧名	题材类型	播出平台	上线时间
25	三叔家的房客们	都市、喜剧	优酷	2021.02.08
26	约定	都市	爱奇艺	2021.02.08
27	赘婿	穿越、古装、喜剧	爱奇艺	2021.02.14
28	天真派杨门女将	古装、动作	腾讯视频	2021.02.15
29	玲珑狼心	古装、情感	芒果TV	2021.02.15
30	乡村爱情13	喜剧	优酷	2021.02.16
31	我曾记得那男孩	青春校园	腾讯视频、芒果TV	2021.02.22
32	山河令	古装、武侠	优酷	2021.02.22
33	通天书院	古装、情感	爱奇艺	2021.02.25
34	墓王之王	古装、武侠	腾讯视频	2021.02.25
35	锦心似玉	古装、情感	腾讯视频	2021.02.26
36	洗浴之王	喜剧	优酷	2021.02.26
37	时光和你都很甜	奇幻、情感	优酷	2021.02.28
38	冒牌女友	都市、喜剧	优酷	2021.03.01
39	恨君不似江楼月	悬疑、刑侦、年代	芒果TV	2021.03.03
40	司藤	科幻、悬疑、情感	爱奇艺、腾讯视频、优酷	2021.03.08
41	青春创业手册	青春、情感	爱奇艺	2021.03.09
42	不能犯规的游戏	悬疑	腾讯视频	2021.03.12
43	你眼中的世界	奇幻、喜剧、情感	优酷	2021.03.15
44	可不可以不	都市、情感	优酷	2021.03.19
45	罗密欧方程式	奇幻、情感	优酷	2021.03.19
46	恋恋小酒窝	都市、情感	爱奇艺	2021.03.22
47	亲密玩家	青春、都市、二次元	搜狐视频	2021.03.22
48	大饭店传奇	喜剧	优酷	2021.03.25
49	十二谭	奇幻、情感	优酷	2021.03.27
50	新人类！男友会漏电	科幻、都市、情感	爱奇艺	2021.03.27
51	原来你是这样的顾先生	情感	腾讯视频	2021.03.30
52	玉昭令	穿越、奇幻	爱奇艺	2021.03.30
53	主播风云	都市	搜狐视频	2021.04.01
54	夫人，大可不必	古装、情感	芒果TV	2021.04.01
55	手机风云	都市	搜狐视频	2021.04.06
56	亲爱的柠檬精先生	都市、情感	优酷	2021.04.07

序号	剧名	题材类型	播出平台	上线时间
57	良辰美景好时光	都市、情感	爱奇艺、腾讯视频	2021.04.08
58	声恋时代	青春、情感	腾讯视频	2021.04.09
59	白玉思无瑕	古装、情感	芒果TV	2021.04.11
60	他在逆光中告白	都市、情感	搜狐视频	2021.04.15
61	红楼私房菜	都市、情感	爱奇艺	2021.04.15
62	不想和你做朋友	都市、情感	优酷	2021.04.18
63	全世界都不如你	喜剧、情感	优酷	2021.04.19
64	指尖少年	奇幻、情感	芒果TV	2021.04.22
65	拜托了班长	青春校园	腾讯视频	2021.04.23
66	最美不过遇见你	情感、青春校园	爱奇艺	2021.04.23
67	爱的故事酒吧篇	都市、情感	腾讯视频	2021.04.26
68	乌鸦小姐与蜥蜴先生	都市、情感	腾讯视频	2021.04.26
69	情陷聊斋	古装、情感、魔幻	优酷	2021.04.28
70	城市的边缘	都市、悬疑	腾讯视频	2021.04.28
71	御赐小仵作	古装、悬疑、情感	腾讯视频	2021.04.29
72	脑海深处	职业剧	爱奇艺	2021.04.30
73	奇妙的命运呀	穿越、古装、情感	爱奇艺	2021.04.30
74	进击的皇后	穿越、古装、情感	芒果TV	2021.04.30
75	工夫	都市	bilibili	2021.05.01
76	刘老根 第四季	喜剧	优酷	2021.05.01
77	遇龙	古装、情感、玄幻	腾讯视频	2021.05.10
78	玉昭令 第二季	古装、情感	爱奇艺	2021.05.10
79	完美的他	都市、情感	爱奇艺、腾讯视频	2021.05.11
80	皮囊之下	青春、悬疑、情感	优酷	2021.05.11
81	清落	古装、情感	优酷	2021.05.19
82	雁归西窗月	古装、情感	腾讯视频	2021.05.20
83	一不小心捡到爱	都市、情感	优酷	2021.05.20
84	机智的恋爱生活	都市、情感	芒果TV	2021.05.26
85	这丫环我用不起	古装、情感	爱奇艺	2021.05.26
86	太空有点烫	科幻、喜剧	腾讯视频	2021.05.28
87	我和我的时光少年	青春校园	腾讯视频	2021.05.28
88	谁家的孩子 第二季	情感	腾讯视频、搜狐视频	2021.05.31
89	夏天的风	都市	优酷	2021.05.31

续表

序号	剧名	题材类型	播出平台	上线时间
90	双世宠妃 第三季	古装、情感	腾讯视频	2021.06.01
91	花好月又圆	古装、喜剧、情感	优酷	2021.06.08
92	放学别走	青春校园	优酷	2021.06.11
93	夜凛神探 第一季	古装、悬疑	爱奇艺	2021.06.11
94	夜凛神探 第二季	古装、悬疑	爱奇艺	2021.06.11
95	摩女塑成记	青春	芒果TV	2021.06.14
96	二龙湖爱情故事 2021	喜剧、情感	优酷	2021.06.15
97	朋友圈儿里的男朋友	都市、情感	优酷	2021.06.15
98	不能恋爱的秘密	都市、情感	芒果TV	2021.06.16
99	变成你的那一天	奇幻、情感	爱奇艺	2021.06.17
100	千古玦尘	古装、情感、玄幻	腾讯视频	2021.06.17
101	恋爱生物钟	奇幻、喜剧、情感	爱奇艺	2021.06.20
102	陪你到世界终结	青春校园	腾讯视频	2021.06.21
103	你微笑时很美	青春、情感	腾讯视频、优酷	2021.06.23
104	这个大叔有点酷	青春、喜剧、情感	优酷	2021.06.27
105	黄文秀	脱贫攻坚、青春	爱奇艺、腾讯视频、优酷	2021.06.30
106	你好，火焰蓝	都市、情感	优酷	2021.07.08
107	我就只尝一小口	情感、青春校园	腾讯视频	2021.07.08
108	喵请许愿	奇幻、都市、情感	爱奇艺	2021.07.08
109	贺先生的恋恋不忘	都市、情感	芒果TV	2021.07.10
110	薄荷之夏	青春校园	爱奇艺	2021.07.10
111	北辙南辕	都市、情感	爱奇艺	2021.07.11
112	云顶天宫	悬疑、探险	腾讯视频	2021.07.11
113	陌生的恋人	都市、悬疑、情感	爱奇艺、腾讯视频	2021.07.12
114	我的邻居长不大	都市、情感	优酷	2021.07.12
115	我的同桌又上热搜了	青春校园	腾讯视频	2021.07.14
116	突如其来的假期	都市、情感	bilibili	2021.07.16
117	燃烧吧！废柴	喜剧、情感	优酷	2021.07.16
118	法医秦明之无声的证词	悬疑、刑侦（公安探案）	芒果TV	2021.07.18
119	谈恋爱前先吃饭	情感、青春校园	优酷	2021.07.20
120	我的女主别太萌	古装、情感	腾讯视频	2021.07.23
121	你是我的荣耀	都市、情感	腾讯视频	2021.07.26

续表

序号	剧名	题材类型	播出平台	上线时间
122	时光与你，别来无恙	情感	爱奇艺	2021.07.26
123	循环初恋	穿越、都市、情感	爱奇艺	2021.07.29
124	站住！花小姐	都市、情感	芒果TV	2021.07.29
125	喵喵汪汪	古装、情感、玄幻	爱奇艺	2021.07.30
126	一宅家族	喜剧	爱奇艺	2021.07.30
127	偶然闯入的世界	穿越、奇幻、情感	搜狐视频	2021.08.05
128	公子，我娶定你了2	古装、情感	爱奇艺	2021.08.08
129	暗格里的秘密	青春校园	芒果TV	2021.08.10
130	双镜	悬疑、情感	bilibili	2021.08.12
131	机智的上半场	青春、校园	优酷	2021.08.18
132	安得广厦千万间	青春校园	腾讯视频	2021.08.18
133	进击的皇后2	穿越、古装、情感	芒果TV	2021.08.18
134	掠宝清单之无尽守护	悬疑、探险	腾讯视频	2021.08.18
135	试婚99天	都市、情感	爱奇艺	2021.08.20
136	百灵潭	古装、情感	芒果TV	2021.08.22
137	画罪师	古装、悬疑	优酷	2021.08.23
138	天目危机	科幻、都市、悬疑	芒果TV	2021.08.25
139	最酷的世界	都市、情感	爱奇艺、优酷	2021.08.25
140	满月之下请相爱	奇幻、都市、情感	爱奇艺	2021.08.26
141	逢君正当时	古装、情感	腾讯视频	2021.08.27
142	云南虫谷	奇幻、悬疑、探险	腾讯视频	2021.08.30
143	春来枕星河	古装、情感	爱奇艺	2021.08.31
144	最好的朋友	青春校园	bilibili	2021.09.04
145	双面神探	悬疑	芒果TV	2021.09.07
146	程序员那么可爱	都市、情感	腾讯视频	2021.09.10
147	捕快姐姐郝可爱	古装、悬疑、情感	腾讯视频	2021.09.13
148	启航：当风起时	青春	腾讯视频	2021.09.14
149	亲爱的吾兄	古装、情感	芒果TV	2021.09.15
150	在希望的田野上	青春	腾讯视频	2021.09.15
151	今天不是最后一天	青春、喜剧、情感	腾讯视频、优酷	2021.09.15
152	公子倾城	古装、情感	爱奇艺	2021.09.16
153	住我对面的小哥哥	都市、情感	腾讯视频	2021.09.16
154	再见，那一天	涉案	爱奇艺、腾讯视频	2021.09.21

续表

序号	剧名	题材类型	播出平台	上线时间
155	暗房	悬疑、刑侦	爱奇艺	2021.09.22
156	国子监来了个女弟子	古装、情感	腾讯视频、优酷	2021.09.22
157	我的奇妙室友	科幻、情感	优酷	2021.09.23
158	当爱情遇上科学家	都市、情感	爱奇艺、腾讯视频	2021.09.25
159	我的巴比伦恋人	奇幻、喜剧、情感	爱奇艺、优酷	2021.09.27
160	反转时空爱上你	穿越、奇幻、情感	爱奇艺	2021.09.27
161	嘿，你大事很妙	青春、情感	爱奇艺	2021.09.29
162	灵丹妙药不及你	古装、情感	腾讯视频	2021.09.29
163	时光旧巷的我们	情感、青春校园	优酷	2021.09.29
164	皎若云间月	古装、情感	优酷	2021.10.04
165	只是结婚的关系	都市、情感	腾讯视频	2021.10.08
166	爱上萌面大人	奇幻、情感	优酷	2021.10.10
167	八角亭谜雾	悬疑	爱奇艺	2021.10.13
168	真相	悬疑	优酷	2021.10.14
169	嘉南传	古装、情感	爱奇艺、腾讯视频	2021.10.17
170	我的恋人有点迷	都市、悬疑	爱奇艺	2021.10.19
171	烈火战士	年代	优酷、西瓜视频、咪咕视频	2021.10.20
172	新白蛇传	古装、玄幻	腾讯视频	2021.10.25
173	爱在粉雪时光	都市、情感	爱奇艺	2021.10.26
174	韫色过浓 下饭版	都市、情感	芒果TV	2021.10.26
175	麻辣宿舍	喜剧、校园	腾讯视频	2021.11.02
176	致命愿望	科幻、悬疑	爱奇艺	2021.11.03
177	管你来自哪颗星	奇幻、情感	腾讯视频	2021.11.05
178	当家主母	古装、情感	爱奇艺、优酷、腾讯视频	2021.11.08
179	沉默的证明	悬疑、刑侦	搜狐视频	2021.11.09
180	逆青春 第三季	青春	爱奇艺	2021.11.09
181	北洋残案	奇幻、悬疑、年代	腾讯视频	2021.11.16
182	无法直视	青春、情感	爱奇艺	2021.11.19
183	许纯纯的茶花运	古装、情感	爱奇艺	2021.11.22
184	爱很美味	都市、情感	腾讯视频	2021.11.26
185	一片冰心在玉壶	古装、情感	优酷	2021.11.29

续表

序号	剧名	题材类型	播出平台	上线时间
186	当我们在一起	都市、情感	爱奇艺	2021.11.30
187	花与罪	都市、悬疑	爱奇艺	2021.11.30
188	风起洛阳	古装、悬疑	爱奇艺	2021.12.01
189	谁是凶手	悬疑	爱奇艺	2021.12.05
190	谈什么恋爱啊	都市、情感	腾讯视频	2021.12.06
191	布局	犯罪	腾讯视频	2021.12.07
192	人海之中遇见你	都市、情感	优酷	2021.12.08
193	我是岁月你是星辰	奇幻、情感	芒果TV、腾讯视频	2021.12.09
194	如果声音有记忆	都市、情感	芒果TV	2021.12.09
195	卿卿我心	古装、情感、玄幻	爱奇艺、腾讯视频	2021.12.09
196	大饼卷一切	喜剧	搜狐视频	2021.12.14
197	你是我最甜蜜的心事	青春、情感	爱奇艺	2021.12.15
198	清风朗月花正开	古装、情感	爱奇艺、腾讯视频	2021.12.19
199	你好，先生们	青春、情感	爱奇艺	2021.12.20
200	热血神探	悬疑、情感、年代	芒果TV	2021.12.26

数据来源：监管中心统计数据2022.1

国家广播电视总局监管中心

附表2 2021年上线的网络首播电视剧信息列表

序号	剧名	题材类型	排播方式	卫视播出平台	网络播出平台	网络上线时间
1	舒克与桃花	都市、喜剧、情感	只在互联网播出	/	芒果TV	2021.01.01
2	这个世界不看脸	都市、情感	网台同步	江苏卫视	爱奇艺、腾讯视频	2021.01.11
3	你好，对方辩友第二季	青春校园	只在互联网播出	/	芒果TV	2021.01.14
4	暗恋橘生淮南	青春、情感	只在互联网播出	/	芒果TV、腾讯视频	2021.01.20
5	奶爸当家	都市、情感、喜剧	只在互联网播出	/	优酷	2021.01.22
6	刑警之海外行动	悬疑、刑侦	先网后台	北京卫视	爱奇艺	2021.01.24
7	假日暖洋洋	情感、喜剧	网台同步	北京卫视	爱奇艺	2021.01.25
8	玲珑	玄幻、古装、情感	只在互联网播出	/	芒果TV、腾讯视频	2021.01.29
9	一起学习吧	青春校园（初中）、喜剧	只在互联网播出	/	芒果TV	2021.02.01
10	我的时代，你的时代	机器人竞技、情感、青春	只在互联网播出	/	爱奇艺	2021.02.04
11	斗罗大陆	古装、玄幻	网台同步	中央电视台电视剧频道	腾讯视频、中国网络电视台	2021.02.05
12	你好，安怡	科幻、情感	只在互联网播出	/	爱奇艺、腾讯视频	2021.02.19
13	抓的就是你	刑侦、悬疑	只在互联网播出	/	爱奇艺、风行网、聚力（PP）	2021.03.01
14	生活万岁	都市、情感	网台同步	中央电视台电视剧频道	爱奇艺、中国网络电视台	2021.03.03
15	荣耀乒乓	体育竞技、情感	只在互联网播出	/	爱奇艺	2021.03.09
16	别想打扰我学习	青春校园（高中）、奇幻	网台同步	湖南卫视	芒果TV	2021.03.10
17	你是我的城池营垒	军旅、情感	先网后台	中央电视台电视剧频道	爱奇艺、腾讯视频、优酷	2021.03.11
18	大宋宫词	古装、情感	先网后台	江苏卫视	爱奇艺、腾讯视频、优酷	2021.03.20
19	一起深呼吸	都市、情感	先网后台	江苏卫视	爱奇艺、腾讯视频	2021.03.23
20	长歌行	古装	网台同步	山东卫视	腾讯视频	2021.03.31
21	理智派生活	都市、情感	网台同步	湖南卫视	芒果TV	2021.03.31

序号	剧名	题材类型	排播方式	卫视播出平台	网络播出平台	网络上线时间
22	骊歌行	古装、情感	只在互联网播出	/	爱奇艺、腾讯视频	2021.04.15
23	风暴舞	悬疑、都市、谍战	只在互联网播出	/	爱奇艺、腾讯视频、优酷	2021.04.25
24	我亲爱的小洁癖	都市、情感	只在互联网播出	/	芒果TV	2021.05.09
25	生活家	都市、情感	网台同步	中央电视台电视剧频道	爱奇艺	2021.05.13
26	月光变奏曲	都市、情感	只在互联网播出	/	爱奇艺	2021.05.20
27	猎狼者	刑侦	网台同步	湖南卫视	芒果TV	2021.05.24
28	壮志高飞	青春、职业剧	只在互联网播出	/	优酷、腾讯视频、爱奇艺	2021.05.27
29	爱上特种兵	都市、军旅、情感	先网后台	深圳卫视	爱奇艺	2021.06.01
30	飞鸟集	都市、情感	只在互联网播出	/	芒果TV、腾讯视频	2021.06.03
31	胭脂债	古装、武侠	只在互联网播出	/	优酷	2021.06.05
32	叛逆者	年代、谍战剧	网台同步	中央电视台电视剧频道	爱奇艺	2021.06.07
33	青春须早为	青春、情感	只在互联网播出	/	芒果TV	2021.06.09
34	雪豹特战	军旅	只在互联网播出	/	爱奇艺	2021.06.10
35	谎言真探	都市、刑侦	网台同步	湖南卫视	芒果TV	2021.06.21
36	不说再见	都市、刑侦	只在互联网播出	/	爱奇艺、腾讯视频	2021.06.22
37	海上繁花	都市、情感	只在互联网播出	/	芒果TV、爱奇艺、优酷、腾讯视频、乐视视频	2021.06.23
38	我和我们在一起	都市、情感	只在互联网播出	/	芒果TV、爱奇艺、优酷、腾讯视频、乐视视频	2021.06.28
39	我在他乡挺好的	都市、情感	网台同步	湖南卫视	芒果TV	2021.07.19
40	古董局中局之掠宝清单	悬疑、民国	只在互联网播出	/	腾讯视频	2021.07.21

续表

序号	剧名	题材类型	排播方式	卫视播出平台	网络播出平台	网络上线时间
41	你的名字我的姓氏	都市、情感	只在互联网播出	/	腾讯视频、爱奇艺	2021.07.26
42	上游	青春校园	只在互联网播出	/	优酷	2021.08.02
43	原来我很爱你	情感、偶像	只在互联网播出	/	爱奇艺	2021.08.03
44	与君歌	古装、悬疑、情感	网台同步	湖南卫视	芒果TV	2021.08.08
45	扫黑风暴	悬疑、刑侦	网台同步	东方卫视、北京卫视	腾讯视频	2021.08.09
46	玫瑰行者	刑侦、悬疑	只在互联网播出	/	优酷	2021.08.11
47	理想之城	都市、职业、情感	网台同步	东方卫视、中央电视台电视剧频道	爱奇艺	2021.08.12
48	天龙八部	古装、武侠	网台同步	中央电视台电视剧频道	腾讯视频	2021.08.14
49	世界微尘里	都市、情感	只在互联网播出	/	爱奇艺	2021.08.16
50	周生如故	古装	先网后台	安徽卫视	爱奇艺	2021.08.18
51	无忧面包店第二季	校园	只在互联网播出	/	爱奇艺、腾讯视频、乐视视频、聚力（PP）、咪咕视频	2021.08.23
52	婆婆的镯子	都市、情感	网台同步	湖南卫视	芒果TV	2021.08.30
53	一剪芳华	年代、传奇	只在互联网播出	/	腾讯视频、爱奇艺、优酷	2021.08.31
54	一生一世	都市、情感	先网后台	安徽卫视	爱奇艺	2021.09.06
55	君九龄	古装	只在互联网播出	/	优酷	2021.09.07
56	双探	悬疑、刑侦	只在互联网播出	/	腾讯视频	2021.09.09
57	好好生活	都市、情感	网台同步	湖南卫视	芒果TV	2021.10.05
58	而你刚好发光	青春校园	只在互联网播出	/	腾讯视频	2021.10.11
59	您好！母亲大人	都市、情感	只在互联网播出	/	腾讯视频、爱奇艺、优酷	2021.10.13
60	空姐日记	青春、励志	只在互联网播出	/	优酷、乐视视频	2021.10.13

续表

序号	剧名	题材类型	排播方式	卫视播出平台	网络播出平台	网络上线时间
61	第十二秒	都市、悬疑、情感	网台同步	湖南卫视	芒果TV	2021.10.18
62	前行者	谍战、年代	网台同步	北京卫视	爱奇艺、腾讯视频	2021.10.22
63	梦见狮子	都市、情感	只在互联网播出	/	爱奇艺、腾讯视频	2021.10.28
64	问天录	古装、玄幻	只在互联网播出	/	优酷	2021.10.31
65	一见倾心	民国、情感	只在互联网播出	/	优酷	2021.11.09
66	夜色暗涌时	都市、情感	只在互联网播出	/	芒果TV	2021.11.09
67	斛珠夫人	古装、奇幻、情感	先网后台	北京卫视	腾讯视频	2021.11.10
68	民警老林的幸福生活	刑侦	只在互联网播出	/	优酷	2021.11.22
69	女心理师	都市、情感、悬疑	只在互联网播出	/	优酷	2021.11.23
70	住在我隔壁的甲方	都市、情感、喜剧	只在互联网播出	/	芒果TV	2021.11.27
71	良言写意	都市、情感	只在互联网播出	/	爱奇艺、腾讯视频	2021.11.30
72	沉睡花园	都市、情感	网台同步	湖南卫视	芒果TV	2021.12.13
73	雪中悍刀行	古装、武侠	网台同步	中央电视台电视剧频道	腾讯视频、中国网络电视台	2021.12.15
74	对手	都市、悬疑、刑侦	网台同步	中央电视台电视剧频道	爱奇艺	2021.12.16
75	王牌部队	军旅	网台同步	江苏卫视	爱奇艺	2021.12.26
76	勇敢的心 第二季	近代、革命	只在互联网播出	/	爱奇艺、优酷、腾讯视频	2021.12.29
77	赖猫的狮子倒影	都市、情感	只在互联网播出	/	爱奇艺、腾讯视频	2021.12.30
78	一念时光	都市、情感	只在互联网播出	/	优酷	2021.12.30
79	啼笑书香	古装	只在互联网播出	/	爱奇艺、腾讯视频	2021.12.31

附表3　2021年全年上线的重点网络微短剧信息列表

序号	剧名	题材类型	播出平台	上线时间
1	欢迎光临高中生	青春校园	优酷	2021.01.11
2	做梦吧！晶晶	都市、喜剧	抖音	2021.01.30
3	竹马其外，天降其中	奇幻、都市、情感	优酷	2021.02.05
4	如梦令	古装、情感	腾讯视频	2021.02.06
5	为什么还要过年啊？！	奇幻	抖音	2021.02.12
6	上头姐妹	都市、喜剧	腾讯视频	2021.02.13
7	犹如故人来	奇幻、情感	优酷	2021.02.15
8	盲盒哥哥	都市、情感	优酷	2021.03.12
9	男翔技校	青春校园	抖音	2021.03.20
10	咸鱼先生，Rose小姐之彗星来了	科幻、都市	优酷	2021.04.10
11	月陨回声	奇幻、悬疑、探险	腾讯视频	2021.04.29
12	西江月社团	都市、情感	芒果TV	2021.05.26
13	一只贾小蝶	奇幻、喜剧	搜狐视频	2021.05.26
14	拜托，快结婚吧！	情感	优酷	2021.05.27
15	另一半的我和你	科幻、喜剧、情感	优酷	2021.06.08
16	别怕，恋爱吧！	都市、情感	抖音	2021.06.14
17	星动的瞬间	喜剧、情感	抖音	2021.06.22
18	明天请你喜欢我	奇幻、情感	优酷	2021.07.12
19	大唐小吃货	穿越、古装、喜剧	腾讯视频	2021.07.12
20	我的纸片男友	奇幻、情感	优酷	2021.07.15
21	绝世：病娇公子爱上我	古装、情感	优酷	2021.08.03
22	花府小姐要出逃	古装、喜剧	优酷	2021.08.12
23	将军家的小狐仙	古装、情感、玄幻	腾讯视频	2021.08.16
24	剩下的11个	科幻	西瓜视频	2021.08.24
25	小主别闹	古装、情感	腾讯视频	2021.08.29
26	夜猫快递之黑日梦	奇幻、都市、悬疑	bilibili	2021.08.30
27	宠爱女主大人	都市、情感	芒果TV	2021.09.08
28	糟了，是心动	都市、情感	芒果TV	2021.09.13
29	仙剑客栈	穿越、古装	优酷	2021.09.26
30	我们之间隔着银河系	青春、情感	芒果TV	2021.09.27
31	给你我的独家宠爱	奇幻、情感	腾讯视频	2021.09.27
32	谁？异能者	科幻、喜剧	bilibili	2021.10.04

续表

序号	剧名	题材类型	播出平台	上线时间
33	谁？异能者 第二季	科幻、喜剧	bilibili	2021.10.09
34	公子何时休	古装、情感	优酷	2021.10.09
35	滚动吧，小齿轮	喜剧	腾讯视频	2021.10.19
36	撩个男神好回家	情感	优酷	2021.10.21
37	六神无主	都市、玄幻	bilibili	2021.10.25
38	柠檬树上你和我	情感	腾讯视频	2021.11.01
39	小红娘脱单攻略	喜剧、情感	芒果TV	2021.11.08
40	抓马侦探	喜剧	bilibili	2021.11.08
41	替身姐妹	都市、悬疑、情感	腾讯视频	2021.11.09
42	闻香识公子	古装、情感	优酷	2021.11.10
43	心跳恋爱	青春、情感	优酷	2021.11.19
44	入住请登记	喜剧	爱奇艺	2021.11.22
45	小楞从业记	喜剧	优酷	2021.11.24
46	从天而降的"漫撕男"	奇幻、情感	腾讯视频	2021.11.25
47	便利店的故事	都市	优酷	2021.12.09
48	拜托，快结婚吧！第二季	都市、情感	优酷	2021.12.10
49	妻子的反攻	情感	腾讯视频	2021.12.14
50	蛇女归来	恐怖、悬疑	优酷	2021.12.19
51	闹起来，费先生	都市、喜剧	bilibili、搜狐视频	2021.12.21
52	狐系女友惹不起	奇幻、情感	快手	2021.12.22
53	外卖之王	都市	bilibili	2021.12.25
54	第四审讯室	都市、悬疑	腾讯视频	2021.12.27
55	大妈的世界	喜剧	腾讯视频	2021.12.30
56	老铁摇滚乐园	都市	快手	2021.12.30
57	我怎么这么好看	奇幻、都市、情感	快手	2021.12.30
58	别惹白鸽	都市、情感	芒果TV	2021.12.31

数据来源：监管中心统计数据2022.1

国家广播电视总局监管中心

附表4 2021年上线的网络电影信息列表

序号	节目名	题材	播出平台	上线时间
1	绝对忠诚之国家利益	公安、动作、悬疑、枪战	腾讯视频	2021.01.01
2	冲锋号	喜剧、剧情	爱奇艺	2021.01.02
3	呐喊的心声	情感、剧情	搜狐视频	2021.01.04
4	赵云传之莫问少年狂	古装、动作	爱奇艺	2021.01.04
5	我来自北京之福从天降	喜剧、情感、剧情	爱奇艺	2021.01.05
6	绝地突围	动作	爱奇艺	2021.01.06
7	毕业之前说再见	青春、情感、校园	腾讯视频	2021.01.06
8	篮球纪之我想打篮球	体育、剧情、动作	优酷	2021.01.07
9	狂鼠列车	惊悚、剧情	爱奇艺、优酷	2021.01.07
10	寻龙秘境	奇幻、悬疑、剧情	腾讯视频	2021.01.08
11	猎狐（2021）	动作、剧情、犯罪	搜狐视频	2021.01.08
12	看不见的房客	悬疑、惊悚、犯罪	爱奇艺	2021.01.09
13	狗剩子的春天	喜剧、剧情	优酷	2021.01.09
14	十字路口（2021）	青春、情感	爱奇艺	2021.01.11
15	尹弟下山	喜剧、剧情	优酷	2021.01.12
16	换脸·幻梦成真	奇幻	爱奇艺	2021.01.13
17	炮手燃魂	古装、战争、历史	爱奇艺	2021.01.14
18	换脸·恶梦方醒	奇幻	爱奇艺	2021.01.15
19	疑影重重	悬疑、犯罪	爱奇艺	2021.01.15
20	武动乾坤：九重符塔	玄幻、古装、动作、武侠	腾讯视频	2021.01.15
21	夺命巨鲨	怪兽、恐怖	爱奇艺	2021.01.16
22	楼兰传说：幽灵军队	情感、奇幻	优酷	2021.01.16
23	换脸·圆梦时分	奇幻	爱奇艺	2021.01.17
24	淮水情	情感、剧情	爱奇艺	2021.01.18
25	那一份纯真	情感	爱奇艺	2021.01.21
26	隐侠之关阳镇	武侠、动作	优酷	2021.01.21
27	大御儿之烟花易冷	古装、穿越、情感	快手	2021.01.22
28	南少林之怒目金刚	武侠、动作、喜剧	优酷	2021.01.23
29	扫黑英雄	公安、动作、犯罪、枪战	爱奇艺	2021.01.23
30	上海夜行1黑金谜案	动作、犯罪	爱奇艺	2021.01.24
31	战犬出击	萌宠、情感	爱奇艺	2021.01.26
32	狄仁杰之迷雾神都	古装、悬疑、动作	优酷	2021.01.26

序号	节目名	题材	播出平台	上线时间
33	头号主播	喜剧、剧情、犯罪	优酷	2021.01.26
34	无路可逃	公安、动作	爱奇艺	2021.01.27
35	劫后重生之荒岛求生	情感、剧情	搜狐视频	2021.01.27
36	茅山	古装、玄幻、喜剧、动作	爱奇艺	2021.01.28
37	狂暴魔蛛	怪兽、惊悚	优酷	2021.01.28
38	让我过过瘾	情感、喜剧	腾讯视频	2021.01.29
39	极品芝麻官（普通话版、粤语版）	古装、悬疑、喜剧	优酷	2021.01.30
40	潮牌大叔	喜剧、情感	爱奇艺	2021.02.01
41	明城攻略之镇河妖	古装、奇幻、动作、悬疑	腾讯视频	2021.02.01
42	嗜血狂蛛	惊悚、怪兽	优酷	2021.02.02
43	茶马古道护路队	情感、剧情	搜狐视频	2021.02.02
44	我来自北京之按下葫芦起来梨	喜剧、情感、剧情	爱奇艺	2021.02.03
45	余生，请多指教	情感、喜剧、青春	腾讯视频	2021.02.03
46	热血兄弟追梦录	情感、剧情	搜狐视频	2021.02.03
47	济公：降龙罗汉	古装、喜剧、情感、奇幻	爱奇艺	2021.02.04
48	特种兵归来4替身疑云	犯罪、动作	腾讯视频	2021.02.04
49	阿豪的日常战争	喜剧、剧情	搜狐视频	2021.02.04
50	寻龙契约3破阵	玄幻、动作	优酷	2021.02.06
51	混世四猴：神猴归来	奇幻、情感、动作、古装	腾讯视频	2021.02.06
52	兴风作浪3	喜剧、情感	优酷	2021.02.07
53	超凡追击者	喜剧、动作、奇幻、穿越	腾讯视频	2021.02.07
54	少年名捕	古装、儿童、剧情	爱奇艺	2021.02.08
55	密林大冒险	怪兽、动作	搜狐视频	2021.02.08
56	天使替我来爱你	情感、喜剧	芒果TV	2021.02.08
57	大唐重案组	古装、悬疑、武侠、动作	爱奇艺	2021.02.09
58	罗布泊之九龙天棺	动作、悬疑、玄幻	腾讯视频	2021.02.09
59	你好，树公主	情感、都市	爱奇艺	2021.02.10
60	荒野重生	动作	优酷	2021.02.10
61	青龙偃月刀	古装、战争、动作	爱奇艺	2021.02.11
62	极速战将	公安、动作、犯罪、枪战	爱奇艺	2021.02.11
63	少林寺之得宝传奇	古装、武侠、喜剧、动作	爱奇艺、优酷、腾讯视频	2021.02.12
64	布娃娃	情感、奇幻、喜剧	腾讯视频	2021.02.12

序号	节目名	题材	播出平台	上线时间
65	荒野无声	惊悚、情感	爱奇艺	2021.02.13
66	男主大甩卖	情感、科幻	芒果TV	2021.02.13
67	别那么骄傲	情感、玄幻	爱奇艺	2021.02.14
68	决战厨神	剧情、情感、喜剧	快手	2021.02.14
69	护卫者	动作	爱奇艺	2021.02.15
70	反击	动作、犯罪、枪战	腾讯视频	2021.02.15
71	摸金爵之卧龙诡阵	动作、科幻、剧情	优酷	2021.02.15
72	明天会更好	剧情	优酷	2021.02.15
73	暴走财神2	喜剧、奇幻	爱奇艺	2021.02.16
74	你瞅啥？外星人	喜剧、科幻、动作	腾讯视频	2021.02.17
75	雷震子：封神缘起	古装、奇幻、动作	爱奇艺	2021.02.18
76	小二班之变身老爸	喜剧、儿童、情感、科幻	爱奇艺	2021.02.19
77	人间大炮3	喜剧、儿童、情感	优酷	2021.02.19
78	梦想之门	奇幻、悬疑	腾讯视频	2021.02.21
79	情定秋收	情感	搜狐视频	2021.02.22
80	军民大生产	情感、剧情	爱奇艺	2021.02.23
81	金山伏魔传	古装、玄幻、情感	优酷	2021.02.23
82	铁血护卫之异种入侵	科幻、动作、怪兽	腾讯视频	2021.02.23
83	平魔策之红颜长情剑	古装、玄幻、动作	爱奇艺	2021.02.25
84	修仙传之炼剑	古装、玄幻、动作、怪兽	爱奇艺	2021.02.25
85	绝缝求生	情感、剧情	搜狐视频	2021.02.25
86	月亮心愿	情感、剧情	搜狐视频	2021.02.25
87	狂刀	古装、武侠、玄幻、动作	爱奇艺	2021.02.26
88	怒放的铁甲	情感、剧情、犯罪	优酷	2021.02.26
89	龙窟寻宝	玄幻、动作、怪兽	腾讯视频	2021.02.26
90	长白·灵蛇传	奇幻、情感、古装	腾讯视频	2021.02.28
91	横行不霸道	喜剧、动作	爱奇艺	2021.02.28
92	一眉先生	动作、玄幻、喜剧、惊悚	腾讯视频	2021.03.01
93	财神	喜剧、古装、玄幻	优酷	2021.03.02
94	龙的新娘：龙之岛	情感、奇幻	腾讯视频	2021.03.02
95	我的电商女友	情感、剧情	搜狐视频	2021.03.02
96	幽灵毒枭	公安、犯罪、动作、枪战	腾讯视频	2021.03.03
97	我的第二故乡	剧情	优酷	2021.03.04

续表

序号	节目名	题材	播出平台	上线时间
98	狄仁杰：长安变	古装、悬疑、动作	优酷	2021.03.04
99	凤归梧桐（普通话版、粤语版）	喜剧、剧情	腾讯视频	2021.03.05
100	村里有情况	喜剧、情感	优酷	2021.03.06
101	东北轴神	喜剧、情感	腾讯视频	2021.03.06
102	东北往事之大叔真帅	喜剧、奇幻	优酷	2021.03.09
103	宝贝有戏之小仙女	儿童、古装、喜剧、奇幻	腾讯视频	2021.03.09
104	败金财神	奇幻、动作、情感、喜剧	腾讯视频	2021.03.10
105	狼灵传说	奇幻、古装、剧情	搜狐视频	2021.03.10
106	秘境狂蟒	怪兽、剧情	搜狐视频	2021.03.11
107	巨鲨之夺命鲨滩	惊悚	优酷	2021.03.12
108	白蛇：情劫	古装、情感、奇幻	爱奇艺	2021.03.12
109	撼龙天棺	动作、悬疑	腾讯视频	2021.03.12
110	一夜新娘之落跑新娘	喜剧、古装、情感	芒果TV	2021.03.13
111	九州羽乱·相思劫	古装、情感、玄幻	腾讯视频	2021.03.14
112	古剑奇谭之悲歌咒	古装、玄幻、悬疑、动作	腾讯视频	2021.03.15
113	老板娘（普通话版、粤语版）	剧情、犯罪、犯罪	爱奇艺	2021.03.16
114	胆战心惊（常规版、互动版）	悬疑、犯罪、情感、动作	腾讯视频	2021.03.16
115	暴走狂花之正义校花	校园、动作、犯罪	优酷	2021.03.17
116	楚留香之盗帅觉醒	古装、武侠、动作、情感	腾讯视频	2021.03.17
117	窈窕老爹	喜剧、奇幻、情感	爱奇艺	2021.03.18
118	疯狂电影人2	喜剧、剧情	优酷	2021.03.18
119	再见自己	喜剧、科幻	搜狐视频	2021.03.18
120	守望初春	情感	搜狐视频	2021.03.19
121	不能犯规的游戏之瘟病突袭	惊悚、犯罪、悬疑	腾讯视频	2021.03.20
122	不能犯规的游戏之惊魂幻觉	悬疑、惊悚、犯罪	腾讯视频	2021.03.20
123	草原上的萨日朗	剧情、喜剧	爱奇艺	2021.03.21
124	限时营救	公安、动作、悬疑、刑侦	腾讯视频	2021.03.23
125	护花惊情	悬疑、奇幻、怪兽	优酷	2021.03.23
126	小人物	情感	搜狐视频	2021.03.23
127	兴风作浪2	喜剧、情感	优酷	2021.03.24
128	天下第一	古装、喜剧、情感	优酷	2021.03.24
129	南拳小子	动作、儿童	搜狐视频	2021.03.24
130	蜀山之万剑封魔	古装、玄幻、动作、喜剧	腾讯视频	2021.03.25

续表

序号	节目名	题材	播出平台	上线时间
131	不能犯规的游戏之房中有眼	悬疑、惊悚、犯罪、公安	腾讯视频	2021.03.25
132	神秘宝藏（2021）	剧情	搜狐视频	2021.03.25
133	冒牌大保镖	喜剧、情感、动作	爱奇艺	2021.03.26
134	重启之蛇骨佛蜕	玄幻、悬疑、动作	优酷	2021.03.26
135	卸岭之地下惊龙	古装、玄幻、动作	腾讯视频	2021.03.26
136	从结婚开始恋爱 精选版	情感	芒果TV	2021.03.26
137	老潘的归途	情感、喜剧	腾讯视频	2021.03.28
138	龙的新娘：一见倾心	奇幻、情感	优酷	2021.03.29
139	大铸剑师	古装、武侠、动作	爱奇艺	2021.03.30
140	长白·太岁	古装、玄幻、情感	腾讯视频	2021.03.30
141	妖宴洛阳	古装、动作、玄幻、武侠	优酷	2021.03.30
142	黄飞鸿之武神林世荣	动作、喜剧、情感、剧情	腾讯视频	2021.03.31
143	兴安岭猎人传说	悬疑、恐怖	腾讯视频	2021.04.01
144	浴血无名川	战争、历史、动作、枪战	爱奇艺、乐视视频	2021.04.02
145	巨蜥	惊悚、怪兽	优酷	2021.04.03
146	张震讲故事之洗脸女生的传说	悬疑、惊悚	腾讯视频	2021.04.05
147	绿皮火车	喜剧、剧情	爱奇艺	2021.04.06
148	战疫时期的爱情	情感、剧情	腾讯视频	2021.04.07
149	我们的花样青春	剧情	优酷	2021.04.07
150	我的机器人同桌	科幻、剧情、儿童	搜狐视频	2021.04.07
151	茅山大师	古装、玄幻、武侠、动作	爱奇艺	2021.04.08
152	心里有数	喜剧、奇幻、情感	腾讯视频	2021.04.08
153	夺命奇书	古装、动作	搜狐视频	2021.04.08
154	糟糕的拳头	动作、喜剧	腾讯视频	2021.04.08
155	催眠迷案	悬疑、情感	搜狐视频	2021.04.09
156	蛇王2021	动作、惊悚、怪兽	腾讯视频	2021.04.12
157	换灵卧底	情感、犯罪、奇幻、公安	优酷	2021.04.12
158	山里的旧钢琴	情感、剧情	搜狐视频	2021.04.13
159	帮主！帮主！	玄幻、喜剧、古装、动作	快手	2021.04.13
160	九叔之夜行疯魔	喜剧、悬疑、奇幻	腾讯视频	2021.04.14
161	爱情卡路里	情感、喜剧	优酷	2021.04.14
162	山的那边有条河	情感、剧情	搜狐视频	2021.04.14

序号	节目名	题材	播出平台	上线时间
163	不能犯规的游戏之午夜来电	惊悚、悬疑	腾讯视频	2021.04.15
164	全城追击	公安、动作	搜狐视频	2021.04.15
165	鲁班四杰之伏龙海眼	玄幻、动作	腾讯视频	2021.04.16
166	向阳农庄的罗曼史	情感、剧情	搜狐视频	2021.04.16
167	奈何boss又如何 速看版	情感	芒果TV	2021.04.16
168	双面妖姬	玄幻、古装、情感	腾讯视频	2021.04.18
169	猫眼神探之红莲	情感、悬疑、犯罪	搜狐视频	2021.04.19
170	你的样子	奇幻、动作、情感、喜剧	腾讯视频	2021.04.20
171	忠义门之韩厥	古装、历史	搜狐视频	2021.04.20
172	津沽奇谭1:暗城杀机	情感、惊悚、悬疑	爱奇艺	2021.04.21
173	超神保镖	动作	腾讯视频	2021.04.22
174	墨家机关术	奇幻、动作	爱奇艺	2021.04.23
175	幽离传说	古装、玄幻、动作	优酷	2021.04.23
176	不可思议的爱情 速看版	情感、奇幻	芒果TV	2021.04.23
177	东海异闻录	古装、魔幻、情感、动作	腾讯视频	2021.04.24
178	夺宝欢喜村	喜剧	爱奇艺	2021.04.26
179	龙套王之冒牌总裁	喜剧	优酷	2021.04.26
180	特警本色	动作、公安	爱奇艺	2021.04.27
181	歪打正着	喜剧、动作	腾讯视频	2021.04.27
182	武风	动作、剧情	搜狐视频	2021.04.27
183	狼人杀·启源	动作、科幻	腾讯视频	2021.04.29
184	封神榜:决战万仙阵	古装、动作、奇幻	爱奇艺	2021.04.30
185	旋风书院	古装、武侠、喜剧	优酷	2021.04.30
186	摸金玦之守护人	动作、惊悚	腾讯视频	2021.05.01
187	时光与你都很甜 速看版	情感	芒果TV	2021.05.02
188	变异巨蟒	怪兽、惊悚	优酷	2021.05.02
189	沉睡美人	喜剧	优酷、搜狐视频	2021.05.03
190	渐入秋凉	喜剧	优酷	2021.05.04
191	奇门偃甲师	奇幻、悬疑、动作、古装	腾讯视频	2021.05.07
192	虚拟世界	科幻、动作	腾讯视频	2021.05.10
193	兰若行者	古装、玄幻、动作	腾讯视频	2021.05.11
194	一路朝南	情感、剧情	搜狐视频	2021.05.13
195	沙鹰行动	动作、剧情	腾讯视频	2021.05.13

续表

序号	节目名	题材	播出平台	上线时间
196	战王	动作、科幻	优酷	2021.05.13
197	霍家拳之铁臂娇娃2	动作、喜剧	爱奇艺	2021.05.13
198	山海战纪2之怪兽之王	奇幻、古装、动作	腾讯视频	2021.05.15
199	六扇门之嫣州八艳	动作、古装、悬疑	腾讯视频	2021.05.15
200	无名客栈之麒麟觉醒	古装、奇幻、情感、动作	腾讯视频	2021.05.17
201	孤胆行动	动作、科幻	腾讯视频	2021.05.18
202	白日追梦	情感、剧情	搜狐视频	2021.05.18
203	笔仙怪谈	恐怖、玄幻	爱奇艺、优酷	2021.05.19
204	九叔归来2	动作、喜剧、恐怖、玄幻	腾讯视频	2021.05.20
205	风生水起	喜剧、剧情	搜狐视频	2021.05.20
206	无间风暴（普通话版、粤语版）	犯罪、犯罪、公安、动作	爱奇艺、优酷	2021.05.21
207	解除婚约	情感、剧情	搜狐视频	2021.05.21
208	我的爸爸是乞丐	喜剧、剧情	搜狐视频	2021.05.21
209	别叫我情圣	喜剧、情感、穿越、奇幻	腾讯视频	2021.05.22
210	非常保镖	喜剧	爱奇艺	2021.05.23
211	还能爱多久	情感	腾讯视频	2021.05.23
212	温暖的皇妃	古装、情感	爱奇艺	2021.05.24
213	六扇门之血手奇谭	悬疑、古装、动作	腾讯视频	2021.05.24
214	十四天之暖春来	情感、喜剧、剧情	优酷、搜狐视频	2021.05.24
215	那年曾爱过	情感、剧情	搜狐视频	2021.05.25
216	九门	古装、动作、悬疑	爱奇艺、优酷、腾讯视频	2021.05.26
217	神泉之曼瑜天雅	古装、动作、剧情	搜狐视频	2021.05.26
218	逆行的恋人	情感、剧情	搜狐视频	2021.05.26
219	半狼传说	科幻	爱奇艺	2021.05.27
220	再见不归路	惊悚、剧情	搜狐视频	2021.05.27
221	村里来了个牛书记	剧情	腾讯视频	2021.05.28
222	大漠神龙	古装、喜剧、玄幻、动作	爱奇艺	2021.05.30
223	巨蛛	怪兽、科幻、动作、恐怖	腾讯视频	2021.05.30
224	武状元苏乞儿之天降神谕	古装、武侠、玄幻、动作	爱奇艺	2021.05.31
225	东北喜事之山炮扶上墙	喜剧、剧情、情感	腾讯视频	2021.06.01
226	平行线	剧情、情感	搜狐视频	2021.06.01
227	七扇门	剧情	搜狐视频	2021.06.02

序号	节目名	题材	播出平台	上线时间
228	一路有光	情感、剧情	腾讯视频、搜狐视频	2021.06.03
229	美人谷	情感、剧情	搜狐视频	2021.06.04
230	离人心上 速看版	古装、情感	芒果TV	2021.06.04
231	黄皮子坟	玄幻、惊悚、悬疑、动作	爱奇艺、优酷、腾讯视频	2021.06.05
232	锦鼠御猫之九幽血狼	喜剧、悬疑、武侠、古装	腾讯视频	2021.06.06
233	昆仑镜之上古异兽	古装、动作、奇幻	搜狐视频	2021.06.08
234	少林小子	喜剧、动作、儿童	爱奇艺	2021.06.09
235	行运扫把星	喜剧、情感、奇幻	爱奇艺	2021.06.10
236	浴火重生（2021）	情感、剧情	搜狐视频	2021.06.10
237	爱拼才会赢	剧情	腾讯视频	2021.06.11
238	东北老炮儿2	喜剧、剧情	腾讯视频	2021.06.12
239	猛虫下乡	情感、剧情	搜狐视频	2021.06.15
240	狄仁杰之伏妖篇	悬疑、玄幻、古装、惊悚	腾讯视频	2021.06.15
241	心跳网球队	剧情	腾讯视频、聚力	2021.06.15
242	蛇之女	动作、惊悚、怪兽	优酷	2021.06.16
243	牛头不对马嘴	喜剧、剧情	腾讯视频	2021.06.17
244	小英雄墨萧	动作、剧情、古装	搜狐视频	2021.06.17
245	倩女仙缘2	古装、情感、玄幻	腾讯视频	2021.06.19
246	西游之双圣战神	古装、动作、奇幻	腾讯视频	2021.06.20
247	合租情缘	情感、剧情	搜狐视频	2021.06.22
248	狼王	玄幻、动作	爱奇艺	2021.06.23
249	长生志	古装、动作、武侠	腾讯视频、搜狐视频	2021.06.23
250	漠北追击	公安、动作	爱奇艺	2021.06.24
251	电商风暴	情感、剧情	搜狐视频	2021.06.24
252	猪妖传	喜剧、动作、奇幻	腾讯视频	2021.06.25
253	至尊先生之金蝉蛊	玄幻、动作、惊悚	爱奇艺	2021.06.26
254	绝色逃生	惊悚、动作、科幻、怪兽	腾讯视频	2021.06.26
255	狄仁杰之通天教主	古装、动作、武侠	搜狐视频	2021.06.28
256	跨越时空去爱你	情感、奇幻、剧情	腾讯视频	2021.06.29
257	厨神下凡	喜剧、奇幻、动作	爱奇艺	2021.06.30
258	绝地狙杀	战争、动作、枪战	爱奇艺	2021.07.01

续表

序号	节目名	题材	播出平台	上线时间
259	幸存者1937	战争、动作、枪战	腾讯视频	2021.07.01
260	圆梦公司	情感、喜剧	腾讯视频、搜狐视频	2021.07.02
261	维和女警：暴力安全区	公安、动作	腾讯视频	2021.07.03
262	神墓	古装、情感、武侠、玄幻	爱奇艺	2021.07.04
263	粉色樱与大眠王	情感	爱奇艺	2021.07.06
264	篮球美少女	情感、喜剧、体育、校园	腾讯视频	2021.07.06
265	勇战	战争、动作	搜狐视频	2021.07.06
266	聚宝盆	奇幻、情感	搜狐视频	2021.07.06
267	河豚	犯罪、悬疑、情感	爱奇艺	2021.07.08
268	爱的疗愈法	情感、恐怖	腾讯视频	2021.07.08
269	变形兄弟	情感、喜剧	搜狐视频	2021.07.08
270	龙棺古墓：西夏狼王	动作、悬疑、玄幻	爱奇艺	2021.07.09
271	特种兵归来之绝地营救	动作、犯罪、枪战	腾讯视频	2021.07.10
272	大汉张骞	古装、武侠、历史、动作	爱奇艺	2021.07.13
273	死无罪证	动作、犯罪、悬疑	腾讯视频	2021.07.13
274	再见吧，啪嗒！	情感、剧情	搜狐视频	2021.07.13
275	石榴熟了之一拍到底	喜剧、情感、剧情	腾讯视频	2021.07.14
276	打工者	情感、剧情	搜狐视频	2021.07.15
277	狂鳄海啸	怪兽、惊悚	爱奇艺、优酷	2021.07.16
278	另类民兵葛二蛋	喜剧、动作	腾讯视频	2021.07.17
279	韫色过浓 速看版	剧情、情感	芒果TV	2021.07.17
280	华山传奇之藏宝图	情感、剧情、悬疑	搜狐视频	2021.07.20
281	蛇王岛	怪兽、惊悚	爱奇艺	2021.07.21
282	我们的新生活	剧情、喜剧、情感	爱奇艺、优酷、腾讯视频	2021.07.23
283	龙门镇客栈	古装、武侠、动作	腾讯视频	2021.07.24
284	变种狂蜥	怪兽、惊悚	爱奇艺	2021.07.25
285	唐伯虎之偷天换日	古装、喜剧、剧情	爱奇艺	2021.07.26
286	大脚女婿	情感、剧情、喜剧	搜狐视频	2021.07.27
287	封神：画圣归来	情感、奇幻、古装	腾讯视频	2021.07.27
288	我爱冒牌机器女友	情感、喜剧、科幻	腾讯视频	2021.07.28
289	鬼手神枪	动作、剧情	爱奇艺	2021.07.28
290	东北老丈人	情感、喜剧	腾讯视频	2021.07.29

续表

序号	节目名	题材	播出平台	上线时间
291	铁血：生死隧战	科幻、动作	腾讯视频	2021.07.31
292	不良帅之大蛇灾	怪兽、悬疑、古装、动作	爱奇艺	2021.08.02
293	展翼2	情感、剧情	搜狐视频	2021.08.03
294	出招吧！看不剑！	喜剧、玄幻、动作、古装	腾讯视频	2021.08.03
295	今天开始做明星之天使情歌	喜剧、动画	爱奇艺	2021.08.03
296	狄仁杰之通天赤狐	悬疑、剧情、古装	腾讯视频	2021.08.05
297	硬汉枪神	剧情、动作	优酷	2021.08.06
298	愤怒的黄牛	动作、犯罪	爱奇艺	2021.08.06
299	进击的皇后之真假皇后	奇幻、古装、情感	芒果TV	2021.08.07
300	进击的皇后之旧梦重生	奇幻、古装、情感	芒果TV	2021.08.07
301	民间奇谈传	惊悚、悬疑	搜狐视频	2021.08.08
302	铁血武魂	古装、动作、奇幻	腾讯视频	2021.08.09
303	狼人杀	科幻、动作	腾讯视频	2021.08.10
304	雷霆行动	公安、犯罪、动作、枪战	腾讯视频	2021.08.12
305	午夜惊魂	科幻、悬疑、恐怖、惊悚	聚力	2021.08.12
306	鲨口逃生	怪兽、惊悚	爱奇艺	2021.08.12
307	赘婿之吉兴高照	喜剧、情感、古装	爱奇艺	2021.08.13
308	狐妖小红娘·月红2	动画、情感、奇幻、剧情	腾讯视频	2021.08.14
309	伏魔录	奇幻、惊悚、悬疑、古装	腾讯视频	2021.08.16
310	锦衣卫之夺命奇书	古装、武侠、动作	腾讯视频	2021.08.18
311	特殊保镖4·明日战神蓝理	武侠、动作、古装	爱奇艺、腾讯视频	2021.08.18
312	我的光头教练	喜剧、情感	腾讯视频	2021.08.19
313	水怪2：黑木林	惊悚、悬疑、动作	爱奇艺、优酷	2021.08.20
314	归途情圣	情感、剧情	腾讯视频	2021.08.21
315	胡同交响曲	喜剧、情感	爱奇艺	2021.08.21
316	她和他的恋爱剧本 速看版	情感、剧情	芒果TV	2021.08.21
317	御龙修仙传2魔兽疆界	玄幻、动作、古装	爱奇艺	2021.08.22
318	遇见你时风很甜	校园、青春	爱奇艺、腾讯视频	2021.08.22
319	龙脉·八幡神域	惊悚、悬疑	腾讯视频	2021.08.22
320	梦境危机	科幻、情感、剧情	搜狐视频	2021.08.25
321	醉拳苏乞儿	动作、古装、武侠、奇幻	腾讯视频	2021.08.25
322	寻龙护宝	剧情、情感	腾讯视频	2021.08.26

序号	节目名	题材	播出平台	上线时间
323	妙手神探之鬼门十三针	玄幻、悬疑、动作	爱奇艺	2021.08.26
324	火星异变	科幻、怪兽	爱奇艺	2021.08.27
325	灵幻大师	奇幻、古装、动作	腾讯视频	2021.08.27
326	巨兽来袭2	怪兽、悬疑	腾讯视频	2021.08.28
327	谁的青春不带伤	情感、校园、青春	爱奇艺	2021.08.28
328	我是大明星之武馆外传	儿童、动作、喜剧、剧情	搜狐视频	2021.08.28
329	镇魔司：西域异兽	奇幻、古装、动作	腾讯视频	2021.08.29
330	三目先生	悬疑、剧情、奇幻、惊悚	腾讯视频	2021.08.30
331	浪漫风暴	情感	爱奇艺	2021.08.30
332	太空群落	科幻	爱奇艺	2021.08.31
333	漫画雄心	动作、战争	腾讯视频	2021.08.31
334	西游魔童红孩儿	玄幻、动作、古装	爱奇艺	2021.09.01
335	火线突围	动作、枪战	爱奇艺、优酷	2021.09.02
336	时间幻境	奇幻、悬疑、情感	腾讯视频	2021.09.02
337	尬舞	喜剧、剧情	优酷	2021.09.03
338	重启地球	科幻、情感	爱奇艺、腾讯视频	2021.09.03
339	开原小财神	情感、喜剧、剧情	腾讯视频	2021.09.04
340	我不是龙套	喜剧、动作	腾讯视频	2021.09.05
341	润如泉	情感、剧情	搜狐视频	2021.09.06
342	美人鱼	奇幻、情感、动作	腾讯视频	2021.09.07
343	单身男女之爱情	情感、剧情	搜狐视频	2021.09.08
344	新精武门：武魂	情感、动作	爱奇艺	2021.09.08
345	爱到病除	情感、喜剧	腾讯视频	2021.09.08
346	搏击人生	动作、剧情	爱奇艺	2021.09.09
347	兵临城下·虎贲	剧情、战争	腾讯视频	2021.09.09
348	酒店试睡师小九九	情感	芒果TV	2021.09.09
349	极限营救	奇幻、剧情、悬疑	爱奇艺	2021.09.10
350	九辫灵狐	奇幻、情感、古装、喜剧	腾讯视频	2021.09.10
351	女房客2	情感、剧情	搜狐视频	2021.09.10
352	大话神捕	古装、喜剧、悬疑	爱奇艺、腾讯视频	2021.09.11
353	乾元仙阵	奇幻、情感、古装	腾讯视频	2021.09.12
354	多彩人生	剧情	腾讯视频	2021.09.13

序号	节目名	题材	播出平台	上线时间
355	封神·托塔天王	古装、玄幻、动作	爱奇艺	2021.09.14
356	王牌女保镖之极速守护	动作、剧情	腾讯视频	2021.09.14
357	如果有当初	情感、剧情	爱奇艺	2021.09.15
358	大内密探	古装、喜剧	腾讯视频	2021.09.15
359	雷神传说	古装、玄幻、剧情	搜狐视频	2021.09.15
360	叶问宗师觉醒	动作、武侠	爱奇艺	2021.09.16
361	演员本色	情感、剧情	搜狐视频	2021.09.16
362	宝莲灯·赤子之心	古装、动作、情感、奇幻	腾讯视频	2021.09.16
363	一触即发之除爆	动作、犯罪、犯罪	爱奇艺	2021.09.17
364	神兵特攻	动作、科幻	腾讯视频	2021.09.17
365	全世界唯一的你之一吻定情	情感、奇幻	芒果TV	2021.09.17
366	全世界唯一的你之永恒之吻	情感、奇幻	芒果TV	2021.09.17
367	穆桂英挂帅破天门	古装、动作	腾讯视频	2021.09.19
368	血战虎门	古装、动作、历史	爱奇艺	2021.09.20
369	大鲨鱼	惊悚、怪兽	腾讯视频	2021.09.20
370	小鹿乱撞爱上你	情感	芒果TV	2021.09.21
371	狩猎行动	公安、动作、犯罪	爱奇艺	2021.09.22
372	魁拔之幽弥狂	奇幻	腾讯视频	2021.09.22
373	我们是认真的	喜剧、剧情	搜狐视频	2021.09.22
374	法医宋慈2之四宗罪	古装、悬疑、动作	爱奇艺	2021.09.23
375	限定的记忆	情感、剧情	腾讯视频	2021.09.23
376	恋人末路	情感、剧情	搜狐视频	2021.09.23
377	苍狼之特战突击	动作、战争	优酷	2021.09.24
378	东海人鱼传2	奇幻、情感、古装	腾讯视频	2021.09.24
379	醒醒吧！赌棍	情感、剧情	腾讯视频	2021.09.25
380	西游记比丘国	奇幻、古装、动作	腾讯视频	2021.09.26
381	山神	动作、奇幻、怪兽、古装	腾讯视频	2021.09.27
382	彩礼特攻队	情感、剧情	搜狐视频	2021.09.28
383	猎魔道人	古装、动作、玄幻	腾讯视频	2021.09.29
384	完美先生和差不多小姐 速看版	情感	芒果TV	2021.09.29
385	黄皮幽家	动作、玄幻、悬疑	腾讯视频	2021.09.30
386	老大不小之都会好的	剧情、情感	爱奇艺	2021.09.30
387	生死阻击	战争、动作、枪战	爱奇艺	2021.10.02

序号	节目名	题材	播出平台	上线时间
388	逆流而上	动作	腾讯视频	2021.10.02
389	荒野寻踪	动作	腾讯视频	2021.10.03
390	四平警事之尖峰时刻	公安、喜剧、犯罪、动作	腾讯视频	2021.10.04
391	贺先生的恋恋不忘 速看版	喜剧、情感	芒果TV	2021.10.04
392	宋慈之临安夜游神	古装、动作、悬疑	腾讯视频	2021.10.05
393	牧野诡事之观山太保	动作、玄幻	爱奇艺	2021.10.06
394	本姑娘不奉陪了	情感、奇幻	芒果TV	2021.10.06
395	花季迷途	青春、悬疑、犯罪、校园	腾讯视频	2021.10.06
396	大上海夜枭	动作、剧情	腾讯视频	2021.10.07
397	东北新青年	剧情、喜剧	爱奇艺	2021.10.09
398	别叫我酒神2	喜剧	腾讯视频	2021.10.09
399	京都迷案	古装、动作、悬疑	腾讯视频	2021.10.10
400	宋慈之河神案	古装、动作、悬疑、奇幻	腾讯视频	2021.10.11
401	我来自北京之玛尼堆的秋天	情感、剧情	爱奇艺	2021.10.12
402	宝莲灯·浮尘幻灭	古装、动作、奇幻	腾讯视频	2021.10.12
403	一首漫歌	情感	搜狐视频	2021.10.12
404	中国营长	战争、动作	爱奇艺	2021.10.13
405	昆仑迷宫	悬疑、剧情、怪兽、奇幻	腾讯视频	2021.10.13
406	迷雾重逢	情感、剧情	搜狐视频	2021.10.13
407	戏法师	动作、玄幻、悬疑	爱奇艺	2021.10.14
408	王牌剑客	古装、喜剧	腾讯视频	2021.10.14
409	中国救援·绝境36天	剧情	腾讯视频	2021.10.15
410	新逃学威龙	动作、喜剧、情感	爱奇艺、优酷	2021.10.15
411	齐天大圣·无双	动作、喜剧、情感、奇幻	腾讯视频	2021.10.16
412	春光灿烂猪八戒	古装、奇幻、动作	爱奇艺	2021.10.17
413	封神榜：托塔天王	古装、动作、奇幻	腾讯视频	2021.10.17
414	别想打扰我学习 速看版	青春、校园、情感	芒果TV	2021.10.17
415	屠魔·王者征途	古装、魔幻、动作	爱奇艺	2021.10.18
416	王牌父女	喜剧、情感	腾讯视频	2021.10.18
417	如梦初醒	惊悚、悬疑	搜狐视频	2021.10.18
418	初级特工	动作、喜剧、剧情	腾讯视频	2021.10.19
419	西游记红孩儿	古装、奇幻、动作	爱奇艺、腾讯视频	2021.10.20

序号	节目名	题材	播出平台	上线时间
420	美味的辣子鸡	剧情、情感	搜狐视频	2021.10.20
421	亚洲舞王	喜剧、情感	爱奇艺、优酷	2021.10.21
422	儿大不由爹	喜剧、动作	腾讯视频	2021.10.21
423	最爱（2021）	剧情、情感	搜狐视频	2021.10.21
424	长公主她不讲武德（普通话版、四川话版）	古装、情感	芒果TV	2021.10.21
425	城内公主城外仙（普通话版、四川话版）	情感、奇幻、古装	芒果TV	2021.10.21
426	热血闺蜜团	情感、喜剧	腾讯视频	2021.10.23
427	王牌保镖之疾速追击	动作	腾讯视频	2021.10.24
428	英雄郎部	战争、动作	腾讯视频	2021.10.25
429	冥海禁地	玄幻、动作、怪兽	爱奇艺	2021.10.26
430	纯纯的小时光	情感、校园、青春	爱奇艺、腾讯视频	2021.10.27
431	长安异闻录	古装、奇幻	腾讯视频	2021.10.27
432	猎毒之闪狙行动	公安、枪战、动作	爱奇艺	2021.10.28
433	热血激辩社	青春、校园	腾讯视频	2021.10.28
434	行运神探	剧情	搜狐视频	2021.10.28
435	东北恋哥	动作、情感、喜剧	爱奇艺	2021.10.29
436	我不是财神	情感、喜剧、奇幻	腾讯视频	2021.10.29
437	英雄年代之九龙秘钥	悬疑、动作	爱奇艺	2021.10.31
438	巨兽狂蟒	动作、惊悚、怪兽	腾讯视频	2021.10.31
439	今天我当上太后了吗	情感、古装	芒果TV	2021.10.31
440	九霄龙吟传	古装、玄幻、动作、情感	爱奇艺	2021.11.01
441	封仙册之铁扇罗刹	情感、古装、奇幻	腾讯视频	2021.11.01
442	血战微山岛	战争、动作	爱奇艺	2021.11.02
443	牧野诡事之寻龙	动作、玄幻	腾讯视频	2021.11.02
444	丛林营救	剧情	搜狐视频	2021.11.02
445	伏妖·诛魔镜（普通话版、粤语版）	惊悚、动作、玄幻	爱奇艺、腾讯视频、搜狐视频	2021.11.03
446	狄仁杰之恢诡赤目	古装、悬疑、动作	爱奇艺	2021.11.04
447	老妈快跑	剧情、情感	搜狐视频	2021.11.05
448	藏草青青	青春、剧情	爱奇艺	2021.11.05
449	花季的救赎	青春	爱奇艺	2021.11.05

序号	节目名	题材	播出平台	上线时间
450	第二次人生	喜剧	腾讯视频	2021.11.05
451	王庆典的春天	喜剧、剧情	腾讯视频	2021.11.06
452	大嫂归来（普通话版、粤语版）	犯罪、动作	爱奇艺	2021.11.06
453	千面先生	动作、喜剧、剧情	爱奇艺	2021.11.07
454	四平青年之街溜子	喜剧、剧情	腾讯视频	2021.11.08
455	宋慈之绝命诗案	惊悚、悬疑、古装	腾讯视频	2021.11.09
456	卸岭秘录	惊悚、玄幻、悬疑	爱奇艺、优酷	2021.11.10
457	东北传说之猎狐	悬疑、惊悚、玄幻	腾讯视频	2021.11.10
458	小子真棒	儿童、体育	腾讯视频	2021.11.10
459	烧烤之王	喜剧、情感	腾讯视频	2021.11.11
460	民国奇闻录	玄幻、动作	腾讯视频	2021.11.11
461	武汉，你好！	剧情	爱奇艺	2021.11.12
462	冲出战俘营	战争、动作	爱奇艺	2021.11.12
463	奇门密探（普通话版、粤语版）	古装、喜剧	爱奇艺	2021.11.13
464	六耳猕猴	古装、动作、奇幻	腾讯视频	2021.11.14
465	猎杀外星人	科幻、动作	腾讯视频	2021.11.15
466	无限重生	悬疑、动作、科幻	爱奇艺	2021.11.16
467	方世玉之胜者为王	古装、动作	腾讯视频	2021.11.16
468	忠犬奇遇记	剧情	搜狐视频	2021.11.16
469	冤家宜解不宜结	悬疑、喜剧	爱奇艺	2021.11.17
470	南海鲛人	奇幻、古装、动作、情感	腾讯视频	2021.11.17
471	崂山道士	古装、玄幻、动作	爱奇艺	2021.11.18
472	兰陵王之泣血刀锋	古装、剧情	爱奇艺、腾讯视频	2021.11.18
473	瓦舍秘闻	悬疑、古装	搜狐视频	2021.11.18
474	保安日记	喜剧、悬疑	腾讯视频	2021.11.19
475	狙击之王	枪战、犯罪	爱奇艺	2021.11.19
476	战疫之疯狂的口罩	剧情、悬疑、喜剧	爱奇艺	2021.11.20
477	外八门之局中局	悬疑、动作、剧情	腾讯视频	2021.11.20
478	巨兽岛	怪兽、科幻	腾讯视频	2021.11.21
479	外卖骑士	喜剧、剧情	腾讯视频	2021.11.22
480	封神：妲己	古装、动作、奇幻	爱奇艺	2021.11.23
481	晓庄1930	战争	腾讯视频	2021.11.23

序号	节目名	题材	播出平台	上线时间
482	赤风	剧情	搜狐视频	2021.11.23
483	防线——爆弹危机	公安、枪战、动作	爱奇艺、优酷	2021.11.24
484	寻龙之发丘天棺	动作、惊悚	腾讯视频	2021.11.24
485	战国之无艳	古装、武侠、情感、动作	腾讯视频	2021.11.25
486	醒来	悬疑	爱奇艺	2021.11.26
487	凡人英雄	喜剧、情感、剧情	优酷	2021.11.26
488	后羿之逐日之战	古装、奇幻	腾讯视频	2021.11.27
489	二捕出山	古装、喜剧、动作	腾讯视频	2021.11.28
490	小医仙	情感、古装、奇幻	腾讯视频	2021.11.29
491	嗜血狂蜂	惊悚、怪兽	优酷	2021.12.01
492	心灵召唤	情感、悬疑	搜狐视频	2021.12.01
493	洪熙官之魔门妖女	武侠、动作、古装	爱奇艺	2021.12.02
494	末日救援	科幻、怪兽	腾讯视频	2021.12.02
495	沙丘虫暴	动作、怪兽	爱奇艺	2021.12.03
496	乘风破浪	惊悚、怪兽	爱奇艺	2021.12.04
497	兰若	古装、魔幻	腾讯视频	2021.12.04
498	寻龙之幽冥地宫	动作、奇幻	腾讯视频	2021.12.05
499	围头新娘	情感	爱奇艺	2021.12.06
500	九叔之古棺奇案1	恐怖、动作、玄幻	腾讯视频	2021.12.07
501	人鱼之海牢物怪	古装、情感、动作、奇幻	爱奇艺	2021.12.08
502	不完美恋人	情感	腾讯视频、搜狐视频	2021.12.08
503	二龙湖往事：惊魂夜	惊悚、悬疑、喜剧	爱奇艺、优酷、腾讯视频	2021.12.10
504	天启·惊蛰变	古装、惊悚、玄幻	腾讯视频	2021.12.11
505	雪豹之暗战天机	战争、动作	爱奇艺	2021.12.12
506	二七风暴	历史	爱奇艺	2021.12.13
507	小白龙敖烈	奇幻、古装	腾讯视频	2021.12.13
508	封神之九曲黄河阵	奇幻、古装	腾讯视频	2021.12.14
509	唐门：美人江湖	古装、动作	爱奇艺	2021.12.15
510	夜路狂奔	喜剧、动作、悬疑	腾讯视频、搜狐视频	2021.12.15
511	余笙是你	情感	搜狐视频	2021.12.15

续表

序号	节目名	题材	播出平台	上线时间
512	再战江湖（普通话版、粤语版）	枪战、动作、犯罪	爱奇艺、优酷、腾讯视频	2021.12.17
513	银河系大排档	喜剧、奇幻	腾讯视频	2021.12.18
514	妖医馆	古装、动作、玄幻、喜剧	爱奇艺	2021.12.19
515	梦洒满乡	喜剧、剧情	腾讯视频	2021.12.20
516	兵王之绝境狙杀	枪战、动作	爱奇艺	2021.12.21
517	巨蟒1	古装、怪兽	腾讯视频	2021.12.21
518	大悲大喜24小时	喜剧、科幻、悬疑	腾讯视频	2021.12.22
519	你的世界我来过	情感	搜狐视频	2021.12.22
520	古董局中局之国画密码	动作、犯罪、悬疑	爱奇艺、腾讯视频	2021.12.23
521	东北奇缘	情感、喜剧	腾讯视频	2021.12.25
522	九龙城寨	动作、犯罪	爱奇艺	2021.12.26
523	二郎神之绝世战神	古装、奇幻、动作	芒果TV	2021.12.26
524	战火黎明	战争、动作	爱奇艺	2021.12.27
525	生死速度	剧情	爱奇艺	2021.12.27
526	异兽战场	动作、怪兽、科幻	腾讯视频	2021.12.27
527	谁按了删除键	悬疑、剧情	腾讯视频	2021.12.27
528	顽大少与外星人	情感、科幻	搜狐视频	2021.12.28
529	天地宝莲灯	古装、奇幻、动作	爱奇艺	2021.12.29
530	新毛驴县令之镇棺古兽	古装、喜剧、动作	爱奇艺	2021.12.30
531	巡梦行者	古装、奇幻、动作	腾讯视频	2021.12.30

数据来源：监管中心统计数据2022.1

国家广播电视总局监管中心

附表5 取得《电影片公映许可证》并于2021年首先在互联网 上线的电影（龙标网络电影）信息列表

序号	节目名	题材	播出平台	上线时间
1	老男人变奏曲	情感、都市	聚力	2021.01.01
2	女儿	情感	聚力	2021.01.01
3	长安伏妖	古装、动作、玄幻、情感	腾讯视频	2021.01.08
4	刑警本色	动作、犯罪、公安	爱奇艺	2021.01.10
5	沃土仁心	剧情	腾讯视频、乐视视频、聚力	2021.01.11
6	律动人生	青春	爱奇艺	2021.01.20
7	麒麟幻镇	古装、玄幻、动作、悬疑	爱奇艺	2021.01.21
8	诡媚狐	情感、奇幻、古装、悬疑	腾讯视频	2021.01.22
9	巅峰人生	情感、奇幻、青春	爱奇艺	2021.01.25
10	有匪·破雪斩	动作、武侠、古装、剧情	腾讯视频	2021.01.26
11	天桥传奇之独步天下	古装、动作	1905电影网	2021.01.28
12	卸甲归来	动作、枪战、犯罪	爱奇艺	2021.01.30
13	雷霆追击	动作、枪战、犯罪	爱奇艺	2021.01.31
14	精灵闺蜜	奇幻、喜剧、情感	腾讯视频	2021.01.31
15	罪·爱	犯罪、惊悚、悬疑	爱奇艺	2021.02.02
16	鸟的天空	剧情	爱奇艺	2021.02.03
17	金坑	悬疑	爱奇艺	2021.02.05
18	天才雀妈	喜剧	爱奇艺	2021.02.09
19	发财日记	喜剧、剧情	爱奇艺、腾讯视频、优酷	2021.02.12
20	猎妖记	情感、奇幻、古装、动作	腾讯视频	2021.02.14
21	不要先生，好的女士	情感、剧情	搜狐视频、聚力、 乐视视频、风行网	2021.02.14
22	扑蝶	情感、历史	爱奇艺	2021.02.16
23	生死追凶	公安、悬疑、刑侦、动作	爱奇艺	2021.02.17
24	侠探白玉堂之诡狼奇案	古装、动作、悬疑	爱奇艺、1905电影网	2021.02.20
25	我为兄弟狂	剧情、情感、犯罪	优酷	2021.02.25
26	庖丁传奇之秦淮遗珠	剧情、古装	1905电影网	2021.02.26
27	铜皮铁骨方世玉	古装、武侠、动作	爱奇艺	2021.03.02
28	武松血战狮子楼	古装、动作	爱奇艺	2021.03.07
29	穿工服的青春	剧情	1905电影网	2021.03.07
30	又见彩虹	剧情	1905电影网	2021.03.10
31	心理师之暗夜重生	剧情、悬疑	优酷	2021.03.12

续表

序号	节目名	题材	播出平台	上线时间
32	爱在夏日塔拉	剧情	1905电影网	2021.03.15
33	宛城之战	历史、战争、古装	腾讯视频	2021.03.29
34	心理师之心迷水影	情感、剧情、悬疑	优酷	2021.03.30
35	我的野蛮女掌门	情感、喜剧、动作	爱奇艺	2021.03.31
36	春困	剧情	聚力、乐视视频	2021.03.31
37	骆驼客3·弓魂传	动作	1905电影网	2021.04.05
38	草原上的搏克手	剧情	1905电影网	2021.04.15
39	环保硬汉	剧情	优酷	2021.04.19
40	马拉松的约定	剧情、体育	1905电影网	2021.04.22
41	疯狂艺术村	喜剧	聚力、乐视视频	2021.04.29
42	绝战香炉寺	动作、剧情、古装	1905电影网	2021.05.05
43	望城	情感、剧情	聚力	2021.05.06
44	终极保镖	情感、剧情	搜狐视频	2021.05.11
45	梦归人	惊悚、剧情	搜狐视频	2021.05.27
46	左右为难	情感、剧情	搜狐视频	2021.05.27
47	一路有戏	情感、剧情	搜狐视频	2021.05.27
48	因爱而美丽	情感、剧情	搜狐视频	2021.05.27
49	奇花记	古装、奇幻、动作、情感	腾讯网	2021.05.28
50	射雕英雄传之九阴白骨爪	古装、武侠、动作、情感	腾讯视频	2021.06.10
51	射雕英雄传之降龙十八掌	古装、武侠、动作	爱奇艺	2021.06.12
52	大圣无双	古装、奇幻、动作	爱奇艺	2021.06.17
53	岁月忽已暮	情感、青春	爱奇艺、腾讯视频	2021.06.22
54	山歌	剧情	腾讯视频	2021.06.24
55	破晓之战	悬疑、剧情	爱奇艺	2021.06.29
56	绝密追击	公安、犯罪、动作	爱奇艺	2021.07.05
57	小城警事多	公安、喜剧	1905电影网	2021.07.06
58	塘河保卫战	剧情	1905电影网	2021.07.07
59	八步沙	剧情	1905电影网	2021.07.08
60	火光·绽放	情感、战争、历史	1905电影网	2021.07.09
61	火光·重生	情感、战争、历史	1905电影网	2021.07.09
62	镜像人·明日青春	情感、科幻	爱奇艺	2021.07.14
63	血战狙击岭	动作、战争	腾讯视频	2021.07.21

序号	节目名	题材	播出平台	上线时间
64	48小时	剧情、历史	1905电影网	2021.07.21
65	猎影追凶	公安、刑侦、悬疑、犯罪	1905电影网	2021.08.03
66	我的爸爸是小学生	喜剧、奇幻	腾讯视频	2021.08.07
67	混元灵珠	古装、魔幻	腾讯视频	2021.08.13
68	黄庙村·地宫美人	悬疑、惊悚	腾讯视频	2021.08.20
69	天下第一镖2长风厉	动作、古装、武侠	腾讯视频	2021.08.24
70	老吕卖驴记	剧情	1905电影网	2021.08.30
71	九分山水半分田	情感、喜剧、剧情	腾讯视频	2021.09.04
72	我们的黄金年代	情感、青春、校园	腾讯视频	2021.09.06
73	酒人传奇	剧情、情感	1905电影网	2021.09.15
74	数字猎凶者	公安、悬疑、情感	爱奇艺	2021.09.27
75	毒海风云	公安、动作、犯罪	腾讯视频	2021.09.28
76	东北警察故事	枪战、动作、公安	爱奇艺	2021.10.04
77	一级指控 （普通话、粤语版）	犯罪、悬疑、动作	爱奇艺、腾讯视频、优酷	2021.10.08
78	战火中的雕像	战争、剧情	1905电影网	2021.10.13
79	相伴夕阳	剧情	1905电影网	2021.10.14
80	大叔与少年	喜剧、剧情	腾讯视频	2021.10.21
81	北海屠龙记	古装、奇幻	腾讯视频	2021.10.26
82	镜花缘之决战女儿国	奇幻、古装	腾讯视频	2021.10.30
83	七天大圣	情感、剧情	爱奇艺	2021.11.02
84	阴阳剑	动作	爱奇艺	2021.11.08
85	从来佳茗似佳人	剧情、情感	搜狐视频	2021.11.09
86	盗圣一枝梅	古装、动作	爱奇艺	2021.11.25
87	神龟岛	古装、奇幻、怪兽	腾讯视频	2021.11.26
88	虚拟的谎言	悬疑、科幻、情感	爱奇艺、腾讯视频	2021.11.30
89	镇伏司火神之怒	古装、悬疑、动作	优酷、乐视视频	2021.12.03
90	消失的玉玺	古装、动作、武侠	1905电影网	2021.12.09
91	致命嫌疑	动作、犯罪	优酷	2021.12.20
92	冰火凤	奇幻、古装	腾讯视频	2021.12.31

数据来源：监管中心统计数据2022.1

国家广播电视总局监管中心

注：题材分类上根据影片展现的内容，选取占据主导地位的1—4个题材元素。

附表6 2021年上线的网络综艺（狭义）列表

序号	节目名称	节目类型	播出平台	上线时间
1	2021有一说一	谈话讨论类	西瓜视频	2021.01.01
2	同一屋檐下	生活体验真人秀类	优酷	2021.01.06
3	2021XFun吃货俱乐部	生活体验真人秀类	爱奇艺	2021.01.06
4	2021路见不平来碗Fun	生活体验真人秀类	爱奇艺	2021.01.07
5	新职业体验馆：冲吧转型人	谈话讨论类	爱奇艺	2021.01.10
6	芒果新星班之甜蜜的任务	互动娱乐类	芒果TV	2021.01.11
7	30vs60	谈话讨论类	腾讯视频	2021.01.11
8	燃烧吧！天才程序员	竞技选拔类	爱奇艺、优酷、bilibili	2021.01.13
9	星月对话2021	谈话讨论类	优酷，芒果TV	2021.01.14
10	探世界 第二季*	文化科技类	优酷	2021.01.14
11	2021爱奇艺为爱尖叫晚会	综艺晚会类	爱奇艺	2021.01.15
12	戏剧新生活	生活体验真人秀类	爱奇艺	2021.01.16
13	抖音星动之夜	综艺晚会类	西瓜视频、芒果TV、优酷、其他	2021.01.19
14	乘风破浪的姐姐 第二季	竞技选拔类	芒果TV	2021.01.22
15	酌见	谈话讨论类	腾讯视频	2021.01.27
16	芒果追问团	娱乐报道类	芒果TV	2021.01.28
17	指尖上的非遗	谈话讨论类	优酷，其他	2021.01.28
18	芒果新星班之了不起的艺能	互动娱乐类	芒果TV	2021.01.30
19	吐槽大会 第五季	脱口秀类	腾讯视频	2021.01.31
20	口斤言	其他类	爱奇艺	2021.02.01
21	人间指南	生活体验真人秀类	腾讯视频	2021.02.04
22	家族年年年夜FAN	综艺晚会类	腾讯视频	2021.02.05
23	花开的少年们	互动娱乐类	爱奇艺	2021.02.08
24	2021军营网络春晚	综艺晚会类	腾讯视频、其他	2021.02.09
25	"亲情中华·同心与共"2021华侨华人云端春节晚会	综艺晚会类	西瓜视频、腾讯视频	2021.02.09
26	观复猫过年说	谈话讨论类	爱奇艺	2021.02.10
27	西瓜春节喜乐会	其他类	西瓜视频	2021.02.11
28	风味实验室·新春特辑 第二季	谈话讨论类	腾讯视频	2021.02.12
29	暴走大事件 第八季	脱口秀类	bilibili	2021.02.12
30	214小红书独爱之夜	综艺晚会类	优酷	2021.02.14
31	星空少儿春晚	综艺晚会类	优酷	2021.02.16

序号	节目名称	节目类型	播出平台	上线时间
32	踏上征途	生活体验真人秀类	芒果TV	2021.02.16
33	意外旅行的尬bro	生活体验真人秀类	腾讯视频	2021.02.17
34	创造营2021	竞技选拔类	腾讯视频	2021.02.17
35	青春有你 第三季	竞技选拔类	爱奇艺	2021.02.18
36	锵锵行天下 第二季	文化科技类	优酷	2021.02.21
37	泡泡营业指南*	生活体验真人秀类	爱奇艺	2021.02.22
38	婆婆和妈妈 第二季	生活体验真人秀类	芒果TV	2021.02.25
39	嗨！我的新家2021	生活体验真人秀类	爱奇艺	2021.02.25
40	2020微博之夜	综艺晚会类	芒果TV、咪咕视频、腾讯视频、优酷、爱奇艺，其他	2021.02.28
41	芒果新星班之非正式播报	娱乐报道类	芒果TV	2021.03.01
42	芒果酱问大明星	娱乐报道类	芒果TV	2021.03.03
43	姐姐妹妹的武馆	生活体验真人秀类	腾讯视频	2021.03.10
44	沙发前的尬bro	生活体验真人秀类	腾讯视频	2021.03.10
45	闲着干点啥	生活体验真人秀类	优酷、爱奇艺	2021.03.13
46	听说了吗？新来的同事是男团	生活体验真人秀类	西瓜视频	2021.03.18
47	我的小尾巴	生活体验真人秀类	爱奇艺	2021.03.24
48	听姐说	脱口秀类	芒果TV	2021.03.28
49	春日酱	生活体验真人秀类	爱奇艺	2021.04.01
50	老郭有新番	单项艺术类	优酷	2021.04.05
51	天呐！你真高 第二季	生活体验真人秀类	搜狐视频	2021.04.06
52	美颜有新技	生活服务类	优酷	2021.04.08
53	我是女演员	竞技选拔类	优酷	2021.04.10
54	恰好是少年	生活体验真人秀类	腾讯视频	2021.04.11
55	砍价大作战	谈话讨论类	芒果TV	2021.04.11
56	初入职场的我们	生活体验真人秀类	芒果TV	2021.04.13
57	天猫金妆之夜 2021	综艺晚会类	爱奇艺、优酷	2021.04.14
58	妻子的浪漫旅行 第五季	生活体验真人秀类	芒果TV	2021.04.14
59	UP青年	谈话讨论类	bilibili、芒果TV、腾讯视频、爱奇艺、优酷	2021.04.15
60	奈娃家族的上学日记 第二季	生活体验真人秀类	优酷、芒果TV、bilibili、西瓜视频	2021.04.15
61	奇妙练习室	互动交流真人秀类	腾讯视频	2021.04.15

序号	节目名称	节目类型	播出平台	上线时间
62	Hello健习生	谈话讨论类	腾讯视频	2021.04.15
63	你好另一半	婚恋交友类	爱奇艺	2021.04.16
64	稳住姐来C	其他类	腾讯视频	2021.04.16
65	爱玩游戏团	游戏生存真人秀类	腾讯视频	2021.04.17
66	云裳晓芒·2021汉服趋势发布秀*	其他类	芒果TV	2021.04.18
67	一周的说唱歌手	互动娱乐类	爱奇艺	2021.04.24
68	梦想之家	互动娱乐类	优酷	2021.04.24
69	对照记	谈话讨论类	优酷	2021.04.26
70	上班啦！妈妈	生活体验真人秀类	爱奇艺	2021.04.27
71	我们，破晓之前	互动交流真人秀类	腾讯视频	2021.04.29
72	2021有一说一 第二季	其他类	西瓜视频	2021.05.01
73	让生活好看 第二季	生活体验真人秀类	腾讯视频	2021.05.05
74	嘴强王者脱口秀之夜	脱口秀类	腾讯视频	2021.05.05
75	怦然心动20岁	生活体验真人秀类	优酷	2021.05.05
76	当燃是少年 第二季	生活体验真人秀类	腾讯视频	2021.05.06
77	与世界说	脱口秀类	爱奇艺、优酷、腾讯视频、bilibili	2021.05.06
78	中国妈妈young	谈话讨论类	西瓜视频	2021.05.06
79	非正式会谈 第6.5季	谈话讨论类	bilibili	2021.05.08
80	密室大逃脱 第三季	游戏生存真人秀类	芒果TV	2021.05.13
81	了不起的姐姐 第二季	谈话讨论类	芒果TV	2021.05.13
82	薇娅狂欢节 2021	综艺晚会类	优酷	2021.05.21
83	五十公里桃花坞	生活体验真人秀类	腾讯视频	2021.05.23
84	六一宝宝节掰头大会	谈话讨论类	腾讯视频、PPTV、其他	2021.05.26
85	一天零一页	谈话讨论类	爱奇艺	2021.05.26
86	萌探探探案	游戏生存真人秀类	爱奇艺	2021.05.28
87	姐妹俱乐部	互动娱乐类	爱奇艺	2021.05.29
88	天天七点综	娱乐报道类	腾讯视频	2021.06.07
89	2021腾讯视频拾光盛典	综艺晚会类	腾讯视频	2021.06.07
90	我的青铜时代	谈话讨论类	腾讯视频	2021.06.07
91	视界有新番	互动娱乐类	腾讯视频	2021.06.07
92	一个人的音乐会	谈话讨论类	腾讯视频	2021.06.07

序号	节目名称	节目类型	播出平台	上线时间
93	R1SE变装派对生日直播	互动交流真人秀类	腾讯视频	2021.06.08
94	去环岛	生活体验真人秀类	芒果TV	2021.06.09
95	做家务的男人 第三季	生活体验真人秀类	爱奇艺	2021.06.11
96	国潮研究所	文化科技类	咪咕视频	2021.06.11
97	象牙山爱逗团	生活体验真人秀类	优酷	2021.06.12
98	明日方舟音律联觉专场演出2021	单项艺术类	bilibili	2021.06.12
99	快乐嗨翻天	综艺晚会类	芒果TV、其他	2021.06.17
100	百分之二的爱 第二季	生活体验真人秀类	bilibili	2021.06.17
101	李雪琴的成人世界答辩会*	脱口秀类	爱奇艺	2021.06.18
102	拜托了冰箱 轰趴季	互动娱乐类	腾讯视频	2021.06.22
103	糖果超甜的夏天	互动交流真人秀类	腾讯视频	2021.06.22
104	心动的信号 第四季	生活体验真人秀类	腾讯视频	2021.06.23
105	组个fun局	谈话讨论类	爱奇艺、腾讯视频、bilibili	2021.06.23
106	900秒	谈话讨论类	优酷	2021.06.26
107	邻家诗话 第三季	文化科技类	腾讯视频	2021.06.28
108	单身终结者	互动交流真人秀类	芒果TV	2021.06.28
109	天玛行空	生活体验真人秀类	腾讯视频	2021.06.28
110	侃侃儿谈	谈话讨论类	搜狐视频	2021.06.29
111	衣见倾心	婚恋交友类	芒果TV	2021.06.30
112	萌鲨突击队	其他真人秀类	爱奇艺	2021.07.05
113	丁真的自然笔记	生活体验真人秀类	腾讯视频	2021.07.06
114	给世界最好的你	生活体验真人秀类	腾讯视频、bilibili、西瓜视频、其他	2021.07.08
115	朋友，你好皮	娱乐报道类	芒果TV	2021.07.09
116	奇异剧本鲨	游戏生存真人秀类	爱奇艺	2021.07.10
117	这！就是潮流	竞技选拔类	优酷	2021.07.11
118	夏天来了盟人不在家	互动交流真人秀类	腾讯视频	2021.07.12
119	黑怕女孩	竞技选拔类	腾讯视频	2021.07.15
120	草莓星球来的人	竞技选拔类	优酷	2021.07.16
121	乐华12周年家族演唱会	单项艺术类	优酷	2021.07.16
122	环环环环环	脱口秀类	腾讯视频	2021.07.16
123	说唱听我的 第二季	竞技选拔类	芒果TV	2021.07.18
124	声演的力量	竞技选拔类	腾讯视频	2021.07.19

续表

序号	节目名称	节目类型	播出平台	上线时间
125	我的乡间日记	生活体验真人秀类	腾讯视频	2021.07.19
126	我们的毕业旅行	生活体验真人秀类	腾讯视频	2021.07.19
127	姐妹闺房话	脱口秀类	腾讯视频	2021.07.19
128	Phone狂制噪吧	游戏生存真人秀类	腾讯视频、咪咕视频、其他	2021.07.20
129	奥运叨叨叨	脱口秀类	咪咕视频、芒果TV	2021.07.26
130	金牌之上	谈话讨论类	咪咕视频	2021.07.26
131	仅一日可恋	互动交流真人秀类	腾讯视频	2021.07.27
132	观复猫暑期说	文化科技类	爱奇艺、优酷	2021.07.27
133	再见爱人	生活体验真人秀类	芒果TV	2021.07.28
134	念念青春	谈话讨论类	优酷	2021.07.28
135	主厨的荣耀	生活服务类	爱奇艺	2021.07.28
136	仅三天可见 特别实验季	谈话讨论类	腾讯视频	2021.07.28
137	敞开心扉的少年	谈话讨论类	腾讯视频	2021.07.29
138	YES OR NO	游戏生存真人秀类	芒果TV	2021.07.30
139	少年说唱企划	竞技选拔类	爱奇艺	2021.07.31
140	生存探索	游戏生存真人秀类	腾讯视频	2021.07.31
141	硬糖少女BON-US 周年季	互动交流真人秀类	腾讯视频	2021.08.01
142	爆裂舞台	竞技选拔类	爱奇艺	2021.08.05
143	人生半场	谈话讨论类	西瓜视频	2021.08.05
144	行行行	谈话讨论类	优酷	2021.08.05
145	女儿们的恋爱 第四季	生活体验真人秀类	芒果TV	2021.08.07
146	脱口秀大会 第四季	脱口秀类	腾讯视频	2021.08.10
147	夏日光合季	生活体验真人秀类	爱奇艺	2021.08.12
148	披荆斩棘的哥哥	竞技选拔类	芒果TV	2021.08.12
149	90婚介所	婚恋交友类	bilibili	2021.08.13
150	这！就是街舞 第四季	竞技选拔类	优酷	2021.08.14
151	明日创作计划	竞技选拔类	腾讯视频	2021.08.14
152	定义 2021	谈话讨论类	芒果TV	2021.08.16
153	24小时海岛日记	生活体验真人秀类	腾讯视频	2021.08.17
154	心动旅行	生活体验真人秀类	腾讯视频	2021.08.18
155	恋恋剧中人	生活体验真人秀类	爱奇艺	2021.08.19
156	德云斗笑社 第二季	游戏生存真人秀类	腾讯视频	2021.08.20

续表

序号	节目名称	节目类型	播出平台	上线时间
157	舞蹈生	竞技选拔类	爱奇艺	2021.08.21
158	落地成双 第二季	游戏生存真人秀类	bilibili、腾讯视频、其他	2021.08.21
159	假如我是ETC	互动交流真人秀类	腾讯视频	2021.08.23
160	这！就是灌篮 第四季	竞技选拔类	优酷	2021.08.26
161	我不知道啊	谈话讨论类	腾讯视频	2021.08.26
162	我的音乐你听吗	竞技选拔类	bilibili	2021.08.27
163	这！就是妈妈	谈话讨论类	优酷	2021.09.01
164	准备好了就出发	生活体验真人秀类	bilibili	2021.09.03
165	新知懂事会	脱口秀类	快手	2021.09.03
166	大有可为的我	其他真人秀类	腾讯视频	2021.09.07
167	聚划算神马奇妙夜 2021	单项艺术类	优酷	2021.09.08
168	原来可以这么爱	生活体验真人秀类	快手	2021.09.08
169	"拳"力以赴的我们	竞技选拔类	优酷	2021.09.10
170	1㎡演唱会	单项艺术类	腾讯视频	2021.09.12
171	机智的恋爱	生活体验真人秀类	爱奇艺	2021.09.14
172	登场了！洛阳	文化科技类	爱奇艺	2021.09.15
173	花好月圆会	综艺晚会类	bilibili	2021.09.21
174	来！我插一嘴	谈话讨论类	优酷	2021.09.22
175	屋檐之夏	生活体验真人秀类	bilibili	2021.09.23
176	圆桌派 第五季	谈话讨论类	优酷	2021.09.23
177	岳努力越幸运	生活体验真人秀类	快手	2021.09.23
178	最后的赢家	游戏生存真人秀类	爱奇艺	2021.09.24
179	所有女生的offer	生活体验真人秀类	优酷	2021.09.27
180	电竞人说	谈话讨论类	腾讯视频	2021.09.27
181	我们恋爱吧 第三季	生活体验真人秀类	优酷	2021.09.29
182	上车吧！冠军	游戏生存真人秀类	优酷	2021.10.13
183	我是极客	竞技选拔类	爱奇艺、腾讯视频、其他	2021.10.15
184	一年一度喜剧大赛	竞技选拔类	爱奇艺	2021.10.15
185	Follow Da Tempo	谈话讨论类	优酷	2021.10.15
186	一起探班吧	互动交流真人秀类	腾讯视频	2021.10.15
187	抖音美好奇妙夜2021	综艺晚会类	西瓜视频	2021.10.16

续表

序号	节目名称	节目类型	播出平台	上线时间
188	INTO1成团首张EP 风暴眼 首唱会	其他类	腾讯视频	2021.10.17
189	超模创造营*	生活体验真人秀类	优酷	2021.10.18
190	晓波会客厅	谈话讨论类	爱奇艺	2021.10.19
191	第四届初心榜荣誉盛典	综艺晚会类	爱奇艺	2021.10.21
192	巅峰之上	谈话讨论类	芒果TV	2021.10.22
193	君品谈 第二季	谈话讨论类	爱奇艺	2021.10.22
194	我的漂亮姐姐	生活体验真人秀类	芒果TV、其他	2021.10.26
195	篮板青春 第二季	游戏生存真人秀类	腾讯视频	2021.10.26
196	超新星运动会 第四季	互动娱乐类	腾讯视频	2021.10.27
197	放da镜研究所	游戏生存真人秀类	爱奇艺	2021.10.28
198	东北脱口秀	脱口秀类	爱奇艺	2021.10.28
199	毛雪汪	生活体验真人秀类	腾讯视频	2021.11.01
200	做朋友也没关系	生活体验真人秀类	芒果TV	2021.11.02
201	动物圈的问号脸 第二季	谈话讨论类	bilibili	2021.11.02
202	冲呀！下班了	互动交流真人秀类	优酷	2021.11.05
203	双11点淘省心大会	脱口秀类	优酷	2021.11.05
204	导演请指教	竞技选拔类	腾讯视频	2021.11.05
205	我的家乡好美	生活体验真人秀类	芒果TV	2021.11.08
206	奇遇·人间角落	生活体验真人秀类	腾讯视频	2021.11.08
207	令人心动的Offer 第三季	生活体验真人秀类	腾讯视频	2021.11.09
208	中国潮音	竞技选拔类	优酷	2021.11.12
209	大湾仔的夜	生活体验真人秀类	芒果TV	2021.11.17
210	未来新世界	文化科技类	腾讯视频	2021.11.19
211	哈哈哈哈哈 第二季	生活体验真人秀类	爱奇艺、腾讯视频	2021.11.20
212	给你，我的新名片	其他真人秀类	抖音	2021.11.20
213	超Nice大会	脱口秀类	快手	2021.11.21
214	听我说	谈话讨论类	腾讯视频	2021.11.21
215	大伙之家	生活体验真人秀类	腾讯视频	2021.11.25
216	名侦探学院 第五季	游戏生存真人秀类	芒果TV	2021.11.25
217	BOY的解谜STORY	游戏生存真人秀类	腾讯视频	2021.11.25
218	非常静距离	谈话讨论类	西瓜视频	2021.11.26
219	我的小尾巴 第二季	生活体验真人秀类	爱奇艺	2021.11.26

续表

序号	节目名称	节目类型	播出平台	上线时间
220	因为是朋友呀	生活体验真人秀类	西瓜视频、抖音	2021.12.02
221	哎呀好身材 海浪季/第三季	生活体验真人秀类	芒果TV、咪咕视频	2021.12.05
222	很高兴认识你 第二季	生活体验真人秀类	西瓜视频，抖音	2021.12.08
223	开场白	脱口秀类	西瓜视频	2021.12.08
224	"逃离"十五天	生活体验真人秀类	芒果TV	2021.12.09
225	忘不了农场	生活体验真人秀类	腾讯视频	2021.12.09
226	第三届TMEA腾讯音乐娱乐盛典	综艺晚会类	腾讯视频	2021.12.09
227	开拍吧	竞技选拔类	爱奇艺	2021.12.10
228	时代少年团2021火力全开演唱会	单项艺术类	bilibili	2021.12.14
229	音途万里	生活体验真人秀类	腾讯视频	2021.12.17
230	我们的滚烫人生	生活体验真人秀类	芒果TV	2021.12.17
231	风味实验室 第三季	生活体验真人秀类	腾讯视频	2021.12.20
232	凌晨零点零零后	谈话讨论类	芒果TV	2021.12.20
233	马栏花花便利店	生活体验真人秀类	芒果TV	2021.12.21
234	十三邀 第六季	谈话讨论类	腾讯视频	2021.12.22
235	脱口秀跨年2021	脱口秀类	腾讯视频	2021.12.25
236	开"新吧！2022再见！emo君	综艺晚会类	腾讯视频、其他	2021.12.27
237	半熟恋人	生活体验真人秀类	腾讯视频	2021.12.28
238	2021最美的夜 bilibili晚会	综艺晚会类	bilibili	2021.12.31

数据来源：监管中心统计数据2022.1

国家广播电视总局监管中心

注：带*节目当前处于下线状态。

附表7 2021年上线的网络综艺（多版本、衍生）列表

序号	节目名称	节目类型	播出平台	上线时间	备注
1	我和国宝有个约会	其他类	爱奇艺、腾讯视频	2021.01.05	电视综艺《国家宝藏》衍生节目
2	同一屋檐下 陪看版	生活体验真人秀类	优酷	2021.01.06	网络综艺《同一屋檐下》多版本节目
3	最强大脑 第八季 悠享版（加长版/升级版）	竞技选拔类	爱奇艺、优酷、腾讯视频	2021.01.09	电视综艺《最强大脑 第八季》多版本节目
4	欢乐喜剧人 第七季 表演纯享版	单项艺术类	爱奇艺	2021.01.10	电视综艺《欢乐喜剧人 第七季》多版本节目
5	欢乐喜剧人 第七季 优享版（升级版/会员版）	竞技选拔类	腾讯视频、爱奇艺、优酷	2021.01.13	电视综艺《欢乐喜剧人 第七季》多版本节目
6	戏剧新生活—公社周报	互动交流真人秀类	爱奇艺	2021.01.17	网络综艺《戏剧新生活》衍生节目
7	天赐的声音 第二季 升级版（特约版）	竞技选拔类	爱奇艺、优酷、腾讯视频	2021.01.17	电视综艺《天赐的声音 第二季》多版本节目
8	乘风破浪的姐姐 第二季 舞台纯享版	单项艺术类	芒果TV	2021.01.22	网络综艺《乘风破浪的姐姐 第二季》多版本节目
9	乘风破浪的姐姐 第二季 会员Plus版	互动交流真人秀类	芒果TV	2021.01.23	网络综艺《乘风破浪的姐姐 第二季》多版本节目
10	姐姐解解压	互动娱乐类	芒果TV	2021.01.23	网络综艺《乘风破浪的姐姐 第二季》衍生节目
11	乘风破浪的姐姐 第二季 姐姐的上班路	互动娱乐类	芒果TV	2021.01.24	网络综艺《乘风破浪的姐姐 第二季》衍生节目
12	怦然再心动 嗑糖版	生活体验真人秀类	芒果TV	2021.01.25	电视综艺《怦然再心动》多版本节目
13	你真的太棒了 笑出腹肌版	互动娱乐类	芒果TV	2021.01.26	电视综艺《你真的太棒了》多版本节目
14	乘风破浪的姐姐 第二季 姐姐的宿舍	互动交流真人秀类	芒果TV	2021.01.29	网络综艺《乘风破浪的姐姐 第二季》衍生节目
15	百变大咖秀之 百变牛模王	互动娱乐类	芒果TV	2021.01.30	电视综艺《百变大咖秀 第六季》衍生节目
16	王牌少年加载中	其他类	爱奇艺、腾讯视频	2021.01.31	电视综艺《王牌对王牌 第六季》衍生节目
17	百变大咖秀 第六季 爆笑高能版	互动娱乐类	芒果TV	2021.01.31	电视综艺《百变大咖秀 第六季》多版本节目
18	吐槽吐槽大会 第五季	谈话讨论类	腾讯视频	2021.02.01	网络综艺《吐槽大会 第五季》衍生节目
19	姐姐的花式大赏 2021	其他真人秀类	芒果TV	2021.02.01	网络综艺《乘风破浪的姐姐 第二季》衍生节目

序号	节目名称	节目类型	播出平台	上线时间	备注
20	乘风破浪的姐姐 第二季 舞台直拍版	单项艺术类	芒果TV	2021.02.05	网络综艺《乘风破浪的姐姐 第二季》多版本节目
21	怦然再心动 会员Plus版	生活体验真人秀类	芒果TV	2021.02.06	电视综艺《怦然再心动》多版本节目
22	创造营2021评级全纪录	竞技选拔类	腾讯视频	2021.02.18	网络综艺《创造营2021》衍生节目
23	创造营2021·副本直播	互动娱乐类	腾讯视频	2021.02.18	网络综艺《创造营2021》衍生节目
24	婆婆和妈妈 第二季 秘密版	生活体验真人秀类	芒果TV	2021.02.22	网络综艺《婆婆和妈妈 第二季》多版本节目
25	青春有你看不够	其他类	爱奇艺	2021.02.23	网络综艺《青春有你 第三季》衍生节目
26	青春有个局	游戏生存真人秀类	爱奇艺	2021.02.24	网络综艺《青春有你 第三季》衍生节目
27	名侦探的法则 极速版	游戏生存真人秀类	芒果TV	2021.02.24	网络综艺《明星大侦探》衍生节目
28	婆婆和妈妈 第二季 媳妇茶话会	谈话讨论类	芒果TV	2021.02.24	网络综艺《婆婆和妈妈 第二季》衍生节目
29	营人进入异次元会变成笨蛋吗	游戏生存真人秀类	腾讯视频	2021.02.25	网络综艺《创造营2021》衍生节目
30	百变大咖秀 第六季 嘉宾精华版	互动娱乐类	芒果TV	2021.02.26	电视综艺《百变大咖秀 第六季》多版本节目
31	婆婆和妈妈 第二季 会员Plus版	生活体验真人秀类	芒果TV	2021.02.27	网络综艺《婆婆和妈妈 第二季》多版本节目
32	创造营2021 宿舍日记	互动交流真人秀类	腾讯视频	2021.03.01	网络综艺《创造营2021》衍生节目
33	大岛日记2021	互动交流真人秀类	腾讯视频	2021.03.03	网络综艺《创造营2021》衍生节目
34	创造营2021 练习室	互动交流真人秀类	腾讯视频	2021.03.09	网络综艺《创造营2021》衍生节目
35	武馆非营业时间	生活体验真人秀类	腾讯视频	2021.03.11	网络综艺《姐姐妹妹的武馆》衍生节目
36	哥哥的修炼手册	生活体验真人秀类	爱奇艺	2021.03.25	网络综艺《我的小尾巴》衍生节目
37	听姐说 会员Plus版	脱口秀类	芒果TV	2021.03.28	网络综艺《听姐说》多版本节目
38	听姐说 爆梗爽看版	脱口秀类	芒果TV	2021.03.30	网络综艺《听姐说》多版本节目

序号	节目名称	节目类型	播出平台	上线时间	备注
39	春日就酱过	生活体验真人秀类	爱奇艺	2021.04.02	网络综艺《春日酱》衍生节目
40	职场菜鸟生存图鉴	生活体验真人秀类	芒果TV	2021.04.06	网络综艺《初入职场的我们》衍生节目
41	极限挑战 第七季悠享版/会员版	游戏生存真人秀类	腾讯视频、优酷、爱奇艺	2021.04.06	电视综艺《极限挑战 第七季》多版本节目
42	妻子的浪漫旅行 第五季秘密版	生活体验真人秀类	芒果TV	2021.04.09	网络综艺《妻子的浪漫旅行 第五季》多版本节目
43	姐姐、听我说	脱口秀类	芒果TV	2021.04.09	网络综艺《听姐说》衍生节目
44	恰好是少年 加更版	游戏生存真人秀类	腾讯视频	2021.04.12	网络综艺《恰好是少年》多版本节目
45	妻子的浪漫旅行 第五季PDvlog	互动交流真人秀类	芒果TV	2021.04.13	网络综艺《妻子的浪漫旅行 第五季》衍生节目
46	妻子的浪漫旅行 第五季会员Plus版	生活体验真人秀类	芒果TV	2021.04.15	网络综艺《妻子的浪漫旅行 第五季》多版本节目
47	初入职场的我们 速看版	生活体验真人秀类	芒果TV	2021.04.15	网络综艺《初入职场的我们》多版本节目
48	另一半怎么办	谈话讨论类	爱奇艺	2021.04.17	网络综艺《你好另一半》衍生节目
49	宝藏综艺精编版	互动娱乐类	芒果TV	2021.04.17	电视综艺《〈全员加速中〉等多档》多版本节目
50	我是女演员 会员版	竞技选拔类	优酷	2021.04.17	网络综艺《我是女演员》多版本节目
51	初入职场有周末	互动交流真人秀类	芒果TV	2021.04.18	网络综艺《初入职场的我们》衍生节目
52	爱玩游戏团勇者试炼笔记	游戏生存真人秀类	腾讯视频	2021.04.18	网络综艺《爱玩游戏团》衍生节目
53	明星大侦探之名侦探学院 第四季	游戏生存真人秀类	芒果TV	2021.04.22	网络综艺《明星大侦探》衍生节目
54	大本营的秘密花园之小丁上班季	互动娱乐类	芒果TV	2021.04.22	电视综艺《快乐大本营》衍生节目
55	快本超前营业中	互动娱乐类	芒果TV	2021.04.23	电视综艺《快乐大本营》衍生节目
56	听姐说 加入姐说群聊	互动交流真人秀类	芒果TV	2021.04.23	网络综艺《听姐说》衍生节目
57	杠上姐妹花	其他真人秀类	芒果TV	2021.04.24	网络综艺《乘风破浪的姐姐 第二季》衍生节目

序号	节目名称	节目类型	播出平台	上线时间	备注
58	向往的生活 第五季 会员Plus版	生活体验真人秀类	芒果TV	2021.04.24	电视综艺《向往的生活第五季》多版本节目
59	奔跑吧 第五季 粉丝悠享版（升级版/会员版）	游戏生存真人秀类	爱奇艺、优酷、腾讯视频	2021.04.25	电视综艺《奔跑吧第五季》多版本节目
60	向往的生活 第五季 慢直播	生活体验真人秀类	芒果TV	2021.04.25	电视综艺《向往的生活第五季》多版本节目
61	向往的生活 第五季 VIP加长版	生活体验真人秀类	芒果TV	2021.04.26	电视综艺《向往的生活第五季》多版本节目
62	谁是宝藏歌手 嗨看版	单项艺术类	芒果TV	2021.04.26	电视综艺《谁是宝藏歌手》多版本节目
63	职场小白日志	生活体验真人秀类	芒果TV	2021.04.27	网络综艺《初入职场的我们》衍生节目
64	掏空向往的后期硬盘	其他类	芒果TV	2021.04.30	电视综艺《向往的生活第五季》衍生节目
65	名侦探学院 第四季 彩蛋版	互动交流真人秀类	芒果TV	2021.05.04	网络综艺《明星大侦探》衍生节目
66	怦然心动20岁 加料纯享版	生活体验真人秀类	优酷	2021.05.05	网络综艺《怦然心动20岁》多版本节目
67	怦然心动20岁 会员版	生活体验真人秀类	优酷	2021.05.05	网络综艺《怦然心动20岁》多版本节目
68	好看生活指南 第二季	生活体验真人秀类	腾讯视频	2021.05.06	网络综艺《让生活好看第二季》衍生节目
69	名侦探学院第四季之学长！请吃饭	互动交流真人秀类	芒果TV	2021.05.09	网络综艺《明星大侦探》衍生节目
70	密室大逃脱 第三季 超前彩蛋	互动娱乐类	芒果TV	2021.05.12	网络综艺《密室大逃脱第三季》多版本节目
71	密室大逃脱 第三季 大神版	游戏生存真人秀类	芒果TV	2021.05.13	网络综艺《密室大逃脱第三季》衍生节目
72	向往动物园	互动娱乐类	芒果TV	2021.05.14	电视综艺《向往的生活第五季》衍生节目
73	密室大逃脱 第三季 会员Plus版	游戏生存真人秀类	芒果TV	2021.05.14	网络综艺《密室大逃脱第三季》多版本节目
74	向往的生活 第五季 老友记	互动交流真人秀类	芒果TV	2021.05.14	电视综艺《向往的生活第五季》衍生节目
75	密室大逃脱 第三季 密室直拍尖叫中	游戏生存真人秀类	芒果TV	2021.05.16	网络综艺《密室大逃脱第三季》多版本节目
76	密逃安利王	游戏生存真人秀类	芒果TV	2021.05.20	网络综艺《密室大逃脱第三季》衍生节目

序号	节目名称	节目类型	播出平台	上线时间	备注
77	明星大侦探之剧情演绎篇	互动娱乐类	芒果TV	2021.05.20	网络综艺《明星大侦探》衍生节目
78	五十公里桃花坞 加更版	游戏生存真人秀类	腾讯视频	2021.05.23	网络综艺《五十公里桃花坞》多版本节目
79	密室大逃脱 第三季 大神版之大神聊天室	谈话讨论类	芒果TV	2021.05.26	网络综艺《密室大逃脱第三季》衍生节目
80	名侦探学院 第四季 宝藏完整版	游戏生存真人秀类	芒果TV	2021.05.29	网络综艺《明星大侦探》衍生节目
81	姐妹请就坐	谈话讨论类	爱奇艺	2021.05.30	网络综艺《姐妹俱乐部》衍生节目
82	探头探脑来探案	游戏生存真人秀类	爱奇艺	2021.06.03	网络综艺《萌探探探案》衍生节目
83	喜剧人 精编版	单项艺术类	腾讯视频	2021.06.07	电视综艺《欢乐喜剧人》多版本节目
84	令人心动的Offer 精编版	生活体验真人秀类	腾讯视频	2021.06.08	网络综艺《令人心动的Offer》多版本节目
85	幸福三重奏 精编版	生活体验真人秀类	腾讯视频	2021.06.10	网络综艺《幸福三重奏》多版本节目
86	爱逗团团转	互动交流真人秀类	优酷	2021.06.12	网络综艺《象牙山爱逗团》衍生节目
87	国潮研究所 会员版	文化科技类	咪咕视频	2021.06.12	网络综艺《国潮研究所》多版本节目
88	不做家务做什么 第三季	生活体验真人秀类	爱奇艺	2021.06.12	网络综艺《做家务的男人》衍生节目
89	心动的信号 精编版	生活体验真人秀类	腾讯视频	2021.06.14	网络综艺《心动的信号》多版本节目
90	男人的家务日记 第三季	生活体验真人秀类	爱奇艺	2021.06.15	网络综艺《做家务的男人》衍生节目
91	密室大逃脱 第三季 特别企划：京东618京奇探秘夜	游戏生存真人秀类	芒果TV、其他	2021.06.17	网络综艺《密室大逃脱第三季》衍生节目
92	超新星运动会 精编版	互动娱乐类	腾讯视频	2021.06.17	网络综艺《超新星运动会》多版本节目
93	扑通扑通的心 会员Plus版	谈话讨论类	芒果TV	2021.06.21	电视综艺《扑通扑通的心》多版本节目
94	王牌对王牌 精编版	互动娱乐类	腾讯视频	2021.06.21	电视综艺《王牌对王牌》多版本节目
95	拜托了冰箱 轰趴季 加更版	生活体验真人秀类	腾讯视频	2021.06.23	网络综艺《拜托了冰箱轰趴季》多版本节目

序号	节目名称	节目类型	播出平台	上线时间	备注
96	心动的信号 第四季 加更版	生活体验真人秀类	腾讯视频	2021.06.25	网络综艺《心动的信号 第四季》多版本节目
97	极限挑战 精编版	游戏生存真人秀类	腾讯视频	2021.07.05	电视综艺《极限挑战》多版本节目
98	极限挑战宝藏行 第二季 优享版（会员版）	生活体验真人秀类	爱奇艺、优酷、腾讯视频	2021.07.06	电视综艺《极限挑战宝藏行·绿水青山公益季》多版本节目
99	密室大逃脱 彩蛋完整版	游戏生存真人秀类	芒果TV	2021.07.09	网络综艺《密室大逃脱 第三季》多版本节目
100	这！就是潮流：潮人总动员	竞技选拔类	优酷	2021.07.11	网络综艺《这就是潮流》多版本节目
101	这！就是潮流：换装纯享版	竞技选拔类	优酷	2021.07.11	网络综艺《这就是潮流》多版本节目
102	脱口秀大会 精编版	脱口秀类	腾讯视频	2021.07.12	网络综艺《脱口秀大会》多版本节目
103	放开我北鼻 精编版	亲子互动真人秀类	腾讯视频	2021.07.12	网络综艺《放开我北鼻》多版本节目
104	草莓星球来的人 会员版	谈话讨论类	优酷	2021.07.16	网络综艺《草莓星球来的人》多版本节目
105	草莓星球来的人 纯享版	竞技选拔类	优酷	2021.07.16	网络综艺《草莓星球来的人》多版本节目
106	谁是宝藏歌手 会员Plus版	单项艺术类	芒果TV	2021.07.16	电视综艺《谁是宝藏歌手》多版本节目
107	黑怕女孩 初舞台全记录	竞技选拔类	腾讯视频	2021.07.17	网络综艺《黑怕女孩》衍生节目
108	黑怕女孩 加更版	互动交流真人秀类	腾讯视频	2021.07.18	网络综艺《黑怕女孩》多版本节目
109	上车吧 RAPPER	互动交流真人秀类	芒果TV	2021.07.19	网络综艺《说唱听我的 第二季》衍生节目
110	说唱听我的 第二季 会员Plus版	竞技选拔类	芒果TV	2021.07.19	网络综艺《说唱听我的 第二季》多版本节目
111	牛气满满的哥哥 高能版	游戏生存真人秀类	芒果TV	2021.07.19	电视综艺《牛气满满的哥哥》多版本节目
112	吐槽大会 精编版	脱口秀类	腾讯视频	2021.07.19	网络综艺《吐槽大会》多版本节目
113	师父！我要跳舞了 第二季	互动交流真人秀类	优酷	2021.07.20	网络综艺《这！就是街舞 第四季》衍生节目
114	黑怕女孩啥都不怕	互动交流真人秀类	腾讯视频	2021.07.20	网络综艺《黑怕女孩》衍生节目

序号	节目名称	节目类型	播出平台	上线时间	备注
115	师父！我要跳舞了 第二季 加料版	生活体验 真人秀类	优酷	2021.07.20	网络综艺《这！就是街舞 第四季》衍生节目
116	说唱听我的 第二季 竖屏直拍版	单项艺术类	芒果TV	2021.07.21	网络综艺《说唱听我的 第二季》多版本节目
117	夏日少年派 清凉版	互动娱乐类	芒果TV	2021.07.23	电视综艺《夏日少年派》 多版本节目
118	奥运叨叨叨 会员Plus版	脱口秀类	芒果TV、 咪咕视频	2021.07.26	网络综艺《奥运叨叨叨》 多版本节目
119	奔跑吧 精编版	游戏生存 真人秀类	腾讯视频	2021.07.26	电视综艺《奔跑吧兄弟》 多版本节目
120	演员请就位 精编版	单项艺术类	腾讯视频	2021.07.26	网络综艺《演员请就位》 多版本节目
121	师父！我要跳舞了 第二季 街舞纯享版	互动交流 真人秀类	优酷	2021.07.27	网络综艺《这！就是街舞 第四季》衍生节目
122	再见爱人 会员Plus版	生活体验 真人秀类	芒果TV	2021.07.28	网络综艺《再见爱人》 多版本节目
123	疯狂的鲨客SHOW	互动娱乐类	爱奇艺	2021.07.28	网络综艺《奇异剧本鲨》 衍生节目
124	念念青春 会员加料版	谈话讨论类	优酷	2021.07.28	网络综艺《念念青春》 多版本节目
125	念念青春 纯享念诵版	谈话讨论类	优酷	2021.07.28	网络综艺《念念青春》 多版本节目
126	再见爱人 爱情修炼手册	生活体验 真人秀类	芒果TV	2021.07.29	网络综艺《再见爱人》 衍生节目
127	中餐厅 第五季 会员Plus版	生活体验 真人秀类	芒果TV	2021.07.30	电视综艺《中餐厅 第五季》多版本节目
128	再见爱人 沉浸版	生活体验 真人秀类	芒果TV	2021.07.30	网络综艺《再见爱人》 多版本节目
129	降落草莓星	单项艺术类	优酷	2021.07.31	网络综艺《草莓星球来 的人》衍生节目
130	说唱少年加载中	谈话讨论类	爱奇艺	2021.07.31	网络综艺《少年说唱 企划》衍生节目
131	中餐厅 第五季 VIP加长版	生活体验 真人秀类	芒果TV	2021.08.01	电视综艺《中餐厅 第五季》多版本节目
132	猜不透的爱人	谈话讨论类	芒果TV	2021.08.05	网络综艺《再见爱人》 衍生节目
133	女儿们的恋爱 第四季 恋恋Vlog	互动交流 真人秀类	芒果TV	2021.08.06	网络综艺《女儿们的恋爱 第四季》衍生节目

序号	节目名称	节目类型	播出平台	上线时间	备注
134	你好生活 第三季 加更版	生活体验真人秀类	腾讯视频	2021.08.06	电视综艺《你好生活第三季》多版本节目
135	中餐厅 第五季 独家直拍	其他真人秀类	芒果TV	2021.08.07	电视综艺《中餐厅第五季》衍生节目
136	女儿们的恋爱 第四季 会员Plus版	生活体验真人秀类	芒果TV	2021.08.08	网络综艺《女儿们的恋爱第四季》多版本节目
137	女儿们的恋爱 第四季 嗑糖版	生活体验真人秀类	芒果TV	2021.08.09	网络综艺《女儿们的恋爱第四季》多版本节目
138	爆裂的后台	竞技选拔类	爱奇艺	2021.08.10	网络综艺《爆裂舞台》衍生节目
139	蒙面舞王 第二季 升级版/加更版/会员版	竞技选拔类	爱奇艺、优酷，腾讯视频	2021.08.11	电视综艺《蒙面舞王第二季》多版本节目
140	披荆斩棘的哥哥 舞台纯享版	单项艺术类	芒果TV	2021.08.12	网络综艺《披荆斩棘的哥哥》多版本节目
141	脱口秀大会 第四季 加更版	脱口秀类	腾讯视频	2021.08.12	网络综艺《脱口秀大会第四季》多版本节目
142	哥哥的少年时代	互动交流真人秀类	芒果TV	2021.08.13	网络综艺《披荆斩棘的哥哥》衍生节目
143	某某与我	谈话讨论类	腾讯视频	2021.08.13	网络综艺《脱口秀大会第四季》衍生节目
144	街舞要ONE MORE 第二季	谈话讨论类	优酷	2021.08.14	网络综艺《这！就是街舞第四季》衍生节目
145	披荆斩棘的哥哥 会员Plus版	互动交流真人秀类	芒果TV	2021.08.14	网络综艺《披荆斩棘的哥哥》多版本节目
146	街舞营业中 第四季	谈话讨论类	优酷	2021.08.14	网络综艺《这！就是街舞第四季》衍生节目
147	90婚介所 大会员加更版	婚恋交友类	bilibili	2021.08.15	网络综艺《90婚介所》多版本节目
148	哥哥的少年时代 课间版	互动交流真人秀类	芒果TV	2021.08.17	网络综艺《披荆斩棘的哥哥》衍生节目
149	明日创作计划 加更版	互动交流真人秀类	腾讯视频	2021.08.17	网络综艺《明日创作计划》多版本节目
150	超前营业的哥哥	游戏生存真人秀类	芒果TV	2021.08.19	网络综艺《披荆斩棘的哥哥》衍生节目
151	舞蹈生发光企划	谈话讨论类	爱奇艺	2021.08.21	网络综艺《舞蹈生》衍生节目
152	街舞4海选全纪录	竞技选拔类	优酷	2021.08.21	网络综艺《这！就是街舞第四季》衍生节目

续表

序号	节目名称	节目类型	播出平台	上线时间	备注
153	甜蜜的任务之哥哥的下午茶	互动交流真人秀类	芒果TV	2021.08.22	网络综艺《披荆斩棘的哥哥》衍生节目
154	中国好声音2021会员版（加更版）	竞技选拔类	爱奇艺、优酷、腾讯视频	2021.08.22	电视综艺《中国好声音2021》多版本节目
155	一起火锅吧 第二季	谈话讨论类	优酷	2021.08.23	网络综艺《这！就是街舞第四季》衍生节目
156	嗨放派 会员版（加更版）	生活体验真人秀类	爱奇艺、腾讯视频	2021.08.23	电视综艺《嗨放派》多版本节目
157	斗笑社相声全纪录第二季	单项艺术类	腾讯视频	2021.08.23	网络综艺《德云斗笑社第二季》衍生节目
158	德云哥哥直拍	其他真人秀类	腾讯视频	2021.08.23	网络综艺《德云斗笑社第二季》衍生节目
159	眼见	谈话讨论类	芒果TV	2021.08.24	网络综艺《披荆斩棘的哥哥》衍生节目
160	番外相声	单项艺术类	腾讯视频	2021.08.24	网络综艺《德云斗笑社第二季》衍生节目
161	德云下班后	互动交流真人秀类	腾讯视频	2021.08.25	网络综艺《德云斗笑社第二季》衍生节目
162	饿人出没请注意	游戏生存真人秀类	腾讯视频	2021.08.25	网络综艺《明日创作计划》衍生节目
163	德云限定营业中 第二季	互动交流真人秀类	腾讯视频	2021.08.26	网络综艺《脱口秀大会第四季》衍生节目
164	请你吃个火锅	谈话讨论类	优酷	2021.08.26	网络综艺《这！就是灌篮第四季》衍生节目
165	灌篮4 赛事全纪录	竞技选拔类	优酷	2021.08.26	网络综艺《这！就是灌篮第四季》衍生节目
166	恋恋手帐	生活体验真人秀类	爱奇艺	2021.08.27	网络综艺《恋恋剧中人》衍生节目
167	猜不透的有谱日常	互动交流真人秀类	bilibili	2021.08.29	网络综艺《我的音乐你听吗》衍生节目
168	我的音乐你听吗 大会员加更版	生活体验真人秀类	bilibili	2021.08.30	网络综艺《我的音乐你听吗》多版本节目
169	听得见的宵夜时光	谈话讨论类	bilibili	2021.08.31	网络综艺《我的音乐你听吗》衍生节目
170	酷酷的铁拳	谈话讨论类	优酷	2021.09.10	网络综艺《"拳"力以赴的我们》衍生节目
171	拳手集结全纪录	竞技选拔类	优酷	2021.09.10	网络综艺《"拳"力以赴的我们》衍生节目

续表

序号	节目名称	节目类型	播出平台	上线时间	备注
172	拳力赛事纯享	竞技选拔类	优酷	2021.09.10	网络综艺《"拳"力以赴的我们》多版本节目
173	拳力营业中	谈话讨论类	优酷	2021.09.11	网络综艺《"拳"力以赴的我们》衍生节目
174	我们的歌 第三季 会员版	互动交流 真人秀类	优酷、腾讯视频、爱奇艺	2021.09.21	电视综艺《我们的歌 第三季》多版本节目
175	侃侃儿谈特别篇	谈话讨论类	搜狐视频	2021.09.21	网络综艺《侃侃儿谈》衍生节目
176	幕后大赢家	游戏生存 真人秀类	爱奇艺	2021.09.25	网络综艺《最后的赢家》衍生节目
177	我们恋爱吧 第三季 纯享加料版	生活体验 真人秀类	优酷	2021.09.29	网络综艺《我们恋爱吧 第三季》多版本节目
178	我们恋爱吧 第三季 番外篇	生活体验 真人秀类	优酷	2021.09.29	网络综艺《我们恋爱吧 第三季》多版本节目
179	梦想改造家 第八季 加长版（升级版）	生活服务类	爱奇艺、bilibili	2021.09.30	电视综艺《梦想改造家 第八季》多版本节目
180	洛阳秘事	文化科技类	爱奇艺	2021.09.30	网络综艺《登场了！洛阳》衍生节目
181	时光音乐会 纯享版	单项艺术类	芒果TV	2021.10.24	电视综艺《时光音乐会》多版本节目
182	国家宝藏·展演季 会员版（加更）	文化科技类	爱奇艺、优酷、腾讯视频、bilibili	2021.10.24	电视综艺《国家宝藏·展演季》多版本节目
183	奔跑吧·黄河篇 第二季 粉丝悠享版（会员版）	游戏生存 真人秀类	优酷，腾讯视频	2021.10.24	电视综艺《奔跑吧·黄河篇 第二季》多版本节目
184	云上的小店 小河乡 经营日记	生活体验 真人秀类	芒果TV	2021.11.01	电视综艺《云上的小店》衍生节目
185	飒！武力拳开 会员版	竞技选拔类	咪咕视频	2021.11.04	电视综艺《飒！武力拳开》多版本节目
186	舞千年 大会员加更版	文化科技类	bilibili	2021.11.06	电视综艺《舞千年》多版本节目
187	导演请指教 加更版	其他 真人秀类	腾讯视频	2021.11.07	网络综艺《导演请指教》多版本节目
188	青春环游记 第三季 悠享版（会员版）	生活体验 真人秀类	爱奇艺、优酷、腾讯视频	2021.11.08	电视综艺《青春环游记 第三季》多版本节目
189	令人心动的Offer 第三季 加更版	生活体验 真人秀类	腾讯视频	2021.11.11	网络综艺《令人心动的Offer 第三季》多版本节目

续表

序号	节目名称	节目类型	播出平台	上线时间	备注
190	中国潮音 会员版	谈话讨论类	优酷	2021.11.12	网络综艺《中国潮音》多版本节目
191	中国潮音 纯享版	竞技选拔类	优酷	2021.11.12	网络综艺《中国潮音》多版本节目
192	毛雪汪 加更	生活体验真人秀类	腾讯视频	2021.11.16	网络综艺《毛雪汪》多版本节目
193	大湾仔的耶耶耶	互动交流真人秀类	芒果TV	2021.11.18	网络综艺《大湾仔的夜》衍生节目
194	大湾仔的夜 加长版	生活体验真人秀类	芒果TV	2021.11.19	网络综艺《大湾仔的夜》多版本节目
195	追光吧！加料板	竞技选拔类	优酷	2021.11.20	电视综艺《追光吧！》多版本节目
196	追光吧！纯享版	竞技选拔类	优酷	2021.11.20	电视综艺《追光吧！》多版本节目
197	五哈团建日志	生活体验真人秀类	爱奇艺，腾讯视频	2021.11.22	网络综艺《哈哈哈哈哈第二季》多版本节目
198	名侦探学院 第五季 会员Plus版	生活体验真人秀类	芒果TV	2021.11.26	网络综艺《名侦探学院第五季》多版本节目
199	神奇主播已就位 加长版	竞技选拔类	芒果TV	2021.12.01	电视综艺《神奇主播已就位》多版本节目
200	超前营业的名学	互动娱乐类	芒果TV	2021.12.01	网络综艺《名侦探学院第五季》衍生节目
201	哥哥的修炼手册 第二季	生活体验真人秀类	爱奇艺	2021.12.03	网络综艺《我的小尾巴第二季》衍生节目
202	哎呀好身材 第三季/海浪季 超前彩蛋	生活体验真人秀类	芒果TV，咪咕视频	2021.12.04	网络综艺《哎呀好身材第三季/海浪季》衍生节目
203	名侦探学院 第五季 加长版	游戏生存真人秀类	芒果TV	2021.12.05	网络综艺《哎呀好身材 第三季/海浪季》多版本节目
204	哎呀好身材 第三季/海浪季 会员Plus版	生活体验真人秀类	咪咕视频，芒果TV	2021.12.07	网络综艺《哎呀好身材 第三季/海浪季》多版本节目
205	我们的滚烫人生 超前PDvlog	其他真人秀类	芒果TV	2021.12.09	网络综艺《我们的滚烫人生》衍生节目
206	我们的滚烫人生 会员Plus版	生活体验真人秀类	芒果TV	2021.12.19	网络综艺《我们的滚烫人生》多版本节目
207	开拍吧 加更版	谈话讨论类	爱奇艺	2021.12.21	网络综艺《开拍吧》多版本节目
208	再见爱人 极速版	生活体验真人秀类	芒果TV	2021.12.25	网络综艺《再见爱人》多版本节目

序号	节目名称	节目类型	播出平台	上线时间	备注
209	脱口秀编剧也跨年	互动娱乐类	腾讯视频	2021.12.26	网络综艺《脱口秀跨年2021》衍生节目
210	闪光的乐队 纯享版	单项艺术类	爱奇艺	2021.12.26	电视综艺《闪光的乐队》多版本节目
211	我的音乐你听吗首唱会	单项艺术类	bilibili	2021.12.26	网络综艺《我的音乐你听吗》衍生节目
212	闪光的乐队加更（会员版）	竞技选拔类	爱奇艺、腾讯视频、优酷	2021.12.27	电视综艺《闪光的乐队》多版本节目
213	半熟恋人 加更版	生活体验真人秀类	腾讯视频	2021.12.30	网络综艺《半熟恋人》多版本节目
214	我们的滚烫人生LIVE完整版	单项艺术类	芒果TV	2021.12.31	网络综艺《我们的滚烫人生》衍生节目

数据来源：监管中心统计数据2022.1

国家广播电视总局监管中心

注：带*节目当前处于下线状态。

附表8　2021年上线的网播电视综艺列表

序号	节目名称	节目类型	播出频道	网络播出平台	播出时间
1	沸腾吧！冰雪	互动交流真人秀	黑龙江卫视	爱奇艺、腾讯视频、咪咕视频	2021.01.01
2	念念桃花源	互动交流真人秀	浙江卫视	爱奇艺、优酷	2021.01.02
3	经典咏流传 第四季	文化科技类	CCTV-1	腾讯视频、爱奇艺	2021.01.04
4	最强大脑 第八季	文化科技类	江苏卫视	爱奇艺、优酷、腾讯视频	2021.01.08
5	数字英雄 第二季	文化科技类	湖南卫视	芒果TV	2021.01.09
6	欢乐喜剧人 第七季	竞技选拔类	东方卫视	腾讯视频	2021.01.10
7	天赐的声音 第二季	竞技选拔类	浙江卫视	爱奇艺、优酷	2021.01.15
8	看见美好生活·简单美新国货	综艺晚会类	湖南卫视	芒果TV	2021.01.17
9	你真的太棒了	游戏生存真人秀	湖南卫视	芒果TV	2021.01.21
10	怦然再心动	互动交流真人秀	湖南卫视	芒果TV	2021.01.23
11	中国地名大会 第二季	竞技选拔类	CCTV-4	bilibili	2021.01.23
12	新相亲大会 第五季	婚恋交友类	江苏卫视	优酷	2021.01.24
13	新恋爱时代 第二季	婚恋交友类	湖南卫视	芒果TV	2021.01.25
14	王牌对王牌 第六季	游戏生存真人秀	浙江卫视	爱奇艺、腾讯视频	2021.01.29
15	百变大咖秀 第六季	互动交流真人秀	湖南卫视	芒果TV	2021.01.29
16	跨界喜剧王 第五季	竞技选拔类	北京卫视	爱奇艺	2021.01.30
17	家宴 第二季	生活体验真人秀类	安徽卫视	爱奇艺、咪咕视频	2021.01.30
18	万里走单骑	文化科技类	浙江卫视	爱奇艺、腾讯视频、bilibili	2021.01.31
19	可以给你做顿饭吗	生活体验真人秀类	东南卫视	bilibili、爱奇艺、搜狐视频	2021.01.31
20	2021丝路春晚	综艺晚会类	陕西卫视	爱奇艺	2021.02.03
21	2021湖南卫视春节联欢晚会	综艺晚会类	湖南卫视	芒果TV	2021.02.04
22	2021吉林卫视春节联欢晚会	综艺晚会类	吉林卫视	优酷、爱奇艺	2021.02.04
23	接招吧！前辈	竞技选拔类	东方卫视	腾讯视频、爱奇艺	2021.02.05
24	金牌喜剧班	竞技选拔类	CCTV-3	央视网	2021.02.06
25	2021安徽卫视春节联欢晚会	综艺晚会类	安徽卫视	优酷、爱奇艺	2021.02.09
26	2021山东卫视春节联欢晚会	综艺晚会类	山东卫视	优酷、爱奇艺	2021.02.09
27	优酷&浙江卫视春节联欢晚会	综艺晚会类	浙江卫视	优酷	2021.02.10
28	天津卫视相声春晚	综艺晚会类	天津卫视	腾讯视频	2021.02.10
29	2021辽宁卫视春节联欢晚会	综艺晚会类	辽宁卫视	优酷	2021.02.10

序号	节目名称	节目类型	播出频道	网络播出平台	播出时间
30	"绿水青山又一春" 2021农历辛丑年青海广播电视台春节联欢晚会	综艺晚会类	青海卫视	西瓜视频、bilibili	2021.02.10
31	2021春节藏历新年联欢晚会	综艺晚会类	西藏卫视	优酷、腾讯视频	2021.02.10
32	2021河南省春节晚会	综艺晚会类	河南卫视	快手	2021.02.10
33	2021辛丑年中央广播电视总台春节联欢晚会	综艺晚会类	CCTV-1	爱奇艺、腾讯视频、优酷、CCTV	2021.02.11
34	2021东方卫视春节晚会	综艺晚会类	东方卫视	优酷、爱奇艺	2021.02.12
35	2021江苏卫视春节联欢晚会	综艺晚会类	江苏卫视	优酷	2021.02.12
36	2021北京卫视春节联欢晚会	综艺晚会类	北京卫视	优酷	2021.02.12
37	2021云南省春节联欢晚会	综艺晚会类	云南卫视	优酷	2021.02.12
38	2021福建春节联欢晚会	综艺晚会类	东南卫视	爱奇艺、腾讯视频、优酷	2021.02.12
39	典籍里的中国	文化科技类	CCTV-1	爱奇艺、央视网、咪咕视频	2021.02.12
40	青春德云社	竞技选拔类	天津卫视	腾讯视频	2021.02.13
41	中国诗词大会 第六季	竞技选拔类	CCTV-1	央视网	2021.02.13
42	见字如面 第五季	文化科技类	黑龙江卫视	腾讯	2021.02.20
43	2021山东卫视欢乐元宵夜	综艺晚会类	山东卫视	PPTV、西瓜视频	2021.02.24
44	2021湖南卫视元宵喜乐会	综艺晚会类	湖南卫视	芒果TV	2021.02.26
45	2021辛丑年花好月圆元宵夜	综艺晚会类	CCTV-1	西瓜视频、腾讯	2021.02.26
46	2021安徽卫视元宵晚会	综艺晚会类	安徽卫视	爱奇艺、腾讯	2021.02.26
47	为歌而赞	竞技选拔类	浙江卫视	抖音、西瓜视频	2021.03.13
48	诗·中国 第二季	文化科技类	安徽卫视	咪咕视频、爱奇艺	2021.03.14
49	我的桃花源	文化科技类	北京卫视	爱奇艺	2021.03.23
50	极限挑战 第七季	游戏生存真人秀	东方卫视	爱奇艺、腾讯视频、优酷	2021.04.04
51	鲜厨100 第二季	竞技选拔类	湖南卫视	芒果TV	2021.04.15
52	闪闪发光的你	生活体验真人秀类	江苏卫视	优酷	2021.04.16
53	妈妈，你真好看	生活体验真人秀类	湖南卫视	芒果TV、腾讯视频、咪咕视频	2021.04.17
54	中国新相亲 第四季	婚恋交友类节目	东方卫视	爱奇艺、腾讯视频、咪咕视频	2021.04.17
55	民宿里的中国 第二季	文化科技类	安徽卫视	爱奇艺、优酷、腾讯视频	2021.04.18
56	向往的生活 第五季	生活体验真人秀类	湖南卫视	芒果TV	2021.04.23

序号	节目名称	节目类型	播出频道	网络播出平台	播出时间
57	谁是宝藏歌手	竞技选拔类	湖南卫视	芒果TV	2021.04.23
58	奔跑吧 第五季	游戏生存真人秀	浙江卫视	爱奇艺、腾讯视频、优酷、芒果TV	2021.04.23
59	书画里的中国	文化科技类	北京卫视	咪咕视频	2021.04.23
60	还有诗和远方·诗画浙江篇 第二季	文化科技类	浙江卫视	西瓜视频、爱奇艺、腾讯	2021.04.25
61	追星星的人	生活体验真人秀类	浙江卫视	爱奇艺、腾讯视频、优酷	2021.04.30
62	送你一朵大红花	生活体验真人秀类	CCTV-3	央视网	2021.05.01
63	奋斗正青春——2021年五四青年节特别节目	互动娱乐类	CCTV-1	央视网	2021.05.04
64	星我改造团	生活服务类	安徽卫视	咪咕视频、爱奇艺	2021.05.05
65	新相亲大会 第六季	婚恋交友类节目	江苏卫视	优酷	2021.05.09
66	2021中国品牌日晚会	综艺晚会类	东方卫视	bilibili	2021.05.10
67	寻声记	文化科技类	山东卫视	腾讯视频	2021.05.16
68	隐秘的细节	文化科技类	河南卫视	优酷	2021.05.18
69	求职高手 第二季	竞技选拔类	山东卫视	爱奇艺、bilibili、腾讯视频	2021.05.19
70	藏风美少年	竞技选拔类	四川卫视	腾讯视频	2021.05.22
71	京东618沸腾之夜	综艺晚会类	北京卫视	bilibili	2021.05.31
72	2021年六一晚会	综艺晚会类	CCTV-1	央视网	2021.06.01
73	阳光姐妹淘 第二季	生活体验真人秀	江苏卫视	优酷	2021.06.03
74	时间的答卷	文化科技类	东方卫视	咪咕视频、优酷、爱奇艺、bilibili	2021.06.04
75	悦读·家 第三季	文化科技类	东南卫视	爱奇艺、优酷、搜狐视频	2021.06.13
76	不要小看我	生活体验真人秀	浙江卫视	爱奇艺、优酷	2021.06.20
77	奇妙的诗词 第二季	文化科技类	湖北卫视	爱奇艺、腾讯视频	2021.06.25
78	围炉音乐会2021	综艺晚会类	四川卫视	爱奇艺	2021.06.27
79	最美中轴线	文化科技类	北京卫视	爱奇艺、bilibili、咪咕、腾讯视频	2021.07.03
80	极限挑战宝藏行 第二季	游戏生存真人秀类	东方卫视	爱奇艺、优酷、腾讯视频	2021.07.04
81	辽美旅拍	生活体验真人秀类	辽宁卫视	爱奇艺、西瓜视频、优酷	2021.07.04
82	奇妙的汉字 第五季	文化科技类	湖北卫视	爱奇艺	2021.07.08

续表

序号	节目名称	节目类型	播出频道	网络播出平台	播出时间
83	京城十二时辰	生活体验真人秀类	北京卫视	腾讯视频	2021.07.09
84	听说很好吃	互动娱乐类	浙江卫视	爱奇艺、优酷、腾讯视频	2021.07.10
85	生活真美好	谈话讨论类	湖北卫视	优酷	2021.07.16
86	牛气满满的哥哥	游戏生存真人秀类	湖南卫视	芒果TV	2021.07.17
87	皖美旅拍 第二季	生活体验真人秀类	安徽卫视	咪咕视频、爱奇艺、优酷	2021.07.17
88	夏日少年派	游戏生存真人秀类	湖南卫视	芒果TV	2021.07.23
89	中国好声音2021	竞技选拔类	浙江卫视	优酷、爱奇艺	2021.07.30
90	中餐厅 第五季	生活体验真人秀类	湖南卫视	芒果TV	2021.07.30
91	你好生活 第三季	生活体验真人秀类	CCTV-3	爱奇艺、央视网、bilibili	2021.08.05
92	请吃饭的姐姐	谈话讨论类	浙江卫视	爱奇艺	2021.08.06
93	创业中国人 第四季	生活服务类	重庆卫视	爱奇艺、优酷、腾讯视频	2021.08.07
94	打卡吧！吃货团	生活体验真人秀类	东方卫视	优酷	2021.08.07
95	蒙面舞王 第二季	竞技选拔类	江苏卫视	爱奇艺、腾讯视频频、芒果TV、优酷	2021.08.08
96	暖暖的新家 第十二季	生活服务类	北京卫视	咪咕视频、爱奇艺	2021.08.09
97	2021年中央广播电视总台七夕晚会	综艺晚会类	CCTV-3	央视网	2021.08.14
98	嗨放派	生活体验真人秀类	浙江卫视	腾讯视频、爱奇艺	2021.08.14
99	云享旅拍 此刻如诗	生活体验真人秀类	云南卫视	咪咕视频、爱奇艺	2021.08.14
100	超级818汽车狂欢夜	综艺晚会类	浙江卫视	爱奇艺	2021.08.18
101	国学小名士 第四季	文化科技类	山东卫视	爱奇艺、PPTV、腾讯视频	2021.09.09
102	梦想改造家 第八季	生活服务类	东方卫视	咪咕视频、爱奇艺	2021.09.15
103	朗读者 第三季	文化科技类	CCTV-3	哔哩哔哩、央视网、腾讯视频	2021.09.18
104	追梦人之无界人生	谈话讨论类	浙江卫视	西瓜视频、爱奇艺	2021.09.19
105	我们的歌 第三季	竞技选拔类	东方卫视	咪咕、腾讯视频、优酷、爱奇艺	2021.09.19
106	2021河南卫视中秋奇妙夜	综艺晚会类	河南卫视	优酷	2021.09.19
107	东方卫视中秋梦幻夜	综艺晚会类	东方卫视	优酷、爱奇艺	2021.09.21
108	湖南卫视中秋之夜	综艺晚会类	湖南卫视	芒果TV	2021.09.21

续表

序号	节目名称	节目类型	播出频道	网络播出平台	播出时间
109	2021中央广播电视总台中秋晚会	综艺晚会类	CCTV-1	央视网	2021.09.21
110	"湾区升明月"2021大湾区中秋电影音乐会	综艺晚会类	CCTV-6	腾讯视频、1905电影网、爱奇艺、芒果TV、优酷	2021.09.21
111	国货中国	竞技选拔类	安徽卫视	爱奇艺、西瓜视频、优酷	2021.09.21
112	我们恋爱吧 第三季	婚恋交友类	江苏卫视	优酷	2021.09.29
113	欢唱大篷车	互动娱乐类	湖南卫视	芒果TV	2021.10.09
114	一起向未来	谈话讨论类	北京卫视	咪咕视频	2021.10.16
115	当红不让2021	生活体验真人秀类	安徽卫视	爱奇艺、咪咕视频、腾讯视频、优酷	2021.10.16
116	朗朗少年	互动娱乐类	安徽卫视	PPTV、优酷、爱奇艺	2021.10.17
117	向你致敬	谈话讨论类	湖南卫视	芒果TV	2021.10.17
118	齐鲁文化大会	竞技选拔类	山东卫视	哔哩哔哩、咪咕视频、爱奇艺	2021.10.17
119	设计理想家	生活服务类	海南卫视	芒果TV	2021.10.20
120	奔跑吧·黄河篇 第二季	游戏生存真人秀类	浙江卫视	爱奇艺、优酷、腾讯视频	2021.10.22
121	时光音乐会	谈话讨论类	湖南卫视	芒果TV	2021.10.22
122	2060	竞技选拔类	江苏卫视	腾讯视频、爱奇艺、优酷、bilibili	2021.10.22
123	乐高大师	竞技选拔类	深圳卫视	爱奇艺	2021.10.22
124	最美中国戏	文化科技类	北京卫视	爱奇艺、咪咕视频、腾讯视频、优酷、bilibili	2021.10.23
125	国家宝藏·展演季	文化科技类	CCTV-3	爱奇艺、哔哩哔哩、央视网、优酷、腾讯视频	2021.10.23
126	云上的小店	生活体验真人秀类	湖南卫视	芒果TV	2021.10.29
127	蜜食记 第七季	生活体验真人秀类	安徽卫视	咪咕视频、优酷、爱奇艺、腾讯视频	2021.10.31
128	飒! 武力拳开	竞技选拔类	东方卫视	咪咕视频	2021.11.04
129	美好的星城	生活体验真人秀类	浙江卫视	爱奇艺、腾讯视频、优酷	2021.11.04
130	青春环游记 第三季	游戏生存真人秀类	浙江卫视	爱奇艺、优酷、腾讯视频	2021.11.06

序号	节目名称	节目类型	播出频道	网络播出平台	播出时间
131	舞千年	文化科技类	河南卫视	bilibili	2021.11.06
132	遇见你	谈话讨论类	东南卫视	芒果TV	2021.11.11
133	国学传承人 第二季	文化科技类	CETV-1	爱奇艺	2021.11.13
134	大湾仔的夜	生活体验真人秀类	湖南卫视	芒果TV	2021.11.17
135	百姓的味道	生活体验真人秀类	江苏卫视	优酷	2021.11.19
136	追光吧！	竞技选拔类	东方卫视	优酷	2021.11.20
137	超燃美食记	生活体验真人秀类	浙江卫视	腾讯视频	2021.11.20
138	妙墨中国心	文化科技类	浙江卫视	爱奇艺、腾讯视频、优酷	2021.11.21
139	神奇主播已就位	游戏生存真人秀类	东南卫视	芒果TV	2021.11.30
140	一起上春晚2022	竞技选拔类	山东卫视	爱奇艺、PPTV	2021.12.02
141	冬梦之约 第二季	生活体验类真人秀类	北京卫视	优酷	2021.12.03
142	老师请回答2021	脱口秀类	北京卫视	爱奇艺	2021.12.07
143	集合！开心果	脱口秀类	东方卫视	爱奇艺、咪咕视频	2021.12.25
144	闪光的乐队	竞技选拔类	浙江卫视	腾讯视频、优酷、爱奇艺	2021.12.25
145	青春守艺人	互动娱乐类	天津卫视	优酷	2021.12.24
146	冠军对冠军	生活体验类真人秀类	东方卫视	腾讯视频	2021.12.10
147	万里走单骑 第二季	文化科技类	浙江卫视	腾讯视频	2021.12.19
148	国乐大典 第四季	竞技选拔类	广东卫视	爱奇艺、优酷	2021.12.24
149	江苏卫视2022跨年演唱会	综艺晚会类	江苏卫视	爱奇艺、优酷、腾讯视频	2021.12.31
150	湖南卫视2022跨年演唱会	综艺晚会类	湖南卫视	芒果TV	2021.12.31
151	2022迎冬奥BRTV环球跨年冰雪盛典	综艺晚会类	北京卫视、天津卫视、河北卫视等	爱奇艺、优酷、腾讯视频	2021.12.31
152	浙江卫视2022跨年演唱会	综艺晚会类	浙江卫视	爱奇艺、优酷	2021.12.31
153	时间的朋友·2022罗振宇跨年演讲	脱口秀类	深圳卫视	优酷、西瓜视频	2021.12.31
154	思·享2022	谈话讨论类	东南卫视	爱奇艺、优酷、腾讯视频	2021.12.31

数据来源：监管中心统计数据2022.1

注：带*节目当前处于下线状态。

国家广播电视总局监管中心

附表9 2021年新上线网络纪录片信息列表

序号	片名	节目类型	播出平台	上线时间
1	后疫情时代	疫情防控	爱奇艺、腾讯视频、优酷、bilibili、西瓜视频	2021.01.04
2	奇妙之城	社会现实	优酷	2021.01.05
3	江湖风味	美食	爱奇艺、bilibili	2021.01.08
4	警急任务	社会现实	爱奇艺	2021.01.08
5	后藏非遗	文化艺术	腾讯视频	2021.01.11
6	十一	社会现实	芒果TV	2021.01.12
7	寻找黔味 第三季	美食	优酷	2021.01.14
8	破格公主	社会现实	腾讯视频、bilibili、西瓜视频	2021.01.14
9	《送你一朵小红花》幕后纪录片	文化艺术	搜狐视频	2021.01.15
10	中华制面 第二季	美食	bilibili	2021.01.16
11	乡村战疫记	疫情防控	爱奇艺、腾讯视频、bilibili	2021.01.18
12	国宝皆可潮	历史	芒果TV、爱奇艺	2021.01.18
13	天涯漫游记	文化艺术	爱奇艺	2021.01.18
14	一往情深的理想征程——《江山如此多娇》幕后纪录	文化艺术	芒果TV、好看视频	2021.01.19
15	辣子曰 第二季	美食	爱奇艺	2021.01.19
16	如是生活	社会现实	bilibili	2021.01.20
17	了不起的匠心守护	文化艺术	央视网、爱奇艺、腾讯视频、bilibili	2021.01.20
18	亲亲意大利	社会现实	腾讯视频、优酷、bilibili	2021.01.21
19	我们一起回家 第一季	社会现实	腾讯视频	2021.01.22
20	战疫启示录	疫情防控	西瓜视频	2021.01.22
21	喜粤之味 第一季	美食	腾讯视频、bilibili	2021.01.25
22	《国味》之《盐·百味之主》	美食	新华网、爱奇艺、腾讯视频、好看视频	2021.01.25
23	云深之处	文化艺术	芒果TV、腾讯视频、bilibili、咪咕视频	2021.01.26
24	匠艺百年 第一季	文化艺术	腾讯视频	2021.01.27
25	近乎正常	社会现实	爱奇艺、腾讯视频、优酷	2021.01.28
26	一桌年夜饭 第二季	美食	优酷	2021.01.28
27	远方的朋友	社会现实	爱奇艺	2021.01.28
28	一个都不能少	脱贫攻坚·全面小康	爱奇艺、搜狐视频	2021.01.29

序号	片名	节目类型	播出平台	上线时间
29	对话：回响2020	社会现实	腾讯视频、bilibili	2021.01.29
30	不平凡的年味	社会现实	芒果TV	2021.01.31
31	因微爱*	社会现实	腾讯视频	2021.01.31
32	奇食记	美食	bilibili	2021.01.31
33	总有好事在春天发生	社会现实	腾讯视频	2021.02.01
34	三十而继——中新携手再出发	文化艺术	新华网、芒果TV、爱奇艺、腾讯视频、西瓜视频、好看视频	2021.02.02
35	转行*	脱贫攻坚·全面小康	新华网、bilibili	2021.02.04
36	2021"欢聚新春·团圆中国"特别节目《寻味》	美食	爱奇艺、腾讯视频、优酷、bilibili	2021.02.04
37	大探险家杨航 第五季	社会现实	爱奇艺	2021.02.05
38	Silhouette轮廓	文化艺术	爱奇艺、腾讯视频	2021.02.05
39	沸腾吧火锅 第二季	美食	腾讯视频、bilibili	2021.02.09
40	我想去西藏看你——唱响日喀则公益边疆行	社会现实	爱奇艺	2021.02.09
41	米尔斯探秘生态中国	自然地理	爱奇艺	2021.02.10
42	人潮汹涌·独家纪录片	文化艺术	爱奇艺	2021.02.12
43	《唐人街探案》系列独家纪录片	文化艺术	腾讯视频	2021.02.12
44	我看见*	社会现实	新华网	2021.02.12
45	小丑归来——Joyside十年回归现场纪录片	文化艺术	爱奇艺、腾讯视频、bilibili	2021.02.13
46	《你好，李焕英》独家纪录片	文化艺术	腾讯视频、bilibili	2021.02.13
47	电影《新神榜：哪吒重生》幕后纪录	文化艺术	芒果TV、优酷、bilibili	2021.02.13
48	觉醒年代：独家幕后纪录片	文化艺术	优酷	2021.02.14
49	《唐人街探案3》优酷独家花絮	文化艺术	优酷	2021.02.14
50	去你家吃饭好吗	社会现实	bilibili	2021.02.15
51	乡野下饭魂	美食	爱奇艺	2021.02.15
52	《少林寺之得宝传奇》独家纪录片	文化艺术	腾讯视频	2021.02.15
53	《刺杀小说家》独家纪录片	文化艺术	腾讯视频、bilibili	2021.02.16

序号	片名	节目类型	播出平台	上线时间
54	习近平的扶贫故事	脱贫攻坚·全面小康	央视网、芒果TV、爱奇艺、优酷、bilibili、好看视频、咪咕视频	2021.02.16
55	《刺杀小说家》优酷独家幕后记录	文化艺术	优酷	2021.02.18
56	奔向星辰大海	社会现实	新华网、芒果TV、腾讯视频、优酷	2021.02.18
57	我送灯火到家乡	脱贫攻坚·全面小康	新华网、芒果TV、腾讯视频、西瓜视频、好看视频	2021.02.18
58	小主安康·宠物医院第三季	社会现实	bilibili	2021.02.18
59	博物馆说	历史	芒果TV、爱奇艺、bilibili	2021.02.19
60	传奇手艺人	文化艺术	爱奇艺	2021.02.19
61	家	社会现实	爱奇艺、西瓜视频	2021.02.19
62	山水道——西山永定河文化带考	文化艺术	爱奇艺	2021.02.19
63	通化抗疫群像	疫情防控	新华网、芒果TV、爱奇艺、腾讯视频、bilibili、西瓜视频、好看视频	2021.02.21
64	燕赵战"疫"	疫情防控	新华网、芒果TV、爱奇艺、腾讯视频	2021.02.22
65	高铁，我们的故事 第二季	社会现实	腾讯视频	2021.02.22
66	俺家山东	文化艺术	爱奇艺	2021.02.23
67	战贫之路	脱贫攻坚·全面小康	新华网、芒果TV、爱奇艺、腾讯视频、优酷、bilibili、西瓜视频	2021.02.24
68	地中海的辉煌：罗马帝国的兴衰	历史	腾讯视频	2021.02.24
69	劳生不悔	脱贫攻坚·全面小康	爱奇艺	2021.02.24
70	一亿人的脱贫故事	脱贫攻坚·全面小康	新华网、芒果TV、爱奇艺、腾讯视频、优酷、bilibili、西瓜视频、好看视频	2021.02.24
71	"春运母亲"巴木的春天	脱贫攻坚·全面小康	新华网、芒果TV、爱奇艺、腾讯视频、优酷、西瓜视频、好看视频	2021.02.24
72	一部广播剧的诞生	文化艺术	芒果TV、爱奇艺、腾讯视频、优酷、bilibili、西瓜视频、好看视频	2021.02.24

序号	片名	节目类型	播出平台	上线时间
73	暗夜微光	社会现实	芒果TV、腾讯视频、西瓜视频、好看视频	2021.02.25
74	炬光	社会现实	爱奇艺、腾讯视频、优酷、bilibili、西瓜视频	2021.02.25
75	元宵唐诗会	文化艺术	腾讯视频	2021.02.25
76	系列微纪录片·中国脱贫故事	脱贫攻坚·全面小康	爱奇艺、优酷	2021.02.25
77	教书匠	社会现实	央视网、爱奇艺、腾讯视频、优酷、bilibili	2021.02.27
78	中国减贫密码	脱贫攻坚·全面小康	新华网、芒果TV、腾讯视频、优酷、bilibili	2021.02.28
79	中国买卖	社会现实	bilibili、西瓜视频	2021.03.01
80	复工	社会现实	腾讯视频	2021.03.01
81	边码故事	社会现实	腾讯视频	2021.03.01
82	超级食材	美食	腾讯视频、优酷、bilibili	2021.03.02
83	骑迹中国之绿巨人	自然地理	西瓜视频	2021.03.02
84	走出黑眼湾	脱贫攻坚·全面小康	新华网、芒果TV、腾讯视频、优酷、bilibili	2021.03.02
85	洋芋新传：西海固的活命薯、脱贫薯、致富薯	脱贫攻坚·全面小康	爱奇艺、优酷、bilibili、西瓜视频、凤凰网视频、好看视频、澎湃新闻、网易、新浪	2021.03.03
86	真相寻踪	历史	爱奇艺	2021.03.04
87	一直看着你来的路口	社会现实	爱奇艺	2021.03.04
88	微光者	社会现实	芒果TV	2021.03.04
89	智慧中国 第三季	科教	bilibili	2021.03.04
90	王朝秘闻*	历史	爱奇艺	2021.03.05
91	迷影文化手册	文化艺术	爱奇艺	2021.03.05
92	创造营公演ELLE独家系列纪录片：《准备好了》《继续冒险》《伙伴不散》	文化艺术	芒果TV、腾讯视频、优酷、bilibili	2021.03.06
93	志夺金腰带	体育	新华网、腾讯视频、好看视频	2021.03.08
94	小小少年	社会现实	爱奇艺、bilibili	2021.03.10
95	放刺电音纪录片系列《放了我》第二季	文化艺术	爱奇艺	2021.03.10
96	宠物一千零一夜	社会现实	腾讯视频	2021.03.10

序号	片名	节目类型	播出平台	上线时间
97	一条关注：青年女性艺术家	文化艺术	腾讯视频、bilibili	2021.03.12
98	重返狼群10周年特别纪念版	自然地理	优酷	2021.03.13
99	水居之民	文化艺术	腾讯视频、bilibili	2021.03.14
100	亚洲第一宝藏	历史	优酷	2021.03.15
101	曾经红过的人	社会现实	爱奇艺、腾讯视频、优酷、bilibili、西瓜视频	2021.03.16
102	雏鹰长成记	自然地理	腾讯视频	2021.03.16
103	永远年轻	文化艺术	爱奇艺	2021.03.17
104	探险中国 第一季	自然地理	爱奇艺	2021.03.17
105	中国底色	社会现实	芒果TV、爱奇艺、腾讯视频、优酷、西瓜视频	2021.03.19
106	雨林寻蜂记	自然地理	bilibili	2021.03.21
107	中国民居	文化艺术	bilibili	2021.03.22
108	改变你我命运的那些瞬间	建党百年	新华网、芒果TV、爱奇艺、腾讯视频、优酷、bilibili、西瓜视频、好看视频	2021.03.23
109	这里会长出一朵花	社会现实	芒果TV、爱奇艺、腾讯视频、优酷、bilibili、西瓜视频	2021.03.23
110	开动吧！海鲜	美食	腾讯视频	2021.03.24
111	极寒之城	社会现实	新华网、芒果TV、腾讯视频、好看视频	2021.03.24
112	敦煌：生而传奇	历史	爱奇艺、腾讯视频	2021.03.25
113	我为车狂	社会现实	优酷、bilibili	2021.03.29
114	造物说：一共分几步	科教	bilibili	2021.03.30
115	《陪你一起长大》纪录片	社会现实	芒果TV	2021.03.31
116	有面有朋友	美食	优酷	2021.03.31
117	《明天会好的》独家纪录片	文化艺术	腾讯视频	2021.04.01
118	《第十一回》独家纪录片	文化艺术	腾讯视频	2021.04.02
119	一日冬春	疫情防控	优酷	2021.04.04
120	排队小吃	美食	腾讯视频	2021.04.06
121	平凡的伟大	疫情防控	新华网、人民网、芒果TV、爱奇艺、腾讯视频、bilibili、西瓜视频、好看视频	2021.04.07

序号	片名	节目类型	播出平台	上线时间
122	百年大党：老外讲故事	建党百年	爱奇艺、腾讯视频、优酷、bilibili、西瓜视频、好看视频	2021.04.07
123	下饭菜 第一季	美食	爱奇艺	2021.04.07
124	中国乡建新浪潮	文化艺术	腾讯视频、西瓜视频	2021.04.09
125	百日大横断	自然地理	bilibili、西瓜视频	2021.04.11
126	城与人 第二季	社会现实	爱奇艺	2021.04.12
127	听风的孩子	社会现实	爱奇艺、腾讯视频、bilibili	2021.04.12
128	爆款中国	社会现实	芒果TV、爱奇艺、腾讯视频、优酷、bilibili、西瓜视频	2021.04.13
129	行走的歌谣	文化艺术	腾讯视频	2021.04.13
130	暗夜繁星	疫情防控	腾讯视频	2021.04.13
131	花开太行	社会现实	芒果TV、爱奇艺、腾讯视频、优酷、bilibili、西瓜视频	2021.04.13
132	向着希望前行	社会现实	爱奇艺	2021.04.20
133	来自东方的列车	社会现实	爱奇艺	2021.04.20
134	农村集体产权制度改革进行时	脱贫攻坚·全面小康	爱奇艺、搜狐视频	2021.04.22
135	生命之色	自然地理	腾讯视频	2021.04.22
136	零水日	自然地理	腾讯视频、bilibili	2021.04.22
137	养老院里的零零后	社会现实	腾讯视频	2021.04.25
138	人间烟火色	美食	腾讯视频	2021.04.26
139	走近大凉山	脱贫攻坚·全面小康	芒果TV、爱奇艺、腾讯视频、优酷、bilibili、西瓜视频	2021.04.28
140	印象查干湖·最后的渔猎部落	文化艺术	芒果TV、腾讯视频、优酷、bilibili、西瓜视频	2021.04.29
141	奇妙的蛋生	社会现实	优酷	2021.04.29
142	《追虎擒龙》独家纪录片	文化艺术	腾讯视频	2021.04.29
143	江南工匠影像工程系列	社会现实	bilibili	2021.05.01
144	雕琢岁月	文化艺术	芒果TV、咪咕视频	2021.05.01
145	味传闽西	美食	优酷	2021.05.03
146	纯粹的"笨"小孩	社会现实	爱奇艺、腾讯视频、优酷、bilibili	2021.05.04
147	了不起的中国创造	科教	人民网、爱奇艺、腾讯视频、优酷、西瓜视频、好看视频	2021.05.08

序号	片名	节目类型	播出平台	上线时间
148	当她面对选择	社会现实	芒果TV、爱奇艺、腾讯视频、优酷、bilibili、西瓜视频	2021.05.13
149	新鲜博物馆之进击的大秦	历史	腾讯视频	2021.05.13
150	《破戒》：《一百零八》电影纪录片	文化艺术	芒果TV、爱奇艺、腾讯视频、优酷、咪咕视频	2021.05.14
151	BEATBOX街演旅行纪录片	文化艺术	bilibili、西瓜视频	2021.05.15
152	《极》：张艺谋《悬崖之上》电影幕后纪录片	文化艺术	芒果TV、爱奇艺、腾讯视频、优酷、咪咕视频	2021.05.15
153	"韩红爱心·一诺十年"公益纪录片	社会现实	芒果TV、爱奇艺、腾讯视频、优酷、bilibili	2021.05.19
154	李佳琦的爱	社会现实	芒果TV、爱奇艺、腾讯视频、优酷、bilibili、西瓜视频	2021.05.20
155	微纪录片 苏州园林	文化艺术	芒果TV、腾讯视频、好看视频	2021.05.21
156	古蜀秘境：三星堆迷踪	历史	优酷	2021.05.24
157	《猎狼者》会员独家纪录片	文化艺术	芒果TV	2021.05.26
158	何兰的幸福生活	脱贫攻坚·全面小康	新华网、芒果TV、腾讯视频、优酷、西瓜视频、好看视频	2021.05.28
159	漫话极地	自然地理	腾讯视频	2021.05.29
160	血脉	建党百年	芒果TV、优酷	2021.05.31
161	粗颗粒，就是生活啊	社会现实	芒果TV、爱奇艺、腾讯视频、优酷、bilibili、西瓜视频	2021.06.02
162	新兵请入列	社会现实	央视网、腾讯视频	2021.06.02
163	你好，先锋	社会现实	芒果TV、爱奇艺、腾讯视频、优酷、西瓜视频	2021.06.02
164	老板不知道的我 第三季	社会现实	腾讯视频、优酷、bilibili、西瓜视频	2021.06.03
165	拾光之旅	社会现实	芒果TV、爱奇艺、腾讯视频、优酷、bilibili	2021.06.05
166	寻味海南之甜	美食	芒果TV、爱奇艺、腾讯视频、优酷、bilibili、好看视频	2021.06.08
167	东方医学	文化艺术	爱奇艺、腾讯视频、优酷、bilibili、西瓜视频、好看视频	2021.06.09
168	中国人的梦想与希望 第二季*	社会现实	爱奇艺	2021.06.10
169	先见之人	社会现实	腾讯视频	2021.06.13

序号	片名	节目类型	播出平台	上线时间
170	电影《阳光姐妹淘》独家纪录片	文化艺术	腾讯视频	2021.06.14
171	亲爱的家	社会现实	优酷、bilibili	2021.06.17
172	逐梦东京	体育	bilibili、咪咕视频	2021.06.19
173	潮流中国	社会现实	芒果TV、爱奇艺、优酷、西瓜视频	2021.06.20
174	最后的歌谣	文化艺术	爱奇艺	2021.06.21
175	这煎饼还要做到什么时候	社会现实	腾讯视频	2021.06.22
176	风味原产地·贵阳	美食	腾讯视频	2021.06.22
177	六个团子	自然地理	爱奇艺	2021.06.22
178	星际杀手	自然地理	bilibili	2021.06.22
179	我们的大江大河系列纪录片（第一季、第二季）*	文化艺术	爱奇艺	2021.06.22
180	江水情	文化艺术	爱奇艺	2021.06.22
181	超凡未来：你不了解的中国科学故事	科教	爱奇艺、腾讯视频、优酷、bilibili、西瓜视频	2021.06.23
182	奔赴山海	体育	bilibili	2021.06.23
183	烈火，鲜血与旗帜	建党百年	bilibili	2021.06.24
184	我的时代和我 第二季	社会现实	优酷	2021.06.24
185	跨越时代的旋律	建党百年	爱奇艺、腾讯视频、bilibili、西瓜视频、好看视频、央广网	2021.06.26
186	不负热爱	社会现实	bilibili	2021.06.27
187	百年党史"潮"青年	建党百年	芒果TV、爱奇艺、bilibili	2021.06.28
188	党的女儿	建党百年	新华网、芒果TV	2021.06.28
189	风华正茂百年青	建党百年	芒果TV	2021.06.28
190	追光者 第二季	建党百年	优酷	2021.06.28
191	雨夜混音	文化艺术	芒果TV、爱奇艺、腾讯视频、bilibili	2021.06.29
192	少年不老	建党百年	人民网、bilibili	2021.06.30
193	美味开场了之南城古味	美食	爱奇艺	2021.07.01
194	青春正当时	建党百年	芒果TV	2021.07.01
195	百年求索	建党百年	人民网、爱奇艺、西瓜视频、好看视频、抖音	2021.07.02
196	我在敦煌	社会现实	优酷	2021.07.03

序号	片名	节目类型	播出平台	上线时间
197	理想的征途	文化艺术	芒果TV	2021.07.05
198	大国小康	脱贫攻坚·全面小康	新华网、芒果TV、腾讯视频、好看视频	2021.07.05
199	丁真的自然笔记	社会现实	腾讯视频	2021.07.06
200	数字中国 新农村·新农业·新农民	脱贫攻坚·全面小康	腾讯视频、优酷、搜狐视频	2021.07.08
201	广东非遗影像	文化艺术	腾讯视频	2021.07.08
202	闪耀的平凡：青春接力	建党百年	芒果TV	2021.07.08
203	寻找手艺：一堂书法课	文化艺术	bilibili	2021.07.11
204	中国船谱	科教	腾讯视频、bilibili	2021.07.11
205	新疆：我们的故事	社会现实	人民网、爱奇艺、腾讯视频、优酷、bilibili、西瓜视频、好看视频	2021.07.12
206	大山作证——太行山知道答案	建党百年	新华网、芒果TV、腾讯视频、西瓜视频、好看视频	2021.07.12
207	出征！——为中国奥运军团壮行	体育	新华网、芒果TV、爱奇艺、腾讯视频、bilibili、西瓜视频、好看视频	2021.07.14
208	柴米油盐之上	脱贫攻坚·全面小康	腾讯视频	2021.07.15
209	光刻	文化艺术	bilibili	2021.07.15
210	大美中国路	社会现实	腾讯视频	2021.07.15
211	厝味	美食	爱奇艺	2021.07.15
212	地表8英里 第二季	文化艺术	西瓜视频	2021.07.17
213	平凡的 热爱着	体育	腾讯视频、bilibili	2021.07.20
214	双面奥运	体育	爱奇艺、腾讯视频、优酷、bilibili、西瓜视频、好看视频	2021.07.21
215	奥运背后的她们	体育	好看视频	2021.07.21
216	东京进击之路	体育	好看视频	2021.07.23
217	林丹！最后一战	体育	优酷	2021.07.23
218	你好，儿科医生	社会现实	西瓜视频	2021.07.24
219	伊甸园：最后的秘境	自然地理	bilibili	2021.07.25
220	"出走"的象群	自然地理	新华网、芒果TV、腾讯视频、优酷、bilibili	2021.07.26
221	我们的新生活·独家幕后纪录片	文化艺术	腾讯视频	2021.07.26

序号	片名	节目类型	播出平台	上线时间
222	《谎言真探》会员独家纪录片	文化艺术	芒果TV	2021.07.26
223	棒！少年 纪录剧集	体育	爱奇艺	2021.07.27
224	荣耀巅峰	体育	腾讯视频	2021.07.29
225	凡人时代 第二季	社会现实	bilibili	2021.07.29
226	《双城环梦记》幕后纪录片	文化艺术	腾讯视频、优酷、bilibili、西瓜视频	2021.07.29
227	和平使命	社会现实	爱奇艺、bilibili	2021.08.01
228	不止为赢	体育	芒果TV、爱奇艺、腾讯视频、优酷、bilibili、西瓜视频	2021.08.06
229	足球场上的守望者	体育	腾讯视频	2021.08.07
230	来宵夜吧	美食	bilibili	2021.08.08
231	以文物说	文化艺术	爱奇艺	2021.08.08
232	不白吃的食神之旅	美食	bilibili、西瓜视频	2021.08.08
233	文博中华	历史	爱奇艺、腾讯视频、优酷	2021.08.09
234	非遗传承，少年敢当	文化艺术	爱奇艺、bilibili	2021.08.09
235	重庆攀登	社会现实	爱奇艺、腾讯视频、优酷、bilibili	2021.08.10
236	追光：东京之路	体育	新华网、腾讯视频、bilibili、西瓜视频、好看视频	2021.08.10
237	关中唐十八陵 第三季	历史	爱奇艺、优酷	2021.08.10
238	一晚一顿小烧烤	美食	爱奇艺	2021.08.10
239	免疫系统大战病毒细菌	科教	芒果TV、爱奇艺、腾讯视频、优酷	2021.08.11
240	119请回答	社会现实	腾讯视频	2021.08.11
241	中流顶住	社会现实	bilibili	2021.08.12
242	趋势中国	社会现实	新华网、好看视频、咪咕视频	2021.08.12
243	寻找黔味 第四季	美食	优酷	2021.08.13
244	炬光2：创业青年的新可能	社会现实	芒果TV、腾讯视频、优酷、bilibili、西瓜视频	2021.08.13
245	不可思议的野兽	自然地理	优酷	2021.08.14
246	《怒火·重案》独家纪录片	文化艺术	腾讯视频	2021.08.16
247	向着宵夜的方向 第二季	美食	腾讯视频	2021.08.16
248	恰是韶华	建党百年	芒果TV、爱奇艺、腾讯视频、优酷、bilibili、西瓜视频	2021.08.17

续表

序号	片名	节目类型	播出平台	上线时间
249	遇见西藏	脱贫攻坚·全面小康	新华网、芒果TV、腾讯视频、优酷、bilibili、西瓜视频、好看视频	2021.08.17
250	边走边唱	文化艺术	腾讯视频	2021.08.17
251	我粉你	美食	bilibili	2021.08.18
252	我的戈壁故事	体育	bilibili	2021.08.19
253	心外纪事	社会现实	腾讯视频、bilibili、西瓜视频	2021.08.19
254	中国人的一天	社会现实	腾讯视频	2021.08.24
255	走进建筑学党史*	建党百年	芒果TV	2021.08.25
256	一路象北	自然地理	优酷	2021.08.25
257	疫下唱年	疫情防控	爱奇艺	2021.08.25
258	空竹绝响	文化艺术	爱奇艺	2021.08.27
259	没有不可能	体育	bilibili	2021.08.27
260	中华制面 第三季	美食	bilibili	2021.08.27
261	韶华	建党百年	bilibili	2021.08.30
262	团结是铁	体育	优酷、bilibili、西瓜视频、好看视频、央视频	2021.08.31
263	中国减贫：史无前例的人类奇迹	脱贫攻坚·全面小康	芒果TV、腾讯视频、bilibili、西瓜视频	2021.09.01
264	云上奥运	体育	优酷	2021.09.02
265	他乡之路	文化艺术	芒果TV	2021.09.03
266	一晚一顿小烧烤 第二季	美食	爱奇艺	2021.09.08
267	是这样的，法官	社会现实	腾讯视频	2021.09.09
268	平行世界	社会现实	腾讯视频	2021.09.09
269	迷影文化手册 第二季	文化艺术	爱奇艺	2021.09.09
270	ON 第三季	文化艺术	腾讯视频	2021.09.13
271	江湖菜馆 第二季	美食	优酷	2021.09.15
272	离不开你	社会现实	爱奇艺	2021.09.16
273	神奇的老字号	文化艺术	爱奇艺、优酷、bilibili	2021.09.16
274	前行*	疫情防控	爱奇艺	2021.09.18
275	民间红人	建党百年	芒果TV、爱奇艺、腾讯视频、bilibili	2021.09.18
276	载梦星空	社会现实	新华网、芒果TV、腾讯视频、bilibili、西瓜视频、好看视频	2021.09.19

序号	片名	节目类型	播出平台	上线时间
277	你好，欢迎回到地球	社会现实	新华网、芒果TV、腾讯视频、优酷、bilibili、西瓜视频、好看视频	2021.09.18
278	第一餐	美食	bilibili	2021.09.19
279	如此有面	美食	爱奇艺	2021.09.21
280	星火	社会现实	新华网、芒果TV、腾讯视频、优酷	2021.09.22
281	这！就是舞者 第四季	文化艺术	优酷	2021.09.23
282	我们的滚烫人声	社会现实	腾讯视频	2021.09.23
283	骑行中国	社会现实	西瓜视频	2021.09.29
284	我们都是追梦人	社会现实	芒果TV	2021.09.30
285	内地港人·百人百事 第一季	社会现实	腾讯视频	2021.09.30
286	《我和我的父辈》电影幕后纪实	文化艺术	腾讯视频	2021.10.01
287	我在避暑山庄修钟表	文化艺术	腾讯视频、bilibili、西瓜视频	2021.10.01
288	熊猫故事	自然地理	优酷	2021.10.01
289	你好，张桂梅	社会现实	腾讯视频、bilibili、西瓜视频、好看视频	2021.10.03
290	求偶游戏	自然地理	bilibili	2021.10.04
291	光阴的故事——中泰一家亲	社会现实	爱奇艺、优酷	2021.10.04
292	小城夜食记 第二季	美食	bilibili	2021.10.06
293	风味时刻	美食	腾讯视频	2021.10.08
294	家乡宝返滇记	自然地理	腾讯视频	2021.10.08
295	一轮江月——《中国医生》电影纪录片	文化艺术	爱奇艺、腾讯视频、优酷	2021.10.09
296	万物共生	自然地理	新华网、芒果TV、爱奇艺	2021.10.10
297	南岭物语	自然地理	腾讯视频	2021.10.11
298	味蕾记忆	美食	爱奇艺	2021.10.11
299	城市探味	美食	爱奇艺	2021.10.12
300	每个人都了不起	社会现实	爱奇艺	2021.10.12
301	《云游美丽中国》之"家园"	自然地理	央视网	2021.10.12
302	乐业中国	社会现实	爱奇艺、腾讯视频、bilibili、西瓜视频	2021.10.12

序号	片名	节目类型	播出平台	上线时间
303	和陌生人说话 第四季	社会现实	腾讯视频	2021.10.13
304	千古风流人物 第一季	文化艺术	腾讯视频	2021.10.15
305	一叶茶千夜话	文化艺术	咪咕视频	2021.10.15
306	生与物 物与声	自然地理	新华网	2021.10.18
307	角力冠头岭	自然地理	新华网、腾讯视频、好看视频	2021.10.18
308	食其所以然	美食	爱奇艺	2021.10.21
309	生命共同体——黄河	自然地理	新华网、腾讯视频、bilibili、西瓜视频、好看视频	2021.10.23
310	出发吧！去中国	文化艺术	腾讯视频、bilibili、西瓜视频	2021.10.25
311	最高荣誉	体育	新华网、芒果TV、腾讯视频、bilibili、西瓜视频、好看视频、咪咕视频	2021.10.27
312	广东印记 第四季	文化艺术	腾讯视频	2021.10.27
313	味在故乡里	美食	西瓜视频	2021.10.27
314	导演之路	文化艺术	bilibili	2021.10.27
315	筑梦冬奥	体育	新华网、央视网、芒果TV、腾讯视频、bilibili、西瓜视频、好看视频	2021.10.28
316	百草园	社会现实	优酷、bilibili、搜狐视频	2021.10.29
317	定制人生	社会现实	央视网	2021.10.30
318	经典潮汕 第一季	文化艺术	爱奇艺	2021.10.30
319	辣味天下	美食	爱奇艺	2021.11.01
320	最美中国 第六季	社会现实	优酷	2021.11.02
321	舟曲：千里搬迁记	社会现实	新华网、芒果TV、腾讯视频、西瓜视频、好看视频	2021.11.02
322	江豚归来	自然地理	新华网、腾讯视频、西瓜视频、好看视频	2021.11.02
323	了不起的店铺	社会现实	优酷	2021.11.04
324	下饭江湖	美食	爱奇艺	2021.11.05
325	江湖搜食记	美食	优酷	2021.11.05
326	从世界工厂到世界发动机：算力觉醒	社会现实	腾讯视频、bilibili	2021.11.07
327	勇敢者的征程	建党百年	腾讯视频	2021.11.09
328	火线救援	社会现实	腾讯视频、bilibili	2021.11.09

序号	片名	节目类型	播出平台	上线时间
329	背后是中国·遇见1%	社会现实	爱奇艺	2021.11.09
330	悬崖村	社会现实	优酷	2021.11.10
331	触电	社会现实	爱奇艺、优酷	2021.11.10
332	边疆"守灯人"	社会现实	芒果TV、腾讯视频、西瓜视频、好看视频	2021.11.13
333	新219国道	社会现实	新华网、腾讯视频、bilibili、西瓜视频、好看视频	2021.11.15
334	国货澎湃	社会现实	爱奇艺、腾讯视频、优酷、西瓜视频	2021.11.16
335	非遗智造局 第一季	文化艺术	西瓜视频	2021.11.16
336	文博中华 第二季	历史	爱奇艺、腾讯视频、优酷	2021.11.16
337	人生一串 第三季	美食	bilibili	2021.11.17
338	中国这么美	社会现实	腾讯视频	2021.11.18
339	《门锁》优酷独家幕后记录	文化艺术	优酷	2021.11.19
340	城南旧肆	社会现实	爱奇艺	2021.11.19
341	不破不立	体育	bilibili	2021.11.20
342	跟着唐诗去旅行	文化艺术	央视网、bilibili、央视频	2021.11.22
343	生命·成长 第三季	文化艺术	腾讯视频	2021.11.23
344	四季中国 第二季	自然地理	新华网、bilibili、西瓜视频	2021.11.24
345	给我一点甜	美食	优酷、百视TV	2021.11.24
346	大国保险	社会现实	央视网、腾讯视频、优酷	2021.11.24
347	素食行者	社会现实	爱奇艺、腾讯视频、优酷、西瓜视频	2021.11.25
348	碳路者	社会现实	优酷、bilibili	2021.11.25
349	美味路书	美食	优酷	2021.11.25
350	倒带	社会现实	腾讯视频	2021.11.29
351	解密大唐公主墓	历史	爱奇艺	2021.11.30
352	对味	美食	爱奇艺	2021.11.30
353	迎篮而上的女孩	体育	优酷	2021.12.02
354	中老铁路	社会现实	新华网、芒果TV、腾讯视频、好看视频	2021.12.02
355	上线了文物 第二季	历史	腾讯视频	2021.12.03
356	《只要你过得比我好》独家纪录片	文化艺术	腾讯视频	2021.12.03

续表

序号	片名	节目类型	播出平台	上线时间
357	共同的追求	社会现实	新华网、芒果TV、腾讯视频、优酷、bilibili、好看视频	2021.12.07
358	真实中国：民主自由人权探索之旅	社会现实	新华网、芒果TV、爱奇艺、腾讯视频、优酷、好看视频	2021.12.09
359	三位乡村"理事长"的一天	脱贫攻坚·全面小康	新华网、芒果TV、腾讯视频、好看视频	2021.12.14
360	奋斗的力量	脱贫攻坚·全面小康	腾讯视频	2021.12.16
361	南北小吃	美食	爱奇艺	2021.12.16
362	误杀2·独家幕后	文化艺术	腾讯视频	2021.12.17
363	故宫新事 第五集	文化艺术	爱奇艺、腾讯视频、bilibili	2021.12.17
364	风味人间3·大海小鲜	美食	腾讯视频	2021.12.19
365	生活闪亮时	社会现实	西瓜视频、抖音	2021.12.20
366	戏码风云诀	文化艺术	bilibili	2021.12.21
367	冀瓷：我们的故事	文化艺术	爱奇艺	2021.12.21
368	红色长沙，致敬百年	建党百年	芒果TV	2021.12.21
369	永远的红军	建党百年	新华网、西瓜视频、好看视频	2021.12.23
370	战"疫"中的西安——考研保卫战	社会现实	新华网、芒果TV、腾讯视频、好看视频	2021.12.26
371	好生活在路上·新疆篇	脱贫攻坚·全面小康	爱奇艺	2021.12.27
372	时代回响	脱贫攻坚·全面小康	芒果TV、腾讯视频、西瓜视频、好看视频	2021.12.28
373	"战"疫观察："研"途常安	社会现实	新华网、芒果TV、腾讯视频、好看视频	2021.12.28
374	寻路	社会现实	爱奇艺、腾讯视频、优酷、bilibili、西瓜视频	2021.12.29
375	精彩中国	自然地理	爱奇艺、bilibili	2021.12.30
376	蓝海中国	社会现实	央视网、腾讯视频、bilibili、西瓜视频	2021.12.31
377	《反贪风暴5》独家纪录片	文化艺术	腾讯视频	2021.12.31

数据来源：监管中心统计数据2022.1

国家广播电视总局监管中心

注：带*节目当前处于下线状态。

附表10　2021年新上线网播电视纪录w片信息列表

序号	片名	内容类型	电视频道	网络播出平台
1	雪龙2号	社会现实	CCTV-2	央视频、爱奇艺、腾讯视频、优酷、bilibili、咪咕视频
2	日出之食 第四季	美食	湖南卫视、上海广播电视台纪实人文频道	芒果TV
3	记住乡愁 第七季	文化艺术	CCTV-4	央视网、央视频
4	石油的故事	社会现实	CCTV-9	央视网、央视频、bilibili
5	华龙一号	科教	CCTV-9	央视网、央视频、bilibili
6	昆仑风物	文化艺术	青海卫视	bilibili、西瓜视频
7	生命的守护 急救故事	社会现实	CCTV-9	央视网、央视频、bilibili
8	热的雪——伟大的抗美援朝	历史	CCTV-9	央视网、央视频、bilibili
9	决战西和	脱贫攻坚·全面小康	甘肃卫视、青海卫视	腾讯视频
10	光影传奇	科教	CCTV-9	新华网、央视网、央视频、bilibili
11	八月桂花遍地开	建党百年	CCTV-9、安徽卫视	央视网、央视频、bilibili、西瓜视频
12	我不是笨小孩	社会现实	CCTV-9	央视网、央视频、咪咕视频
13	铁血传奇	建党百年	CCTV-9	央视网、央视频
14	中国新疆之历史印记	文化艺术	CCTV-1、新疆卫视	新华网、央视网、央视频、芒果TV、爱奇艺、bilibili
15	完美星球	自然地理	CCTV-9	腾讯视频、bilibili
16	跨过鸭绿江——幕后记录	文化艺术	CCTV-9	央视网、央视频、bilibili
17	超级电网	社会现实	CCTV-9	央视频、bilibili
18	闽宁纪事	脱贫攻坚·全面小康	CCTV-9、东南卫视、宁夏卫视	bilibili
19	傲椒的湘菜	美食	CCTV-2、湖南卫视	央视频、芒果TV、bilibili、咪咕视频
20	中国冰雪道路	体育	CCTV-5	央视网、央视频、bilibili
21	年画·画年	文化艺术	CCTV-17	央视网、央视频、bilibili
22	烟火拾味	美食	东方卫视、上海广播电视台纪实人文频道	爱奇艺、bilibili
23	冰雪之巅 第二季	体育	CCTV-9	央视网、央视频、腾讯视频、bilibili
24	跑马溜溜的云上	自然地理	CCTV-9、青海卫视	央视网、央视频、bilibili

续表

序号	片名	内容类型	电视频道	网络播出平台
25	书简阅中国	历史	CCTV-9	央视网、央视频、bilibili
26	加油2021——2021春节联欢晚会幕后纪事	文化艺术	CCTV-3	央视网、央视频、腾讯视频、bilibili
27	大河之北	文化艺术	河北卫视	腾讯视频、bilibili
28	时辰里的年味 第二季	美食	湖南卫视	芒果TV、咪咕视频
29	这八年——精准扶贫在湖南	脱贫攻坚·全面小康	湖南卫视	芒果TV、咪咕视频
30	脱贫大决战——我们的故事	脱贫攻坚·全面小康	东方卫视、江苏卫视、山东卫视、陕西卫视、广西卫视	爱奇艺、腾讯视频、bilibili
31	告别贫困	脱贫攻坚·全面小康	CCTV-9	央视网、央视频、bilibili
32	老广的味道 第六季	美食	广东卫视	爱奇艺、腾讯视频、优酷、bilibili
33	1800米，跨越1800年	文化艺术	CCTV-9	央视网、央视频、bilibili
34	听起来很好吃	美食	CCTV-9	央视网、央视频、bilibili
35	诸暨三贤	文化艺术	CCTV-9	央视网、央视频、bilibili
36	留法岁月	建党百年	CCTV-9	央视网、央视频、bilibili
37	面孔·24小时	社会现实	湖南卫视	芒果TV、咪咕视频
38	远方未远——一带一路上的华侨华人	社会现实	CCTV-4	央视网、央视频、bilibili
39	发掘记	历史	CCTV-9	央视网、央视频、bilibili
40	年的味儿	美食	辽宁卫视、黑龙江卫视	爱奇艺、腾讯视频、bilibili
41	青海·我们的国家公园	自然地理	CCTV-9、青海卫视、湖北卫视、湖南卫视、河南卫视、浙江卫视、云南卫视	芒果TV
42	非遗鄂尔多斯	文化艺术	CCTV-9	央视频、bilibili
43	桥的世界	文化艺术	CCTV-2	bilibili
44	王阳明	文化艺术	CCTV-10	优酷
45	扫黑除恶	社会现实	CCTV-1	央视网、央视频、爱奇艺、腾讯视频、bilibili
46	智造美好生活	社会现实	CCTV-4	央视网、央视频、bilibili
47	美术经典中的党史	建党百年	CCTV-1、CCTV-10	央视网、央视频、爱奇艺、腾讯视频、bilibili
48	书店与菜市场	社会现实	湖南卫视	芒果TV、咪咕视频

序号	片名	内容类型	电视频道	网络播出平台
49	一级响应	疫情防控	东方卫视、湖北卫视、上海广播电视台纪实人文频道	腾讯视频、bilibili
50	脱贫，健康先行	脱贫攻坚·全面小康	CCTV-4	央视网、央视频、bilibili
51	首倡的力量——湖南"精准扶贫"纪实	脱贫攻坚·全面小康	湖南电视台金鹰纪实频道	芒果TV、咪咕视频
52	梦圆千年脱贫路——重庆市打赢脱贫攻坚战纪实	脱贫攻坚·全面小康	重庆卫视	爱奇艺、优酷
53	天山南北——中国新疆生活纪实	文化艺术	CCTV-4、CCTV-9、新疆卫视	爱奇艺、腾讯视频、优酷、bilibili
54	秘境神草 第三季	自然地理	广东卫视	bilibili、咪咕视频、荔枝网
55	百炼成钢：中国共产党的100年	建党百年	江苏卫视、北京卫视、东方卫视、湖南卫视	央视网、央视频、芒果TV、爱奇艺、腾讯视频、优酷、bilibili、西瓜视频、咪咕视频、搜狐视频
56	渡江第一船	建党百年	CCTV-9	央视网、央视频
57	八桂扶贫印记	脱贫攻坚·全面小康	广西卫视	腾讯视频、bilibili
58	情怀与担当——脱贫攻坚子弟兵在行动	脱贫攻坚·全面小康	CCTV-1	央视网、央视频、芒果TV、爱奇艺、腾讯视频、优酷、bilibili、好看视频、咪咕视频
59	英若诚	文化艺术	北京卫视	腾讯视频、bilibili
60	长江之歌	自然地理	CCTV-2、CCTV-4、CCTV-9	央视网、央视频、bilibili、咪咕视频
61	在线3：年轻党员云在线	建党百年	湖南卫视	芒果TV、咪咕视频
62	理想照耀中国 第二季	建党百年	东方卫视、上海广播电视台纪实人文频道	bilibili、百视TV
63	红色财经·信物百年	建党百年	CCTV-2	央视网、央视频、腾讯视频、优酷、bilibili
64	动力澎湃	科教	CCTV-2	央视网、腾讯视频、bilibili
65	定昆仑	建党百年	青海卫视	腾讯视频、优酷
66	陇上行	脱贫攻坚·全面小康	甘肃卫视	腾讯视频
67	山河岁月 第一季	建党百年	CCTV-1、CCTV-9、北京卫视	央视网、央视频、芒果TV、bilibili、咪咕视频

序号	片名	内容类型	电视频道	网络播出平台
68	Hi 新职业	社会现实	CCTV-9	央视网、央视频、bilibili
69	我的中国缘	文化艺术	CCTV-9	央视网、央视频、bilibili
70	杂交水稻之父袁隆平	文化艺术	湖南卫视	芒果TV、咪咕视频
71	自然守望者 第五季	自然地理	CCTV-9	央视网、央视频、bilibili
72	国家公园：野生动物王国	自然地理	CCTV-4	央视网、央视频、bilibili
73	有滋有味内蒙古	美食	CCTV-9	央视网、央视频、bilibili
74	2021中国记忆·红色地标里的故事	建党百年	CCTV-10	央视网
75	搬出大山	脱贫攻坚·全面小康	CCTV-1、CCTV-13	央视网、央视频、bilibili
76	同心——永远和党在一起	建党百年	东方卫视、上海广播电视台纪实人文频道	百视TV
77	敢教日月换新天	建党百年	CCTV-1、CCTV-9	央视网、央视频、优酷、bilibili
78	红岩家书	建党百年	CCTV-9、重庆卫视	央视频、bilibili
79	我与大运河	社会现实	CCTV-17	央视网、央视频、bilibili
80	江淮柱石	建党百年	安徽卫视	爱奇艺、优酷、搜狐视频
81	百年历程	建党百年	北京卫视	西瓜视频
82	诞生地	建党百年	东方卫视、上海广播电视台纪实人文频道	百视TV
83	无声的功勋	建党百年	江苏卫视	腾讯视频
84	不辞长作新疆人	建党百年	新疆卫视	腾讯视频
85	光明在前	建党百年	河北卫视	西瓜视频
86	滹沱记忆	建党百年	CCTV-9、河北卫视	央视网、央视频、爱奇艺、腾讯视频、优酷、bilibili
87	大城无小事·城市真英雄2021	社会现实	东方卫视	bilibili
88	野性的呼唤 第二季	自然地理	CCTV-9	央视网、bilibili
89	青春龙华	建党百年	东方卫视、上海广播电视台纪实人文频道	百视TV
90	大国建造	文化艺术	CCTV-2、CETV-1、海南卫视、宁夏卫视、上海广播电视台纪实人文频道、湖南电视台金鹰纪实频道	央视网、央视频、bilibili
91	出征	体育	CCTV-5	央视频、bilibili

续表

序号	片名	内容类型	电视频道	网络播出平台
92	闪亮的记忆	建党百年	CCTV-9	央视网、央视频、芒果TV、爱奇艺、优酷、bilibili、咪咕视频
93	科学战疫	疫情防控	CCTV-1	央视网、央视频、bilibili
94	雪莲花开——对口援疆纪实	脱贫攻坚·全面小康	CCTV-1	央视网、央视频、芒果TV、腾讯视频、bilibili、西瓜视频
95	苍生大医	疫情防控	CCTV-9	央视网、央视频、bilibili
96	红星闪耀时——辽宁"馆"里的党史记忆	建党百年	辽宁卫视	优酷
97	瑰宝—文化自然遗产在福建	文化艺术	东南卫视、海峡卫视	优酷、bilibili
98	百年奋斗为人民	建党百年	广东卫视	腾讯视频
99	光耀齐鲁	建党百年	山东卫视	学习强国
100	最后一个店铺	社会现实	CCTV-9	央视网、央视频、bilibili
101	人类的记忆——中国的世界遗产	文化艺术	CCTV-4、广西卫视、东南卫视、海峡卫视	央视网、央视频、bilibili
102	曙光	建党百年	天津卫视	优酷
103	我们的决战	文化艺术	CCTV-9	央视网、央视频
104	前进吧！少年	脱贫攻坚·全面小康	CCTV-9、四川卫视	央视网、央视频、bilibili
105	希望的田野·乌苏里新歌	脱贫攻坚·全面小康	CCTV-9、黑龙江卫视	央视网、央视频、腾讯视频、bilibili
106	中国微名片·世界遗产 第一季	文化艺术	CCTV-9	央视网、央视频、bilibili
107	西藏医事	社会现实	CCTV-9	央视频、爱奇艺、bilibili
108	走出荣耀	体育	东方卫视、上海广播电视台纪实人文频道	爱奇艺、西瓜视频
109	知味新疆	美食	新疆卫视	腾讯视频
110	荒野至上	自然地理	CCTV-9	央视网、央视频、bilibili、咪咕视频
111	人民的小康	建党百年	CCTV-1、CCTV-4	央视网、央视频、bilibili、好看视频
112	鉴证	建党百年	河北卫视	河北网络广播电视台
113	守护与开放——广西百年红色印记	建党百年	广西卫视	广西网络广播电视台
114	安娜与中国	建党百年	CCTV-9	央视网、央视频、bilibili
115	松花江	文化艺术	CCTV-9、吉林卫视	央视网、央视频、bilibili

序号	片名	内容类型	电视频道	网络播出平台
116	青春夜佰味 第三季	美食	湖南卫视	芒果TV、咪咕视频
117	同象行	自然地理	CCTV-9	央视网、央视频、bilibili
118	天下黄河富宁夏	文化艺术	CGTN英语频道	腾讯视频、优酷、bilibili
119	旗帜——北京城市发展百年巡礼	建党百年	北京卫视	bilibili
120	乡间一年	脱贫攻坚·全面小康	CCTV-9	央视网、央视频、bilibili
121	伊文思看中国	历史	CCTV-9	央视网、央视频、bilibili
122	岳麓书院	文化艺术	湖南卫视、湖南电视台金鹰纪实频道	芒果TV、bilibili、咪咕视频
123	瓜熟蒂落	脱贫攻坚·全面小康	CCTV-17	央视网、央视频、爱奇艺
124	动物诊疗室	社会现实	CCTV-9	央视网、央视频、bilibili
125	百年老店的朋友圈 第二季	文化艺术	湖南卫视	芒果TV、咪咕视频
126	功勋之国家先锋	文化艺术	东方卫视	爱奇艺、腾讯视频、优酷
127	红色密档	建党百年	CCTV-9、CCTV-4K	央视网、央视频
128	新的启航	文化艺术	CCTV-1、CCTV-13	央视网
129	典故里的科学	文化艺术	CCTV-9	央视网、央视频、bilibili
130	黄河人家	建党百年	河南卫视	腾讯视频、bilibili、西瓜视频
131	雪豹的冰封王国	自然地理	CCTV-9	央视网、央视频、bilibili
132	极限火力	其他-军事	CCTV-9	央视网、央视频、bilibili
133	理想答案 仅供参考 第二季	社会现实	CCTV-9	央视网、央视频、bilibili
134	祁连山国家公园	自然地理	CCTV-9、甘肃卫视	央视网、央视频、bilibili
135	我爱中国造	社会现实	CETV-4、CETV-3	爱奇艺、bilibili、咪咕视频
136	生命之歌	自然地理	CCTV-9、CCTV-4、CGTN法语频道、云南卫视、河南卫视、辽宁卫视、陕西卫视、天津卫视	央视网、央视频、爱奇艺、腾讯视频、优酷、bilibili、西瓜视频、搜狐视频
137	共同的家园	自然地理	CCTV-1、CCTV-2、CCTV-4、CCTV-13	央视网、央视频、爱奇艺、腾讯视频、优酷、bilibili、西瓜视频、好看视频、搜狐视频
138	行走的图腾	文化艺术	CCTV-10	腾讯视频、bilibili

序号	片名	内容类型	电视频道	网络播出平台
139	中国杂技·吴桥	文化艺术	河北卫视	腾讯视频
140	地球之极·侣行第六季	自然地理	东南卫视、海峡卫视	优酷
141	我们如何对抗抑郁	社会现实	CCTV-9	央视网、央视频、bilibili
142	紫禁城	历史	北京卫视	腾讯视频、bilibili、咪咕视频
143	"大猫"回家	自然地理	CCTV-9	央视网、央视频、bilibili
144	被数学选中的人	文化艺术	CCTV-9	央视网、央视频、bilibili
145	信仰的感召	建党百年	CCTV-1、CCTV-4	央视网、央视频、bilibili
146	敦煌，千年不散的宴席	美食	CCTV-9	央视频、腾讯视频、bilibili、
147	歌声里的追梦人	文化艺术	CCTV-4	央视网、央视频
148	李约瑟和中国古代科技	科教	CCTV-10	央视网、央视频
149	打功夫	文化艺术	CGTN	优酷
150	生活的减法	社会现实	CCTV-9	央视网、央视频bilibili
151	向阳而生	社会现实	上海广播电视台纪实人文频道	bilibili
152	生活在此刻	社会现实	CCTV-9	央视网、央视频、bilibili
153	超级古兵器	历史	CCTV-9	央视网、央视频、bilibili
154	人生拼途	社会现实	CCTV-9	央视网、央视频、bilibili
155	西藏 我们的故事	社会现实	CCTV-9	央视网、央视频、bilibili
156	比邻：遇见50年	社会现实	CCTV-9、CGTN法语频道、CGTN英语频道	央视网、央视频、bilibili
157	生活在别处	社会现实	CCTV-9	央视网、央视频、bilibili
158	钢铁脊梁	社会现实	CCTV-2	央视网、央视频、bilibili
159	雪山飞虹	自然地理	CCTV-9	央视网、央视频、bilibili
160	李白	文化艺术	CCTV-9、四川卫视	优酷、bilibili
161	听，穿透历史的中国声音	历史	CCTV-9	央视网、央视频
162	曹雪芹与《红楼梦》	文化艺术	CCTV-9	央视网、央视频、bilibili
163	流动的中国	社会现实	东方卫视	腾讯视频
164	土地 我们的故事	建党百年	CCTV-17	央视频、央视网、bilibili
165	白山黑水铸英魂	建党百年	CETV-1、CETV-3	bilibili
166	重返红旗渠	建党百年	CETV-1	西瓜视频
167	活力密码	建党百年	CGTN	央视网、央视频、bilibili、西瓜视频

序号	片名	内容类型	电视频道	网络播出平台
168	信仰如山	建党百年	山东卫视	bilibili
169	一支疫苗的诞生	社会现实	北京卫视	爱奇艺
170	旱井	脱贫攻坚·全面小康	山西卫视	腾讯视频
171	行进中的中国	脱贫攻坚·全面小康	东方卫视、上海广播电视台纪实人文频道	百视TV
172	宇宙	自然地理	CCTV-9	西瓜视频
173	黄河之水天上来	脱贫攻坚·全面小康	CCTV-9	央视网、央视频、bilibili
174	叶猴王国	自然地理	CCTV-9	央视频
175	飞向月球 第二季	科教	CCTV-10、CCTV-7、CCTV-4K	央视网、央视频、bilibili
176	看春天 第二季	自然地理	CCTV-9	央视网、央视频
177	归田	脱贫攻坚·全面小康	CCTV-9	央视频
178	看夏天 第二季	自然地理	CCTV-9	央视网、央视频
179	同心共筑中国梦	建党百年	CCTV-1、CCTV-13、CCTV-4	央视网、央视频、bilibili
180	我是巡护员	自然地理	CCTV-9	央视网、央视频、bilibili
181	聚离	社会现实	CCTV-9	央视网、央视频
182	一起上冰雪	体育	CCTV-10、CCTV-16	央视网、央视频、bilibili
183	探索无垠：中国载人航天三十年	科教	CGTN	央视频、bilibili
184	活出我的色彩	社会现实	CCTV-9	央视频、bilibili
185	永远的犍陀罗	文化艺术	CCTV-9	央视频、bilibili
186	岳飞	文化艺术	CCTV-9	央视频、bilibili
187	美丽中国说	自然地理	CCTV-4K、CGTN	央视网、央视频、bilibili
188	交通中国	社会现实	CCTV-12	央视频、bilibili
189	这五年	社会现实	CCTV-13	央视网、央视频、bilibili
190	家在顺德	社会现实	CCTV-4	央视网、bilibili
191	复见余生	社会现实	上海广播电视台纪实人文频道	腾讯视频、百视TV
192	碧海丹心朱树屏	文化艺术	山东卫视、CGTN	爱奇艺、bilibili
193	红色摇篮	建党百年	CCTV-9、东南卫视	央视网
194	文化的力量	文化艺术	东南卫视、海峡卫视	爱奇艺、搜狐视频
195	茉莉花开	文化艺术	CCTV-9	央视频、bilibili

序号	片名	内容类型	电视频道	网络播出平台
196	正风反腐就在身边	社会现实	CCTV-1	央视网、央视频、芒果TV、爱奇艺、腾讯视频、优酷、bilibili、搜狐视频
197	暗流涌动——中国新疆反恐挑战	社会现实	CCTV-4、CGTN	央视网、央视频、爱奇艺、腾讯视频、优酷、bilibili
198	家在青山绿水间——更好的日子	脱贫攻坚·全面小康	广西卫视	bilibili
199	明月何曾是两乡	脱贫攻坚·全面小康	甘肃卫视	腾讯视频
200	澳门之味	美食	CCTV-1、CCTV-9、CCTV-4、CGTN	央视网、央视频、bilibili
201	皖美地平线	脱贫攻坚·全面小康	安徽卫视	好看视频
202	红色风华——讲给青少年的山西故事	建党百年	山西卫视	爱奇艺、腾讯视频、bilibili
203	播火1920	建党百年	上海广播电视台纪实人文频道	bilibili、百视TV
204	百年壮歌	建党百年	安徽卫视	爱奇艺、优酷
205	征程	建党百年	河南卫视	优酷、bilibili
206	风云江城——1927中共中央在武汉	建党百年	CCTV-9	央视网、bilibili
207	幸福落地	建党百年	广东卫视	腾讯视频、bilibili
208	铁血坚守——南方三年游击战争	建党百年	广东卫视	bilibili
209	摆脱贫困	脱贫攻坚·全面小康	CCTV-1、CCTV-2、CCTV-4、CCTV-9、CCTV-13	央视网、央视频、芒果TV、爱奇艺、腾讯视频
210	中国出了个毛泽东·换了人间	建党百年	湖南卫视、湖南电视台金鹰纪实频道	芒果TV
211	少年体校	体育	CCTV-9	央视频
212	邓恩铭	建党百年	CCTV-4、山东卫视	央视网、央视频、bilibili
213	初心李大钊	建党百年	CCTV-4、河北卫视	央视网、央视频、bilibili
214	冬景胜春华	脱贫攻坚·全面小康	湖南卫视	芒果TV
215	安吉八亩墩越国大墓	历史	CCTV-10	央视网、央视频、bilibili
216	大韩村东周墓地	历史	CCTV-10	央视网、央视频
217	水下寻古记	历史	CCTV-10	央视网、央视频

续表

序号	片名	内容类型	电视频道	网络播出平台
218	春节有味道·中国年味	美食	CCTV-10	央视网
219	派出所的故事·我在鼓楼边	社会现实	CCTV-12	央视频
220	重走古战场	历史	CCTV-7	央视网、央视频、bilibili
221	家事如天	社会现实	CCTV-12	央视网、央视频、bilibili
222	史前寻迹	历史	CCTV-4	央视网、bilibili
223	帝国的粮仓	历史	CCTV-10	央视网、央视频
224	刺刀下的劳工	历史	CCTV-9	央视网、央视频、bilibili
225	咸阳姜家村汉墓	历史	CCTV-10	央视网、央视频
226	云上梯田	文化艺术	CCTV-1	央视网、央视频、爱奇艺、bilibili
227	大足石刻：石头上的世界	文化艺术	CCTV-10	央视网、央视频、爱奇艺
228	世界遗产漫步	文化艺术	CCTV-9	央视网、央视频、bilibili
229	人民的选择	建党百年	CCTV-4	央视网、央视频、bilibili
230	铭记九一八	建党百年	CCTV-4	央视网、央视频
231	绝笔	建党百年	CCTV-1、CCTV-4	央视网、央视频
232	婺剧人	文化艺术	CCTV-11	央视网、央视频、腾讯视频、优酷、bilibili
233	我是猎鹰特战女兵	文化艺术	CCTV-7	央视网、央视频
234	派出所的故事·人在横店	社会现实	CCTV-12	央视网
235	我是警察·小沙和老李	社会现实	CCTV-12	央视网、央视频
236	民之法典	社会现实	CCTV-1	央视网、央视频、bilibili
237	阿土列尔日记	脱贫攻坚·全面小康	CCTV-17	央视网、央视频、bilibili
238	加油！特战女兵	社会现实	CCTV-7	央视网、央视频
239	重走古战场	历史	CCTV-7	央视网、央视频、bilibili
240	强国基石	社会现实	CCTV-2	央视网、央视频、bilibili
241	千年陕菜	美食	CCTV-2	爱奇艺、腾讯视频、优酷、bilibili、咪咕视频
242	寻路乡村中国	脱贫攻坚·全面小康	CCTV-2	央视网、央视频、爱奇艺
243	中国战机·歼八奋飞	其他-军事	CCTV-7	央视网、央视频、bilibili

序号	片名	内容类型	电视频道	网络播出平台
244	在河之州	自然地理	CCTV-10	央视网、央视频
245	大国粮仓	社会现实	CCTV-4	央视网、央视频
246	奇特的风俗·探秘神鹰谷	自然地理	CCTV-10	央视网、央视频
247	雪域戍边人	社会现实	山东卫视	bilibili
248	山歌好比春江水	建党百年	CCTV-1、广西卫视	央视网、央视频、爱奇艺、腾讯视频
249	隐秘的细节	历史	河南卫视	优酷
250	胡同	文化艺术	CCTV-9	腾讯视频、bilibili
251	我们的征途	社会现实	CCTV-9	央视网、央视频、bilibili
252	逐梦同行	建党百年	上海广播电视台纪实人文频道	bilibili
253	舟山群岛	文化艺术	上海广播电视台纪实人文频道	bilibili
254	人生有戏	文化艺术	CCTV-9	央视频、bilibili
255	基金	社会现实	CCTV-2	央视网、bilibili
256	青稞	社会现实	CCTV-4	央视网、腾讯视频、bilibili
257	共襄盛事——3D全景声京剧电影《贞观盛事》诞生纪实	文化艺术	东方卫视	优酷、bilibili
258	红色档案	建党百年	CCTV-13	央视网、央视频、腾讯视频、bilibili、西瓜视频
259	隔离区	疫情防控	湖北卫视	bilibili
260	风度中国	自然地理	湖南卫视	芒果TV、咪咕视频
261	百炼成钢·党史上的今天	建党百年	湖南卫视	芒果TV、好看视频
262	沂蒙扶贫六姐妹	脱贫攻坚·全面小康	山东卫视	bilibili
263	味见山海	美食	CCTV-10	央视网、央视频、bilibili
264	为人类谋进步	建党百年	CCTV-9	央视频
265	农耕春秋——画说农桑	文化艺术	CCTV-17	央视网、央视频、bilibili
266	网络热搜背后的军营故事	社会现实	CCTV-7	央视网、bilibili、爱奇艺
267	对决新冠病毒	疫情防控	CGTN	央视频

数据来源：监管中心统计数据2022.1

国家广播电视总局监管中心

附表11 2021年上线的网络动画片信息列表

序号	节目名称	题材	播出平台	上线时间
1	星座萌小糖	搞笑、日常	爱奇艺、腾讯视频、优酷、西瓜视频	2021.01.01
2	水豚汤馆	搞笑、治愈	腾讯视频	2021.01.06
3	迷你小洞 第二季	搞笑、游戏	爱奇艺、腾讯视频、优酷	2021.01.10
4	梦幻书院之呼吸健康科普	科普	爱奇艺、bilibili、风行网	2021.01.11
5	魔道祖师 日语版	玄幻、奇幻	腾讯视频	2021.01.14
6	魁拔之殊途	奇幻	腾讯视频	2021.01.17
7	手机里的浣熊小镇	搞笑、日常	bilibili	2021.01.21
8	长剑风云	励志、热血	bilibili	2021.01.22
9	飞狗MOCO之家有小短腿	搞笑、日常	腾讯视频、优酷	2021.01.22
10	长剑风云 粤语版	励志、热血	bilibili	2021.01.22
11	伍六七之玄武国篇（上篇）	搞笑、冒险	爱奇艺、腾讯视频、优酷、bilibili	2021.01.27
12	一念永恒之争锋篇	奇幻、玄幻	腾讯视频	2021.01.27
13	流星幻剑	玄幻	腾讯视频	2021.01.28
14	星武神诀 第一季	玄幻、冒险	芒果TV、爱奇艺	2021.01.28
15	都市喵奇谭	魔幻、情感	芒果TV	2021.01.30
16	凡人修仙传 燕家堡之战	玄幻、热血	bilibili	2021.01.31
17	非人哉 夏至篇	搞笑、日常	腾讯视频	2021.02.03
18	唯我独神	玄幻	腾讯视频	2021.02.04
19	枕刀歌	冒险、热血	腾讯视频	2021.02.05
20	魏晋小剧场	历史	爱奇艺、bilibili、AcFun	2021.02.05
21	绝顶	搞笑	腾讯视频	2021.02.06
22	山河剑心之千秋	古风、冒险	腾讯视频	2021.02.08
23	山河剑心之不朽	古风、冒险	腾讯视频	2021.02.08
24	小鹿杏仁儿 第二季	治愈、励志	腾讯视频	2021.02.08
25	斗罗大陆之海神之光	玄幻、奇幻	腾讯视频	2021.02.13
26	爱在西元前 第二季	奇幻、偶像	爱奇艺	2021.02.14
27	天官赐福 特别篇	玄幻、奇幻	bilibili	2021.02.16
28	万界奇缘 第一季	玄幻、冒险	爱奇艺	2021.02.17
29	吞噬星空之强者征途	科幻	腾讯视频	2021.02.21
30	我是大神仙 清风门篇	穿越、奇幻	腾讯视频	2021.02.25
31	少女前线 人形小剧场 第二季 日语版	搞笑、治愈	bilibili	2021.03.17

序号	节目名称	题材	播出平台	上线时间
32	阿巳与小铃铛 第二季	情感、搞笑	腾讯视频、优酷	2021.03.23
33	小狮子赛儿	日常、搞笑	芒果TV、爱奇艺、腾讯视频、优酷、bilibili、风行网	2021.03.24
34	狐妖小红娘 两生花篇 上	玄幻、情感	腾讯视频	2021.03.26
35	八爪鱼梦工厂	治愈	优酷	2021.03.27
36	斗破苍穹 第四季	玄幻、热血	腾讯视频	2021.03.28
37	MR. BONE	搞笑、冒险	优酷	2021.03.31
38	积木奥斯卡	治愈、搞笑	优酷	2021.04.02
39	盗墓笔记秦岭神树	悬疑、冒险	腾讯视频	2021.04.04
40	肥志百科 第二季	搞笑、益智	bilibili、咪咕视频	2021.04.04
41	万界独尊	玄幻、奇幻	腾讯视频	2021.04.06
42	伍六七之玄武国篇（下篇）	搞笑、冒险	腾讯视频、优酷、bilibili	2021.04.07
43	如果历史是一群喵 第六季	搞笑、历史	bilibili、咪咕视频	2021.04.11
44	末世觉醒之溯源（下）	科幻	腾讯视频	2021.04.13
45	拾忆长安·明月几时有 第二季	古风、情感	芒果TV、bilibili	2021.04.15
46	秘宝之国	奇幻	bilibili	2021.04.16
47	我真的没用咩？	治愈、搞笑	bilibili	2021.04.19
48	两不疑 上	情感、搞笑	bilibili	2021.04.21
49	一念永恒之无间篇	玄幻	腾讯视频	2021.04.21
50	我是大神仙 铸灵篇	穿越、奇幻	腾讯视频	2021.04.22
51	完美世界 大荒石村	玄幻、热血	腾讯视频	2021.04.23
52	罗小黑战记·众生之门篇	奇幻、治愈	bilibili	2021.04.24
53	天宝伏妖录 第二季	玄幻、励志	bilibili	2021.04.25
54	李林克的小馆儿	美食、治愈	bilibili、华数TV	2021.04.27
55	画江湖之不良人 第四季	奇幻、冒险	腾讯视频	2021.04.29
56	时光代理人	奇幻	bilibili	2021.04.30
57	风姿物语银河篇	玄幻、冒险	腾讯视频、优酷	2021.05.04
58	那年那兔那些事儿 党史课	历史	爱奇艺	2021.05.08
59	画江湖之换世门生 第二季	奇幻	优酷	2021.05.12
60	镇魂街 第二季	奇幻	bilibili	2021.05.15
61	斗罗大陆之山雨欲来	玄幻、奇幻	腾讯视频	2021.05.15
62	太乙仙魔录 第四季之地煞万象	热血、玄幻	优酷	2021.05.16
63	太乙仙魔录 第四季之决战昆仑	热血、玄幻	优酷	2021.05.16

序号	节目名称	题材	播出平台	上线时间
64	狂神魔尊	玄幻	腾讯视频	2021.05.20
65	完美世界 雏鹰展翅	玄幻、热血	腾讯视频	2021.05.21
66	百鬼幼儿园 第四季	校园、搞笑	bilibili	2021.05.28
67	血与火：新中国是这样炼成的	历史、热血	bilibili、搜狐视频	2021.06.01
68	西行纪 宿命篇	奇幻、冒险	腾讯视频	2021.06.02
69	中华优秀传统文化系列动画片	历史、励志	爱奇艺	2021.06.02
70	狐三藏	搞笑、日常	爱奇艺、bilibili	2021.06.06
71	新征程 舞起来	励志	芒果TV、爱奇艺、腾讯视频、优酷	2021.06.09
72	星河至尊 第一季	玄幻、热血	优酷	2021.06.10
73	阿衰 第五季	搞笑、日常	芒果TV、爱奇艺、腾讯视频、优酷、bilibili	2021.06.12
74	眷思量之烟霞海客	玄幻、冒险	腾讯视频	2021.06.14
75	灰仔兔带你飞	日常、治愈	爱奇艺、优酷、bilibili、搜狐视频	2021.06.16
76	小品一家人之酷玛大冒险	搞笑、日常	爱奇艺、优酷、bilibili	2021.06.24
77	只好背叛地球了 第一季	搞笑、情感	爱奇艺	2021.06.29
78	吃鸡大作战 第四季	搞笑、游戏	爱奇艺、腾讯视频、优酷	2021.07.03
79	元龙 第二季	玄幻、热血	bilibili	2021.07.03
80	搜玄录之宸灵纪	奇幻	bilibili	2021.07.06
81	春秋封神 第一季	魔幻	爱奇艺	2021.07.07
82	完美世界 百段风云	玄幻、热血	腾讯视频	2021.07.09
83	人偶学园	校园、搞笑	bilibili	2021.07.10
84	红荒	科幻、武侠	bilibili	2021.07.13
85	定海浮生录（上）	玄幻 古风	bilibili	2021.07.15
86	逆天至尊 第一季	玄幻、奇幻	腾讯视频	2021.07.16
87	百妖谱 第二季	玄幻、古风	bilibili	2021.07.18
88	黑白无双 第三季	奇幻、热血	bilibili	2021.07.19
89	非人哉 冬至篇	搞笑、日常	腾讯视频	2021.07.21
90	武庚纪 问天之战篇	魔幻、热血	腾讯视频	2021.07.22
91	猫灵相册	搞笑、治愈	bilibili	2021.07.23
92	阿七遨游记	搞笑	西瓜视频	2021.07.23
93	肥志百科 第三季	搞笑、益智	bilibili	2021.07.24
94	游侠战纪	奇幻、冒险	腾讯视频	2021.07.27
95	少年歌行 风花雪月篇	热血、古风	优酷、bilibili	2021.07.28

序号	节目名称	题材	播出平台	上线时间
96	全职法师 第五季·图腾现世	玄幻、热血	腾讯视频	2021.07.28
97	天官赐福 日语版	古风、玄幻	bilibili	2021.07.28
98	三三的生活果然有问题	日常、搞笑	bilibili	2021.07.29
99	迷你小洞玩创造	搞笑、游戏	爱奇艺、优酷	2021.07.29
100	咸鱼哥	日常、搞笑	bilibili	2021.07.29
101	残次品·放逐星空	科幻	bilibili	2021.07.30
102	九九八十一	玄幻、热血	bilibili	2021.07.31
103	魔道祖师 完结篇	玄幻、古风	腾讯视频	2021.08.07
104	打火机与公主裙	校园、情感	优酷	2021.08.08
105	精灵梦叶罗丽X冰莲花	魔幻、热血	芒果TV	2021.08.11
106	冉冉爱熊猫兔	日常、搞笑	爱奇艺、腾讯视频	2021.08.12
107	迷你大世界	搞笑、励志	爱奇艺、优酷	2021.08.14
108	九天玄帝诀	玄幻	优酷	2021.08.16
109	迷你世界怪物学院 第二季	校园、搞笑	优酷	2021.08.16
110	我气哭了百万修炼者	玄幻、奇幻	腾讯视频	2021.08.19
111	完美世界 万重劫波	玄幻、热血	腾讯视频	2021.08.20
112	斗罗大陆之重返昊天	玄幻、奇幻	腾讯视频	2021.08.21
113	两不疑 下	情感、搞笑	bilibili	2021.08.25
114	武庚纪 万众一心篇	魔幻、热血	腾讯视频	2021.08.26
115	咸鱼哥 粤语版	日常、搞笑	bilibili	2021.08.29
116	写给家乡的三行诗	励志	爱奇艺	2021.08.31
117	全职法师 第五季·玄蛇神威	玄幻、热血	腾讯视频	2021.09.01
118	麦块奥特曼 第二季	热血、冒险	优酷	2021.09.05
119	星辰变之星辰耀海	玄幻、魔幻	腾讯视频	2021.09.05
120	小品一家人之奇幻世界	搞笑、日常	爱奇艺	2021.09.15
121	天朝小吃二三事	日常、美食	bilibili	2021.09.17
122	颜王	奇幻	腾讯视频	2021.09.19
123	守护联萌ROY6之抱抱森林的冒险	日常、治愈	bilibili	2021.09.22
124	冲鸭！美食丰收队	日常、美食	优酷	2021.09.23
125	一人之下 第四季	玄幻、搞笑	腾讯视频	2021.09.24
126	邪王追妻3：神女归来	穿越、情感	爱奇艺	2021.09.29
127	识夜描银	奇幻、冒险	腾讯视频、bilibili	2021.09.29

序号	节目名称	题材	播出平台	上线时间
128	迷你世界爆笑学堂	搞笑、日常	腾讯视频	2021.09.29
129	没出息的阴阳师一家 第三季	搞笑、游戏	爱奇艺、优酷、bilibili	2021.09.30
130	时间因徒	科幻、冒险	优酷	2021.10.03
131	星辰变之九剑波澜	玄幻、魔幻	腾讯视频	2021.10.03
132	烈火浇愁	奇幻、都市	bilibili	2021.10.07
133	完美世界 百折不回	玄幻、热血	腾讯视频	2021.10.08
134	小品一家人之空间宝石	搞笑、日常	爱奇艺、腾讯视频、bilibili	2021.10.08
135	萌妻食神 第二季	美食、情感	bilibili	2021.10.09
136	爸妈来自二次元	搞笑、校园	bilibili	2021.10.10
137	斗神姬	科幻、战斗	优酷、bilibili	2021.10.11
138	斗神姬 日语版	科幻、战斗	bilibili	2021.10.13
139	如果历史是一群喵 第七季	搞笑、历史	bilibili	2021.10.17
140	不白吃话山海经	搞笑、美食	bilibili	2021.10.19
141	七七小分队	搞笑、游戏	爱奇艺、腾讯视频	2021.10.23
142	梦幻书院 第六季	校园、日常	爱奇艺、bilibili	2021.10.25
143	猫之茗 第一季	奇幻、魔法	bilibili	2021.10.26
144	猫之茗 危机篇	穿越、魔法	bilibili	2021.10.26
145	猫之茗 启程篇	穿越、奇幻、魔法	bilibili	2021.10.26
146	我叫MT：归来	冒险、搞笑	爱奇艺、优酷、bilibili	2021.10.27
147	人间最得意	玄幻	腾讯视频	2021.10.27
148	手机里的浣熊小镇 第二季	搞笑、日常	bilibili	2021.10.29
149	仙王的日常生活 第二季	搞笑、奇幻	bilibili	2021.10.30
150	斗破苍穹三年之约	玄幻、奇幻	腾讯视频	2021.10.31
151	迷你世界三剑客	搞笑、游戏	优酷	2021.11.02
152	熊孩子的灵魂拷问	搞笑	bilibili	2021.11.11
153	定海浮生录 下	玄幻 古风	bilibili	2021.11.11
154	我的世界搞怪史蒂夫	游戏、搞笑	爱奇艺、优酷	2021.11.13
155	斗罗大陆之小舞复活	玄幻、奇幻	腾讯视频	2021.11.13
156	凡人修仙传 魔道争锋	玄幻	bilibili	2021.11.14
157	镜·双城 本传	奇幻	腾讯视频	2021.11.15
158	白月儿	古风	腾讯视频	2021.11.17
159	完美世界 追索险途	玄幻、热血	腾讯视频	2021.11.19

序号	节目名称	题材	播出平台	上线时间
160	我的迷你世界伙伴 第一季	搞笑、游戏	爱奇艺	2021.11.22
161	新秦时明月之百步飞剑	奇幻、武侠	优酷	2021.11.25
162	剑域风云	玄幻、热血	优酷	2021.11.28
163	峡谷开饭了	游戏、搞笑	腾讯视频	2021.11.29
164	神医九小姐	奇幻、穿越	腾讯视频	2021.11.30
165	大王饶命	玄幻、奇幻	腾讯视频	2021.12.03
166	民法漫游记	科普	爱奇艺	2021.12.04
167	我的世界：三傻大闹MC	游戏、搞笑	爱奇艺	2021.12.07
168	小品一家人之篮球小将	搞笑、日常	爱奇艺、腾讯视频	2021.12.08
169	小品一家人之神喵天降	搞笑、日常	爱奇艺	2021.12.08
170	小品一家人之奇妙昆虫	搞笑、日常	爱奇艺、腾讯视频	2021.12.08
171	我的世界：怪物娘化了	搞笑、日常	爱奇艺	2021.12.08
172	蜀山奇仙录	奇幻、冒险	腾讯视频	2021.12.08
173	小品一家人之宇宙小队	搞笑、日常	爱奇艺、腾讯视频	2021.12.09
174	SOS！超危职场人	搞笑、日常	bilibili	2021.12.10
175	冰火魔厨	奇幻、魔幻	优酷	2021.12.11
176	鳄里斯和鱼英俊	日常、治愈	爱奇艺	2021.12.15
177	风起洛阳之神机少年	奇幻、悬疑	爱奇艺	2021.12.17
178	山神与小枣	奇幻、情感	芒果TV、咪咕视频	2021.12.17
179	紫川·互动剧	奇幻	腾讯视频	2021.12.21
180	紫川	奇幻	腾讯视频	2021.12.21
181	真武巅峰	玄幻、冒险	优酷	2021.12.24
182	幻游猎人	游戏	腾讯视频	2021.12.25
183	雪鹰领主 第三季	奇幻	腾讯视频	2021.12.27
184	万域封神 第一季（上）	玄幻	腾讯视频	2021.12.28
185	功夫特牛	搞笑、奇幻	腾讯视频	2021.12.28
186	吞噬星空之壮志凌云	科幻	腾讯视频	2021.12.29
187	神奇凹凸侠	搞笑	腾讯视频	2021.12.29
188	930街区	热血、冒险	bilibili	2021.12.31

数据来源：监管中心统计数据2022.1

国家广播电视总局监管中心

附表12 2021年上线的网络动态漫画信息列表

序号	节目名称	题材	播出平台	上线时间
1	善良的阿呆 动态漫画	魔幻、冒险	爱奇艺、腾讯视频、优酷、bilibili、咪咕视频	2021.01.01
2	老公我要吃垮你！	情感、都市	爱奇艺、优酷	2021.01.01
3	D5小队 第二季	游戏、搞笑	bilibili	2021.01.01
4	盆然星动	情感、都市	优酷	2021.01.01
5	风姿物语 第三季	玄幻、冒险	腾讯视频、优酷、西瓜视频	2021.01.02
6	动物园真相 第二季	搞笑、冒险	爱奇艺、优酷	2021.01.06
7	小山大饼历险记	搞笑、冒险	优酷	2021.01.07
8	追星逐月 动态漫画	情感、古风	芒果TV、爱奇艺、优酷	2021.01.09
9	少帅每天都在吃醋（又名：愿以辰光挽君心）	情感、穿越	芒果TV、爱奇艺、腾讯视频、优酷、搜狐视频、西瓜视频	2021.01.09
10	萌宠狐狸翻身记	情感、穿越、玄幻	芒果TV	2021.01.10
11	中华小点心	美食	优酷	2021.01.13
12	仙武帝尊	玄幻、冒险	优酷	2021.01.14
13	皇帝陛下的天价宝贝	奇幻、情感	爱奇艺	2021.01.26
14	先婚后爱 动态漫画	情感、都市	爱奇艺、腾讯视频	2021.01.27
15	迷你王国大营救	冒险、治愈	爱奇艺、优酷	2021.01.27
16	斗罗大陆外传 神界传说	奇幻、冒险	爱奇艺、腾讯视频、优酷、咪咕视频、乐视视频	2021.01.29
17	枪火天灵 第一季	科幻、情感	爱奇艺、腾讯视频、优酷、bilibili、咪咕视频、西瓜视频	2021.01.29
18	迟到的公主殿下	情感、都市	芒果TV	2021.01.29
19	无限吃鸡小队	游戏、冒险	爱奇艺、腾讯视频	2021.02.03
20	绝世战魂	玄幻、冒险	爱奇艺	2021.02.03
21	重生空间：大小姐不好惹	穿越、情感	爱奇艺、优酷	2021.02.03
22	极道宗师	奇幻、热血	爱奇艺、腾讯视频、优酷	2021.02.05
23	逆天邪神 第二季	玄幻、热血	爱奇艺	2021.02.05
24	娜娜酱的日常	日常、搞笑	优酷	2021.02.07
25	娜娜酱的日常小视频 特别版	日常、搞笑	优酷	2021.02.07
26	总有妖怪想害朕 第一季	古风、情感	爱奇艺、腾讯视频、优酷、咪咕视频、搜狐视频、西瓜视频	2021.02.08
27	铁姬钢兵 第一季	科幻、热血	爱奇艺、优酷、咪咕视频、搜狐视频、西瓜视频	2021.02.08
28	山河剑心小剧场	科普	腾讯视频	2021.02.08

序号	节目名称	题材	播出平台	上线时间
29	大王不高兴 第二季	玄幻、搞笑	爱奇艺、腾讯视频、优酷	2021.02.09
30	凤凰于飞	情感、热血	芒果TV	2021.02.10
31	凤凰于飞 第二季	情感、古风	芒果TV	2021.02.10
32	传武	古风、灵异	腾讯视频、优酷	2021.02.11
33	精灵咖啡馆	青春、魔法	优酷	2021.02.13
34	精灵咖啡馆·小视频特别版	青春、魔法	优酷	2021.02.13
35	林小刀	情感、校园	优酷	2021.02.13
36	林小刀·小视频特别版	情感、校园	优酷	2021.02.13
37	我的恶毒男配们	情感、搞笑	优酷	2021.02.13
38	我的恶毒男配们·小视频特别版	情感、搞笑	优酷	2021.02.13
39	修罗剑尊	玄幻、搞笑	爱奇艺	2021.02.15
40	皇上吉祥	治愈、搞笑	芒果TV、爱奇艺	2021.02.16
41	重生相逢：给你我的独家宠溺	情感、都市	爱奇艺	2021.02.16
42	阿衰 第四季	校园、搞笑	芒果TV、爱奇艺、腾讯视频、优酷、bilibili	2021.02.17
43	隔壁有只桃花妖	情感、古风	爱奇艺、优酷、AcFun	2021.03.03
44	一念永恒小剧场	萌系、搞笑	腾讯视频	2021.03.03
45	恋爱上上签	情感、日常	爱奇艺	2021.03.14
46	先婚后宠小娇妻 动态漫画 第三季	情感、日常	爱奇艺	2021.03.27
47	花果山传	热血、玄幻	芒果TV、爱奇艺、bilibili、风行网	2021.03.27
48	丑蛋儿一家·小视频特别版	日常、治愈	爱奇艺、优酷	2021.03.29
49	丑蛋儿一家	日常、治愈	优酷	2021.03.30
50	师兄，请按剧本来！	穿越、情感	芒果TV、爱奇艺、腾讯视频、bilibili	2021.04.01
51	此喵太白	搞笑、游戏	bilibili	2021.04.03
52	氪金玩家 第二季	游戏、科幻	优酷	2021.04.04
53	梦幻书院 第五季	科普	bilibili	2021.04.12
54	王爷是只大脑斧 第二季	情感、搞笑	优酷	2021.04.14
55	开个诊所来修仙	玄幻、搞笑	优酷	2021.04.14
56	半神之境	玄幻、都市	优酷	2021.04.14
57	无限吃鸡小队 第二季	游戏、冒险	爱奇艺、腾讯视频	2021.04.14

序号	节目名称	题材	播出平台	上线时间
58	狐少苏北川	情感、都市	优酷	2021.04.15
59	耗子大帅哥	悬疑、灵异	优酷	2021.04.15
60	云姐有点晕	悬疑、灵异	优酷	2021.04.16
61	迷人的土妹	悬疑、灵异	优酷	2021.04.17
62	小柔不温柔	悬疑、灵异	优酷	2021.04.17
63	小青大侦探	悬疑、灵异	优酷	2021.04.17
64	机智的小樱	悬疑、灵异	优酷	2021.04.17
65	请叫我山哥	悬疑、灵异	优酷	2021.04.17
66	米姐有点迷	悬疑、灵异	优酷	2021.04.17
67	前无古人	古风、情感	芒果TV、爱奇艺、优酷	2021.04.20
68	我的微信连三界 第二季	奇幻、搞笑	腾讯视频、优酷、搜狐视频	2021.04.20
69	熊爸天下	治愈、搞笑	优酷	2021.04.20
70	礼小千	情感、搞笑	优酷	2021.04.22
71	私宠甜心宝贝 第二季	情感、都市	芒果TV、爱奇艺、腾讯视频、优酷、搜狐视频、西瓜视频、AcFun	2021.04.23
72	被迫成为反派赘婿 第一季	玄幻、搞笑、重生	爱奇艺、优酷、bilibili、搜狐视频、西瓜视频	2021.04.23
73	公主艾尔莎	情感、古风	优酷	2021.04.24
74	酷大叔的恋爱物语	情感、搞笑	芒果TV、爱奇艺、腾讯视频、bilibili	2021.04.25
75	不能恋爱的秘密 第二季	情感、都市	芒果TV	2021.04.26
76	王牌校草	情感、校园	芒果TV	2021.04.27
77	时空恋人	情感、悬疑、奇幻	芒果TV、爱奇艺、腾讯视频	2021.04.27
78	解离妖圣	奇幻、热血	爱奇艺	2021.04.30
79	龙王殿	情感、都市	腾讯视频	2021.04.30
80	猫咪的人类饲养指南 动态漫	日常、搞笑	爱奇艺、bilibili	2021.05.01
81	私宠甜心宝贝 竖版动态漫	情感、都市	爱奇艺	2021.05.01
82	万渣朝凰 第四季	情感、玄幻	爱奇艺、腾讯视频	2021.05.12
83	绝世武神 第三季	玄幻、穿越	爱奇艺、腾讯视频、优酷	2021.05.23
84	嘻哈包仔	搞笑、日常	爱奇艺、优酷	2021.05.25
85	爱你情出于蓝	情感、都市	爱奇艺	2021.05.26
86	阿皮搞点笑	搞笑、日常	爱奇艺	2021.05.26

续表

序号	节目名称	题材	播出平台	上线时间
87	天狐劫	情感、穿越	腾讯视频	2021.05.31
88	斗破苍穹之大主宰 第三季	玄幻、热血	芒果TV、爱奇艺、腾讯视频、优酷、bilibili	2021.06.05
89	我能看到成功率	奇幻、都市	爱奇艺、腾讯视频、优酷	2021.06.05
90	铁姬钢兵 第二季	科幻、热血	腾讯视频	2021.06.07
91	不健全关系·动态漫	悬疑	腾讯视频	2021.06.08
92	动态漫画·今天也没变成人	玄幻、搞笑	腾讯视频	2021.06.13
93	快意十三刀·动态漫	古风、搞笑	腾讯视频	2021.06.16
94	神印王座 第一季	魔幻	芒果TV、爱奇艺、腾讯视频、优酷、bilibili	2021.06.18
95	斗罗大陆2绝世唐门 第三季	奇幻、冒险	爱奇艺、腾讯视频、优酷、咪咕视频	2021.06.18
96	大神探诸葛九九	推理、冒险	爱奇艺、腾讯视频、优酷、bilibili	2021.06.24
97	重回末世当大佬	冒险、热血	爱奇艺、腾讯视频、优酷	2021.06.26
98	一人之下 第一季·动态漫	玄幻、搞笑	腾讯视频	2021.06.27
99	女巨人也要谈恋爱	青春、情感	芒果TV	2021.07.04
100	保护我方大大	偶像、情感	芒果TV	2021.07.05
101	源神浩劫	科幻	bilibili	2021.07.05
102	契约冷妻不好惹	情感	芒果TV、爱奇艺、腾讯视频、优酷、AcFun	2021.07.10
103	反派皇子走着瞧	情感、古风	爱奇艺、腾讯视频、优酷	2021.07.10
104	吃谜少女（重置版）	推理、悬疑	芒果TV	2021.07.14
105	一口小鸭梨	历史、神话	优酷、bilibili	2021.07.15
106	妖者为王	玄幻、冒险	爱奇艺、腾讯视频、优酷、搜狐视频	2021.07.18
107	极道宗师 第二季	奇幻、热血	爱奇艺、腾讯视频、优酷	2021.07.18
108	快穿系统：偏执BOSS不好惹	情感、魔幻	芒果TV	2021.07.22
109	我是大还丹	玄幻	爱奇艺、腾讯视频、优酷	2021.07.23
110	少年歌行手书记	搞笑、古风	优酷	2021.07.27
111	天价宠妻：总裁夫人休想逃 第四季	情感、都市	爱奇艺	2021.07.30
112	哑舍	奇幻	爱奇艺、腾讯视频、优酷	2021.08.03
113	拾又之国	奇幻、热血	爱奇艺、腾讯视频、优酷	2021.08.10
114	修仙者大战超能力	奇幻、热血、穿越	优酷	2021.08.13

续表

序号	节目名称	题材	播出平台	上线时间
115	武逆	玄幻、情感	芒果TV、爱奇艺、腾讯视频、优酷、咪咕视频	2021.08.21
116	谐帝为尊	穿越、奇幻	爱奇艺	2021.08.24
117	先婚后爱 第二季	情感、都市	腾讯视频	2021.08.28
118	总有妖怪想害朕 第二季	古风、情感	腾讯视频	2021.08.31
119	乱斗学院	搞笑、游戏	bilibili	2021.09.10
120	被迫成为反派赘婿 第二季	玄幻、搞笑	爱奇艺、腾讯视频、优酷、搜狐视频	2021.09.10
121	天降萌宝小熊猫 完结篇	奇幻、情感	芒果TV、咪咕视频	2021.09.11
122	被迫成为隐藏职业	搞笑、游戏、魔幻	芒果TV	2021.09.13
123	王爷家的小蛮妃	穿越、情感	芒果TV	2021.09.15
124	私宠甜心宝贝 第三季	情感、都市	芒果TV、爱奇艺、优酷、搜狐视频	2021.09.17
125	炼气练了三千年	玄幻、搞笑	爱奇艺、腾讯视频、优酷	2021.09.24
126	正邪	奇幻、热血	爱奇艺、腾讯视频、优酷、bilibili	2021.09.24
127	迷你世界下矿记	搞笑、日常	爱奇艺	2021.09.25
128	拾忆长安将军	情感、搞笑	芒果TV	2021.09.26
129	全球高武	奇幻、穿越	腾讯视频	2021.09.30
130	我能看到成功率 第二季	奇幻、搞笑	腾讯视频、优酷	2021.10.01
131	阿衰 第六季	搞笑、日常	芒果TV、爱奇艺、腾讯视频、优酷、bilibili	2021.10.02
132	我，伊蒂丝女皇	魔幻、热血	芒果TV	2021.10.04
133	爆笑鱼丸	搞笑、日常	爱奇艺	2021.10.10
134	我被困在同一天十万年	玄幻、热血	爱奇艺、腾讯视频、优酷	2021.10.16
135	重生相逢：给你我的独家宠溺 第二季	情感、都市	爱奇艺、腾讯视频	2021.10.18
136	本剑仙绝不吃软饭	玄幻、都市	爱奇艺、优酷	2021.10.22
137	都市绝品仙帝	都市、玄幻	爱奇艺	2021.10.23
138	我的爆笑姐姐	搞笑、日常	爱奇艺	2021.10.25
139	王者小卤蛋	搞笑、游戏	腾讯视频	2021.10.25
140	纳尤古传奇	冒险、魔法	优酷	2021.10.29
141	万古剑神	玄幻、奇幻	爱奇艺、腾讯视频、优酷	2021.10.30
142	炼体十万层：都市篇	玄幻、都市	爱奇艺、优酷	2021.10.31
143	心动预警	情感、都市	芒果TV	2021.11.02

序号	节目名称	题材	播出平台	上线时间
144	万族之劫	奇幻、都市	优酷	2021.11.05
145	日月同错	玄幻、热血	爱奇艺、腾讯视频、优酷、bilibili	2021.11.05
146	盖世帝尊	玄幻、热血	爱奇艺、优酷	2021.11.08
147	斗罗大陆3龙王传说 第二季	奇幻、冒险	爱奇艺、腾讯视频、优酷	2021.11.08
148	少年歌行番外篇之桃花烙·无心篇（上）	搞笑、古风	优酷	2021.11.10
149	千伊传	穿越、情感	芒果TV	2021.11.11
150	我为邪帝	穿越、玄幻	爱奇艺	2021.11.22
151	系统之小公主攻略	魔幻、搞笑	芒果TV	2021.11.23
152	纳尤古传奇 第二季	冒险、魔法	优酷	2021.11.24
153	NPC和勇士拯救世界 第一季	游戏、冒险	爱奇艺、优酷	2021.11.25
154	重回末世当大佬 第二季	冒险、热血	爱奇艺、腾讯视频、优酷	2021.11.26
155	我的修真靠抽卡	穿越、玄幻	优酷	2021.12.01
156	猫咪的人类饲养指南 动态漫 第二季	日常、搞笑	爱奇艺、bilibili	2021.12.02
157	将军请出征	情感、古风	爱奇艺、腾讯视频、优酷	2021.12.03
158	九霄帝神	热血、玄幻、古风	爱奇艺、腾讯视频、优酷	2021.12.06
159	动态漫画·三体	科幻	腾讯视频	2021.12.07
160	妹子与科学	穿越、科幻	爱奇艺、腾讯视频、优酷	2021.12.10
161	我修的可能是假仙	玄幻、搞笑	优酷	2021.12.11
162	武林之王的退隐生活	情感、搞笑、武侠	芒果TV、咪咕视频	2021.12.14
163	最强外卖天神 第二季	玄幻、搞笑	优酷	2021.12.17
164	绝世武神 第四季	玄幻、穿越	爱奇艺、腾讯视频、优酷	2021.12.19
165	恋上萌妃招财喵	情感、奇幻	芒果TV、咪咕视频	2021.12.22
166	我能看到成功率 第三季	奇幻、都市	爱奇艺、腾讯视频、优酷	2021.12.25
167	我从诸天万界归来	玄幻	芒果TV、优酷	2021.12.30
168	外婆的花店	日常	爱奇艺	2021.12.30
169	外婆的花店·特别版	日常	爱奇艺	2021.12.30
170	百妖谱话 动态漫画	情感、奇幻	爱奇艺、乐视视频	2021.12.31
171	天外江湖之落跑大神	游戏、搞笑	爱奇艺、优酷	2021.12.31

数据来源：监管中心统计数据2022.1

国家广播电视总局监管中心

附表13 2021年上线的网播电视动画片信息列表

序号	节目名称	题材	播出平台	上线时间
1	北斗领航梦	科普、益智	优酷、搜狐视频	2021.01.01
2	追梦少年	励志	芒果TV、爱奇艺、腾讯视频、优酷、搜狐视频	2021.01.01
3	大王日记	励志、亲子	芒果TV、爱奇艺、腾讯视频、优酷、bilibili、搜狐视频	2021.01.01
4	信号使者之超萌信号侠	安全教育	爱奇艺、优酷、bilibili、咪咕视频、西瓜视频	2021.01.01
5	机灵宠物车 第二季	冒险	芒果TV、爱奇艺、腾讯视频、优酷	2021.01.08
6	赛尔号 第十一季 裂空沧海	益智、冒险	爱奇艺、腾讯视频	2021.01.08
7	穿越云南三千年——云小志漫游记	历史、科普	爱奇艺、优酷、华数TV、咪咕视频、搜狐视频、风行网、PP视频	2021.01.11
8	灵草小战士 第一季	益智	爱奇艺、腾讯视频、优酷	2021.01.12
9	厨神小当家 第二季 普通话	热血、美食	芒果TV、爱奇艺、腾讯视频、优酷、咪咕视频	2021.01.12
10	魔法可可之神秘精灵岛	冒险	爱奇艺、腾讯视频、优酷、咪咕视频	2021.01.15
11	你好！卟卟第二季	早教、益智	腾讯视频、咪咕视频	2021.01.15
12	你好！卟卟合集	早教、益智	腾讯视频	2021.01.15
13	你好！卟卟 第四季	早教、益智	腾讯视频	2021.01.15
14	嘟当曼 第四季	益智、冒险	爱奇艺	2021.01.15
15	熊猫和开心球	益智	腾讯视频	2021.01.16
16	抱抱我	冒险	爱奇艺、优酷、咪咕视频、搜狐视频、西瓜视频	2021.01.20
17	开心超人联盟之开心健康小卫士	益智、科普	芒果TV、爱奇艺、腾讯视频、华数TV、咪咕视频、搜狐视频、风行网、PP视频	2021.01.20
18	彩虹宝宝 第四季	教育、冒险	爱奇艺、腾讯视频、优酷	2021.01.20
19	幸福路上	励志	芒果TV、优酷	2021.01.21
20	喜羊羊与灰太狼之运动英雄传	益智、搞笑	芒果TV、爱奇艺、腾讯视频、优酷、咪咕视频、风行网、乐视视频	2021.01.22
21	魔怪车小队	益智	芒果TV、腾讯视频、优酷	2021.01.22
22	百兽总动员恐龙勇士档案	益智、科幻	芒果TV、爱奇艺、腾讯视频、优酷	2021.01.22
23	超变武兽 第二季	益智、冒险	芒果TV、爱奇艺、腾讯视频、优酷	2021.01.26
24	旗旗号巡洋舰	冒险、益智	腾讯视频	2021.01.29
25	瑞克和扣扣 第二季	益智	爱奇艺、腾讯视频、优酷、搜狐视频、西瓜视频、风行网、乐视视频	2021.01.29

序号	节目名称	题材	播出平台	上线时间
26	百兽总动员玩具剧场	亲子、益智	芒果TV、爱奇艺、腾讯视频、优酷	2021.02.01
27	熊猫和卢塔	益智	腾讯视频	2021.02.03
28	心奇爆龙战车之暴龙出击	益智、冒险	爱奇艺、腾讯视频、优酷、搜狐视频	2021.02.04
29	布鲁可战队之危客对决	冒险	爱奇艺、腾讯视频、优酷、咪咕视频	2021.02.04
30	三只松鼠之中国行	励志	芒果TV、爱奇艺、腾讯视频、优酷、bilibili、华数TV、咪咕视频、搜狐视频、西瓜视频、风行网、PP视频、乐视视频	2021.02.05
31	帮帮龙之科学大冒险	冒险	芒果TV、爱奇艺、优酷	2021.02.05
32	皮皮鲁安全特工队 第二季	冒险、益智	芒果TV	2021.02.09
33	熊猫和奇异鸟	益智	腾讯视频	2021.02.10
34	环保特攻队·出发吧泗宝	益智	芒果TV、爱奇艺、腾讯视频、优酷、华数TV、咪咕视频	2021.02.17
35	猪猪侠之南海日记	冒险	芒果TV、爱奇艺、腾讯视频、优酷、咪咕视频、风行网、乐视视频	2021.02.19
36	熊猫和小跳羚	益智	腾讯视频	2021.02.20
37	汉字侠·神奇汉字星球	冒险、益智	芒果TV、爱奇艺、腾讯视频、优酷、华数TV	2021.02.23
38	星际家族之安全少年团 第一季	冒险	芒果TV	2021.03.02
39	丛林特工队之健康大作战	冒险	爱奇艺、腾讯视频、优酷、咪咕视频	2021.03.03
40	鸭爸爸的一家	益智、早教	爱奇艺	2021.03.15
41	爆笑哈哈镇 第二季	日常、治愈	爱奇艺、腾讯视频、优酷、咪咕视频	2021.03.23
42	星愿奇缘	励志	爱奇艺、腾讯视频、优酷、搜狐视频	2021.03.26
43	勇敢智慧鸭	益智、早教	爱奇艺	2021.03.30
44	口袋森林 第二季	亲子	芒果TV、爱奇艺、腾讯视频、优酷	2021.04.01
45	魔幻陀螺 第五季	热血	芒果TV、爱奇艺、腾讯视频、咪咕视频	2021.04.06
46	蔬菜不寂寞 第二十二季	治愈、益智	爱奇艺	2021.04.09
47	蔬菜不寂寞 第二十三季	治愈	爱奇艺	2021.04.09
48	蔬菜不寂寞 第二十四季	治愈	爱奇艺	2021.04.09
49	百变校巴环保小卫士	益智、搞笑	爱奇艺	2021.04.14

序号	节目名称	题材	播出平台	上线时间
50	咖宝车神之巨兽时代	冒险	芒果TV、爱奇艺、腾讯视频、优酷、咪咕视频	2021.04.20
51	智慧成长蛋蛋龙	早教	爱奇艺、优酷、咪咕视频	2021.04.20
52	小小画家熊小米之二十四节气篇	益智、早教	爱奇艺、腾讯视频、优酷、咪咕视频、风行网	2021.04.20
53	快乐摩登之幸福的家庭	益智	爱奇艺、优酷、咪咕视频、乐视视频	2021.04.22
54	机灵宠物车 第二季 英文版	冒险、励志	芒果TV、爱奇艺、优酷	2021.04.23
55	咖宝车神全集	益智、冒险	爱奇艺	2021.04.27
56	猪猪侠之南海日记全集	益智、搞笑	爱奇艺	2021.04.27
57	心奇爆龙战车4之战龙合体	科普、冒险	芒果TV、爱奇艺、腾讯视频、优酷、咪咕视频、乐视视频	2021.04.29
58	小花仙 夏季篇	魔幻、冒险	芒果TV	2021.04.29
59	猪猪侠之南海日记第二季	冒险	芒果TV、爱奇艺、腾讯视频、优酷、咪咕视频、乐视视频	2021.04.30
60	孔子归来	文化、教育	爱奇艺	2021.05.01
61	下姜村的绿水青山梦	日常、励志	bilibili	2021.05.04
62	淘气猪多多 第二季	早教、益智	爱奇艺、腾讯视频、优酷、咪咕视频	2021.05.10
63	机灵宠物车全集	益智、冒险	爱奇艺	2021.05.12
64	小马菲莉之缤纷仙境全集	益智、冒险	爱奇艺	2021.05.13
65	爆射盾甲	益智、冒险	芒果TV、爱奇艺、腾讯视频、搜狐视频、风行网、PP视频	2021.05.14
66	百变校巴之超学先锋全集	益智、冒险	爱奇艺	2021.05.17
67	龟兔赛跑后传	早教、益智	爱奇艺、腾讯视频、咪咕视频	2021.05.21
68	虫屋森林	早教、益智	爱奇艺、优酷、咪咕视频、风行网、乐视视频	2021.05.26
69	动物合唱团 第二季	教育	腾讯视频	2021.05.28
70	帮帮龙出动7之恐龙探险队	冒险、益智	优酷	2021.05.28
71	小火车艾莉和思达	早教、益智	腾讯视频	2021.05.28
72	甜蜜日记	励志	芒果TV、爱奇艺、优酷、搜狐视频	2021.05.31
73	喵喵遇见汪 第一季	冒险	芒果TV、爱奇艺、腾讯视频、优酷	2021.05.31
74	蔬菜不寂寞 第二十五季	益智、冒险	爱奇艺	2021.05.31
75	蔬菜不寂寞 第二十六季	益智、冒险	爱奇艺	2021.05.31
76	蔬菜不寂寞 第二十七季	益智、冒险	爱奇艺	2021.06.01
77	跳跳鱼世界成语故事	冒险	爱奇艺、腾讯视频、优酷	2021.06.02

序号	节目名称	题材	播出平台	上线时间
78	喵喵遇见汪 第二季	冒险	芒果TV、爱奇艺、腾讯视频、优酷	2021.06.03
79	星火传承	历史	bilibili	2021.06.03
80	爆笑虫子在中国	文化、科普	腾讯视频	2021.06.04
81	巨神战击队之轨道先锋（下）	热血、青春	芒果TV、腾讯视频、优酷	2021.06.04
82	辉煌100年	历史、励志	爱奇艺、腾讯视频、优酷、bilibili	2021.06.06
83	疫战到底	科幻、励志	bilibili	2021.06.06
84	彩虹轻骑队 第二季 英文版	益智、冒险	爱奇艺	2021.06.10
85	小神驾到 第一季	益智	爱奇艺、腾讯视频、咪咕视频	2021.06.11
86	冰雪守护者	益智、冒险	爱奇艺	2021.06.11
87	冰雪守护者 英文版	益智、冒险	爱奇艺	2021.06.11
88	小鸡彩虹 第八季	早教、益智	芒果TV、优酷、华数TV、搜狐视频、风行网、PP视频	2021.06.18
89	红影"一"脉之一大文物故事	历史	芒果TV、爱奇艺、bilibili	2021.06.23
90	23号牛乃唐 第二季	冒险、励志	芒果TV	2021.06.24
91	海莉心历险	奇幻、冒险	腾讯视频	2021.06.26
92	翻开这一页 第四季	励志、历史	爱奇艺、优酷	2021.07.01
93	美影大乐园	搞笑	bilibili	2021.07.01
94	百变校巴 第七季	励志、益智	芒果TV、优酷	2021.07.02
95	迷你特工队之超级恐龙力量 第二季	益智、冒险	爱奇艺、腾讯视频	2021.07.09
96	喜羊羊与灰太狼之决战次时代	冒险	芒果TV、优酷、咪咕视频	2021.07.09
97	迷你特工队之超级恐龙力量 全集	益智、冒险	爱奇艺	2021.07.09
98	奇妙萌可 第一季	魔幻、冒险	芒果TV、爱奇艺、腾讯视频、优酷	2021.07.12
99	土波兔之好好习惯	益智、搞笑	爱奇艺、腾讯视频、咪咕视频	2021.07.15
100	超萌信号侠	安全教育	爱奇艺、腾讯视频、优酷、咪咕视频	2021.07.15
101	熊熊乐园 第四季	益智、搞笑	芒果TV、爱奇艺、腾讯视频、优酷	2021.07.16
102	超级飞侠 第十季	益智、冒险	芒果TV、爱奇艺、腾讯视频、优酷	2021.07.16
103	嘟当曼 第五季	益智、冒险	爱奇艺	2021.07.16
104	口袋森林 第三季	亲子	腾讯视频、优酷	2021.07.16
105	灵云代码	科幻	腾讯视频	2021.07.20
106	纸朋友 第二季	美术、益智	爱奇艺、咪咕视频、PP视频	2021.07.23

序号	节目名称	题材	播出平台	上线时间
107	星际家族之安全少年团 第二季	冒险	芒果TV	2021.07.26
108	海底小纵队 第六季	冒险	腾讯视频	2021.07.26
109	小神驾到 第二季	益智、搞笑	爱奇艺、腾讯视频、咪咕视频	2021.07.27
110	孔小西和哈基姆	美食、日常	爱奇艺、优酷	2021.07.30
111	开心超人联盟之 机械堡奇遇记	热血、冒险	芒果TV、爱奇艺、腾讯视频、 优酷、bilibili	2021.08.03
112	天真与功夫袜	奇幻、冒险	腾讯视频	2021.08.03
113	皮皮鲁安全特工队 第三季	冒险、益智	芒果TV、咪咕视频App	2021.08.06
114	喵喵遇见汪 第三季	冒险	芒果TV、爱奇艺、腾讯视频、优酷	2021.08.10
115	猪猪侠之超星五灵侠 第一季	励志、搞笑	芒果TV、爱奇艺、腾讯视频、 优酷、华数TV、咪咕视频	2021.08.13
116	土波兔之乐乐运动	早教、益智	爱奇艺、腾讯视频、优酷	2021.08.13
117	小鹿蓝蓝	亲子	芒果TV	2021.08.25
118	盟卡车神之魔幻对决	益智	爱奇艺、腾讯视频、优酷	2021.08.27
119	小火车联盟 第一季	益智、亲子	芒果TV、爱奇艺、腾讯视频、优酷	2021.09.02
120	布鲁可战队合辑	益智、战斗	爱奇艺	2021.09.03
121	宇宙护卫队之钢甲霸王龙	益智、冒险	芒果TV、腾讯视频、优酷、 咪咕视频App	2021.09.06
122	帮帮龙创意学堂ABC	益智	爱奇艺、优酷、乐视视频	2021.09.10
123	乐比悠悠之天天向上	早教、益智	爱奇艺、腾讯视频、优酷、 咪咕视频	2021.09.10
124	奇趣特工队之超时空奇兵 第一季	冒险、励志	芒果TV、爱奇艺、腾讯视频、优酷	2021.09.13
125	蹴鞠小子	竞技、励志	爱奇艺、腾讯视频、优酷、 华数TV、咪咕视频	2021.09.15
126	蔬菜不寂寞 第二十八季	益智、冒险	爱奇艺	2021.09.15
127	爆裂飞车4兽神出击	热血、科幻	芒果TV、腾讯视频、优酷、 咪咕视频	2021.09.16
128	百变校巴之超学先锋 第三季	益智、励志	芒果TV、腾讯视频、优酷、 咪咕视频	2021.09.18
129	奇趣特工队之超时空奇兵 第二季	冒险、励志	芒果TV、爱奇艺、优酷	2021.09.23
130	百变校巴之超学先锋 第四季	益智、励志	芒果TV、腾讯视频、优酷、 咪咕视频	2021.09.24
131	派乐萌奇 第三季	科幻、亲子	腾讯视频、优酷、咪咕视频	2021.09.28

续表

序号	节目名称	题材	播出平台	上线时间
132	薇薇猫的日常	日常、治愈	腾讯视频	2021.09.29
133	钶龙战记	益智、战斗	爱奇艺、腾讯视频、优酷、咪咕视频、PP视频	2021.09.30
134	星学院之明日传说	校园、冒险	芒果TV	2021.10.01
135	红色江山之黄麻烽火	热血、励志	bilibili	2021.10.12
136	长征先锋	历史、励志	爱奇艺、腾讯视频、优酷、华数TV	2021.10.20
137	冒险小狗帮	益智、冒险	芒果TV、爱奇艺、腾讯视频、优酷、bilibili、搜狐视频、西瓜视频、PP视频	2021.10.22
138	跳跳鱼世界 第三季	冒险、友情	腾讯视频、优酷、咪咕视频	2021.10.22
139	小凉帽3之白豚湾奇遇	冒险、益智	芒果TV、爱奇艺、腾讯视频、优酷	2021.10.22
140	舒克贝塔 第三季	冒险	腾讯视频	2021.10.22
141	钶龙战记 第二季	冒险、益智	芒果TV、爱奇艺、腾讯视频、优酷、咪咕视频、PP视频、乐视视频	2021.10.26
142	咖宝车神之重工车队	冒险、机战	芒果TV、爱奇艺、腾讯视频、优酷、咪咕视频	2021.10.29
143	心奇爆龙战车5之机甲战陀	热血	芒果TV、爱奇艺、腾讯视频、优酷、咪咕视频App	2021.11.03
144	薇薇猫 合集	日常、治愈	腾讯视频	2021.11.09
145	亿奇惊喜猜拆乐之梦奇小魔仙	魔幻、冒险	芒果TV、爱奇艺、腾讯视频、优酷	2021.11.12
146	开心超人联盟之奇幻谜瑞岛	冒险、科幻	芒果TV、腾讯视频、优酷、bilibili	2021.11.19
147	帮帮小火车	冒险、益智	芒果TV、爱奇艺、腾讯视频、优酷	2021.11.19
148	智慧岛传奇	科普、益智	爱奇艺、搜狐视频	2021.11.19
149	小恐龙阿丘	益智、治愈	爱奇艺、搜狐视频	2021.11.19
150	喜羊羊与灰太狼之羊羊趣冒险2	冒险、科普	芒果TV、爱奇艺、腾讯视频、优酷、咪咕视频、乐视视频	2021.11.26
151	百变校巴 第八季	励志、益智	芒果TV、腾讯视频、优酷、咪咕视频	2021.11.26
152	奥飞Q宠 第一季	冒险、亲子	芒果TV、爱奇艺、腾讯视频、优酷、咪咕视频、PP视频	2021.12.03
153	变形联盟	冒险、科幻	芒果TV、腾讯视频、优酷、咪咕视频	2021.12.06
154	超迷你战士 第五季	益智、冒险	腾讯视频	2021.12.08
155	环保特攻队·出发吧泗宝 第二季	益智、冒险	芒果TV、爱奇艺、优酷、华数TV	2021.12.08

续表

序号	节目名称	题材	播出平台	上线时间
156	蔬菜不寂寞 第二十九季	冒险、益智	爱奇艺、优酷	2021.12.09
157	百变雄师1 托宝战士	冒险、励志	优酷	2021.12.09
158	超级飞侠 第十一季	冒险、益智	芒果TV、爱奇艺、腾讯视频、优酷	2021.12.10
159	好心宝宝之冼夫人	历史、教育	爱奇艺、腾讯视频、优酷、咪咕视频、PP视频、乐视视频	2021.12.10
160	小艾果与绒绒宝 第一季	亲子、友情	优酷	2021.12.17
161	毛毛镇之冰雪加油队	亲子、运动	芒果TV、爱奇艺、腾讯视频、优酷、bilibili	2021.12.19
162	盟卡车神之魔幻对决W	冒险、竞技	芒果TV、爱奇艺、腾讯视频、优酷	2021.12.20
163	多宝一家人 第三季	日常、亲子	腾讯视频、优酷、PP视频	2021.12.20
164	土豆多励之一梦一路 第三季	益智、冒险	优酷、咪咕视频	2021.12.21
165	熊熊帮帮团	益智、冒险	芒果TV、爱奇艺、腾讯视频、优酷	2021.12.29
166	猪猪侠之超星五灵侠 第二季	励志、搞笑	芒果TV、爱奇艺、腾讯视频、优酷、咪咕视频	2021.12.30

数据来源：监管中心统计数据2022.1

国家广播电视总局监管中心

附表14　2021年主要视频网站新调整的分账剧合作模式

爱奇艺

<table>
<tr><td colspan="5">1. 定价
所有分账收益归合作方所有，平台均不参与分成。</td></tr>
<tr><td>级别</td><td>S</td><td>A+</td><td>A</td><td>B</td></tr>
<tr><td>单价（元）</td><td>1.2</td><td>1.0</td><td>0.6</td><td>0.4</td></tr>
</table>

2. 定级

级别	总集数	时长	首轮要求	是否独播	授权时间	分账周期
S				是		
A+	≥3集	总时长≥240min 单集时长≥20min	首播		5年	跟播期+1年（6个月回转期 +6个月广告收益期）
A						
B				否		

*具体评级根据评审委员会评审结果确定。

*跟播期：自授权作品首次上线至授权作品首次最后一集转为免费剧集为止的期间。

*回转期：除首次上线时约定的免费剧集外，对于S/A+/A/B独播项目，授权作品首次全部转免结束后36小时转为付费点播，为期6个月。分账收益计算规则同跟播期。

*广告收益期：回转之后的6个月。按照广告分账收益模式进行分成。

3. 计算方式

项目合作方分账金额计算方式：

总分账=会员分账+广告分账+激励基金+补贴

会员分账=会员分账有效时长（小时）×分级单价（元）

广告分账=广告收入×（1-运营成本比例）×分成比例

广告分账比例：独家合作分账比例70%。

非独家合作分账比例50%。

4. 播出规则

S/A+/A三级为独家合作，B级可非独家，但全网播出方式一致。

*以双方协商的跟播规则为准，跟播规则一经确定不可更改

5. 补贴机制及激励基金

云腾/苍穹计划补贴

对于满足以下条件的A+级项目，可参与额外补贴评估：

①剧集总时长480分钟（含）以上，不含片头片尾

②介质要求：最低4K

③全球版权，含播出及海外发行权

补贴比例：在分账规则基础上单价+0.1元

补贴周期：跟播期

＊能否享有分成补贴由爱奇艺最终评审确定

6. 资源扶持
爱奇艺将会对有潜力的优质项目给予更多扶持，包括但不限于： ①站内顶导航资源； ②联合爱奇艺矩阵，增加资源曝光； ③站外营销联盟，加磅营销支持。

数据来源：监管中心统计数据2022.1

国家广播电视总局监管中心

腾讯视频

1. 分账剧分账收入（含税）的计算公式

总分账收入（含税）=会员分账收入+广告分账收入+补贴

①会员分账收入=会员用户累计观看时长（小时）×分账单价×合作方分账比例

*会员用户累计观看时长（小时）：针对任一合作剧集，在分账周期内，会员用户在腾讯视频观看该剧集正片的总计时长，以小时为单位计算。

②广告分账收入=可分成广告收入×（1-运营成本比例）×合作方分账比例

③合作方分账比例：独家合作：100%（注：原独家合作分账比例为90%）；非独家合作：60%（注：原非独家合作分账比例为45%）

*分账周期：单部分账剧分账周期为自腾讯视频首次上线日起不低于6个月授权期限：授权期限不低于5年分账周期和授权期限具体由合作方与腾讯视频协商确定。

*单部剧集的时长、集数要求：时长：单集正片时长（除去片头片尾）不少于10分钟；腾讯视频不建议为了盲目追求剧集长集数而刻意将单集时长剪短，降低剧集可看性；集数：暂不做要求。

2. 补贴与保底规则

①补贴

X=会员分账收入+广告分账收入（不含补贴、保底）（人民币万元，含税）	级别补贴比例
X≤200的部分	无
200＜X≤500的部分	60%
500＜X≤1000的部分	80%
1000＜X≤1500的部分	90%
X＞1500的部分	100%

*补贴采用超额累进计算方式，每个结算周期内结算一次

②保底

保底等级	保底金额（人民币万元，含税）
一级	1000
二级	800
三级	500

*针对具体合作剧集，腾讯视频将根据合作剧集情况确定是否适用保底政策以及具体的保底等级，同时腾讯视频可能根据实际情况补充其他等级，具体以实际洽谈为准。

续表

3. 推广资源配置
基础推广资源位：
若腾讯视频页面或客户端改版，推广资源位可能会相应进行调整，具体以实际展示为准。
若合作剧集播出表现优秀，最高可追加以下腾讯系亿级曝光的优质资源：
①朋友圈广告资源曝光；②微信插件影视热闻申请；③腾讯视频精选首张大图；④腾讯视频闪屏资源；⑤腾讯视频全量push；⑥腾讯视频电视剧焦点图多次。
*是否可追加以上腾讯系亿级曝光的优质资源，将由平台根据合作剧集情况确定并另行通知合作方。
4. 收益结算周期
保底金额前置支付：若经腾讯视频评估合作剧集适用保底政策，保底金额在该剧集上线后的首次收益结算时一次性支付给合作方。
月结：合作剧集自腾讯视频首次上线后，合作方可从下一个月起每个自然月的1—5日结算一次。（如遇周末和节假日，收益结算时间统一顺延）
以上新分账规则适用于以新分账规则签约合作的剧集。
*具体合作模式、事项和方式以公司与相关主体签订的合同为准。

数据来源：监管中心统计数据2022.1　　　　　　　　　　　　　国家广播电视总局监管中心

优酷

级别	分账模式	是否独家	分账公式	单价	分账期
S级	会员TS+广告CPM分账	独家	合作方收入=会员分账收入+广告分账收入 （1）会员分账收入=有效会员观看时长/正片时长×内容定级单价×集数系数 （2）广告分账收入=（广告收益–平台运营成本）×分账比例 分账比例：独家80%，非独家50%	25元	会员分账：热播期＋30天（热播期：剧集上线至全集转免日期） 广告分账：整个授权期
A级				20元	
播后定级（初始单价为3元，上线后根据播出效果，晋级成功则可按照更高级别单价进行分账，该规则预计将于2022年1月正式上线）				25元	
				20元	
				10元	
				3元	
广告CPM	广告CPM分账	非独家	广告分账收入=广告收益×分账比例 分账比例：独家80%，非独家50%		整个授权期

数据来源：监管中心统计数据2022.1　　　　　　　　　　　　　国家广播电视总局监管中心

附表15 2021年主要视频网站新调整的网络电影合作及分成模式

腾讯视频

2021年腾讯视频网络电影分账模式

播出平台	最新分账模式更新时间	最新分账模式	细则说明
腾讯视频	2021年12月31日	分账收益=内容定级单价×有效观影人次	1. 有效观影人次：分账周期内每付费用户连续观看单一付费授权作品超过5分钟的一次或一次以上的观影行为，均计为一次有效观影人次。 2. 分账单价：平台将根据片方提供的成片内容和制作质量综合评定出影片级别，该级别对应的单价即为分账单价。 3. 收益结算周期：月结，即影片上线后，合作方可从下一个月起每个自然月的1—5日结算一次。

数据来源：视频网站公开发布数据　　　　　　国家广播电视总局监管中心

2021年腾讯视频网络电影内容定级及单价列表

内容级别	合作方式	分账单价（元）	分账周期
S Pro	独家	5	自上线之日起6个月
S+	独家	4	自上线之日起6个月
S	独家	3.5	自上线之日起6个月
A	独家	2.5	自上线之日起6个月
B	独家	1.5	自上线之日起6个月
C	非独家	1	自上线之日起3个月

数据来源：视频网站公开发布数据　　　　　　国家广播电视总局监管中心

注：上述新分账规则适用于以新分账规则签约合作的影片。

爱奇艺

2021年爱奇艺网络电影合作模式列表

播出平台	最新分账模式更新时间	最新合作模式	细则说明
爱奇艺	2021年1月4日	用户点播分成模式（PVOD）	符合用户点播分成模式的网络电影即定级为S的影片，有机会进入爱奇艺超级影院，平台将以更大力度将影片推荐给用户。最终定价、会员折扣、分成比例，视影片项目具体情况，以最终商务洽谈结果为准。
		会员观看分账模式+广告分账模式（SVOD+AVOD）	以影片有效付费点播量和内容分账单价决定，内容分账单价以最终内容评估定级为准，对应定级为A+、A、B的影片。合作方可以通过爱奇艺号后台查询分账收益。 ①申请独家合作并通过独家合作相关审核的影片，分为A+、A两类，平台开放拼播模式，拼播模式下分账单价相应调整，以最终商务洽谈结果为准； ②B级影片，平台亦开放拼播模式，拼播模式下分账单价不变； ③在影片分账周期结束进入免费期后，爱奇艺将平台通发广告在该影片上产生的收益与合作方进行广告分账。 广告分账收益=该内容带来的广告收益×分账比例 广告分账比例：独家网络电影为70%，非独家网络电影为50%。

数据来源：视频网站公开发布数据　　国家广播电视总局监管中心

2021年爱奇艺网络电影合作定级列表

级别	是否独家	商业模式	定价	分账周期	授权范围	授权期限	海外授权权期限	平台营销	备注
S	是	1. 买断无分成 2. 保底+超保底点播分成 3. 版权采购+纯点播分成	1. 点播定价：非会员不低于12元，会员折扣5—8折 2. 点播分成方式：点播期房票收入扣除渠道费后，按比例分成	点播期不少于2周		10年及以上		有	1. 买断：平台以固定金额采购影片，无额外点播分成 2. 保底+超保底点播分成：平台与片方就保底金额达成共识，最终点播票房收入按照保底扣除渠道费并按一定比例分成计算，如点播期房票收入分成金额大于保底金额，则平台向片方另行支付超保底分成金额；如点播分成金额小于保底金额，则平台仅向片方支付保底金额 3. 版权采购+纯点播分成：平台与片方就点播结束后的影片收入按照扣除渠道费并按与片方进行分成，平台与片方就进行分成 4. 海外地区分账周期说明：为自被授权方平台上线之日起6个月至授权期届满之日的任意时长 5. 有效点播：每付费用户连续观看一付费观影时长超过6分钟的一次或一次以上的观影行为，均计为1次有效点播 6. 点播票房收入：爱奇艺平台以点播付费模式提供授权作品供会员观看，有效付费点播期内产生的会员与非会员点播收入合计为点播票房收入。点播方式以最终签订的合同条款为准
A+	是	分账	3元有效点播+广告分账	内容分账：6个月；广告分账：内容分账结束进入免费期后	全球	10年及以上	10年及以上	/	
A	是	分账	2.5元有效点播+广告分账	内容分账：6个月；广告分账：内容分账结束进入免费期后		10年及以上	10年及以上	/	
B	不限	分账	1元有效点播+广告分账	内容分账：3个月；广告分账：内容分账结束进入免费期后		5年及以上	10年及以上	/	

优酷

2021年优酷网络电影分账模式

播出平台	最新分账模式更新时间	最新分账模式	细则说明
优酷	2021年5月1日	分账票房=有效观影人次×内容定级单价	1. 有效观影人次：许可作品付费周期内，每付费用户连续观看单一付费授权作品超过6分钟的一次或多次观影行为，计为一次有效观影人次 2. 内容定级单价：定级单价由内容评估作为标准

2021年优酷内容定级及单价列表

级别	合作方式	单价（元）	分账期	备注
S	独家	4.5	180天	1. 评审为A级以上影片可开放拼播模式，最终以商务洽谈结果为准 2. 评审为A级以上影片必须提供营销方案，并通过平台审核 3. 评审为B级以上独家合作影片，基础推广资源升级，评审为B级非独家影片，无固定推广资源
A+	独家	4	180天	
A	独家	3	180天	
B	独家/非独家	1	90天	

后　记

　　本报告由国家广播电视总局监管中心视听一处和二〇三台、二八二台、二九一台、成都台、二九三台有关同志承担主要编写工作。五五三台、厦门台、西安台、二八一台以及其他直属台站共同参与了本报告相关的数据整理、内容研判、技术辅助等工作。

　　其中，鲍楠承担网络剧、网络电影章节的策划编审；崔一非承担网络综艺、网络纪录片章节的策划编审；刘璐承担网络动画片章节的策划编审。乌兰托娅、崔静、郭伟承担网络剧章节撰稿；陆嘉、李依琳、陈怡雯承担网络电影章节撰稿；胡亮、张红星、陈礼春承担网络综艺章节撰稿；张阳、梁燕、郭凝承担网络纪录片章节撰稿；王文涛、樊迪承担网络动画片章节撰稿。

　　本报告在研究、编写、出版、发布过程中，得到了国家广播电视总局网络视听节目管理司的悉心指导，以及国家广播电视总局发展研究中心、中国广播影视出版社等兄弟单位的大力支持，谨此致谢！

本书编写组

2022年5月